普通高等学校酒店与餐饮管理教材

U0667576

酒店管理
信息系统

陆均良 沈华玉 朱照君 杨铭魁◎著

Hotel Management
Information System

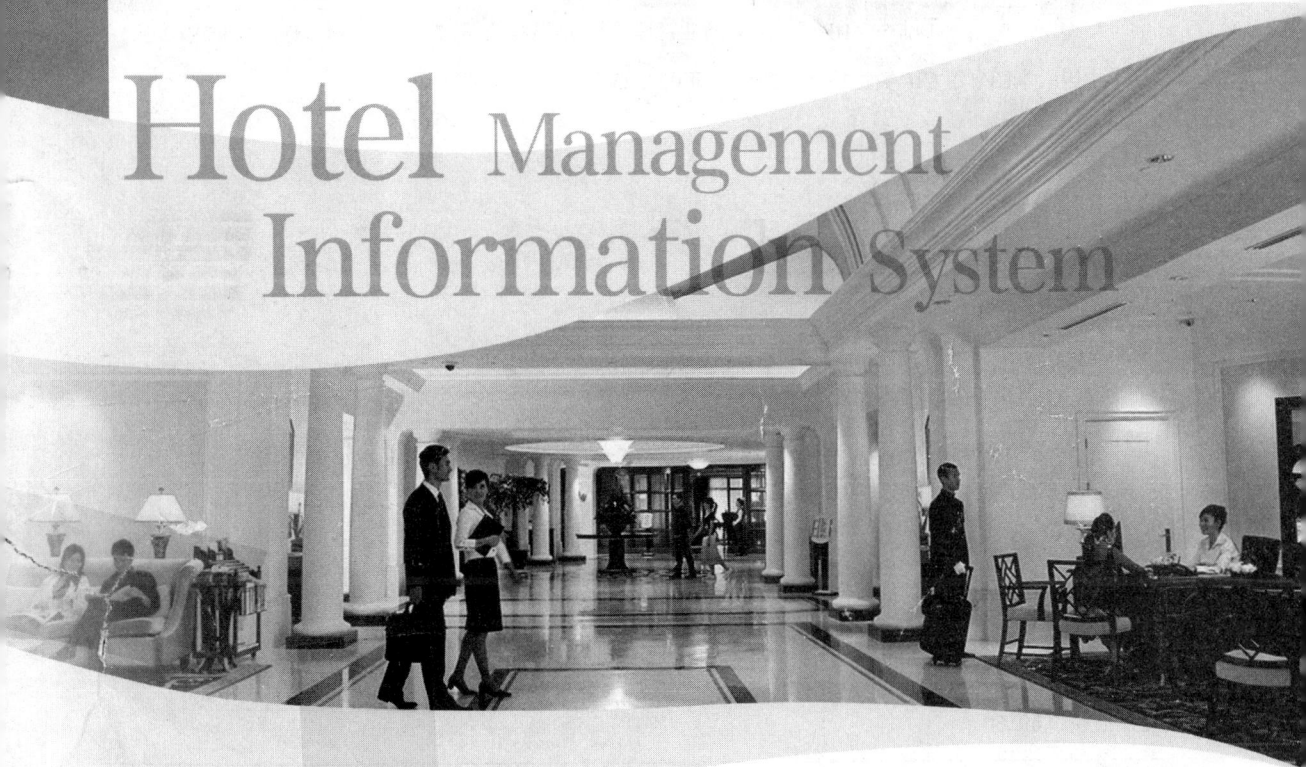

清华大学出版社
北京

内 容 简 介

随着酒店竞争的日益激烈，以及信息技术和移动互联网的发展，酒店管理信息系统正在从一个应用型软件向平台化转型，并担负着酒店经营的管理、服务、电子商务等多重任务。本书重点介绍酒店的前台系统、后台系统、CRS 和 GDS 等应用系统，同时包括酒店电子商务等相关内容，最后以一个新一代的平台化酒店系统 iHotel 为例，全面介绍信息系统在酒店管理实践中的应用。本书根据管理信息系统的体系组织内容，紧跟新技术的演变，力争做到理论与实践相结合，既可作为旅游管理和酒店管理专业的专业课教材，也是酒店业界很好的业务指导书。

图书在版编目（CIP）数据

酒店管理信息系统/陆均良等著．—北京：清华大学出版社，2015（2021.7重印）
普通高等学校酒店与餐饮管理教材
ISBN 978-7-302-39220-0

Ⅰ．①酒… Ⅱ．①陆… Ⅲ．①饭店-商业管理-管理信息系统-高等学校-教材 Ⅳ．①F719.2-39

中国版本图书馆 CIP 数据核字（2015）第 024223 号

责任编辑：邓　婷
封面设计：姜　姗
版式设计：魏　远
责任校对：王　云
责任印制：沈　露

出版发行：清华大学出版社
　　　　　网　　址：http://www.tup.com.cn，http://www.wqbook.com
　　　　　地　　址：北京清华大学学研大厦 A 座　　　　邮　编：100084
　　　　　社 总 机：010-62770175　　　　　　　　　　邮　购：010-62786544
　　　　　投稿与读者服务：010-62776969，c-service@tup.tsinghua.edu.cn
　　　　　质量反馈：010-62772015，zhiliang@tup.tsinghua.edu.cn
印 刷 者：北京富博印刷有限公司
装 订 者：北京市密云县京文制本装订厂
经　销：全国新华书店
开　本：185mm×230mm　　　印　张：26.5　　　字　数：520 千字
版　次：2015 年 5 月第 1 版　　　　　　　　印　次：2021 年 7 月第 6 次印刷
定　价：59.80元

产品编号：056771-02

前 言
Preface

近三十年来，我国酒店业以令世界震惊的速度向前发展，形成了一个庞大的产业集群，对我国旅游业的蓬勃发展起到了非常重要的作用。酒店的信息化也同样发展惊人，酒店管理信息系统已成为酒店经营中的强大核心系统。自 1982 年起步至今，酒店管理信息系统经历了无数的变化，已成为管理信息系统学科中的一个重要分支，也成为旅游管理类专业的核心课程。

酒店的发展已从单体向连锁经营发展，形成了集团化经营的重要方向。酒店管理信息系统也从单体版发展成了集团版，软件的结构从 C/S 向基于 Web 的 B/S 结构发展，形成了开放式的软件架构。现在，酒店管理信息系统已不是简单地以管理为主，而是正在走向以服务为主，未来的酒店管理信息系统必将成为完全开放的酒店电子商务系统。近几年来，由于经营环境的变化，技术的进步，酒店业已经出现了智慧酒店的概念，酒店管理信息系统也已成为智慧酒店核心的智慧系统，肩负着智慧客房、智慧餐厅、智慧服务、智慧娱乐等管理重任。

本书围绕酒店信息管理，顺着管理信息系统的理论体系，系统地介绍了酒店管理信息系统的起源、概念、开发与设计、新技术应用等内容，重点介绍了新一代酒店的前台系统、后台系统、中央预订系统和分销系统，并讨论了酒店管理信息系统运行管理的内容，最后向读者介绍了新一代酒店管理信息系统的应用实例。全书内容深入浅出，围绕本科教学的要求展开，适合旅游管理相关专业本科生教学使用，也可以作为业界培训的参考教材。

全书共分九章。第一章主要介绍酒店管理信息系统的起源与酒店信息化，重点分析了信息技术对酒店经营产生的影响以及酒店信息化的概念。第二章主要介绍酒店管理信息系统的一些基本概念，以及目前酒店管理信息系统的类型和发展趋势。第三章主要介绍有关酒店管理信息系统开发与设计的内容，让读者了解相关的开发流程和酒店业务流程。第四章主要介绍酒店信息管理的前台系统，分析了新一代的前厅系统、客房系统、餐饮管理系统、康乐系统以及电子商务等内容。第五章主要介绍酒店信息管理的后台系统，重点讲解了人力资源管理系统、财务及库存管理系统、工程设备及报修管理系统等内容。第六章简要介绍酒店 CRS 和 GDS 系统的内容，这是酒店集团经营的核心系统。第七章主要向读者介绍酒店管理信息系统运行管理的相关内容。第八章介绍了现代酒店管理信息新技术的应用，主要围绕智慧酒店建设中的相关技术进行介绍。第九章介绍了一个应用实例，即 iHotel 系统的前台、后台、集团管理和电子商务等内容，以及新一代系统的云管理和云服务等内容。本书第一章由陆均良老师执笔，第三章、第五章和第七章由沈华玉老师完成，第二章、第四章由朱照君老师完成，第六章由陆均良和朱照君老师共同完成，第八章由陆均良和沈华玉老师共同完成，第九章由陆均良和杨铭魁老师共同完成。全书由陆均良老师负责统稿。

最后，感谢清华大学出版社、杭州黄龙饭店、南京金陵集团、杭州绿云科技公司对本书内容所提出的宝贵意见，同时感谢浙江省饭店协会、浙江大学旅游系、浙江工商大学旅游学院、暨南大学深圳旅游学院相关老师对本书具体内容的指导。

由于作者知识有限，再加上时间仓促，书中难免有不妥之处，敬请读者提出宝贵意见，以期再版时予以完善。

陆均良

目 录
Contents

第一章
酒店管理信息系统起源与酒店信息化

【引言】

　　酒店管理信息系统的发展与应用，已经给酒店业的发展带来深刻影响。在学习酒店管理信息系统课程之前，我们需要了解酒店管理信息系统的起源与发展，了解酒店信息化的内容与发展趋势，这不仅对你未来成为酒店管理人产生重要的影响，也会带来职业发展的许多新理念和新梦想。从信息的角度去管理酒店，你将会成为酒店业成功的职业经理人，酒店也因有你而成为消费者喜欢的酒店，因为信息化的酒店可以让消费者体验个性化，体验更舒适的自助式服务。

【学习目标】

　　通过本章的学习，要求学生：① 了解酒店管理信息系统的起源、了解信息技术在酒店应用的概况；② 熟悉酒店信息化的概念及内容；③ 掌握酒店常用的信息技术及其作用；④ 熟悉信息技术和信息化对酒店经营的影响；⑤ 了解酒店信息化的发展现状及发展趋势。

第一节　酒店管理信息系统的起源

　　在现代酒店的经营管理中，信息系统已成为酒店经营管理的一个重要组成部分。到了 2010 年，信息系统已成为构建智慧型酒店的核心系统。随着酒店经营管理要求的不断提高和移动互联网应用的普及，酒店信息系统应用已步入了更高的发展阶段，从一般的作业层使用信息系统到一般的管理层使用信息系统，现在已进入了酒店管理高层使用信息系统的智慧阶段。借助于信息系统可以提高酒店的管理效益和管理精度已成为酒店管理人的共识，信息系统已成为酒店建设中不可缺少的重要系统。信息化时代的酒店企业，可以真正实现从信息的角度去管理酒店，改变了人们的酒店管理理念，同时，信息系统丰富了酒店管理的理论，提高了酒店经营管理的效益。从 20 世纪 70 年代初简单的计算机应用，到现在基于移动互联网智慧型信息系统的高级应用，已形成了酒店业完整的信息系统应用理论。

一、酒店信息系统的产生背景

信息作为信息科学中最基本、最重要的元素，指的是经过加工处理之后的一种数据形式，是一种有次序的符号排列。互联网时代，随时随地、每时每刻都在传递海量的有用和无用的信息，信息逐渐成为企业核心竞争力的重要组成部分。为了能够在竞争日益激烈的市场经济中求得生存、谋求更大的发展，除了拥有独特的、无法复制的资源优势外，还要注重对信息价值的开发和利用，在此背景下信息系统（简称 IS）应运而生。该系统采用科学的、有效的手段，对信息加以分析，通过建立一套科学的处理规则，从而达到提高工作效率、降低运营成本、减少经营费用，最终达到提高经济效益和社会效益的目的。随着信息系统的发展，20 世纪 70 年代出现了管理信息系统的概念，到 1985 年，形成了管理信息系统（Management Information System，MIS）的完整概念，这是信息系统发展的高级阶段。MIS 是由人和计算机等组成的能进行信息的收集、传递、储存、加工、维护和使用的综合型系统。鉴于 MIS 的管理功能和系统效率，使其一出现就受到学术界和企业的重视，形成了管理学科下的一个重要分支，它与计算机、网络技术融为一体，成为知识经济发展的热点。

酒店业既是一个古老的行业，又是一个新兴的产业。现代酒店业除了经营餐饮、住宿业务外，还增加了度假休闲、旅游、购物、康乐、运动等服务，其宗旨是为消费者在商务和旅行活动中提供吃、住、游、娱等一条龙便捷服务。酒店业也是一个信息极其丰富的行业，业务流程涉及旅游、交通、银行、保险等多个社会行业和部门，具有较广泛的横向和纵向联系，跨地区、跨国界、跨时间。随着酒店业的发展，需要处理的信息量越来越大，靠人工处理已经无法完成，到了 20 世纪 60 年代末，基于计算机的酒店信息系统开始出现。

随着酒店信息量的不断增大，如果酒店业无法对内外部所产生的海量数据和信息加以科学管理和利用，酒店业的发展和经济效益就会受到很大的影响。到 20 世纪 70 年代中期，酒店管理信息系统（Hotel Management Information Systm，HMIS）概念顺势而生，成为管理酒店信息的管理信息系统。这一应用解决了酒店发展过程中处理海量数据的难题，是信息技术和酒店业深度融合的产物，满足了酒店业发展的需要，并促进酒店业更快地发展。

二、酒店管理信息系统的起源

酒店计算机信息管理的软件已有了将近五十年的发展历史。美国 ECI 电脑公司于 1969 年最早开始研制酒店管理系统，是酒店管理软件应用开发的始祖。1970 年，该公司在美国夏威夷的喜来登饭店（Sheraton Hotel）装设了全世界第一套 EECO 酒店管理系统，由此开创了酒店信息管理软件的发展。我国酒店信息管理软件的研究和应用比国外晚 10 年，起步于 20 世纪 80 年代初，第一套酒店信息管理软件于 1983 年在杭州饭店运行，成为国内酒店信息系统的首次应用。到 20 世纪 80 年代末，国产软件大量涌现，形成进口软件和国产软件共同争夺市场的局面。

1995—1997 年，基于 Windows 的酒店信息系统在北京泰能和杭州西软公司诞生，由此开创了国内酒店软件的大发展时期，受管理信息系统发展的影响，形成了酒店管理信息系统的完整概念和体系。酒店管理信息系统是利用电子计算机技术和通信技术对酒店信息进行综合管理的、人机相结合的控制系统，负责对酒店相关信息的收集、分类、处理、发布和运用。HMIS 是 MIS 中的一个重要分支，其主要功能是数据处理、预测管理、统计分析和辅助经营决策。目前有操作型、管理型、决策型等多种形式的 HMIS。

HMIS 主要用于酒店各级领导和管理人员对酒店经营活动、重大管理事件以及日常经营活动的辅助管理和决策支持。因此，HMIS 是电子计算机技术、通信技术、信息技术、移动互联网技术和现代酒店管理技术相结合的产物。酒店管理信息系统的使用极大地提高了酒店信息数据处理的及时性、准确性和敏捷性，提升了酒店管理的效率和效益。经过三十多年的发展，HMIS 已成为酒店业现代化经营管理的重要标志系统之一。

三、酒店管理信息系统的特点

随着酒店信息系统功能的发展，酒店信息管理软件在经历了启蒙型（1980—1985 年）、事务管理型（1986—2000 年）、管理决策型（2001—2010 年）、智慧型（2010 年至今）等不同发展时期以后，已发展成为具有一定智慧的信息系统，由此形成了酒店管理信息系统的一些特点，具体表现在以下几个方面。

1. 辅助性

酒店管理信息系统是以人为主体的人机综合控制系统，现代酒店业还是人才密集型产业，虽然计算机发挥的作用越来越大，但人才依然是酒店发展不可替代的支柱。管理人员依据信息系统数据处理的结果信息，迅速做出管理决策，提高经营效率，降低管理成本。因此，经过 HMIS

的快速数据处理，管理人员可以迅速得到管理所需的信息，依据这些信息做出更加理性的管理决策。由此可以看出最后做决策的还是人，信息系统仅是辅助工具。通过酒店管理信息系统的辅助管理，使得酒店管理更加科学化和现代化，日常事务处理更加有序，更加规范，更加准确。

2. 反馈性

酒店管理信息系统处理的是酒店具体业务数据，由于酒店处于快速变化的环境中，不同的社会环境对酒店管理信息系统的需求会产生不同的影响，因此酒店管理信息系统在运行过程中应当根据环境变化不断调整和扩充系统内容，增加系统处理功能。这种为适应环境的反馈系统，使得酒店管理信息系统输出的结果更加精准和实用，有利于酒店调整经营策略。如今酒店业"扁平化"的组织结构趋势，协作型信息系统发展趋势，就是利用信息系统反馈性的一种表现，这种反馈性促使酒店管理信息系统更加完善和智能化，以替代不必要的人力资源。

酒店管理信息系统应用主要是对酒店经营过程中的人流、物流、资金流、信息流进行电脑化管理，管理信息系统就其表现形式看是对酒店经营中大量的常规性数据的输入、存储、处理和输出，产生对管理决策有价值的信息，再根据输出的信息调整和控制酒店的经营过程。

3. 层次性

现代酒店为了提高管理效率和降低运营成本，采取了基于信息系统的科学管理制度，这种科学管理制度要求各部门管理职责分明，分工明确，要求信息系统的模块或子系统具有可操作的层次性。酒店管理信息系统为适应不同的管理层次，设计成具有层次性的管理软件。酒店信息系统一般可分为三个层次。

第一，作业层。作业层主要从事日常的旅客住店情况、客人的资料、客房的状况以及酒店餐饮娱乐消费等费用的数据处理工作，包括数据的收集、统计和查询，产生各部门的业务报表，完成各种会计账簿录入系统等基础性工作。这些基础数据的录入，极大地提高了酒店的服务质量。

第二，管理层。管理层对整个酒店的销售、顾客及客账信息、客房、电话、财务、库存、人事等方面进行管理和控制。管理层的处理基于作业层的数据，其产生的信息又提供给决策层使用。该层主要是管理和汇总一些综合数据，利用这些数据提高酒店的管理精确度，减少管理中"大概""差不多"等工作用词，使得整个酒店的计划、组织、协调及控制更加有序、有效。

第三，决策层。决策层确定酒店发展的目标，制订实现目标的战略计划。其所需的数据可以从两方面获得，一方面是酒店内部的作业层和管理层提供的信息；另一方面是酒店的外部环境，如国内外的经济和政治形势、竞争对手的情况等。酒店决策者制定经营策略时不但需要分析酒店当前的数据，也要与历史的数据进行比较，因此信息系统可以提供辅助决策的依据，决策者可以结合自己的经验对管理问题做出处理。根据酒店业务的管理模式，酒店 MIS 系统可分为前台和后台，前台直接面向顾客进行业务处理，后台进行系统管理和控制，为决策提供辅助。在现代管理中，决策层中的应用将会越来越受重视，并且在酒店管理中发挥越来越重要的作用，如成本控制决策、财务计划决策、决策支持系统等。

4. 实时性

快节奏的旅居生活方式，要求酒店管理信息系统必须实时满足顾客提出的各种服务要求，如快速登记和查询、实时响应旅客个性化需求、快速预订以及快速退房等。如一个客户在结账前几分钟在客房打了长途电话，在结账时应迅速反映该客户的所有消费情况。

第二节　酒店信息技术应用概况

从前台员工的角度来讲，酒店信息技术的应用一方面使得酒店的前台服务人员能够通过管理信息系统高效、快捷地为顾客办理各种业务（如入住登记、预订、退房结账等）；另一方面可有效地减轻前台服务员工的工作压力，提高其工作效率，进而减少酒店的资源浪费，降低酒店运营成本以及提高收益。

从管理者的角度来讲，酒店信息技术的应用能够通过人力资源管理模块更加有效地管理员工，更加合理地分配和调度酒店的全部人力资源，全面进行员工的人力资源开发与管理。

从高层管理者的角度来讲，高层管理人员可以通过管理信息系统更有效地管理酒店的各种业务，快捷方便地查询决策所需数据，以便为酒店的计划、战略提供信息支撑。

从客户关系角度来讲，信息系统具有对客户信息的搜集管理功能（包括客户基本信息、客户偏好等），搜集这些信息有利于客户关系管理，与客户建立长期互利关系，根据客户喜好为用户提供个性化服务，从而提高客户满意度，进而提高客户对酒店的忠诚度，以便酒店形成与常客实时互动的营销体系。

一、酒店信息技术的基本应用

（一）客房管理业务

客房管理的最主要任务是修改客房状态，提供经营中房间是否空闲、是否出租、干净与否、有无预订等信息,以便于酒店预订接待员分配房间。一般来说,酒店均通过客房中心或服务总台的信息系统修改房态。

酒店信息技术的应用,能够增强客房部和总台之间合作进行客房管理,有利于客房的实时管理。客房管理的功能模块包括以下几种。

第一,客房消费的录入和统计分析,如洗衣费、饮料费、零食费、物品赔偿费、遗漏物品管理等。

第二,客房历史查询、客房维修与维修历史查询、客房内部管理等。

第三,打印客房报表,包括预计抵达/离开客人报表、实际抵达/离开客人报表、特殊要求客人报表、VIP客人报表、回头客报表、催账单、当前排房表等。

(二)酒店预订业务

目前自助游和旅游电子商务迅猛发展,以艺龙、携程、去哪儿、同程为代表的旅游电子商务企业迅速成长壮大,为游客提供了越来越方便的在线旅游预订服务。在线预订数量的增加,大大提高了酒店的开房率。在线预订数据的增多,迫使酒店采用信息技术的手段来确保在线预订需求的有效管理,减少前台员工的手工操作所产生的延误和出错率。信息技术可处理的预订业务包括以下几种。

第一,自助游预订。自助游预订单的输入、修改、取消及查询,根据预订单预留信息编制客史档案,以此为客户关系管理提供基础数据。

第二,团队预订。团队预订的房间数量相对较多,酒店信息技术的应用能够实现更加精准化的团队订房和排房管理,以更合理地分配预留房间。

第三,预计抵达/实际抵达酒店的人员信息,包括预计抵达/实际抵达客人报表、所有预计抵达/实际抵达客人列表、预计抵达/实际抵达团队报表、房间出租率报表、客人来源信息。

第四,预分房。根据实际抵达酒店的顾客数量对预留房进行合理分房。

(三)接待入住业务

接待系统的目标是以最快的速度为客人开房,减少客人在开房过程中的等待时间。目前旅游电子商务的发展,导致越来越多的客人异地预订,客人在预订过程中会提供到店时间、住店偏好等信息,酒店管理信息系统记录这些信息,使酒店服务人员能提前做好为客人服务的准备工作,如准备好入住登记表,客房钥匙,贵宾客人的鲜花、水果等,同时将即将到达客人的基本信息传递到相关部门，这样客人到达后前台接待员只需要直接在预订单上补充客人重要信息即可，大大缩减了入住等待时间。相应地，walk-in 客人（未预订客人）到达酒店时需要输入的内容就更多了，客人的全部信息都要在接待时输入，所以为了不让客人等待时间太长，非常有必要对操作员进行操作技能的培训以及对酒店管理信息系统的普及。接待入住业务应包括以下几方面内容。

第一，散客登记。已经预订的散客信息入住登记，包括预订多个房间的客人接待、共享客人接待、提前到达客人接待等，前台接待人员办完入住登记后，对客人信息进行保存、修改等。此外，也包括对在住客人信息的修改；若房间全部客满，则需要建议客人去附近的其他同等级的酒店，系统仍然应该保留该客人的预订信息，并记录该客人的联系方式，以备其重新返回和查询；删除超时预订；入住客人信息查询；到期客人续住，系统自动把今天以后该离开的散客的离开日期改为明天；根据客史档案入住登记等。

第二，团队入住登记。团队自动登记或系统自动登记一个已经预订的团队，对尚未分房的成员进行手工分房或系统自动分房，在分房过程中必须考虑到客人的特殊偏好和需求；系统统计当天可以入住的房间数（预留房间减去当天已经分配的房间数）并根据每房需开的账号数自动产生账号，以后就可以批量修改每个团队成员的姓名、入住日期、离开日期、房号等信息；团队成员信息快速修改，所有预计当天抵达的预订成员自动登记后，再进行各个成员的个别修改；无预订团队入住登记；在店团队查询；返回团队重新入住，一个团队暂时结账退房一段时间后，又重新返回酒店入住，此时只需要更换一个团队账号，对成员重新分配房间，再做一些小小的修改后即可快速入住。

第三，客人应收账目和应付主账单的建立、修改和删除。

第四，入住动态信息管理。旅行社、协议公司、合作单位等有关信息的输入和处理；客人留言、备注的输入、修改、显示、打印和传送；职员留言；修改房间状态；处理客人的各种优惠（长包房、协议单位、贵宾卡、领导签字等）；住店客人信息报送公安局户籍管理处；VIP 客人管理；客史档案的建立和管理。

第五，黑名单。黑名单用于记录在酒店有不良行为的客人（如逃账、卖淫等）以及被公安部门通缉的犯罪嫌疑人信息，其中逃账客人由财务部门控制，在夜间审查时自动转入；其他信息要求操作员输入。每当一名客人预订或入住登记时，系统如果发现该客人在黑名单中，就会自动提醒接待员注意和处理。具体操作包括：黑名单的建立、修改和删除；黑名单查询。

第六，各种报表。前台业务有当日抵店客人报表，包括散客和团队成员；当日预订、接待客人报表；在住客人报表；可用房报表；当日 VIP 接待报表；当日回头客报表；特色要求报表和员工当前工作情况报表。

（四）结账离店业务

前台结账系统与接待系统一样，直接面对顾客服务，属于酒店前台业务系统，其主要职能是处理客人账务，有的酒店还进行应收账款的管理工作，具体功能包括以下方面。

（1）客人账号的输入、调整和冲账；各种付款方式（现金、支票、信用卡、财务报账、转应收账、折扣、消费券等）的处理。

（2）客人结账退房，打印明细账单、汇总账单或混合发票等；部分结账功能，即只结清部分款项但不退房。

（3）临时挂账处理，可分时间段打印客人账单；提前结账处理；讨账追回和讨账处理；事后优惠处理。

（4）预订金及押金处理；团队自动结账及团体成员私人账单处理；定义客人之间的自动转账关系；处理客人事后转账、全部转账及部分转账。

（5）打印催账单，服务员输入的报账单、交班报表。

（6）外汇兑换系统。

（7）应收账务处理；各种应收账款报表，将离开客人报表、成员私人报表、特殊要求报表等。

（8）各种账务报表，如查账报表、税务报表、利润报表、长包房及往来账户的账务细目的清理和压缩等表。

（五）夜审业务

在酒店信息技术应用中，夜审业务是控制酒店经营的一个核心部分，利用信息技术每天仅需要做一次。在信息系统的应用中，夜审功能极为重要，与预订、接待、收银共同组成最基本的前台操作型管理信息系统，其主要职能包括以下几点。

第一，交接班。分为总台交接班和非总台交接班两部分，并提供查账报表功能。

第二，酒店账务处理。将酒店中未使用信息技术的各个营业点的营业数据输入到酒店的财务系统。

第三，过房费。每天一次将在住客人的账目上自动加上当天的房租费用，在实际过房费之前，提供预过房费功能，打印预审报表以供核对。

第四，营业报表。对当天的收入分类统计，对每班收入报表、全系统的数据库进行更新维护，打印各种前台报表数据，每日数据备份，增加系统的可靠性。

第五，打印各种夜审报表，以备相关人员审阅。

二、最新信息技术的扩展应用

"顾客就是上帝"这句话历来被公认为酒店业的座右铭，可见亲情服务的重要性。那么，在使用信息技术之后，是否会减弱这种亲情服务呢？信息处理委员会的联合主席 Dwoite 就曾指出，当美国的酒店业片面地强调对客人的面对面服务时，德国和日本却在使用新技术管理后在客户服务方面超过了美国。这证明由于有了信息管理新技术，就能腾出更多的时间去为客人服务，或能提供更个性化的服务。信息系统中的新技术使用并不减弱对客人的服务，在酒店服务操作层面，它可以提高工作效率，使员工有更多的时间去为客人提供更多、更优质的服务；在服务产品方面，它可以直接改善对客人的服务质量，让客人拥有更完善、更舒适的体验；在酒店营销领域，它可以提供更好的工具，提高营销效果；在酒店管理层面，它可以通过建立快速沟通渠道，设计工作流程及数据流的自动监控和反馈分析功能等，大大提高经营者管理控制和市场经营预测分析的能力。

进入 21 世纪，万维网地理信息系统、虚拟现实技术、无线电射频识别技术、物联网技术、商务智能构成等新兴信息技术也成为管理信息系统的一部分，在酒店经营管理中更是发挥着越来越重要的作用。

（一）万维网地理信息系统和虚拟现实技术在酒店信息管理中的应用

万维网地理信息系统（简称 WebGIS）指基于 Internet 平台、手机客户端应用软件，采用 WWW 协议运行在万维网上的地理信息系统。WebGIS 不仅能够存储、分析和表达现实世界中各种对象的属性（非空间的）信息，而且能够处理其空间定位特征，能将其空间和属性信息有机地结合起来，从空间和属性两个方面对现实对象进行查询、检索和分析，并将结果以各种直观的形式，形象而不失精确地表达出来。此外，WebGIS 更为资料与信息的获取、发布、共享与操作开辟了广阔的空间，也使地理信息系统技术得以通过互联网技术在许多行业中得到广泛的应用。

虚拟现实（Virtual Reality，VR）是一种利用计算机可视化将现实世界虚拟化的新型信息技术，通过建立网络虚拟空间，使人"进入"多媒体虚拟世界之中，实现人机互动、互相交流的操作及身临其境的感受，使人成为"景中人"，即人境一体化。虚拟现实技术弥补了 WebGIS 在空间场景表达上的不足，使地理空间数据能够以三维立体方式表达，更逼真地展现一定的现实空间。

酒店的 WebGIS 和虚拟现实技术主要用于网络营销信息，通过该技术可为客人提供更系统、更详细、更精确、更真实的酒店相关信息。

1. 实现位置、属性双向查询

区别于传统的酒店网络营销信息系统，应用 WebGIS 的系统通过查询功能不仅能看到查询结果的表格或清单，还可以看到表示在地图上的查询结果，这样就可以实现既有数据记录又有属性的空间描述。如华祝酒店的智能终端 APP，不仅能够实时定位，还可以在线支付后根据自己的偏好自主选房，这极大满足了顾客掌握主动权的心理需求。因此，通过万维网地理信息系统有效地管理地理空间图形（酒店位置）、多媒体数据（房间类型）、虚拟实景信息（客房环境和布置）和酒店要素属性数据（包括文本），客人能够方便快速地实现酒店位置与属性信息之间的双向检索查询。

2. 特有的空间分析功能

万维网地理信息系统是以空间信息为载体，以处理空间信息的 GIS 技术为支撑的应用系统，除了具备传统的 MIS 的信息管理功能外，最显著的是增加了空间分析功能，充分考虑了客人的需求，能为客人提供一条龙的服务。例如，应用空间最短路径方法方便客人查找到最近的相关服务设施；然后应用缓冲区分析查找既定范围半径内的服务设施的基本情况；最后用道路网络分析的方法为客人找出出发地与目的地之间的最短距离及各种出行方式，便于客人出行，起到智能引导的作用。

3. 虚拟实景显示

给人以沉浸感、交互感和构想感的虚拟现实技术能为客人提供客房和酒店各种服务设施及产品的三维实景信息，由此可以产生真实的体验感；还具有眺望作用能清晰地看到房间外的日夜景观，更好地满足客人需要景观房间、无烟层等各种个性化要求，从而激发和刺激消费者的消费欲望。而这种激发消费者具有强烈搜索信息动机的网络互动式营销模式，可以改善酒店和客人之间的关系，使酒店及时了解客人的需求并通过网络迅速给予答复，这种信息展示能在客人心中留下深刻印象，具有非常有效的营销效果。

（二）无线电射频识别技术在酒店信息管理中的应用

设想当客人步入一家酒店，酒店的信息系统马上辨认出其身份，根据已有的客史信息得知客户的喜好和习惯，在最短的时间内安排好入住手续；当客人走到房间门口，信息系统又很快确认身份，自动打开房门，启动空调和灯光；客人在酒店内用餐、购买商品、享受 SPA 带来的舒适服务时，心里不必惦记钱包和酒店住房钥匙或房卡等物品，费用会自动计入到总费用中去，或者从预付款项中扣除，如此贴心和感知式的人性化服务，会让客人产生宾至如归的感觉。无线电射频识别系统的应用，使酒店的个性化服务和定制化服务不再是梦想，能够使酒店迅速辨认客人的身份，读取客人偏好，抓取客人需求，从而给予客人更贴心的敏捷服务。

无线电射频识别（Red of Frequency Identification，RFID），于 20 世纪 90 年代开始兴起，是一项利用射频信号通过空间耦合实现无接触信息传递并通过所传递的信息达到识别目的的技术。RFID 主要由存储标识物数据信息的无源电子标签、用于识别及写入标签数据的阅读器和发送接收信号的天线三部分构成。其工作原理是当电子标签进入磁场区域后，接收阅读器发出的信号，凭借感应电流所获得的能量发送出存储在芯片中的信息，或者主动发送某一频率的信号，阅读器读取信息并译码后，送至中央信息系统进行有关的处理得到结果。顾客只要随身携带一张嵌有 RFID 微芯片的卡片，RFID 使用无线电，可以在短距离内同读码器对答，一靠近任何读码器，顾客身份就会被识别确认，而且在芯片中存储着使用者的相关信息，每一枚标签都有一个唯一的 ID 号码，连接到酒店相关的计费数据库进行处理。例如，位于美国威斯康星州的旅游度假胜地威斯康星溪谷的 Great Wolf （大狼屋旅馆）室内水上乐园，在近期部署了无线电射频识别系统，允许室内水上乐园游客使用智能无线电射频识别表带，这种无线电射频识别表带内置 13.56MHz 标签，具有很多用途：可以用于信用支付、购买物品、充当游戏币以及用于门禁管理等，可谓是身兼数职。这一技术的应用，提高了客人住店期间的愉悦感，将酒店管理所必需的一些程序对客人的打扰降到最低程度，增加了顾客的满意度，这对改善休闲度假型酒店和高级商务酒店的服务质量尤其有效。

同时，视频识别技术也可以用于客房内物品的库存管理，房间管理人员通过读码器就可以知道什么物品需要补充，且对于具有某些额外物品需求习惯的客人，就可以在客人开口之前事先提供这一服务。若对 RFID 标签芯片的一部分进行特别处理，如增加综合时间标记要素，就可以更好地保证客人入住客房的安全性和便捷性；将 RFID POS 终端机与电脑电子快照打印机相连接，在酒店的客人就可以使用 RFID 表带上网看电子邮件或打印照片，这样能增大无线电射频识别系统的应用范围，提升无线电射频识别技术的内涵。

使用 RFID 技术还可以为客人自行登记入住和退房，形成便捷的自助服务站，它既可以改善客人的住宿体验，同时酒店也可以提高生产力和降低成本。

（三）商务智能技术在酒店信息管理中的应用

随着酒店发展规模的不断扩大，传统的业务模式和经营理念正面临着强大的冲击。酒店所积累的信息，包括内部业务数据和客户相关数据越来越多，达到数 TB 的数量级，如何从大量的数据中提取出酒店发展所需要的有用信息成为酒店继续发展的难题之一。商务智能的应用，能够促进酒店充分利用海量信息，通过海量信息的筛选、处理和分析为酒店的日常管理和经营决策服务提供支撑。商务智能的基础是建立酒店的数据仓库，该数据仓库能够有效地存储和分析酒店的海量有用数据，从数据的变化和演进规律中发现市场变化的趋势、客户需求的变迁等决定酒店生死存亡的有用信息。商务智能将现有的数据转化为酒店发展壮大所必需的企业知识，是帮助酒店进行高效的日常管理控制和具有前瞻性的业务经营决策的有效工具。

商务智能具体是指运用数据仓库、在线分析和数据挖掘技术来处理和分析数据，它帮助用户查询和分析数据库，进而得出影响商业活动的关键因素，最终辅助用户做出更好、更合理的决策。商务智能主要由商务智能应用、访问工具、数据存储和数据源、元数据管理、安全管理和数据集成工具等几部分组成。其中，数据仓库是面向主题的、集成的、随时间而变的、持久的数据集合，用于支持管理中的数据制定过程。它有两种存储方式：一种是关系数据库存储，另一种是用多维数据库存储。由于数据仓库中的数据经过了筛选、清理和集成，为数据挖掘提供了良好的基础。

这些商务智能技术可以将酒店日常运作中产生的大量数据按各种管理需要进行不同分类标准的各种细分分类或大类汇总，以便进行进一步的数据处理，从而满足酒店高层管理人员对酒店运行情况的了解和监控。此外，利用这些技术对客人的数据分析，有助于酒店了解客户群体的特征、消费模式、个性化偏好以及进行客户流失性分析，也有助于酒店对市场细分并进行销售预测，帮助酒店研究竞争战略，使酒店可对当前快速变化的市场环境做出迅速判断和响应。

（四）物联网技术在酒店信息管理中的应用

物联网（Internet of Things）通过传感器、射频识别技术（RFID）、全球定位系统（GPS）等技术，实时采集任何需要监控、连接、互动的物体或过程，采集其声、光、热、电、力学、化学、生物、位置等各种需要的信息，通过各类可能的网络接入，实现物与物、物与人的泛在链接，实现对物品和过程的智能化感知、识别和管理。在这个网络中，物品彼此进行"交流"，实现自动识别和信息的互联与共享。因此，物联网技术在酒店的应用，一方面能给客人带来与众不同的舒适、便捷、高效的体验，充分提升酒店的整体形象、竞争力和档次；另一方面能节能降耗，符合当前酒店业绿色低碳的趋势，而且可以提供高效的物流管理，避免能源、人力、物力、运输等方面的浪费及重复建设，能够提升酒店员工的工作效率和服务品质。物联网技术在酒店管理中的应用主要体现在以下几个方面。

1. 效益和效率兼顾

酒店管理过程中，应当效率和效益兼顾，才能突出服务，实现酒店的可持续发展。物联网技术的使用可帮助酒店从以下三个方面兼顾效益和效率。

第一，通过物与物的直接沟通，管理系统大大减少了对员工的依赖，导致运营效率提高，人工出错率减低。

第二，基于物联网的客户关系管理系统可以迅速精算出客房、餐厅、酒吧及各种服务的费用。

第三，远程感应室内、室外、周边等与客房相关的状态，最适当地调整房间的温湿度、亮度、动力，可以最大程度地节省能源费用，降低成本。

2. 信息同步化

在以知识与服务为基础的服务经济时期，客户日益关注感情、情境与体验等方面的个性化需求，并且客户需求变化越来越快，如何创造客户价值和提高客户满意度成为酒店竞争的主要因素之一。物联网技术可以使酒店不同的信息系统实现信息同步，从而满足客户的价值体验。

实现信息同步是满足客户多样化、个性化需求和提升客户满意度的有效途径。一旦信息在整个服务过程中同步化，服务人员就能够实时跟踪客户需求，及时、准确地预测需求变化，捕捉到客户需求的变动并及时做出反应，提高客户满意度，进而提高客户忠诚度。另一方面，信息同步可增强酒店信息系统对信息流和资金流的控制力，帮助酒店降低管理成本、提高服务效率以及优化服务方式，使得酒店能在最短的时间内应对复杂多变的环境。

3. 绿色饭店管理

酒店需要占用、消耗大量的自然资源，排放大量的废弃物质和产生大量的噪声，因此需要树立绿色酒店的管理理念，使得酒店在追求经济效益的同时，提高环境效益。这要求酒店首先培养绿色意识，其次是提供绿色产品，最后降低能源消耗。物联网技术的应用，能够实现以上要求。

第一，基于物联网的客户关系管理系统可根据客房状况进行自定诊断及控制功能，有效调节空调温度、客房亮度等，以节省电能。

第二，将物联网应用于酒店垃圾分类，有效控制污染废弃物和危险废弃物的运送和处置。

第三，目前，酒店管理中存在一次性消耗品导致的资源浪费，通过物联网为网络中的每一个物品贴上标签，包含该物品的所有互用性信息，客户通过信息系统能够追溯产品的成分，使客户了解产品质量如何以及是否卫生，让客户放心使用可回收利用的消耗品，如木梳、拖鞋等。

4. 真正"以人为本"的服务

物联网技术的应用，可实现"以人为本"的个性化服务。例如，当客人进入房间后，客房会自动按照客人的习惯进行环境设置，如自动调节客房温度、湿度等，使客人能立刻在自己熟悉的环境里工作、娱乐或休息；互动电视系统和 IP 电话系统可自动获取客人的入住信息，自动选择客人的母语作为默认语言，使客户能感受到家的温暖。当客房门铃响起，客人不必走到门前就能知道是谁来访，访客图像将自动跳转到电视屏幕上；当客人需要服务时，酒店客服中心会向邻近的服务员发送信息，服务员收到信息后，会及时出现在客人面前，在提高了工作效率的同时，也提升了服务品质，缩短了服务时间；客人登记完走出电梯后，楼层门牌指示系统会自动闪烁，指引客人至其房间，节省了客户寻找房间的时间。所有这些都是"以人为本"服务的具体表现。

5. 日常用品和设备可视化

物联网的应用使得酒店能为客房中的每一个物品贴上标签，包含该物品的所有互用性信息，让客人通过信息系统能够追溯产品的成分，使客户放心产品质量的同时，愿意使用可重复使用的消费品。在设备管理中，所有的使用设备都可以贴上标签，一旦设备变更位置，信息系统就会感知到异常，真正实现酒店全部设备的可视化管理，违规移动设备都会得到及时处理。

6. 更加完善的员工绩效考核

运用物联网技术，可以实时观察员工的工作状态，了解客户对某位员工所提供服务的满意程度，也可了解员工与周围同事的关系等关键性事件，通过这些事件可以了解到该员工的工作效果（对酒店提高客户满意度的目标做出贡献的大小）、工作效率（解决客户问题的快慢）、客户和同事对该员工的看法等信息，实现员工绩效的实时考核。这种考核方法能够很好地解决目标管理法、关键事件法等绩效考核方法的瓶颈，同时能更大地发挥其他绩效考核方法的优势。

当然，要建立基于物联网技术的员工绩效考核系统，需要特别注意员工和客户的隐私权等法律方面的责任，找出最佳的解决方法；并且要与员工充分沟通，以消除或减少员工的抵触情绪。

7. 提升酒店文化

酒店文化是酒店核心竞争力的重要来源，优秀的企业文化能够对酒店在行业中的市场表现产生深远的影响。在物联网应用模式下，酒店企业需要各个部门的员工密切合作，共同为酒店的成长贡献力量，更加需要坚持不断创新、注重团队精神的企业文化。因此酒店应该力求提升自身的企业文化，注重树立鼓励创新、团队合作的思想，通过加强酒店文化建设，培养酒店企业的团队精神及员工对酒店的责任感，增强凝聚力，推动酒店管理创新的实现。物联网技术的应用，能够将运行设备、部门、员工、顾客、消费品等互联起来，实现对客户服务的透明化，员工绩效管理的透明化，员工所关心的信息也能及时反馈给员工，提高了各层管理的可视度，提高了员工间以及管理者与员工间的信任度，使得企业组织能够更好地形成相互信任的企业文化。这样的企业文化是酒店可持续经营的基本点，也是提高顾客满意度的基本要求。

第三节　酒店信息化概述

自从 1994 年确立互联网发展战略以来，全球经济网络化发展十分迅速。旅游业也不例外，借助互联网技术的旅游业已成为国民经济的支柱产业，旅游信息化浪潮也一浪高过一浪。许多旅游酒店，尤其是酒店集团企业或连锁酒店构建集成信息系统正步入扩展时期，积极推进信息化建设。当然，大多数小规模酒店也纷纷开展信息化建设，实现局部的信息化管理，积极参与全球化的市场竞争。调查研究表明，酒店实现信息化管理后产生的经济效益是明显的，同时给社会信息化和人们的生活带来的影响也是巨大的。尤其是信息化给酒店和整个旅游产业注入了发展动力，因此系统性地学习酒店信息化知识，对学习者旅游职业生涯的发展意义重大。

一、旅游信息化概述

信息化是 20 世纪 60 年代末由日本学者最先提出来的。1963 年，梅卓忠夫在其所著《信息产业论》一书中首先向人们描绘了"信息革命"和"信息化社会"的前景。当时他就预见到信息技术的发展和广泛应用将会引起一场全面的社会改革，并将人类推入"信息化社会"。

旅游信息化是围绕旅游产业结构积极利用信息技术，并整合各类旅游信息资源，使之成为旅游业发展的生产力，并推动旅游产业发展和管理水平的过程。旅游信息化的目标是使用先进的信息技术，建成可使任何人、在任何地方、使用任何平台、在任何时间都可任意存取旅游企业信息的集成式信息系统。旅游信息化管理的过程也是旅游业不断创新和提升竞争力的过程。

（一）旅游信息化的内容

由于旅游涉及许多经济产业，旅游信息化涉及的内容非常广泛。从构成旅游产业的结构来看，旅游产业首先必须有旅游消费者，这是旅游产业的主体；其次是旅游资源，即可供旅游消费者游览、休闲的地方，包括休闲农业和乡村旅游等，这是旅游产业的客体；最后是各种类型的服务企业，如旅游酒店、旅游交通、旅游购物、旅游中介商或代理机构、旅行社等，这是旅游产业的媒体。围绕这三种实体的类型，旅游信息化可以由三方面的内容构成，第一是旅游信息化服务，这是针对旅游消费者，但也可以针对部分旅游企业；第二是旅游资源信息化，这是针对所有的旅游资源，包括可观赏的人文资源，目前我国对旅游资源信息化做得还很不够；第三是旅游信息化管理，这是针对旅游企业（也含旅游目的地）、旅游交通、旅游行业管理、旅游产业流程以及休闲服务等管理。酒店信息化属于旅游信息化管理的内容，即酒店的信息化管理。

（二）旅游信息化管理

旅游信息化管理的关键是旅游信息系统的建设。旅游信息化管理是指企业在其制定的信息战略的指导下，采用先进的管理理念，通过信息系统对企业信息资源进行深度开发、综合分析和广泛利用，不断提高生产、经营、决策、管理的效率和水平的过程。它不仅反映了信息技术应用的过程，也反映了旅游管理信息化的过程，在该过程中涉及信息技术的管理、信息系统的管理、信息资源的管理。旅游企业需要制定正确的信息战略来指导信息化管理的实现，在进行具体的信息系统建设项目之前，从企业战略的角度加以考虑，重在内部的流程管理。一个旅游企业的信息化管理能否取得成功，除了相关的技术因素之外，更大的因素在于能不能将先进的管理理念同旅游企业的具体业务良好结合。这主要取决于一个企业的信息技术应用能力、研发能力和现代经营的管理理念。

（三）旅游信息化的作用

旅游信息化对旅游企业经营的影响是最直接的，企业可以低成本地获取网络业务，对旅游经济发展具有现实指导意义。旅游信息化对旅游企业的经营将产生以下积极的作用。

1. 服务效率提升

旅游信息化是通过各类信息技术及系统实现的，信息技术的应用大大提高了旅游企业处理信息的能力，很多以前通过手工操作的服务被信息化服务取代。由于信息系统和设备处理信息的能力是人所无法比拟的，因此旅游信息化的实施在不影响旅游服务质量甚至在改善服务质量的基础上，显著地提高了服务效率和顾客满意度。

目前很多旅游目的地或酒店通过信息系统实现一卡多用、一卡多能，旅游消费者在同一个企业的不同消费点，甚至不同的服务企业都可以实行一卡消费，系统会自动通过客人的智能卡对客人消费的餐费、购物费用、电话费、洗衣费、客房饮料费、传真费、酒吧饮料费等进行一次性结账管理，不仅可以减少票据传送，更是方便了旅游者的各种消费，减少了旅游者支付现金的各种麻烦。旅游者在安排观光旅游或商务旅行行程时，可以通过 Internet 和预订网站自主查询信息，在较短的时间内足不出户就可以收集到相关旅游目的地酒店的地理位置、环境设施、服务项目和价格等详细信息，了解其他消费者在旅游目的地的消费经历和感受，这些潜在旅游者还可以在网上与旅游目的地快速交换信息，用较低的成本得到充分的服务信息。

2．服务满意度提升

个性化服务是一对一地提供有针对性、差异性和灵活性的服务，它从尊重人的个性需求出发，是人性化的体现，是当今人们倡导的服务模式。西方的服务模式已经完成了从标准化服务模式向个性化服务模式的转变。与西方旅游个性化服务模式悠久的历史相比，目前我国正处于从标准化服务模式向个性化服务模式的过渡时期。虽然个性化服务这一理念在旅游业越来越流行，但是我国国内的旅游企业还是说得多、做得少，或者只是做了些皮毛，其中的根本原因就是提供服务的信息系统不够完善。

旅游个性化服务的开展需要员工的参与，但是仅仅依靠员工的努力是不够的，它的实现离不开信息技术。可以说，旅游信息化的实施是旅游个性化服务得以实现的技术支持和基础，如酒店通过网络预订和前台接待系统收集顾客信息，利用数据库技术建立详尽的顾客信息库，如顾客的地址、E-mail、生日、口味、最爱的菜、最喜欢的颜色、宗教信仰等，在春节或顾客生日时给顾客发一封由总经理签名的贺卡或 E-mail，等到顾客再次光顾时根据顾客的消费特点提供针对性服务，安排顾客入住到其喜爱的楼层，确定给何人赠送何种报纸杂志等。又如借助酒店视频点播系统，客人可以根据自己的兴趣，在不借助录像机、影碟机、有线电视等条件下，直接通过电视自由地点播视频节目和查询相关信息，具有良好的互动性。这些都体现了个性化服务的特色。

3．服务形象提升

旅游信息化是适应信息时代要求，运用全流程电子化的旅游信息系统，采用 4C（指客户、成本、便利、沟通，即以客户为中心）模式，实现个性化营销战略，将营销、信息化和电子商务紧密结合，采用扁平化组织结构，为客户提供快速、优质服务的现代信息服务企业流程。旅游信息化从网络设置到软件配套，各个服务环节都经过精心设计，构成了完美服务的旅游企业形象。但我国大多数中小规模旅游企业，旅游信息化建设还不够完善，还有许多信息化任务需要去完成。就移动网络的使用来说，中国大多数旅游企业使用移动网络的范围还相当有限。但实践已经证明，旅游信息化的发展为我国旅游业发展带来了难得的机遇，在旅游目的地不断增加，旅游企业间竞争日益加剧的情况下，我国旅游企业应适应时代的发展潮流，积极引入信息技术开展信息化服务，利用信息技术和移动网络创造竞争优势，特别是利用移动网络营造企业形象，结合自己的服务特色形成核心竞争力，从而抢占市场先机。

二、酒店信息化概念

旅游酒店是旅游业中发展最快的一个产业，是旅游的支柱产业。旅游酒店也是旅游业中信息系统应用最早的一个行业，美国在 20 世纪 70 年代就已有信息系统应用于酒店。酒店信息系统是酒店信息化的最基本的应用系统。目前，不但酒店前台普及了信息系统，在酒店后台的各个部门都已应用信息系统，信息化管理已成为酒店基本建设的一个投资内容。世界上有许多国家没有信息化概念，他们常称之为电子化酒店（e-Hotel）。电子化酒店已是国外的一个专门名词，尤其是美国。酒店信息化除了支持电子交易外，还包含了各种往来的电子通信管理，并支持酒店任何类型的经营活动管理，如通过移动互联网的协作和服务。因此，酒店信息化最终能支持各种类型的电子商务，如与顾客的电子商务、与合作伙伴的电子商务、与政府之间的电子商务等。

（一）酒店信息化建设的内涵

所谓酒店信息化建设，是指酒店通过信息通信技术（ICT）和网络技术等手段，实现酒店信息资源的充分共享和开发利用，使信息和信息技术与酒店的经营管理充分融合，最终提升酒店核心竞争力的过程。酒店信息化建设的内涵可以归纳为以下几点。

（1）建设目标：从根本上说，酒店信息化不仅仅是一次技术变革，更是一次深刻的管理变革。所以，酒店信息化建设的终极目标，是使信息和信息技术与酒店的经营管理深度融合，通过信息和信息技术提升酒店的经营管理水平，从而提升酒店经营的核心竞争力。

（2）建设手段：信息技术、通信技术和网络技术等技术手段。

（3）建设对象：酒店内部和外部相关的各类信息资源，包括国家相关行业政策、酒店行业信息、酒店内部经营信息、酒店客户信息、酒店供应链信息等。

（二）酒店信息化建设的作用

酒店信息化建设的作用涉及管理、组织、服务、创新等多个方面。

第一，促进酒店管理思想变革。国内大多数的酒店都开始了信息化建设的进程，尤其是酒店集团和连锁酒店。但是，很多酒店抱怨信息化对酒店经营没有什么效果，投资太大，没有带来预期效益。与此同时，也有为数不少的酒店，确实享受着信息化建设带来的饕餮大餐。这中间的关键区别，就是酒店管理者对信息化建设的认识问题。我国很多酒店业管理人员认为，购买一些信息化软、硬件，然后搭建好内部办公网络，建设一个酒店网站，招聘一个信息化管理人员，就是实现了信息化。他们认为信息技术是万能的，有了信息技术，就有了后续的一切。事实上，很多酒店做的这些，只是信息化进程的一个开始，如何将信息和信息技术与酒店的经营管理深度融合，如何通过信息技术来提高酒店的整体管理水平、增强酒店的核心竞争力才是信息化建设的真正目标。所以，酒店的信息化建设与其说是技术问题，还不如说是管理问题。在酒店信息化建设的过程中，酒店的管理思想必然会经历一场阵痛，在阵痛中醒悟过来的酒店，则会成为酒店信息化建设的真正受益者。

第二，促进酒店组织结构扁平化。目前，国内酒店大多数还在使用传统的直线职能式组织架构，管理层级较多。这样就导致信息沟通层级多，信息的传导和反馈速度慢，也容易失真。在信息技术的支持下，使酒店管理层的管理幅度加大成为可能。诚如一位美国研究组织结构的专家郝玛·巴拉密所言："减少层次和压缩规模趋势源于降低成本的需要，当然它们也反映了信息和通信技术对管理的冲击。中层管理的作用是监督别人以及采集、分析、评价和传播组织上下和各层次的信息。但是，它的功能正随着无线网络、电子邮件、声音邮件、共享数据库资源等技术的不断发展而减弱。"所以，通过酒店信息化建设，酒店组织的"金字塔式"组织结构将会简化，减少中间环节和中间管理人员，从而建立起精简、敏捷、具有创新精神的"扁平型"组织结构将是未来发展的大趋势。

第三，实现信息共享，促进服务协同作业。酒店信息化建设是围绕酒店信息资源的共享和开发利用进行的。通过信息化建设，酒店的相关经营信息可以在信息系统进行共享，从而促进酒店内部、外部的沟通和协同作业。例如，当酒店需要接待一个大型宴会时，预订员只需要在预订系统输入宴会预订单，各个部门就可以知道该宴会的具体情况、需要多少房间、就餐场地在哪里、需要哪些服务。在客人抵达时，一线前台接待人员只需要将预订信息调出，就可以很快地为客人登记入住。在客人入住后，客房中心服务人员就可以知道谁入住了哪个房间；厨房就可以通过系统查询到明日预计有多少人用早餐。次日，酒店管理层就可以进入经理查询系统，查询系统自动生成的酒店营业报表，还可以进行报表数据的对比分析。通过信息共享，实现了电子数据的自动化管理，不仅使酒店内部的沟通更加顺畅、有效率，还提升了酒店的快速响应能力，增强自身的核心竞争力。

第四，有效降低成本，实现商业利益。信息技术在酒店的应用，使酒店实现了电子方式的沟通交流，可以提升办公效率，节约纸张费用，降低内部开支。通过信息技术，一线工作人员的工作更加高效。一个人在同样的时间，接待的能力大大提升，从而减少了当班的人员数量，降低了人力成本。在前台接待入住时，通过身份证识别系统，可以实现快速入住。前台接待人员只需要将客人身份证放到身份证识别系统，客人的姓名、性别、居住地、生日等信息就立即传到酒店管理信息系统中，接待人员只需要选择好房间，输入房价和抵离时间，就可以打印入住登记单，大大降低了接待员的工作量。在人力成本越来越昂贵的时代，将工作人员从繁重的工作中解脱出来，提升效率，可以降低酒店的管理成本，实现酒店的商业利益。

第五，创新业务模式，引领战略转型。随着全球经济一体化的深入发展，酒店业的客源结构更加丰富并呈现出多样化趋势，客源市场也变得更加广阔。同时，酒店业也将面临日趋激烈的竞争环境和不断提高的客户期望，这迫使酒店业内人士进一步寻求扩大酒店销售、改进服务质量、降低管理成本和提升客户满意度的新方法，以便增强酒店的核心竞争力。传统的酒店装潢、客房数量、房间设施等质量竞争和价格竞争将退居二线，取而代之的是人性化、个性化的服务竞争。而人性化、个性化服务水平的提升主要依靠信息技术的支持。可以预见，未来酒店的竞争战略，将是通过高科技手段，不断创新业务模式，提供超值服务，提升客户体验的竞争，其本质是高科技手段应用能力的竞争。通过信息化建设，酒店可以将各种信息技术、网络技术应用到酒店经营业务中。例如，杭州黄龙酒店通过 IT 技术，打造出高科技的客户体验之旅：你可以通过手持登记设备，进行远程登记，不论是在酒店内还是在酒店外，都可以完成登记、身份识别、信用卡支付；你可以通过黄龙饭店大堂内设置的 Kiosk 机器，完成自助登记、自助退房；作为 VIP 客户的你开车进入酒店车库的同时，已完成登记入住和房卡制作；你乘电梯到达所住楼层时，酒店楼道上的指示牌会自动将你引导到你的房间；你可以在客房内查询航班动态并打印登机牌。

三、酒店信息化建设的内容

不同组织形式的酒店信息化建设在内容上差异性很大。单体酒店的信息化是以"酒店管理信息系统"和"酒店网站"为代表；酒店集团或连锁酒店的信息化是以"中央预订系统"和"酒店管理信息系统"为代表；酒店分销平台商的信息化是以"全球分销系统""接口技术""互联网分销系统"等为代表。不同应用主体的信息化建设的内容不相同，其建设目标和建设重点也不相同。由于我国酒店业单体企业居多，大多数还处于比较低层次的信息化阶段，而且单体酒店是组成集团的基本经营单元，所以本部分内容主要从单体酒店信息化的角度来阐述酒店信息化建设的内容。

（一）酒店内部管理的信息化

信息化管理是酒店信息化的核心，主要形式是各种类型的信息系统。酒店的信息系统按照系统功能可以分为事务处理系统（TPS）、管理信息系统（MIS）、决策支持系统（DSS）、经理支持系统（ES）等。按照应用的职能部门，又可分为前台接待系统、客房管理系统、财务管理系统、库存管理系统、人力资源管理系统、办公自动化系统（OA）等。这些应用系统既自成一体，服务于各个岗位和各个部门；同时又是一个有机整体，可以通过酒店内网有机联系在一起，构成酒店内部的一个集成应用系统。在这些系统中，统一的信息系统概念就是酒店管理信息系统（HMIS）。酒店管理信息系统一般按照是否对客，分为前台和后台系统。前台系统又包括预订系统、接待系统、收银系统、餐饮系统、客房管理系统、账务审核、商务中心等。后台系统包括酒店 OA 系统、财务系统、库存系统、电子采购系统、工程设备系统等，这些系统都是酒店内部管理信息化所需要的信息系统。

（二）对客服务的信息化

对客服务信息化是指酒店要提供的信息化服务。信息化服务是与信息化管理相对应的一个概念，强调的是"服务"。对客户不能是管理，而只能是一种服务。在市场竞争日益激烈的今天，酒店一定要提供具有个性化、人性化、互动式的敏捷服务，从而实现良性发展的宾客关系。信息技术的应用使得酒店收集客户的个性化信息成为可能。目前，酒店对客户关系管理的信息化建设主要集中在 CRM（Customer Relationship Management）系统，即客户关系管理系统。它将酒店经营分为三个阶段。第一个阶段是获取客户资料，通过该阶段可以获取潜在客户、消费客户、忠诚客户的所有资料，并提供给前台服务人员查询。第二个阶段是加强维系阶段，通过软件的支持构建快速响应的团队，实现自动销售、直销、区别关怀，使客户消费满意，让客户感觉到服务价值和获取服务的便利性。第三个阶段留住老顾客，通过软件时刻关注客户消费动向和需求，挖掘有价值的客户，重点服务最有价值的客户，实现一对一营销，让老客户感觉既享受了服务又得到了实惠，满足了自己的服务需要和个性化要求。移动互联网和物联网技术的应用，使客户的个性化服务成为可能，如利用微信实现的信息化服务是目前酒店最温馨的服务。

（三）供应链管理的信息化

随着网络技术和信息安全技术的发展，酒店信息化也逐渐从内部扩展到外部，借助酒店内网、外网和公共网络，将信息化建设拓展到供应链管理上来。与工业企业相比，酒店企业的采购物品品种比较繁杂，往往批量多、数量少，通常一个四、五星级的酒店，其采购的物品品种总数在 2000～4000 种之间。巨大的品种数给采购人员组织货源、库存保管都带来极大的不便。同时，酒店的餐饮物资比较难预测，作为服务性行业的酒店，为了体现服务质量，必须备齐菜谱中所有菜肴的原料，而且每种菜肴的原料都要准备多份。而这些原料通常都是鲜活品，鲜菜易烂，新鲜动物原料一旦冷冻质量将大打折扣。这样必然造成餐饮原料浪费大、成本高。通过供应链管理信息化，某些被酒店特别批准的供应商，可以通过供应链管理系统查看到应由它供应的物资在酒店还有多少存货，这样供应商可以提前备货。酒店供应链管理信息化不仅能够规范采购流程，还能够帮助酒店有效管理所有的供应商，建立灵活高效的报价体系和绩效管理体系，提高管理和分析的效率，从而帮助酒店获得决策管理与分析的基本数据，为各级管理者决策分析提供科学客观的数据支持。2006 年 3 月，国内酒店业首家在线酒店用品采购平台——金陵饭店集团的"金陵饭店电子采购网"正式上线运行，在这个平台上，各种类别的供应商可以针对酒店的采购物品进行报价，金陵饭店集团也会把自己常规采购的物品和需要添置的新品放到采购网上，买卖双方可以在网上自由交易。金陵饭店通过采购供应链的优化，强化了采购资源共享、成本控制，构筑了集团化管理的成本优势。

（四）信息化建设的基础设施

信息化基础设施是信息化建设的基础工程，主要包括硬件、软件、网络等建设内容。

（1）硬件平台。主要包括酒店信息化软件运行时所需的网络平台、服务器与存储平台、安全平台、备份平台、办公设备等。硬件平台的性能直接关系到酒店管理信息系统的性能，应根据软件平台系统结构进行统一部署。服务器与存储平台最好能够采用双机热备份方案，以保障数据安全；安全平台应配备防火墙、入侵检测、防病毒系统等策略，以保障系统的运行。这些硬件平台目前可以自建，也可以租用（云技术）。单体酒店租用平台的方式已越来越普遍。

（2）系统软件和应用软件。主要是指酒店信息系统所需的软件平台，包括数据库、操作系统、中间件服务器等。软件平台中的数据库、操作系统、中间件服务器等应根据酒店信息系统数据量大、实时性要求高的要求，选择大型关系型数据库，如 Oracle、SQL Server 等；操作系统与中间件服务器可根据实际情况进行选择。应用软件就是酒店信息化的具体应用，酒店根据需要开发和购买相应的软件，如前台系统、办公自动化软件、网站软件等。随着 SAAS 应用模式的成熟，云技术架构的应用软件越来越普遍，这些软件都可以租用。

（3）网络和机房建设。网络建设主要是内部网，并规划应用哪种形式的外部网，另外就是经营场所的 WiFi 全覆盖，构建移动互联网的应用环境。机房建设需要按照硬件设备对运行环境的要求，搭建特殊物理空间，建设时须考虑温度、湿度、防雷、防火、不间断供电等方面的各种特殊需求，具体包括内部机房装修、机房布线、接地系统、配电系统、消防系统、防火系统、防雷系统、门禁系统、UPS、机房空调等建设内容。

（4）综合布线。综合布线是硬件平台设备与服务终端连接的重要桥梁，是酒店信息化系统的物理基础，这是信息化建设的基础工程。建设时应满足稳定性、可扩展性、易维护性、速度等要求，如条件允许，还应当增加备份链路。

第四节　信息技术和信息化对酒店经营的影响

信息技术和信息化的发展对酒店业发展会产生积极影响，如出现的网络订房和网络营销等新的业务形态，都与信息技术密切相关，旅游消费者可以足不出户通过网络安排旅行住宿，也可以通过移动互联网在行程中安排住宿。酒店业的发展同样也会促进信息技术的发展，对信息技术不断创新产生影响，如旅游中的实时订房，以及客房在网上虚拟展示等业务需求，促使信息技术的组件技术和虚拟现实等技术的出现，促进了信息技术的不断创新。因此，信息技术的发展和旅游业的发展是互动的，在发展过程中互相产生着影响。

一、酒店的信息密集型特点及信息处理特点

（一）信息密集型特点

酒店是游客旅行中住宿和用餐的地方。酒店在经营过程中需处理的信息量很大，也非常集中，因此酒店是最早应用信息技术的旅游企业。旅游酒店和旅游景区一样，游客都是到目的地来旅行消费的，这就需要酒店把自己的情况以及周边吸引物的情况整理成信息，通过各种途径发布出去。此外，酒店处理客人的信息也非常集中，而且量很大，如客人大多数在上午结账离

店，需要快速处理每个离店客人的账务情况，这是和其他旅游企业不同的客人账务信息处理，要求正确、敏捷，不能有差错。除此以外，酒店还要处理相当丰富的环境信息，如旅游信息、交通信息、景区信息、金融信息以及天气状况等信息，这些信息可以为客人提供便利，是经营中不可缺少的服务信息。

酒店在经营中同样要关注客流的变化，因此酒店每天要统计客流的分布和来源地。通过分析可以有目的地开展市场营销，当然也可以分析营销的效果，以便改变营销策略。另外，酒店经营十分重要的工作就是开拓分销渠道，在各分销渠道整合自己的营销内容，一方面让各地的游客知道酒店的品牌，另一方面可以使酒店有稳定的客源。目前，酒店都有自己的信息系统和网站，甚至是微信系统，酒店在提供实时信息给游客的同时，可以实现互动营销和在线订房，吸引广大的自由行散客。而网站可以提供大量的酒店信息，也可以在线订房，由于游客在异地看不到酒店的设施和地理位置，以及所提供的服务，因此酒店必须通过丰富网站信息来吸引异地游客。酒店密集型的信息需要多种途径和系统来处理，网站和微信系统就是处理和提供不同信息需求的途径。

酒店在经营过程中，要求有完整的信息技术系统作支持，而且酒店涉及的中间分销商比较多，同样需要敏捷处理协同业务中的密集型信息，在处理商务信息上要有一定的策略。酒店信息的密集型特点主要表现在以下几个方面。

（1）酒店客源和客人信息量比较大，处理集中，而且要求快速、正确。

（2）酒店营销信息量比较大，而且要求范围广、渠道多，且协同要求高。

（3）酒店产品价格的层次信息量比较多，而且要满足不同客户的需要。

（4）酒店结账信息量比较大，而且很集中，要求处理的敏捷度要高。

（5）酒店客户关系维系的信息十分丰富，而且要求互动性要好。

（二）信息处理特点

酒店的信息处理主要围绕前台经营管理、后台管理和市场营销管理三个方面的内容。前台经营管理主要包括前厅接待管理、销售管理、餐饮管理、客房管理以及娱乐管理等；后台管理主要包括财务管理、采购管理、工程设备管理、仓库管理以及人力资源管理等；市场营销管理主要包括公关、渠道、分销等管理。分析这些管理活动的信息处理特点，对实施酒店信息化管理工程有很大益处。

1. 前台经营管理的信息处理要求特点

所谓前台经营管理是指直接与顾客接触的相关部门的服务管理，即指前厅部、客房部、餐饮部、销售部和康乐部等部门。目前，前台经营管理由前台管理信息系统进行信息处理。据调查，我国星级饭店基本上都实现了前台信息化管理。由于前台信息管理主要记录了顾客的住店消费情况，因此前台信息处理要求主要围绕信息处理的敏捷、正确。在客房管理、餐饮管理和康乐管理中允许顾客进行挂账（或记账）处理，这样可以实现总台的一次性结账，方便顾客在住店期间的消费。因此，酒店的信息系统都是基于网络环境的，任何一个经营点的消费记录，在其他部门或经营点都能查询到。

2. 后台管理的信息处理要求特点

后台管理主要是对前台经营的各支持部门，如财务部、工程设备部、保卫部和人力资源部等。这些部门都是通过后台信息系统来实现管理的。据调查，我国高星级酒店都具备完善的后台信息系统，低星级酒店拥有后台系统的不多，而无星级酒店基本还没有后台信息系统。后台的每个部门的信息处理都有各自的特点。财务部门主要管理酒店的所有财务，其信息处理的特点是要求正确和完整，前台经营的夜审数据每天必须到位；工程设备部门主要管理工程设备的运转和经营中的所有能耗（水、电、油、气等），其信息处理的特点是要求完整、实时，要完整记录设备维护和维修中的信息以及能耗的信息，及时分析异常情况，实现节能降耗的最佳运行状况；保卫部信息处理的特点是要求敏捷，当发生意外时能迅速到达现场处理，要求监控图像要清晰、完整；人力资源部信息处理的特点是要求完整，要记录每个员工的绩效和职位变化过程，同时要挖掘和激励员工的积极性，让每个员工感觉到有透明的考核体制，利用信息技术系统可以实现对每个员工的全方位考核。

3. 市场营销的信息处理要求特点

市场营销的信息化管理是互联网出现以后发展起来的一种方式，也是酒店实现差异化营销和个性化营销战略的基础。市场营销信息处理的特点主要是智能分析，获取营销知识（对酒店有用的知识），针对性地开展促销活动（也可以在网上开展促销活动）。营销管理中很重要的两个方面就是渠道管理和客户管理，尤其是酒店经营，充分利用渠道和维系客户是酒店经营的重要策略。信息网站目前是酒店营销的重要工具，利用信息网站不但可以开展营销，还可以作为维系客户的重要窗口，更可以利用它开展电子商务。营销部要充分利用网站，设计客户访问的分析软件为营销所用。如哪些人关心你酒店的网站？哪些地区的客户访问网站的人最多？主要访问哪些页面？停留的时间有多长？这些客户消费频率怎样？通过信息网站的互动，还可以给忠诚客户送去关怀，听取客户的需求意见，实现个性化营销。目前利用微信、微博开展的微营销已成为未来发展的方向，酒店可以利用这些新媒体对移动中的顾客开展营销，这些新媒体的特点就是信息传播的实时性。

分销渠道有效性可以通过信息网站了解和分析，也可以通过客户或产生的订单去分析。如果酒店境外客人接待比较多，可以选择国际 GDS，如从 Galileo/Apollo、Amadus/System One、Sabre、Worldspan 等分销渠道中选择；如果仅是接待国内客人，则可以从畅联（www.chinaonline.net.cn）、德比（www.derbysoft.com）等分销渠道中去选择。

以上酒店不同系统中的信息处理特点，充分说明了酒店信息技术和信息系统应用必须考虑这些要求，如果缺乏针对性地开展信息技术应用，会对酒店经营产生不良影响。研究信息技术应用对酒店经营的影响就要正确选择新技术，正确理解信息技术的作用和在酒店管理战略中的地位。

二、信息技术对酒店客户管理战略的影响

客户管理战略是酒店发展战略的重要内容，信息技术应用对客户管理的影响最大。对酒店来说，客户就是财富，酒店的一切经营都是围绕客户，挖掘有价值的客户是酒店经营中的关键环节，也是酒店发展之本。酒店纷纷建立信息网站，构建微信系统，引入电子分销系统等都是为了客户。涉及客户管理的信息系统是客户关系管理系统（Customer Relationship Management，CRM），CRM 是选择和管理有价值客户及其关系的一种商业策略，同时也是一个集成软件，它要求以客户为中心的商业哲学和酒店文化来支持有效的市场营销、销售与服务流程，并最大程度地改善、提高整个客户关系生命周期的绩效。

作为一个酒店的经营者，客户管理战略总的目标是稳定和扩展自己的客户群体，客户群体扩大了，酒店才有发展。因此在日常经营中，酒店经营者就要关心或关注客户的消费情况，需要了解客户在想什么，最需要的是什么，客户什么时候需要服务，以什么的形式提供服务。另外，酒店用什么形式去影响客户，吸引客户，关心客户，这些都是客户管理中需要实实在在解决的问题。而这些问题的解决只有依靠信息技术，如电子商务才能很好地解决。依赖信息技术以后，客户管理涉及的问题就是方法问题，即用什么方法来管理，用什么方法来分析，形成什么样的管理软件，这些都是酒店经营者需要考虑的问题，因为不同的管理者对客户管理有不同的理念和方法。酒店信息技术应用对客户管理战略的影响反映在以下几个方面。

（1）发展客户的途径问题，信息技术会影响途径的改变。

（2）维系客户的方法问题，信息技术会改变维系的方法。

（3）差异化营销的实现问题，信息技术是差异化的魔棒。

（4）细分客户的策略问题，信息技术可以无穷细分。

（5）客户需求的挖掘问题，信息技术可以智慧挖掘。

因此，作为一个酒店管理者，如何利用信息技术系统去解决以上问题是创造市场竞争优势的关键，如开元旅业集团在 2003 年就开始用信息系统管理会员客户，很好地解决了以上问题，初步享受到了信息化管理客户所带来的益处。上海锦江集团、南京金陵集团都先后建立了自己的 CRM 系统。

三、信息技术与酒店业发展的相互影响

随着人民生活水平的提高以及整个社会消费个性化时代的到来，越来越多的消费者已经不再满足于传统旅游的订房方式，个性化、多样化的订房形式正广泛地被消费者所接受。有通过中介网站订房的，有通过酒店微信系统订房的，也有通过 GDS 分销商订房的。这一切说明了信息时代已经真正到来，酒店需要应用多种技术方案来满足消费者的需求，而旅游消费者的个性化和多样化在信息技术的帮助下已经完全可以实现操作，有力地促进了酒店业的快速发展。

（一）信息技术对酒店组织结构的影响

我国酒店业是一个竞争性很强的行业。由于酒店硬件产品可模仿性强导致了产品层面同质化竞争很严重，因此只有提升服务的质量和水平才能增强酒店的竞争力。从当前消费者的需求来看，旅游者通过网络获取酒店服务是一种趋势，这种趋势要求酒店企业提供网络化的综合服务，包括通过网络订房、订餐、退房、结算等。这种综合化的服务必须依靠强大的信息技术和网络来支撑，即要求信息技术改变酒店服务的组织结构。研究表明，利用信息技术手段对酒店结构的再组织，提供网络化的综合服务，是当前酒店企业提升核心竞争力的主要途径。

从目前酒店企业接待的顾客类型来看，团体住客不断减少，自由行住客不断增多，他们希望从酒店获取全程综合化的服务，这就给酒店带来了很大的信息处理量，并要求酒店在内部要有很强的信息甄别处理能力，在外部要有很强的信息传递和沟通共享能力，这一切都要求用信息技术系统来改变。从内部看，酒店需要建立起畅通的内部网络，应用各种数据处理软件把不同的住客需求信息进行分类处理，这样才能提高运营的效率。对于外部来说，酒店需要将产业链各方（旅行社、饭店、大商场、旅游景点等）的信息资源进行有效整合、衔接、共享，才能更及时、便捷地为住客提供满足他们需求的服务，才能形成规模化优势。这就要求传统的酒店通过再造流程来改变组织架构，以适应信息技术普及和推广。这就是信息技术造就了现代的酒店业。

（二）信息技术对酒店营销方式的影响

信息技术的应用对酒店营销的影响是最大的，尤其是网络营销的出现提高了酒店业的营销效率和效果。但是，我国酒店业目前单体酒店居多，经营效益还比较低，与国际酒店业发展水平的差距还是很明显的。目前，美国几乎所有的酒店都在使用 GDS（全球分销系统，后面有详细介绍）、移动互联网等开展营销，而在国内，拥有 GDS 的基本上是三星级以上的酒店，大约占全部酒店的 17%，通过 GDS 开展酒店产品的电子分销潜力巨大，可以开展全球化的电子营销和分销。

网络营销的关键是对各营销渠道和营销内容的整合。如何处理网上酒店品牌、渠道、促销等要素，有效扩大品牌影响，向传统用户渗透，网络营销正在发挥越来越大的作用。网络市场具有较大优势的携程网（www.ctrip.com.cn）正在不断尝试新的营销方式来增强品牌影响力，如移动营销。该服务商通过广告投放和线下活动营销相结合，包括提供给 VIP 会员的增值服务，获得了很高的市场竞争力。特惠商户是携程给予 VIP 会员的增值服务，携程的 VIP 会员可在这些特惠商户处享受到最低至 6 折的消费优惠。另一方面，像南京金陵集团、开元旅业集团、7天连锁、锦江之星等，也纷纷开展了各种形式的网络营销，并把互联网线上营销和线下营销有效地结合起来，取得了快速扩展的惊人业绩。许多高端酒店，通过整合营销服务，从而更快、更有效率地满足了顾客的需求。在我国，越来越多的小规模酒店也已经意识到信息技术和网络的作用，纷纷利用网络营销开展网上酒店服务，由此进入了网络化的低成本营销时代。

另外，信息技术应用对酒店经营管理模式、酒店职业经理人以及酒店普通员工都产生了积极的影响，限于篇幅，这里不再细述。

（三）酒店业发展对信息技术的影响

酒店电子商务是目前旅游业最大的电子需求，也是对信息技术要求最高的新业态。在酒店电子商务发展过程中涉及许多应用性问题，如交易安全问题、实时预订问题、电子支付问题、产品在线展示问题、在线排房问题、客户在线互动问题以及交易速度问题等，这些问题都需要信息技术来实实在在地解决。从目前的信息技术现状来看，有些问题已经解决，如实时预订和在线互动问题。有些问题正在解决，如电子支付问题和交易的安全问题。有些问题还没有解决或解决得不彻底，如在线排房问题和交易速度等问题。这些应用需求进一步推动了新技术的发展和研发。交易速度永远是人们追求的目标，如网络速度、存储器读写速度、商务处理速度和网络宽带速度等。目前还有一个问题没有完全解决，就是酒店电子商务系统与微信平台的接轨问题，需要开发一个能使我国大多数中小规模酒店企业实现微信平台与酒店的电子商务系统随时交换数据的接口技术，至少目前许多小规模酒店还在等待着这种简单易用的接口技术，这需要信息技术的进一步开发。

酒店业的发展需要高性能的信息系统，能智慧地处理网络业务，这就需要信息技术的不断创新。在信息化进程中，如果抛开酒店产业的特点开发信息系统，这个系统必然如空中楼阁一样缺乏坚实的基础；而离开酒店产业的应用需求搞国民经济的信息化建设，则根本不能实现预期目的，信息技术也无法实现创新，因为它缺乏行业的需求支撑。对酒店企业的信息化建设而言，道理也是一样。只有把酒店所有的业务处理信息化了，跨行业、跨地域的信息网络才能建立起来并为酒店管理的信息化奠定基础。酒店业发展对信息技术发展的影响在应用需求上表现在以下几个方面。

（1）异构系统的数据交换技术。

（2）酒店产品的网上实景展示技术。

（3）客户关系数据的移动分析技术。

（4）酒店大数据的构建技术。

（5）分布节点的数据联动和更新技术。

（6）电子数据无缝交换的安全确认技术。

（7）应用软件的云架构技术。

第五节　酒店信息化的发展趋势

在未来信息化的建设过程中，酒店还需要进一步将各系统协调整合，无缝衔接，实现从营销到交易，从服务到销售，从售前到售后服务的一体化应用，并加强与航空部门、旅行社等其他相关方的合作，实现酒店服务一条龙，为顾客创造附加值，以此来探寻开展酒店信息化建设的最佳发展模式。

一、酒店信息化建设存在的问题

尽管我国酒店的信息化程度近年来有了很大的提高，但与我国互联网的发展趋势及国际酒店业信息化的程度相比，国内酒店业的信息化程度还处于初、中级阶段，阻碍我国酒店信息化发展的因素有很多，如信息化观念落后、信息孤岛问题严重、缺乏信息化人才、缺乏行业规范和标准、信息化服务不到位、业务流程与信息化未融合、技术功能与酒店需求错位等问题。

（一）信息化观念落后

酒店信息化是一个新的领域，是信息网络技术在酒店业的应用。这与传统的酒店经营完全不同，所以需要酒店管理层与时俱进，及时更新观念。当前，酒店存在着以下几个方面的误区：信息化=电脑化；信息化无用，只是烧钱的玩意儿；信息化是好，但是成本太大，不值得；信息化很好，是技术部门的事情，就交给 IT 部门去建设吧。如果酒店管理层的观念还停留在这样的误区里，那信息化建设肯定是没有成果的。信息化的巨大作用已经被业界认可了，但是，具体怎么用才能产生经济效益，还要看具体的规划和实施情况。如何具体开展信息化建设，由谁牵头负责等问题，需要管理层及时更新观念，紧跟信息化发展步伐。曾有一段时间，酒店业对信息化建设是否能够增加酒店效益存在争议，因为很多酒店的确投入了很多，但是结果却不尽如人意，导致部分管理者怀疑信息化的作用和意义。产生这样的结果，其实也是酒店管理层对信息化的认识不够造成的。由于酒店管理层对信息化建设的认识不足，导致他们所购买的信息系统、设备设施与酒店实际需求产生错位，或者在实施过程中，并没有真正发挥信息技术的作用，从而可能导致投资失败。

（二）信息孤岛问题严重

酒店应用软件不统一，信息孤岛问题很严重。酒店行业是信息密集型行业，产品的无形性、易逝性使信息对酒店尤为重要。目前酒店存在各种各样的信息系统，一般包括前台系统（预订、接待、收银、客房、夜审、经理查询等）、后台系统（结算中心、物流系统、人力资源等）、接口系统（Interface）（用于连接 HMS 系统和其他系统）和其他系统（购物中心、餐厅、酒吧、电话结算）。这些系统都是随着酒店经营发展的需要逐步建立起来的，缺少整体设计和统一规划，导致信息的重复建设和"信息孤岛"现象，形成"信息共享差、信息过多但知识贫乏"的局面。由于这些"信息孤岛"的存在，酒店的很多工作就需要重复劳动。例如，很多酒店的网站提供了预订服务，但是这些预订下达后，需要服务人员重新手工录入到酒店内部的管理信息系统中去；酒店的内部管理信息系统产生的各项收支记录，财务人员需要手工录入到酒店后台财务系统中去。类似这样的由于"信息孤岛"产生的信息重复建设的现象很普遍，这是酒店信息化建设过程中必须解决的基础性问题。

（三）缺乏信息化人才

酒店在进行信息化建设时，往往对采用最新的硬件、最高级的软件等比较看重，愿意在这些方面进行投资，但是对信息化培训、信息化专业人才的培养却不够重视，导致酒店缺乏信息化的专业人才。酒店市场的竞争，不外乎资金投入、经营理念、环境设施、菜品风味、营销策略、服务水准和价格定位等几个方面，而这一切又集中体现在复合型人才（既懂酒店管理又懂电子商务的人才）的数量和质量的竞争上。信息技术的应用需要配备较高素质的人才，缺乏信息化人才将阻碍酒店行业的信息化建设进程。目前，我国酒店业不仅缺乏信息人才的培养机制，而且对信息化系统的操作者的培训也不到位。国内酒店大多对员工的信息化培训没有任何评估，使培训流于形式，存在为培训而培训的问题，没有真正提高酒店的信息化培训效果。所以，高素质信息化人才的紧缺制约了我国酒店电子商务的发展。

（四）缺乏行业规范和标准

由于旅游行业的信息化建设起步较晚，目前酒店业缺乏科学完善的酒店信息化建设指导原则，缺乏信息化建设具体战略规划与管理规范。一方面，不少酒店信息化建设脱离其规模、业态、市场定位及经营管理活动，缺乏整体规划与协调，忽视了酒店自身的特点，酒店信息化建设与酒店经营管理体系不协调。另一方面，酒店信息化产品市场竞争激烈，产品纷繁复杂，每个酒店信息化产品提供商都是采用自己的一套标准进行产品开发，缺乏行业统一标准，从而导致酒店实现信息共享的难度加大。

（五）信息化服务不到位

信息资源是 21 世纪酒店管理的主要对象，但是国内酒店对信息的应用还停留在很初级的层面，信息化服务水平比较低。目前，国内大多数酒店已经建立信息管理系统，已经拥有了详细的顾客资料、销售资料和财务资料信息等。这些都是当今的酒店管理者能够轻易掌握的信息，但那些不断积累的顾客资料库，还只是停留在传统的使用价值——再次识别顾客的信息库而已。对比国外，我国酒店业的信息化服务还处在低水平层次。国外很多酒店集团可以利用数据库技术和数据挖掘技术，对顾客数据进行采集和分析，从而为顾客提供互动、实时、个性化的信息化服务。所以，对于信息的掌握，并非只是获得信息内容本身，更主要的是通过对信息的利用，实现"信息化服务"来提升我国酒店的整体服务水平，缩短与国外酒店的差距。

（六）业务流程与信息化未融合

不少酒店在进行信息化建设后，发现最后的效果并没有预期的那么好，有些员工甚至抱怨，工作量比原来还大。例如，上海某三星级酒店的大堂吧，原来手工单操作最多就手写一遍，酒店信息化后，除了手工操作，还得把餐单输入到信息系统里面，输入完毕后，还是要通过手工进行表单统计工作，徒增工作量。出现这种现象的主要原因，就是信息化建设没有和酒店的业务流程充分融合。酒店信息化后，需要对原有工作流程进行重构，以适应新的运行模式。作为服务业的酒店企业，其核心竞争力就是服务质量。所以，酒店的工作流程也好，酒店的信息化建设也好，都必须以顾客为导向，从顾客一开始接触酒店到完成入住并离店的流程进行合理划分，使实际操作和信息系统操作，都能够自然而顺畅地进行。这是信息化建设非常困难，但是却非常重要的一项内容，它在很大程度上决定了一个信息化建设的成败。

（七）技术功能与酒店需求错位

酒店业属于以人为本的劳动密集型服务行业，IT行业属技术密集型行业，由于这种行业间的本质差异，很多情况下IT公司研发产品时并不了解酒店的真正需求，提供的系统很多不能解决酒店面临的关键问题。例如，运用酒店管理信息系统以后，管理的量化程度在提高，数据的流转速度在加快，然而酒店迫在眉睫的矛盾是，在行业不景气的情况下，总在权衡投入成本与产出效益的比重，开源节流尤为重要，直接面对市场的技术要求日益显现。目前，很多酒店直接面对市场的销售手段还停留在拜访、打电话、发传真等传统形式，酒店管理信息系统能否直接开拓市场，直接帮助酒店实现开源节流，这正是目前技术与需求差距的体现。

根据酒店信息化存在的这些问题，我国一些连锁酒店、高端酒店以及酒店应用软件服务商等积极利用新技术，研发了一些具有创新服务的新型软件和电子商务系统，使酒店信息化建设呈现出良性竞争的发展势头。

二、酒店信息化建设发展趋势

随着信息技术的发展和酒店业本身经营方式的变革，以及国内竞争的日趋激烈，导致酒店管理信息系统新的系统特点及发展方向不断涌现，信息化建设呈现多发趋势，主要表现在以下几个方面。

（一）专业化软件与商品化软件相结合

时代的发展使酒店市场需求呈现多样化、个性化的态势，酒店越来越注重市场需求的细分化，很多酒店开始实行"小市场、大份额"战略。但商品化软件对酒店来说没有竞争力，都是酒店规范化的流程管理，无法体现酒店自身优势，通过自己研发或定制的专业化软件，可以体现差异化服务的优势特色，酒店通过开发个性化软件和提供个性化服务来赢得目标顾客。经济型快捷酒店、现代商务酒店、青年旅馆、汽车旅馆、酒店公寓、温泉度假村、分时度假等都有自己的专业服务软件。如以速8酒店为例，通过建立40018—40018呼叫中心、super.com.cn官方网站、手机网站、手机APP、微信公众账号以及各OTA整合的服务平台，速8酒店可谓是做到了全覆盖，尤其是新兴的手机应用，速8走在了各品牌的前列，一部智能手机，就可随地查看身边最近的速8酒店，房型照片、价格一目了然。通过微信能和客服交流，了解订单情况和会员信息。专业化的服务软件和商品化的前台系统相结合，为速8酒店形成了信息化的明显优势。因此，酒店信息化的建设绝不能千篇一律，必须按照酒店本身的市场定位实现专业化和商品化软件的结合，才能形成市场竞争优势。

（二）数字化建设与智慧化相结合

现在酒店信息化建设中提出的一个新名称就是智慧酒店，如果酒店围绕智慧去开展信息化建设，不一定会产生好的效果，因为智慧酒店是建立在数字化基础上的。通过几年来的实践证明建设智慧酒店的可行步骤是，酒店开始注重数字化建设，在此基础上有条件地开展智慧酒店建设，如把酒店的客房、餐饮、娱乐、康体和会议室等服务场所数字化，建立基本的数字化管理，然后在服务中看有哪些需要灵活管理的环节，逐步引进智慧化的管理与服务。如杭州的黄龙饭店，前台管理软件基本都实现了数字化管理，然后在员工管理、能耗管理、客房服务、接待服务等环节中引入了专门的智慧型系统，使杭州黄龙饭店在2010年基本实现了初步的智慧酒店，也是国内第一家对外宣布的智慧酒店。因此，酒店服务智慧化可以使酒店服务中心在酒店前台管理系统的控制下，显示客人临时需要的服务请求，如需要增加某种物品，或者送餐等呼叫服务，甚至是紧急求救信号，从而实现了酒店的敏捷服务。总之，通过智慧系统的新技术可以为客人提供更多的个性化需求的选择，提供给客人自我控制的数字化服务，将使酒店客人的体验更加便利和人性化，酒店业服务方面的数字科技与智慧化的努力必将不断完善酒店信息化的体验。

（三）电子商务与移动网络相结合

酒店信息化建设的另一个发展趋势就是电子商务。在信息系统的商务处理中，结合移动网络技术，使传递手机预订信息、接收中介网站的预订信息、处理国际 GDS 的网络业务等已成为可能。电子商务中的网络营销，渐渐已成为酒店营销的主要手段，实现了网络营销与销售服务捆绑，形成酒店自身的网络销售系统。酒店利用网络销售系统进行酒店营销的创新，有效展示酒店形象和服务，并建立良好的客户互动关系，提高了酒店的经济效益和营销效益。例如，作为经济型酒店的 7 天连锁，在电子商务建设方面走在了前列。全球金融风暴袭击最猛烈之时，连锁酒店巨头 7 天逆市获得国际金融机构高达 6500 万美元的融资，首席运行官郑南雁将钱投进了电子商务平台的建设，他坚持认为"这样可以降低很多内部消耗"，提高酒店的收益率。同时，利用移动网络还可以拓宽酒店的销售市场，扩大预订消费群体，敏捷处理消费者业务需求，增强在线预订群体对酒店产品的信任度。通过移动网络，消费者可以随心所欲地了解酒店产品，有效增加电子商务的业务量，使 7 天连锁获得了经济型酒店市场的竞争优势。

（四）信息化软件结构与云技术相结合

酒店信息化软件结构随着云计算技术、互联网技术的深入应用，其软件的体系架构、软件的使用方式、软件的维护方式已产生了深刻变化，形成基于云架构的酒店管理软件。新一代的软件体系顺应了网络技术的变化，顺应了酒店企业应用需求的变化，也顺应了酒店电子商务需求的变化，更是顺应了酒店网络消费者的需要。因此，信息化软件结构与与技术相结合已成为酒店未来发展的新趋势。云计算技术在酒店的应用，可使酒店无须服务器硬件及其相应能耗、无须昂贵的服务器操作系统及数据库软件、无须购买酒店管理软件和支付升级费用，从而降低系统使用和维护难度，因此可以极大地减少酒店使用成本和应用难度，可广泛地应用于国内三十多万家星级酒店、经济型酒店、招待所、酒店式公寓、度假村、旅馆、客栈及家庭旅馆，极大地提高整个酒店行业的信息化建设水平，满足整个行业经营发展上的需要。如杭州绿云科技有限公司研发的基于云技术结构的 iHotel 就是这样的系统，iHotel 的核心技术是云计算技术，它有酒店层面和集团层面两个体系，酒店层面主要是 PMS 应用，集团层面主要是 CRS、CRM以及集团控制及分析等应用，集团对下属酒店的控制及管理利用云端技术，每个酒店都是 Web

上一个点，所有管理都通过浏览器就能实现，故称为 iHotel。该公司从 2010 年成立开始研发，2011 年产品发布，在短短的不到 3 年时间里已有用户 1500 家。

基于云架构的酒店应用软件是一套集成化的应用，是一个完全由程序控制的开放系统，因此除了实现传统意义上的酒店管理软件功能、享受云计算技术的低成本外，更能享受互联网时代的种种便利和优势：可内嵌第三方支付平台；支持苹果及 Android 等移动平台；可内嵌短信平台；支持电子商务，很方便打通第三方 OTA 接口，实现与 OTA 系统的实时互联；实现与信息门户网站系统的一体化管理；实现消费者自助登记和结账。因此，基于云架构的信息化软件必将成为酒店集团、连锁酒店开展电子商务和信息化管理的首选。

拓展学习

1. 信息通信技术在酒店业的应用
2. 移动互联网的原理与应用
3. 酒店信息化管理与酒店信息化服务
4. 信息技术与酒店经营的深度融合

案例分析与习题

一、案例分析

希尔顿酒店集团电子商务应用案例分析

希尔顿通过实施电子商务取得了极大的成果，是酒店集团开展电子商务的领先者。本案例分析了希尔顿酒店的电子商务实施过程，从酒店电子商务整体形象定位到电子采购以及客户管理，详细介绍了希尔顿酒店实施电子商务的具体实施情况。

1. 背景综述

国际希尔顿（Hilton International）与希尔顿酒店集团（Hilton Hotels Gorporation）在 1997 年 1 月达成合作联盟，至 2013 年底，它们在世界上遍及 90 个国家和地区拥有逾 4000 家酒店。这些酒店分属不同的子品牌系列——国际港丽酒店系列（Gonrad Hotels）、希尔顿大饭店系列（Hilton Hotels）、双树饭店系列（DoubleTuee Hotels）、大使套房酒店系列

（Embassy Suites Hotels）、花园酒店（Garden Inn）、汉普敦套房旅馆系列（Hampton Inn and Suites）及希尔顿度假俱乐部（Hilton Grand Vacations）。

希尔顿酒店集团积极开展电子商务，2000 年，集团总收入 28.3 亿美元，净收入 27 200 万美元，电子商务收入占净收入的 9%。在过去的几年间，利用互联网，希尔顿已成功地推进了客房预订业务，大幅削减成本。2000 年，希尔顿所有网站的客房预订收入超过 3 亿美元，是 1999 年的两倍。而后，希尔顿酒店集团又进行了它的第二次电子商务改革，利用电子商务增强营销能力，拓宽分销渠道，提高预订能力、购买能力和集体内部管理水平。希尔顿集团致力于 B2C 网络业务，这对它实施新的多品牌战略十分重要，分析家说："我们看到，希尔顿集团正努力通过一个综合频道推销其所有品牌"。

2001 年 6 月，美国 InternetWeek 网站公布了 2000 年度全美电子商务 100 强企业的评选结果，希尔顿酒店集团荣膺百强之首。此次评选意在表彰这些公司利用互联网达成商业成功的努力，评选的主要依据是各家公司所取得的切实的电子商务业绩，如增加客户、提高收益、降低成本等。相关的调查研究了这些公司如何利用互联网增进企业与消费者及供应商之间的联系，如何开拓电子市场，以及如何利用互联网推进企业基础建设等。

2. 希尔顿酒店集团的全方位电子商务应用

（1）树立多品牌酒店集团的整体形象

如前所述，希尔顿酒店集团拥有众多不同的子品牌，如其电子商务副总裁 Rosenberg 所说，希尔顿现在是多酒店和多品牌公司。Rosenberg 说，"我们想确保顾客能理解希尔顿品牌群"。这一目标已贯彻在希尔顿酒店集团的网站设计上，希尔顿酒店集团通过其网站把酒店集团的形象和一系列酒店成员品牌公布于众。从酒店集团网站的首页可以链接到集团品牌成员酒店各自的网站。

品牌成员酒店网站上都有统一的希尔顿酒店集团形象标志，并且拥有统一的交互设备。希尔顿集团子品牌网站的电子商务负责人 Jeannie Moran 说："子品牌酒店网站应拥有一致的视觉形象、一致的感觉形象和一致的应用技术，但依然允许子品牌酒店注重他们个性化的服务功能。"例如，预订界面和酒店搜索引擎界面在各个子品牌酒店之间都应保持一致，而其他个性化服务功能，如"驾车旅游线路计划"就只由汉普敦套房旅馆系列独家提供，因为其客户大多数为自驾车旅游者。

希尔顿酒店集团的"常客积分消费计划"也在各子品牌酒店之间通行。在任何一个成员品牌酒店网站上预订的旅游者都能得到积分，拥有积分的旅客在任何一成员品牌酒店网站上预订，都能享受优惠。

（2）面向公众的电子预订

希尔顿的网上业务已经取得了成功，2000 年希尔顿的网上订房收入已经达到 3 万美元，是 1999 年的两倍多。希尔顿集团网站上的成功之处是有效地把网站访问者变成预订者。据统计，早在 1999 年 10%的酒店集团网站访问者尝试了网上预订。

希尔顿集团网站之所以能有效地把网站访问者变成预订者，重要的原因是合理的网站设计。希尔顿集团的电子设备研究人员通过调研，认为网站不能有效吸引预订的原因在于：网站的设计不好；导航困难；连接慢；缺乏有吸引力的优惠。同时他们了解到，只有 16%的网站访问者会逐字逐句地阅读网页上的文字。基于这些认识，希尔顿集团网站上的设计突出了以下特点。

① 将酒店和度假胜地查询功能放在显著位置。

② 突出预订功能。

③ 重点介绍特别服务和优惠价格。

④ 重点促销周末和度假旅游、会议和团队旅游。

⑤ 加亮关键字。

⑥ 文字叙述简明，从结论开始。

⑦ 不大量使用图片。

这些设计强化了网站的电子商务功能，推动了网站预订的增长。

同时，希尔顿酒店集团拥有电话预订中心。由于现在许多旅游者仍然习惯于电话预订，电话预订中心与网络是互补的。而其共同之处在于，它们的后台支持是同一数据库和网络信息系统。

（3）客户关系管理

希尔顿酒店集团具有强烈的客户关系管理意识。集团常常在内部培训中强调以下事实：获得一个新客户比维持一个老客户的成本要高出 7 倍；满意的客户买得很多并愿意支付更高的价格，使酒店获得更高的利润。而谈到客户关系管理时，他们认为，20%客户的离开是因为价格；而 80%客户的离开是因为服务质量低下、缺乏购买后的关系维持。

希尔顿酒店集团开发了一套名为"H honor"的客户管理系统。这套客户管理系统的运营目标是：借助信息技术手段，与世界范围内客户，包括旅游者、旅行社、会议组织者和旅游业协会保持联系。目前，希尔顿酒店集团通过"H honor"客户关系管理系统实现的客户接触总数约为 500 万人次/月，6000 万人次/年。

客户关系管理的基本步骤为：客户资料收集；客户细分；与客户接触；个性化客户服务。这四个步骤是"H honor"的客户关系管理系统的设计基础。

"H honor"的客户关系管理系统的功能包括以下内容。

① 客户资料收集

——鼓励浏览者在电子商务网站上注册，提供个人信息。

——为注册的潜在客户提供个性化的服务，包括发送符合顾客兴趣的新闻、每月活动信息和特色服务信息。

——记录个人或企业客户在网站上累计预订量。

——发现有价值的客户，区分其类型和价值程度。

② 客户细分

按客户类型细分：旅游者、常客、旅游批发商、代理商、会议组织者……

③ 与客户接触

——在网上建立"全体代理商交流中心"，进行知识交流。

——通过经常沟通增加代理商的主动性。

——"H honor"客户服务中心：通过电话、电子邮件、信件等多种途径与客户联系。

④ 个性化客户服务

——对于重要客户免收订金。

——记录重要顾客的偏好和行为习惯，为他们提供更好的服务。

——为酒店集团"豪华度假（HGVC）"会员提供相互交流的机会。

——为预订酒店客房的会议组织者提供"会议策划津贴"。

——为长期合作的旅行商提供免费的"逍遥旅游"等。

（4）电子采购

为节省成本，希尔顿酒店集团在物质采购上采取汇聚需求，统一批量采购的模式。这一过程也是通过电子商务来实现的。在集团内部，希尔顿采用一套物品请购系统，属下酒店只需使用简单的操作界面，便可直接向希尔顿设备公司线上请购所需的物品。面向供应商，希尔顿酒店集团设计了用于物资采购的互联网商务平台，酒店集团设备公司或各子酒店通过这个平台和酒店用品供应商进行交易。2000 年，超过 500 家子饭店和 3500 家供应商应用这个物资采购平台。其中，部分酒店已将其采购资金 60%投进了电子采购市场。

这一采购平台的优越性：一是能回应零散的采购需求，在与供应商的议价中获得优惠的价格，实现成本节约；二是提供采购管理和资产管理的功能；三是交易比较公正透明，能防止个人非法购买行为的发生。通过这一系统，希尔顿酒店集团完成了大量的全国性和全球性的采购。在统一的购买行为确定后，供应商可通过区域性配送，将货物送到各地的希尔顿子酒店。

3. 希尔顿酒店集团电子商务应用效果

通过互联网信息发布带来了 16% 的新增客源，95% 的成员酒店通过互联网实现了销售，10% 的访问者在网上预订酒店客房；33% 的酒店用品在网上采购；供应商在互联网上与酒店洽谈业务；16% 的采购订单通过互联网完成；8% 的酒店采购资金通过电子商务收入；7% 的酒店销售收入来自互联网；16% 的订单通过网站电子商务完成。通过互联网进行物资采购可节约成本 8%，通过互联网进行客户关系管理可节约成本 7%，通过互联网进行信息传递与交流可节约成本 59%。（本研究经整理）

思考题

1. 希尔顿实施电子商务的原因是什么？
2. 希尔顿实施电子商务取得的一系列数字信息说明了什么问题？
3. 电子商务是不是万能的，如何避免由于实施电子商务失败给酒店带来的巨大压力？
4. 电子商务给酒店带来了哪些竞争优势？

二、习题

1. 什么是旅游信息化？它包含哪些内容？
2. 简述酒店信息化建设的内涵。
3. 请结合实际谈谈酒店信息化建设的作用。
4. 简述酒店信息化建设的具体内容。
5. 什么是旅游信息系统？其核心技术是什么？
6. 通过查阅资料，总结金陵饭店电子采购网的作用。
7. 酒店信息系统的功能发展经历了哪几个时期？
8. 简述酒店信息技术的初级应用涉及哪些酒店业务。
9. 简述酒店信息技术的扩展应用涉及哪些酒店业务。
10. 简述酒店电子商务包含哪些内容。

11. 通过查阅资料，选择某一主流酒店前台信息系统，介绍其功能特点及应用情况，要求1000字左右。

12. 结合实际，谈谈酒店信息化建设的发展趋势。

13. 结合实际案例，介绍信息技术应用对酒店经营产生的影响。

14. 结合实际，谈谈酒店业的发展对信息技术发展产生怎样的影响。

15. 酒店信息化建设中还存在哪些问题？根据你的知识，怎样解决存在的问题？

16. 作为单体客栈，应怎样开展信息化建设？

17. 结合实际，谈谈酒店信息化能给酒店经营产生怎样的竞争优势。

18. 为什么说酒店管理信息系统是酒店信息化建设的核心系统？

19. 作为一个单体酒店，应如何利用信息化创造竞争优势？

20. 找个酒店集团开展信息化建设的案例，分析它们是如何利用信息化创造酒店经营的竞争优势的。

第二章
酒店管理信息系统概述

【引言】

　　酒店管理信息系统是信息时代的产物，属于管理信息系统的一个学科分支。随着信息系统在酒店应用范围的扩大，酒店管理信息系统在酒店的经营管理中发挥着越来越重要的作用，现代酒店经营的管理、服务、营销都离不开它。酒店管理信息系统不仅能促进酒店提升管理效率，而且能提高顾客满意度，改变经营模式，并提升市场竞争的能力。本章主要围绕酒店管理信息系统介绍信息的概念、特点、作用，重点介绍酒店管理信息系统的概念和结构，以及酒店管理信息系统的特征、应用类型等，最后介绍其发展现状及趋势。

【学习目标】

　　通过本章的学习，要求学生：① 掌握信息的概念，了解信息的特征及生命周期；② 熟悉信息系统的概念及结构；③ 掌握酒店管理信息系统的概念、作用；④ 熟悉酒店管理信息系统的应用类型；⑤ 了解酒店管理信息系统的发展现状及发展趋势。

第一节　信息与管理信息

　　信息系统是以数据为驱动的应用系统，它输入的是原始数据，输出的是对企业经营有用的信息。本节介绍信息与管理信息内容时，将从数据开始。

一、数据

　　数据（Data）是一种按照某种规则排列组合的能够表示客观事物属性的物理符号。数据首先能够表示事物在某个方面的特性。例如，股票，红线代表上涨，绿线表示下跌。这些数据需要按照一定的规则排列组合起来，才能够体现某段区间股票的总体走势。数据的表达有多种方式，可以是数字、文字、图像，也可以是计算机代码。

数据是信息的载体，为了能够掌握信息，我们需要对数据包含的主要信息和主要特征进行解读。我们需要了解这些物理符号序列的规律，要知道每个符号和符号组合的含义，从而获得该组数据所代表的信息。经过我们的"解读"后，数据就经过了加工，从而提炼成为信息。例如，酒店业常见的房态图中，VC 表示"空净房"，我们需要知道字母"V"是英文"Vacant"的缩写，表示"空的"，字母"C"是英文"Clean"的缩写，表示"干净的"，字母"V"和字母"C"组合在一起，意为"空的干净的房间"，简称"空净房"。在这里，"VC"就是数据，通过我们的加工，就获得了酒店整个"空净房"的信息。

除此以外，酒店还有内部数据和外部数据的概念，它们都是信息处理的基础。

二、信息

信息是一种初级的知识，是企业知识获取的原材料。酒店在经营中需要获取大量的信息，包括客源信息、旅游信息、政策信息。同样，信息也有酒店内部信息和外部信息之分。

（一）信息的定义

人类正在迈入信息化社会的大门。21 世纪被称为信息时代，信息已成为推动社会进步的巨大推动力。人们每天都从电视、收音机、报纸、电话、图书、杂志、网络、智能手机等多种媒体上接收大量的信息。那么，什么是信息？广义地说，信息就是消息。一切客观存在的数据都有信息。但是，关于信息的学术定义，至今还没有形成一个普遍认可的定义。以下是信息的众多定义中相对比较经典的表述。

1. 仙农和维纳的定义

1948 年，美国数学家、信息论的创始人仙农在题为《通讯的数学理论》的论文中指出，"信息是用来消除随机不确定性的东西"。

1948 年，美国著名数学家、控制论的创始人维纳在《控制论》一书中指出，"信息就是信息，既非物质，也非能量"。

这些定义，虽然不完全，但是却产生了很大的进展，这是信息的原始定义。

2．钟信义的定义

著名学者钟信义得出这样的结论：信息是事物的运动状态及其状态变化的方式。

3．逆仙农、逆维纳的信息定义

信息是确定性的增加，即肯定性的确认。

信息就是信息，信息与物质、能量构成了社会的三大资源。

信息是事物属性的标识。

通过分析，可以看出，信息可以体现事物运动状态及其变化，并且是普遍存在的一种属性，这种属性可以减少事件的不确定性，从而会对信息接收者产生实际的影响。因此，在本书中，我们采用我国《科学技术信息系统标准与使用指南——术语标准》中的信息定义，"信息是物质存在的一种方式、形态或运动形态，也是事物的一种普遍属性，一般指数据、消息中所包含的意义，可以使消息中所描述事件中的不确定性减少"。

（二）信息的特征

在信息时代，信息能获得广泛应用，主要基于以下一些特征。

1．可识别性

信息是可以识别的，可采取直观识别、比较识别和间接识别等多种方式来把握。直接识别是通过人的感官进行识别；比较识别是通过对比比较的方式进行识别；间接识别是指通过各种测试手段进行识别。不同的信息源应有不同的识别方法。

2．可转换性

信息常见的形态包括数据、文本、声音、图像等。信息可以从一种形态转换为另一种形态，如自然信息经过人工处理后，可以转换为语言或图形等方式。输入计算机的各种数据文字等信息，可以通过声音、绘图等方式输出。

3．可存储性

信息也是可以存储的，大脑就是一个天然的信息存储器。我们可以将接收到的信息存储到大脑中，在需要的时候，信息会再次显现。人类发明的文字、摄影、录音、录像以及计算机存储器等都可以进行信息存储。

4．可处理性

人脑就是最佳的信息处理器。人脑的思维功能可以进行决策、设计、研究、写作、改进、发明、创造等多种信息处理活动。随着信息技术的发展，计算机也具有信息处理的功能，构建的信息系统能够进行数据分析、数据挖掘等深层次的信息处理活动。

5．可传递性

信息的可传递性是信息的本质特征。信息的传递是与物质和能量的传递同时进行的。语言、表情、动作、报刊、书籍、广播、电视、电话、电脑等是人类常用的信息传递方式。

6．可再生性

可再生性是指信息资源具有非消耗性。信息经过处理，满足社会的需求和利用后，不仅不会消耗，经过积累后还可以再生成其他表现形式的新信息。在社会活动中，信息资源的利用结果是再生新信息。

7．可压缩性

信息可以进行压缩，可以用不同的信息量来描述同一事物，信息的压缩是为了储存和传递。人们常常用尽可能少的信息量描述一件事物的主要特征。

8．可利用性

信息是物质存在的一种方式、形态或运动形态，它能够帮助人类减少事物的不确定性，具有一定的利用价值。信息的处理、储存和传递就是为了利用，同时信息的利用也是具有时效性的，即信息在特定的范围内是有效的，否则是无效的。

9．可共享性

信息具有共享性，它不会像物质一样因为共享而减少，反而可以因为共享而衍生出更多的信息。例如，如果你有一种思想，我也有一种思想，我们相互交流，我们就都有了两种思想，甚至因为共享激发出更多的思想。

10．价值相对性

信息具有使用价值，但是这种使用价值是相对的。这个价值的有或无，大或小，会根据接收者对信息的理解能力和利用能力的不同而不同。有的人能从凌乱的信息中分析处理得到价值，有的人可能对此不感兴趣或看不出有什么价值，这就是价值相对性。

（三）信息的生命周期

信息也是有生命的。从信息的产生、收集、传输、加工、储存、使用、维护直到失效的过程通常被称为信息的生命周期。

1．信息的产生

信息的产生分为两大类：原始信息和通过加工后产生的新信息。原始信息是事物在发展变化中产生的分散化的信息。信息通过积累或其他方式进行加工处理后也可以生成新的信息。

2. 信息的收集

信息收集过程也是信息获取的过程。信息收集是指通过各种方式获取所需要的信息。信息收集是信息得以利用的第一步，也是关键的一步。信息收集工作的好坏，直接关系到组织管理工作的质量。信息收集的方法主要有集中化收集、有目的的专项收集和随机积累法等。

3. 信息的传输

信息要发挥作用，首先就需要将产生的信息传送到需要它的地方去。信息的传输受信息系统的规模、时空分布的约束、所采用的信息传输技术与设备等因素的影响。信息传递程序中有三个基本环节。第一个环节是传达人为了把信息传达给接收人，必须把信息译出，成为接收人所能懂得的语言或图像等。第二个环节是接收人要把信息转化为自己所能理解的解释，称为"译进"。第三个环节是接收人对信息的反应，要再传递给传达人，称为反馈。

4. 信息的加工

信息并不等于数据，数据经过加工后，通过人们的解释用于决策活动中才成为信息。一般来说，信息加工首先需要进行信息的筛选和判别。在大量的原始信息中，不可避免地存在一些假信息和伪信息，只有通过认真地筛选和判别，才能防止鱼目混珠、真假混杂。然后，要把这些信息进行分类和排序，才能存储、检索、传递和使用。最后，还需要对分类排序后的信息进行分析比较、研究计算，才可以使信息更具有使用价值乃至形成新信息。

5. 信息的存储

信息存储是指将经过加工整理有序化后的信息按照一定的格式和顺序存储在特定的载体中的一种信息活动。其目的是便于信息管理者和信息用户快速地、准确地识别、定位和检索信息。信息存储主要解决的问题包括为什么要储存这些数据，以什么方式储存这些数据，存在什么介质上，将来有什么用处，对决策可能产生的效果是什么等。

6. 信息的使用

信息使用包括技术和实现信息价值转换两个方面。技术方面主要解决的问题是如何快速及时、高质量地向信息用户提供信息服务。实现信息价值转化是分配目的，信息使用的深度大体可分提高效率分阶段、及时转化阶段和寻找机会阶段。信息的价值只有通过使用才能实现，因为信息的寿命有限，所以信息必须及时使用。在实际经营中，许多企业获得对企业经营有重大影响的战略信息后，不能及时使用并转化为价值，失去了企业发展的良好机遇。企业可以利用先进的技术得到充分的信息，较充分的信息可以提高企业经营决策的准确性，不及时的信息可能失去企业发展的有利时机。

7. 信息的维护和失效

信息维护是指保证信息处于适合使用的状态，其主要目的是保证信息的准确可靠性、及时性和安全保密性。狭义的信息维护是指经常更新存储介质中的数据，使其保持正常状态。广义信息维护是指信息系统建成后的全部数据管理工作。信息维护的目的是保证信息的准确、及时、安全和保密。当信息经历了一定的时间和空间，就会走向生命周期的终点——信息不再有价值，就变成了失效的状态。

（四）管理信息

通过前面的论述，我们可以知道，信息具有消除不确定性的作用。管理信息是为某种管理目的和管理活动服务的信息。所以，管理信息，可以帮助组织消除管理中的不确定性。这些信息可以通过文字、数据、图表、音像等形式，反映对组织的各种业务活动的状态和变化情况，并能给组织的管理决策和管理目标的实现提供有参考价值的数据、情报资料。

管理的主要职能包括计划、组织、领导、协调和控制。管理者在进行管理的时候，会面临着各种决策。组织应该制定什么样的目标，如何评估组织的资源和环境条件？应该如何组织工作才能实现这些目标？如何控制组织的资金、物料以实现成本控制？如何针对目标市场开展营销？这些管理工作都需要管理信息为其提供参考依据，从而实现对组织内外部各项资源的合理利用，并达到组织的目标。

1. 信息是很重要的资源

美国信息资源管理学家霍顿（F.W.Horton）和马钱德（D.A.Marchand）等人在 20 世纪 80 年代初就指出，信息资源与人力、物力、财力和自然资源一样，都是企业的重要资源。信息资源与自然资源、财物资源、人力资源，统称现代社会发展的四大资源。21 世纪是信息社会和知识经济时代，随着信息技术的发展，信息化和网络化已日益渗透到社会整个经济领域，信息资源相比其他资源显得日益重要。信息资源对酒店的经营管理也产生了重大影响，为了能够充分发挥信息资源的价值，酒店需要建立以信息流为纽带的管理体制和信息化管理平台，从而提高酒店的效益和竞争力。能否真正把信息看作企业的宝贵战略资源并有效地加以开发利用，是酒店决策者所面临的新挑战。

2. 信息管理是科学管理的基础

企业的科学管理是需要通过对企业外部情况、内部情况的客观了解才能作出正确的判断和决策。为满足客人的需求，企业必须及时获取各类客人的消费信息和客源市场信息，充分了解当前的消费时尚、不同客源市场的不同消费习惯和消费倾向，并正确地制定相应的决策。然而，传统的企业管理是依靠经验或者"灵机一动"进行决策的。这种决策和领导者的经验、风格、个人能力有着很大的关系，对决策者的要求也很高。这种凭借经验的决策，很容易造成管理失误。所以，在管理过程中，管理者需要通过信息来控制整个生产过程、服务过程的运作，同时也靠信息的反馈来不断修正已有的计划，依靠信息来实施管理控制。在酒店管理中，有很多事情不能被很好地控制，其根源是没有很好地掌握全面的信息。所以，信息管理是科学管理的基础，没有全面、准确的信息，科学管理也无从谈起。

3. 信息是联系组织内外的纽带

要想企业能够上下一心，共同向企业的目标前进，就需要通过信息进行联系和保持沟通，企业需要通过网络建立通畅的信息传输纽带，从而获得一线的最新市场动态、各部门最新的工作进展、企业管理层最新指令等，从而实现组织内部各职能部门之间的协调合作。企业与外界的联系也是通过信息互相沟通的，没有信息就不可能很好地沟通内外的联系和步调一致地协同工作。

管理信息对于组织而言，就犹如血液对人体的意义，我们必须建立高效的循环系统，把必要的信息传送到需要它的地方，从而实现组织的有序管理和发展。在 21 世纪，信息呈现着爆炸式的增长，所以管理者面临着巨大的管理信息数据库。同时，组织形式也出现结构网络化、全球化发展的趋势，管理这些信息，并合理、高效地利用信息作出正确的管理决策显得尤为重要。

第二节　管理信息系统

认识酒店管理信息系统必须先了解管理信息系统的概念，什么是管理信息系统？管理信息系统的结构如何？管理信息系统的作用有哪些？本节将介绍这些内容。

一、管理信息系统的概念

当今，在市场竞争激烈的环境中，信息系统已成为现代生产经营体系中最重要的投入。管理人员和决策者所面临的问题是如何把信息看作是一种有价值的基础性资源，认识信息在物质社会中的先导作用，从而认识建立信息系统的重要性。建立计算机管理信息系统是体现这个认识的主要形式，也是实现管理现代化、信息化的重要步骤，它已成为经营管理和决策部门的客观需要，也是企业的一种基础性建设。

人们对管理信息系统的认识是一个不断提高和完善的过程，随着信息化的深入，其概念也在不断拓展和深化。20 世纪 60 年代，美国经营管理协会及其事业部第一次提出了建立管理信息系统的设想，即建立一个有效的信息系统，使得各级管理部门都能了解本单位的一切有关的经营活动，为各级决策人员提供所需要的信息。但当时由于硬、软件水平的限制和开发方法的落后，并没有取得明显效果。

20 世纪 70 年代以后，随着科学技术特别是计算机等信息技术的迅速发展，以及经济管理模型得到一定的实际应用，管理信息系统在信息系统的基础上得到了较大发展，逐步形成管理信息系统学科体系。"管理信息系统"一词最早出现于 1970 年。1970 年，Walter T. Kennevan 给刚刚出现的"管理信息系统"一词下了一个定义："以口头或书面的形式，在合适的时间向经理、职员以及外界人员提供过去的、现在的、预测未来的有关企业内部及其环境的信息，以帮助他们进行决策。"很明显，这个定义是出自管理的，而不是计算机的。它没有强调一定要用计算机，它强调了用信息支持决策，但没有强调应用模型。

进入 20 世纪 80 年代以后，随着各种技术特别是信息技术的迅速发展，MIS 也得到了同步发展，MIS 的概念逐步得到了充实和完善。1985 年，管理信息系统的创始人，明尼苏达大学的管理学教授 Gordon B. Davis 给了管理信息系统一个较完整的定义，即"管理信息系统是一个利用计算机软硬件资源，手工作业，分析、计划、控制和决策模型以及数据库的人机系统。它能提供信息支持企业或组织的运行管理和决策功能。"这个定义全面地说明了管理信息系统的目标、功能和组成，而且反映了管理信息系统在当时达到的水平。它说明了管理信息系统的目标是在高、中、低三个层次，即决策层、管理层和运行层上支持管理活动。

"管理信息系统"一词在中国最早出现于 20 世纪 70 年代末 80 年代初，根据中国的应用特点，许多从事管理信息系统工作的中国学者也给管理信息系统下了定义，其中最具代表性的定义是：管理信息系统不仅是一个能向管理者提供有帮助的基于计算机的人机系统，而且也是一个社会技术系统。该定义说明管理信息系统的应用不仅依赖于信息技术本身，而且更多地依赖于组织中的人和外部环境。这是对信息系统的社会技术系统属性的充分认识。

从前面对管理信息系统定义的分析，我们可以发现，管理信息系统是基于信息技术的人机系统，也是需要综合考虑系统环境的社会技术系统，该系统提供的信息能够支持企业或组织的运行管理和决策功能。了解了管理信息系统的各种概念后，我们也可以重新描述一下管理信息系统的定义：管理信息系统是以人为主导，充分利用计算机软硬件系统、网络通信技术等，进行信息的收集、传输、加工、存储、更新和维护，支持组织高层决策、中层管理、基层运作，从而提高组织管理效率、创造竞争优势的人机系统。它具体包括以下部分。

（1）人机系统：管理信息系统是一个人机系统，并且是以人为主导。

（2）管理信息系统能够从基层业务处理、中层管理、高层决策几个层次支持组织管理。

（3）系统功能：包括信息的收集、传输、加工、存储、更新和维护。

（4）系统组成：由人、计算机软硬件系统、数据及其存储介质、通信网络、办公设备、规章制度等组成。

二、管理信息系统的结构

管理信息系统的结构是指管理信息系统的组成及其各组成部分的相互关系。由于可以从不同的角度理解管理信息系统的各组成部分，因此就形成了不同的管理信息系统结构。

（一）物理结构

按照信息系统硬件在空间上的拓扑结构，其物理结构一般分为集中式与分布式两大类。

集中式结构是指物理资源在空间上集中配置，管理系统软件集中安装在一台服务器上，每个系统的用户通过网络来登录使用系统。早期的单机系统是最典型的集中式结构，它将软件、数据与主要外部设备集中在一套计算机网络之中，实现共同操作同一套系统，使用和共享同一套数据库，通过严密的权限管理和安全机制来实现符合现有组织架构的数据管理权限。由分布在不同地点的多个用户通过终端共享主机资源的多用户系统，也属于集中式结构。

集中式结构的优点是资源集中，便于管理，资源利用率较高。数据集中管理、集中使用，只要保证服务器的运行稳定和定期备份，就解决了整个系统的维护问题。同时，也帮助企业实现了系统扁平化处理业务，总部的管理人员可以随时了解到一线运营现场的每个细节。但是随着系统规模的扩大，以及系统的日趋复杂，集中式结构的维护与管理越来越困难。此外，资源过于集中会造成系统的脆弱性，一旦主机出现故障，就会使整个系统瘫痪。目前在信息系统建设中，一般已很少使用集中式结构。

随着数据库技术与网络技术的发展，分布式结构的信息系统开始产生，分布式系统是指通过计算机网络把不同地点的计算机硬件、软件、数据等资源联系在一起，实现不同地点的资源共享。分布式结构又可分为一般分布式与客户机/服务器模式。一般分布式系统中的服务器只提供软件与数据的文件服务，各计算机系统根据规定的权限存取服务器上的数据文件与程序文件。

客户机/服务器结构中，网络上的计算机分为客户机与服务器两大类。服务器包括文件服务器、数据库服务器、打印服务器等；网络节点上的其他计算机系统则称为客户机。用户通过客户机向服务器提出服务请求，服务器根据请求向用户提供经过加工的信息。

分布式结构的主要优点是可以根据应用需求来配置资源，提高信息系统对用户需求与外部环境变化的应变能力，系统扩展方便，安全性好，某个节点所出现的故障不会导致整个系统的停止运作。然而由于资源分散，且又分属于各个子系统，系统管理的标准不易统一，协调困难，不利于对整个资源的规划与管理。由于分布式结构适应了现代企业管理发展的趋势，即企业组织结构朝着扁平化、网络化方向发展，分布式结构已经成为信息系统的主流模式。

某酒店管理信息系统的物理结构，如图 2-1 所示。

图 2-1　某酒店管理信息系统的物理结构

（二）管理信息系统的功能结构

管理信息系统的功能结构是其功能综合体和系统概念性的框架。由于管理信息系统种类繁多，规模不一，功能上存在较大差异，其功能结构也不尽相同。

从组织职能角度而言，对于组织内部的每一个职能部门，都有各自的信息需求，因此都需要为它设计一个信息系统模块或子系统。这就意味着可以按照需要使用信息的组织职能来建立管理信息系统，根据组织职能来划分管理信息系统的子系统。对于一般的生产组织，从管理职能角度划分，往往包括供应、生产、销售、人事、财务等主要功能的子系统。

一个完整的管理信息系统支持组织的各种功能子系统，每个子系统可以独立完成各自的任务，并且可以有自己的专用文件和专用数据，也可以通过接口文件实现子系统之间的数据联系。管理信息系统的任务在于支持管理业务，因而管理信息系统可以按照管理任务的层次进行功能规划和设计，主要包括基层业务处理、中层管理、高层决策层次，不同的管理层次有不同的系统功能要求。根据处理的内容及决策的层次来看，可以把管理信息系统功能结构看成一个金字塔式的系统结构，如图 2-2 所示。

图 2-2　管理信息系统基于功能的金字塔结构

（三）管理信息系统的概念结构

从信息技术的角度来看，管理信息系统的处理对象是组织的管理信息。所以，从信息流的技术角度分析，管理信息系统无非信息的输入、处理和输出等功能。在处理信息时，需要考虑信息如何传输、如何存储、如何修改、如何检索等功能要求，这是管理信息系统的基本概念，由此出现了系统的概念结构，如图 2-3 所示。因此，在开发管理信息系统时，必须考虑这些基本概念的功能实现。有时还必须考虑细节，如信息的检索有指定检索和模糊检索；信息的统计有时要考虑按常规时间段（如月、季）统计，有时还要考虑按非常规时间段统计；信息的增加有时还要考虑让系统自动记录增加的时间点，以便对系统的操作进行追踪等。

图 2-3　管理信息系统概念结构

管理信息系统的机构还有其他一些结构，都是从不同人员的角度去看或认识管理信息系统，如对于设计的技术人员或系统维护的技术人员角度，还有系统的软件结构等。限于篇幅，这里就不再细述，读者可以自己去归纳相关系统结构的知识点。

三、管理信息系统的作用

管理信息系统是现代企业经营管理中不可缺少的技术系统，它不但能促进组织的科学化管理，也能使企业组织机构扁平化，更可以促进企业流程的再造，创造企业的竞争优势，支持企业组织的战略执行和实现。

（一）促进组织科学化管理

管理信息系统可以广泛用信息通信技术、移动网络等先进技术，博采众学科领域的先进理念，依靠定量化的科学管理方法，通过预测、计划优化、管理、调节和控制等手段支持管理决策。通过管理信息系统可以避免传统决策依靠决策者的个人经验，凭直觉判断的弊端，避免了空泛管理学下管理的表面化和"拍脑袋"式决策带来的盲目和不必要的损失，提高了企业决策和运行的效率，提升了管理效率和效益。

（二）促进组织机构扁平化

传统企业组织结构采用"金字塔"式的、纵向的、多层次的集中管理。这样容易造成信息传输速度慢，传输过程容易失真，管理效率低下等问题。管理信息系统的引进，可以改变企业的这种组织结构，促进组织向"扁平化"的方向发展。在扁平化组织机构中，简化了管理的层级，信息流动顺畅，降低了组织内部信息交流的成本，从而使纵向金字塔式的官僚体制开始崩溃，企业正向无边界网络化组织迈进。

（三）有利于业务流程再造

管理信息系统是一个"人机社会系统"，所以组织内部的流程必须与管理信息系统的流程相适应。在构建管理信息系统初期，就需要充分考虑组织内部的业务流程优化，从而逐步实现组织内部业务流程再造。同时，近年来，随着互联网技术和电子商务的发展，管理信息系统已突破原有的界限，成为组织内部业务流程和外部商务流程集成的平台，即跨组织的信息交流平台，在这种业务流程下，管理信息系统不仅能有效地改造组织过时、僵化的业务流程，提高组织内部业务流程的效率，同时也能提高与外部交易过程的效率，一举两得。

（四）支持组织战略执行

企业的竞争优势是在企业开展各种活动的过程中展现的。企业通过各种生产管理活动，为顾客创造价值。企业所创造的价值，通常是以顾客愿意支付其产品或服务的总和来进行评估的。企业是否盈利就要看它所创造的最终价值能否超过本身业务的总成本，要在激烈的竞争中赢得优势，企业必须提供给顾客更具有竞争力的价值，可以通过比竞争对手更高的效率，或以独特的方式创造更高的顾客价值、更好的产品价格等来取得竞争优势。通过管理信息系统，企业可以实测企业各种活动过程的运行情况，利用过去的数据预测未来，从全局出发辅助企业进行经营决策，制定战略，并利用信息控制企业行为，帮助企业实现发展目标。

第三节 酒店管理信息系统的基本概念

酒店的服务具有超前性的特点，这就要求酒店企业必须不断地提高客人住店的舒适度和方便性，如快速的接待服务、信息多样化的客房服务、便捷的位置服务等，即必须采用先进的信息技术对酒店的设施设备进行改造和更新，不断进行服务创新，才能使酒店持续地以崭新的面貌迎接客人的到来。酒店管理信息系统为这一切提供了可能性。

一、酒店管理信息系统的概念

酒店管理信息系统是信息系统在酒店行业的具体应用，是管理信息系统的一个重要分支。国内学者和业界对"酒店管理信息系统"一词有很多类似的称呼，主要有酒店信息系统、酒店信息管理系统、酒店计算机（电脑）管理信息系统、酒店计算机管理软件、酒店综合管理信息系统等。这些称呼在一定程度上反映了人们对酒店管理信息系统的理解，也反映了信息系统在酒店业应用的变化过程。

我们可以借鉴前面对管理信息系统的定义，实现对酒店管理信息系统的概念界定。酒店管理信息系统是由人、计算机、网络等组成的能够对酒店信息进行收集、传输、加工、存储、使用和维护，并以人为主导，为酒店经营、管理和决策服务的人机系统。它能实时反映酒店经营的各种情况，预测酒店经营的未来，帮助酒店实现经营目标。对于该定义，我们需要理解以下几个方面的内容。

（一）酒店管理信息系统是一个信息处理系统

这是从技术层面去理解得出的关于酒店管理信息系统的最基本的理解，即该系统能够对酒店的信息进行收集、传输、加工、存储、使用和维护等一系列处理，这是酒店管理信息系统应用的较低层次，属于初级应用。酒店通过构建分析型的软件、硬件及其网络应用系统，从而实现酒店经营管理方面的信息反馈，并通过该系统，可以再生出一些新的信息，以辅助酒店经营管理者进行决策，实现信息系统的中、高级应用。目前，我国大部分酒店对酒店管理信息系统的应用也仅停留在初级应用层面。

（二）酒店管理信息系统是一个经营管理系统

这是从应用角度来理解的，人们开发并使用酒店管理信息系统，主要是为了解决酒店的经营管理问题，如接待、排房、服务、结算等。由于酒店是服务性行业，属于"信息密集型"的行业，为了能够满足客人需求的服务，酒店服务人员需要大量的信息，包括客人的特殊喜好、酒店当前客房的状态、餐饮的食品状态、酒店未来的出租率等。在没有酒店管理信息系统以前，所有这些都通过手工制表的方式进行，效率低下而且容易出现差错、问题。酒店管理信息系统的使用，可以为酒店的常规经营提供技术手段，使人从繁重的劳作中解脱出来，提升工作及管理效率。同时，通过将经营情况数据化，可以有效地为管理者管理、决策者决策提供有效信息，作为参考依据，帮助酒店提升经营管理的竞争力。

（三）酒店管理信息系统是一个人机系统

有很多人，很容易把酒店管理信息系统理解为一个纯技术系统。事实上，酒店管理信息系统不仅仅是一个技术系统，它更是一个人机系统，并且是以人为主导的人机系统。人机系统是指由人和机器构成，并依赖于人机之间相互作用而完成一定业务功能的系统。人机系统的研究开始于第二次世界大战期间，在设计和使用高度复杂的军事装备时，人们逐步认识到必须把人和机器作为一个整体去考虑，系统设计和使用必须考虑人的因素，这样才能使系统可靠、高效地发挥作用。由于酒店管理信息系统涉及管理科学、系统理论、计算机科学和信息学科等多个领域，是一门交叉性非常强的边缘性新兴学科。如果仅将其限制到技术系统，那么系统是很难发挥理想的作用。所以，我们需要充分考虑经常与系统接触的"人"，包括系统各个层面的使用者，系统的开发者、维护者的因素，这样的酒店管理信息系统才能真正可靠且高效。机器是"死"的，人是"活的"，人所在的环境也是"活"的，所以，酒店管理信息系统除了考虑系统本身，更需要考虑人、人所在的组织、人所在的社会环境等。

二、酒店管理信息系统的特征

酒店管理信息系统是一个综合性的应用系统，酒店又是一个服务性很强的行业，尤其需要服务的敏捷性和灵活性，由此显示出酒店管理信息系统的一些应用特征。

（一）信息更新快

酒店管理信息系统必须能够反映酒店当前的经营状况和变化趋势，包括最新的客人住店情况、客人消费情况、客人预订情况、客房销售情况、酒店的营业收入情况、酒店的物料库存情况等。这是管理者是否能够根据酒店的现状正确地制定决策的基本要求和基本保障。因此，酒店管理信息系统的信息更新，反映了信息实时性的要求的特征。

（二）信息容量大

酒店的经营管理除了需要内部的员工信息、设备信息、财务信息、产品信息外，更需要客人的消费信息、客源的市场构成信息、社会的消费趋向信息以及环境的旅游服务信息等。而且，需要这些信息不但能够反映当前的状况，还应记录过去的状况和变化过程。这些信息种类繁多、数量庞大、处理复杂，是酒店管理信息系统基本的显著特征。

（三）开放型系统

酒店管理信息系统是一个开放型的系统，因为它的业务是开放式全天候的，涉及旅行社、景区或度假区以及大客户合作伙伴等。每天都有源源不断的信息输入，经加工后，产生不同类型的信息输出。其次，系统的各种信息资源使用的权限，也是开放的。不同酒店根据需要可以设置不同的功能权限，功能权限的设置也非常灵活。不同用户，会看到不同的操作功能栏目，会获得不同的使用功能。

（四）综合协调性

酒店对客人的服务不是仅靠一个部门就能够完成的，甚至需要酒店与其他服务企业之间的协调。酒店内部部门与部门之间、员工与员工之间、员工与部门之间的工作需要协调一致，保证酒店向住店客人提供优质服务。酒店的管理信息系统必须具备能够反映酒店各组成部分之间协调工作的功能。例如，销售部门必须将当天预计要到达的预订客人和团体及时地通知各接待部门（如前厅、餐饮、客房部等），做好接待准备工作；客房清洁员在打扫房间的过程中发现房内设施、设备损坏时应及时报告主管人员，填写工作单通知工程部门修理。

三、酒店管理信息系统的作用

狭义的酒店管理信息系统也称为酒店经营管理系统，它开始是为了经营管理而产生的应用软件。作为经营管理系统，它首先是为了提高工作效率、改善客户体验，后来该经营管理系统可以用来改变酒店的商业模式，实现酒店的服务创新，许多酒店管理者认为，经营管理系统的软件可以创造酒店的竞争优势。下面就来了解管理信息系统的具体作用。

（一）提高工作效率

酒店管理信息系统可大大提高业务运作的速度和准确性。无须手工填写资料，可将客人资料直接输入计算机，自动打印出入住登记表或预付金收款单，简化入住登记手续，缩短客人等待时间；酒店管理信息系统的夜间稽核产生的报表功能完备，为管理层提供决策数据，彻底结束手工报表的历史；电脑资料的正确保存避免了抄写客人名单的低效工作；电话费自动计费及电话开关程序控制、叫醒服务设置（需要电话交换机支持这些功能）等，使话务员从烦琐的话务台管理中解放出来；多样化的房态显示，可以为相关部门提供详尽、明了的房间使用信息，方便员工快速查询可售房信息等。

（二）提升顾客体验

如果用一个词来形容酒店业必须追求的境界的话，那就是"良好的顾客体验"。如果每个光临酒店的顾客在入住或者就餐期间，都能够有非常好的消费体验，那这样的酒店将在市场竞争中立于不败之地。由于酒店管理信息系统处理信息的速度很快，可以大大减少客人入住、退房结账的等候时间，提高对客服务质量，提升顾客体验。在顾客决定预订酒店服务产品的过程中，酒店可以通过信息技术提供实时预订服务，在第一时间为顾客提供高效、准确及互动的订房或订餐服务。通过酒店管理信息系统的"客史档案"，回头客可以自动识别，黑名单客人会自动报警，VIP客人能够立即鉴别。并且，酒店的管理信息系统中，详细记录了每一个客人的住宿信息和特殊要求，方便酒店根据客人的个人习惯提供个性化服务。国外的众多酒店都非常重视客户档案，通过对用户的统计分析改变了酒店的经营策略，通过个性化服务满足了顾客的特殊要求，提升了顾客的体验，成功地保留了固定客户群，也不断吸引新的客户加入，最终形成了自己的市场定位，在市场竞争中立于不败之地。

（三）改变商业模式

信息技术的出现，彻底改变了酒店与酒店之间、酒店与消费者之间的沟通模式，进而改变了商业经营模式。传统的酒店企业扩张，需要大量熟悉酒店管理模式的管理人员的输出。然而，利用酒店管理信息系统可以快速地复制酒店企业的营销和管理模式，实现企业复制。酒店管理信息系统的流程设计，可以很快为新的酒店所利用，并且所产生的经营数据和统计数据也是采用相同标准，有利于酒店的快速扩展，如开元旅业集团，就是利用集成的酒店管理信息系统，实现了企业复制，在短短的 5 年时间里，从旗下拥有 20 多家成员酒店，迅速扩展成拥有 120 多家成员酒店的国际酒店集团。国际连锁酒店的发展史，也是一个很好的证明。经过长时间的发展，大多数国际连锁酒店都拥有了比较成熟的集团信息系统，这些管理信息系统往往成为全球化的营销/分销系统，吸引着更多的酒店加盟这些国际连锁酒店。信息技术不但改变了酒店的发展模式，也改变了与顾客的沟通方式，使酒店与顾客的一对一营销和互动式营销成为可能。近几年，随着移动技术的发展，微博、微信等移动技术在酒店上的应用，又为酒店的商业模式提供了新的发展契机。

（四）驱动服务创新

随着信息技术的飞速发展，使得产品技术和功能的同质化水平越来越高，通过提高产品质量、降低产品生产成本来竞争的空间越来越狭窄，因而服务创新成为酒店进行市场竞争的重要武器。实践证明，酒店的服务创新超过一半来自于信息技术，信息技术是服务创新的重要驱动力。相关调查研究表明，酒店的服务创新都是通过信息技术和信息系统软件实现的，通过在不同的服务环节挖掘信息技术应用的切入点，可以持续不断地实现服务创新。例如，杭州黄龙饭店为了提升客户体验，将酒店的菜单换成用 iPad 点菜。客户可以通过 iPad 点菜系统查询菜品的图片、做法、营养结构等知识，点完菜后，还可以保留 iPad 在身边直到用餐结束。这时 iPad 就不仅仅具备点菜的功能，还可以成为顾客打发等待时间的好伙伴。点菜系统切换之初，媒体竞相报道，引发了不少客户慕名就餐。事实上，黄龙饭店的这一招创新还是算过经济账的：传统的纸质菜单的成本高达两三千元，一年更换 2～3 次菜单，支出就需要七八万元。而一台 iPad 的价格为 3988 元，应用之后，每次需要更换菜单时，只需更换照片即可，成本上并不见得多出多少。

（五）创造竞争优势

信息技术到底能不能创造竞争优势？不管是国内还是国外，都有学者为这个问题争论，还有一些学者对该问题进行了专门研究，从而提出信息技术并不能提高生产力之类的悖论例证。事实上，信息技术首先是一项技术，技术本身是不能直接带来经济效益的，但利用技术来改善管理可以提升竞争优势。对于酒店而言，通过信息技术创造竞争优势的主要路径应该是，通过先进的酒店管理信息系统改变酒店的运营模式（如酒店操作流程），通过把不合理的流程加以改变，并将改进后的流程推广到酒店的每个部门，落实到每个员工，从而保证这些流程能够始终如一地执行。通过不断地寻找酒店不合理的流程并加以完善和实施，最终将打造出一套与酒店自身管理相契合的操作流程，在不断创新过程中，实现经营的竞争优势。

四、酒店管理信息系统的结构

作为一个系统，酒店管理信息系统有自己的一些结构，这些结构也是从应用的角度去认识的。这里我们重点讲解两种主要的结构形式，一种是反映软件整体技术性能的结构，即 HMIS 的体系结构；另一种是反映软件管理功能的结构，即 HMIS 的功能结构。

（一）酒店管理信息系统的体系结构

目前在酒店前、后台信息系统中流行的体系结构大致有两种：C/S 结构和 B/S 结构。

1．C/S（Client/Server）结构

C/S 又称 Client/Server 或客户/服务器模式，即大家熟知的客户机和服务器结构。C/S 模式的体系结构出现在 20 世纪 80 年代，最典型、最流行的是两层结构。第一层为客户端层，应用程序安装在用户客户机上，集中了用户操作界面与各种业务逻辑与处理功能；第二层是服务层，客户端用户的申请通过网络连接到数据库服务器。这种结构模式可以充分利用两端硬件环境的优势，将任务合理分配到 Client 端和 Server 端来实现，降低了系统的通信开销。目前，基于酒店信息的安全性考虑，酒店系统都是比较多地采用 C/S 结构的酒店管理信息系统。C/S 模式体系结构如图 2-4 所示。

图 2-4　采用 C/S 结构的酒店管理信息系统

（1）C/S 结构的优点

① 客户端响应速度较快。由于客户端也能够进行数据处理，可以充分发挥客户端 PC 的处理能力，很多工作可以在客户端处理后再提交给服务器，这样既减轻了服务器的负担，又提升了整体响应速度。

② 有效地降低服务器运算量和负荷。由于客户应用程序运行在用户自己的电脑上，有效减轻了服务器的负担。一旦服务器程序被启动，就随时等待响应客户程序发来的请求。当需要对数据库中的数据进行任何操作时，客户程序就自动地寻找服务器程序，并向其发出请求，服务器程序根据预定的规则做出应答，送回结果，应用服务器运行数据负荷较轻。

③ 稳定性和安全性较好。由于 C/S 结构对环境要求较高，一般应用在安全性相对较高的局域网、广域网上，可以采取多种措施，保障网络安全，对信息安全的控制能力较强。

（2）C/S 结构的缺点

① 培训、维护工作量大。由于客户端软件功能复杂，一般来说，客户端用户须经过培训才能正确使用，因此培训工作量较大。其次，相对来说其维护成本较高。网络管理工作人员既要对服务器维护管理，又要对客户端维护管理，这需要高昂的投资和复杂的技术支持。客户端应用程序升级时，所有客户机均须安装升级版本。客户端的电脑如果出现问题，如病毒、硬件损坏，都需要进行安装或维护。

② 对于酒店集团，数据的实时更新和同步更新存在问题。采用 C/S 架构，要选择适当的数据库平台来实现数据库数据的真正"统一"，使分布于两地的数据同步完全交由数据库系统去管理。如果需要建立"实时"的数据同步，就必须在两地间建立实时的通信连接，保持两地的数据库服务器在线运行。

③ 环境要求高，跨平台移植困难。C/S 结构对客户端操作系统有一定的限制要求。根据客户端应用软件使用环境的要求，不同的应用软件需要相应的操作系统支撑，如有些要求 Windows 操作系统，而另外则要求 UNIX 操作系统。不仅如此，可能同一类别操作系统因为版本的问题而无法兼容。其次，C/S 结构跨平台移植困难，虽然有众多的开发工具，但通常开发工具对应用程序的运行环境有要求，因此很难做到跨平台运行。

2. B/S（Browser/Server）结构

B/S 结构即浏览器和服务器结构。它是随着 Internet 技术的兴起，对 C/S 结构的一种变化或者改进的结构。在这种结构下，软件应用的业务逻辑完全在应用服务器端实现，用户表现完全在 Web 服务器实现，客户端只需要浏览器即可进行业务处理，是一种全新的软件系统构造技术。

用户工作界面是通过 WWW 浏览器来实现，极少部分事务逻辑在前端（Browser）实现，但是主要事务逻辑在服务器端（Server）实现，形成所谓的三层 3-tier 结构。这样就大大简化了客户端电脑载荷，减轻了系统维护与升级的成本和工作量，降低了用户的总体成本（TCO）。以目前的技术看，局域网建立 B/S 结构的网络应用，并通过 Internet/Intranet 模式下数据库应用，相对易于把握，成本也是较低的。B/S 模式体系结构如图 2-5 所示。

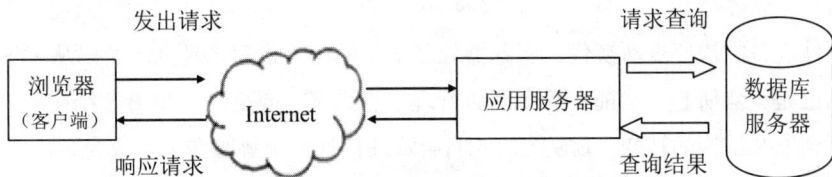

图 2-5 基于 B/S 结构的三层体系结构模式示意图

（1）B/S 结构的优点

① 维护和升级方式简单。随着技术的发展和酒店业务的改变，酒店信息系统的改进升级也会越来越频繁。B/S 架构的软件只需要管理服务器就行了，所有的客户端只是浏览器，根本不需要做任何的维护。所有的操作只需要针对服务器进行；如果是异地，只需要把服务器连接专网即可，实现远程维护、升级和共享。这对于酒店集团或者酒店联盟，将是非常有优势的一种结构模式。

② B/S 结构的系统，由于数据是集中存放的，客户端发生的每一笔业务单据都直接进入到中央数据库，不存在数据一致性的问题。酒店集团总部可以直接追溯到各级成员酒店的原始单据，更加有利于酒店对基层情况的控制。

③ B/S 结构的使用范围更广，只要能够实现上网，就可以访问系统。系统完全是开发型的，即能实现不同的人员，从不同的地点，以不同的接入方式（如 LAN、WAN、Internet/Intranet 等）访问和操作共同的数据库。

（2）B/S 结构的缺点

① 页面动态刷新，响应速度明显降低。客户端不能直接访问数据服务器以实现数据处理，而是必须先向中间 Web 服务器申请，由 Web 服务器实现对数据服务器的数据操作后，将相关数据转换成 Web 页面，提供给客户端，因此对于大量实时数据的处理不适合。

② 对复杂的操作和处理感到困难。由于浏览器只是为了进行 Web 浏览而设计的，因此较复杂的业务逻辑功能，如大量数据的输入、复杂报表的处理等，应用在 Web 系统时，将不能实

现或实现较困难。

③ 应用服务器运行数据负荷较重。由于数据都是存储在中央数据库,客户端只能完成浏览、查询、数据输入等简单功能,绝大部分工作由服务器承担。Web 服务器在处理众多客户端的请求的同时,还要进行数据库连接、数据操作等处理。因此在访问量较大时,服务器端负载显得较重。一旦发生服务器"崩溃"等问题,后果不堪设想。因此,许多单位都备有数据库存储服务器,以防万一。

随着硬件设备的快速更新换代,服务器处理信息的能力也越来越强,所以从 C/S 结构发展为 B/S 结构已是大势所趋。目前,很多酒店管理信息系统,要么已经是 B/S 结构的,要么正在经历从 C/S 到 B/S 结构的转变。B/S 结构的酒店管理信息系统势必在未来成为主流。

(二)酒店管理信息系统(HMIS)的功能结构

HMIS 是一个综合性经营管理系统,具有多种功能,它围绕酒店经营构成了一个有机结合的整体。对于酒店来说,一个信息系统是围绕酒店的管理层次以及为了完成酒店业务数据处理需要而定义的功能模块(或子系统)来构建的。在酒店业务管理中,除了前台信息系统以外,HMIS 还包括后台信息系统、扩充系统和接口系统等。扩充系统其实也可以根据是否提供直接对客服务功能划分到前台系统和后台系统。图 2-6 是为了展示方便,将扩充系统独立划分出来,以示与前、后台的核心业务相区别。下面就来了解一下 HMIS 的具体功能。

图 2-6　HMIS 的软件功能结构图

酒店管理信息系统也有软件和硬件等结构形式，读者可以通过其他教科书自己去了解这方面的结构知识，限于篇幅，这里就不再细述。

第四节　酒店管理信息系统的应用类型

管理信息系统在酒店的各个部门、各个环节都展开了应用，目前已经形成了各种各样的酒店管理信息系统软件形式，常见的有酒店前台管理信息系统、酒店后台管理信息系统、酒店电子商务系统、集团酒店中央预订系统（CRS）、酒店电子分销系统（以 GDS 为代表）等。下面就这些应用系统进行简单的介绍，具体内容还将在本书的后续章节详细展开。

一、酒店前台管理系统

酒店经营管理中，直接对客服务的部门统称为前台部门，主要是为客人提供预订、接待、住房、餐饮、娱乐等服务。住店客人从与酒店发生联系开始，一般要经历预订、登记、住店消费和结账离店四个环节，前台系统围绕这些环节为客人提供完善的全套服务，主要包括客房预订、前台接待、前台收银、客房管理、公关销售、商务中心、账务审核、餐饮系统、报表管理等模块（或子系统）。

（一）客房预订模块

该模块主要通过快速、准确地提供客房库存信息和房价信息，协助预订员销售客房。通过该模块使酒店能够快速地处理各种订房需求，并及时准确地向各渠道发布客房信息，生成关于客房销售预测、未来收入预测等报告。客房预订业务不仅能够为客人抵店前做好有关准备，而且有助于酒店更好地预测未来的客源情况，及时调整销售策略。旅游业的航班信息是随时变动价格的，而酒店的产品和航空公司的产品是相似的，但是目前国内很少有酒店能够做到像航班信息那样随时变更。但是，一些酒店集团在积极尝试。例如，洲际集团，其信息系统就可以在不同出租率的情况下，通过自动变价来实现收益最大化。

（二）前台接待模块

接待是整个酒店对客服务的一个最重要的环节。高效的接待过程是十分关键的，为了提升酒店入住效率,很多酒店在制定的 SOP(标准操作流程)中规定,员工必须在 2~3 分钟完成客人入住。通过前台接待模块,可以快速获取客人的预订信息,或者实现 Walk in 客人的快速入住。如果 HMIS 能够无缝链接身份证识别系统,则前台员工只需要将身份证(二代)轻轻一刷,客人的姓名、性别、身份证号码、生日、地址信息等就会立即录入到登记窗口,前台接待只需要输入抵离时间、房型和房价码,就完成了系统登记,打印登记单给客人签字后便完成了配房工作。客人的房卡也可以直接通过接待系统发行。这不仅提高了接待的效率,还提高了信息输入的准确率,也便于管理房卡。

(三)前台收银子系统

收银是酒店工作中非常重要,却又很容易出错的环节。为了预防逃账、赖账行为,酒店一般要求客人预付 1.5 倍房价作为押金。前台收银主要完成押金入账、各种消费入账、客人结账的工作。为了便于客人消费,酒店往往会提供签单挂账服务,前台收银可以通过信息系统控制各个营业点的挂账功能,以控制酒店的经营风险。当客人的预付押金不足时,前台收银只需要在收银系统关闭该客人的挂账功能,客人就无法在其他营业点挂账,必须现付或者再支付押金。前台收银模块不仅可以采用多种账务显示方式,即汇总、分项汇总、明细,也可以采用多种处理方式,如账务分拆、部结、转结、提前结算等,而且还可以完全满足客户要求的可定义账单,操作简单快捷,方便财务核算。当客人要退房时,前台收银只需要打印账单,并完成收款工作,就可以快速退房。

(四)客房管理模块

该模块主要维护酒店最新的房态信息,使酒店及时掌握房态的整体情况,并掌握实时房态信息,主要包括净房、脏房、在检查房、已分配客房、需大修的客房和小修客房等。当客人离店或者信息系统过了夜审之后,客房状态自动变成脏房。客房主管通过查阅当天的预离房和住店脏房,可以合理分配客房服务员的清洁工作量。服务员清洁完成后,由客房中心的人员进行干净房设置,或者客房服务员直接在客房通过电话(如果酒店管理信息系统与电话系统进行了对接的话)进行客房态设置。前台接待就是根据客房中心设置好的房态安排客人房间的。如果客房需要维修,则可以将客房设置为维修状态,以防前台将该房售出。客房管理模块这些信息将帮助酒店把房态冲突的可能性降到最低,有效地提高出租率和收入。

（五）公关销售管理模块

该模块主要进行销售管理和客户档案管理。系统能够自动统计销售员的销售业绩，随时掌握销售员的工作情况和工作业绩，支持各种佣金计算方式，实现量化考核，达到最有效的激励机制。由于大多数酒店往往通过第三方分销渠道进行客房销售，佣金的统计和计算的工作量很大，通过公关销售模块，系统可以提前设置好各个分销渠道的佣金计算模式（如百分比、定额、阶梯价），到了月底，系统可以自动产生佣金统计报表，大大减少了财务统计的工作量，从而帮助酒店改善服务质量，帮助酒店市场部制定具有竞争力的销售策略，帮助酒店高层管理人员分析业务利润来源，有效提升酒店经营的收益。

（六）商务中心模块

该模块主要实现商务中心的收入入账，还能够自动统计客人在商务中心发传真、打电话的消费金额，并产生汇总报表等。

（七）账务审核模块

账务审核模块是酒店相当重要的模块。它是保障酒店营业收入统计是否正确的最后一道关卡。这个模块往往由财务部负责，通过对前台、后台的应收账款进行审核，对各个收银员的入账信息进行审核，可以及时发现一些错误，保证酒店统计数据的准确性。酒店业传统的操作都是由夜审员借助软件来完成对当天数据的核查，如对入住记录、房价信息、入账信息、挂账信息进行全方位的核查，然后再进行夜审，由此产生当天的营业报表。

（八）餐饮子系统

餐饮子系统是前台系统中，相对独立的一个应用系统，主要完成餐饮的预订、点单、打印账单、结账等工作。近几年，随着餐饮行业的蓬勃发展，餐饮系统的发展很快。从计算机处理，发展到触摸屏自助点单，再发展到现在的 iPad 等无线智能系统的点单，并且所有的餐单信息都可以通过无线网络实时传输到厨房、账台。餐厅服务员再也不用在厨房和餐厅之间来回跑了，客人点单、催菜、叫起等，都可以通过服务员手中的无线智能点菜系统实现传输。更为重要的是，无线智能点菜系统可以实现客人自助点菜，当客人拿着 iPad，边看图文并茂的菜单，边点菜的时候，顾客体验就会大大提升。

（九）报表管理子系统

该子系统可以提供各个管理岗位所需要的报表。报表管理模块几乎包含了所有的关键管理报表，能够制作各种格式的报表，来概括发生在客人和酒店之间的会计事务、酒店营收的各种情况以及审计中的各种发现，使管理者能够及时地获取重要的财务信息，并掌握如出租率、平均房价以及各部门收入等基本信息。具体有前台需要的入住客人报表、VIP 客人报表、团队报表、当班员工的入账报表等；餐厅需要的早餐统计报表，便于确定需准备早餐的数量；销售部的市场、来源统计报表；客房部需要的客房布置报表；管理层需要的营业日报表，上面有详细的出租率、平均房价、不同市场（散客、团队、会议等）的收入情况等，并且还能够和同期数据进行对比分析。

（十）宴会销售子系统

宴会销售子系统是很多外资高星级酒店会选择的系统，主要是为了实现要求多、服务程序多、内容广的宴会服务的管理信息系统。与客房前台业务系统不同的是，其主要针对对象是企业客户，而不是单一的客人。企业商务客和会议客是酒店稳定收入来源的重要组成部分，不仅为酒店带来大量的房间数，而且也为酒店的配套服务设施，包括餐饮、康乐、商务中心、会议室带来可观的收入。有效的财务统计数据（历年消费的房间数和消费金额、账单结算情况、未来的预订情况、过往每次的预订记录、折扣回佣情况和应收未收记录等）、客户关系数据（从预订和销售收集回来的客户资料，包括客户所在的地区、行业、优先级别、潜在消费能力、覆盖范围、产品消费意欲、来源、竞争对手、影响因素、销售的方式和频度等，支持多联系人、多地址、多通信方式甚至通过第三方进行联系的方式，从前台系统中收集到的客人偏好信息等）以及可以存储各种类型的附件（如双方交换的邮件、备忘录、关于该客户的内部注意事项等），这些资讯集中在一起，关联到一个客户账号上，随着一个客户打来电话，可以在销售人员面前的屏幕上一览无遗。完备的企业客户档案数据的建立，不仅为酒店内部销售人员随时了解客户相关资讯，掌握销售的主动权，也为电脑系统实现智能化辅助销售提供依据。

（十一）桑拿管理子系统

一些高星级酒店还提供了桑拿、SPA 服务等项目，所以桑拿管理子系统也应运而生。桑拿管理软件与酒店前台预订系统有相似的流程，主要包括对桑拿服务安排、技师管理等功能。主要的区别在于该系统是以包间（床位）为管理核心，客人的所有消费项目都记录到客人所在的包间号码上。在开单、加单、结账整个业务流程中都是对包间直接操作的，这使得操作更加直观、简便、敏捷。

二、后台管理系统

后台部门是与前台部门相对的，主要是为前台部门服务客户提供支持工作，以及提供相关的保障，这些后台部门使用的软件称为后台管理系统。酒店后台管理系统需要与前台业务紧密结合，在管理的深层次上实现对业务流的控制与动态分析，从而使管理更加顺畅和严谨，使酒店提高经营利润、降低成本真正成为可能。后台管理系统主要包括财务管理系统、人力资源管理系统、OA系统、库存管理与采购系统、工程设备管理系统、成本控制系统、安保管理系统等。

（一）财务管理子系统

该子系统主要用于处理酒店财务相关数据，一般包括应付账管理、分类总账、固定资产管理、报表工具等模块。数据从前台系统送入财务管理系统，以计算每日统计分析。财务管理系统存储的数据是酒店最重要的数据，必须有一套安全数据管理机制，并且一定要有灾难恢复功能，以保证整个系统运行的数据安全。

（二）人力资源管理子系统

该子系统的主要功能包括个人档案管理、组织岗位管理、合同管理、工资管理、绩效管理、考勤管理、报表等，主要是为了实现人力资源的开发和利用，有效地控制人工成本。其中绩效管理是对员工的绩效指标进行设计、考查，并提供实施建议的系统。考勤系统主要完成员工的考勤工作，通过指纹识别等技术，智能识别员工的到岗情况，并且能够出报表，减少人事处的考勤统计工作。

（三）OA系统

酒店OA系统是新经济时代的产物，主要功能是提高酒店办公自动化水平和处理事务的效率，节省纸张能源。一家酒店企业每天需要处理大量的公文、信函、文件、报告和表单，各种统计报表需要上报，内部文件资料需要传递，办公室自动化系统就是为解决这些工作而设计的。利用办公自动化系统，可以实现办公事务的自动化管理，电话、传真等自动记录与跟踪管理，提高酒店行政事务的处理效率。

（四）库存管理与采购子系统

该子系统具有采购管理、库存管理、计划管理等功能，主要用于加强管理上对采购和库存的控制。对于仓库管理员来说，只需要进行简单的单据录入工作，系统自动按照录入的单据进行商品分配，实现商品价格的记录、应付账款的记录、领用量及购入量的汇总、结存统计、计划完成统计、商品超限检查、积压物品进出统计等功能，让库管人员从烦琐的手工单据中解放出来。当库存低于警戒线时，系统可以进行提醒，采购员通过系统进行采购申报单填写，各级审批部门也在网络上直接批示，当一级批示完毕时，流程会自动进入到下一个级别的审批，便于追踪控制。当物品送达时，在系统中确定验收和入库，则物品自动转化为库存状态，这样大大减少了操作的重复性和工作量，同时也避免了作弊现象的发生。

（五）工程部管理子系统

该子系统通过接口系统与前台各部门紧密结合，可以完成报修、派工、维修及验收等一系列工程部的日常工作并与库存系统结合完成设备管理与备件管理。系统通过建立各种设备的档案及其基本信息包括设备开箱记录、随机工具及备件明细、设备技术文件、调试记录、易损件明细、润滑明细、设备检修记录、大修记录、故障记录、事故记录等。该子系统可以根据维修计划和保养周期提醒用户定期完成设备的日常维修和保养任务，可以根据库存量报警及时补充库存备件以保证日常维修工作正常进行，还可以根据部门、设备类型等统计分析设备维修费用及设备故障率。例如，前台发现一些设备存在问题时，直接在系统中进行报修，当工程部受理报修时，系统可以直接指定具体的维修工作人员，并且可以记录具体的维修记录和维修成本等，这样就可以有效检测工程设备的运行状况、故障发生频率、维修效率和维修成本等。同时，通过设置设备的运行模式，可以很好地控制酒店运行的能源费用。

（六）成本分析控制子系统

成本分析子系统是介于前台系统及库存系统之间的分析系统，根据前台的销售及菜品定义的成本卡计算出各种原料的理论用量，从库存的领用及二级库的盘点中计算出各部门的真实用量，从而获得理论与实际的用料情况并形成分析报告。酒店通过对理论成本、真实成本的分析可以监督厨房的用料情况，减少浪费及意外损失；通过对销售额及理论毛利率的分析可以得到餐厅的销售情况，及时调整商品的定价；通过成本用量差异分析可以看出采购中是否存在商品质量低下的问题等。

（七）安保管理子系统

安保管理子系统实现对酒店的安全智能、集中式的管理，主要包括闭路电视监控系统、防盗报警系统、门禁系统、火灾报警和灭火系统等。监控系统与防盗报警系统、门禁系统联动，能够根据需要自动把现场图像切换到指定的监视器上显示，并自动录像和复核图像。门禁控制系统主要实现酒店各个通道、出入口的监控，通过系统设置可以进行发卡授权管理，查看各通道口通行对象及通行时间、巡更计划完成情况、防区报警情况等，并进行相关的实时控制。防盗报警系统主要用于重要房间（如财务室、领导办公室、收费处、贵重物品存放室、库房、大厅、员工区域）、重要机房（如网络中心、数据中心、设备间）的安全防护。当出现强行入侵的情况时，报警系统会产生报警信号，主机接收到报警信号时，会自动将相应区域的摄像机画面弹出到监视器上显示，同时硬盘录像主机对该摄像机进行实时录像。

三、电子商务系统

电子商务是 20 世纪信息化、网络化的产物，进入 21 世纪，电子商务已成为新业态。近几年来，随着知识经济的发展和信息高速公路的建设，酒店电子商务已是当今酒店业发展的必然趋势。通过电子商务系统连接上国际互联网向全球多姿多彩、声情并茂地展示酒店的风貌、特色，推销自己的客房和各种服务，并可依此组成酒店连锁业，结成战略联盟，以强劲灵活的营销手段向全球市场进军。电子商务可以向众多的客户提供面对面的营销方式；它开拓了市场的广度和深度，这些都是平常方式下的人力、物力所无法与之比拟的；它代表了最新和最有效的营销方式，为酒店开发客源市场带来了无限的商机。

酒店的电子商务系统主要是实现酒店商务活动电子化的系统。所以，酒店电子商务系统主要是围绕商务活动的各个环节开展活动的。根据其服务对象的不同，可以分为电子商务网站和电子商务后台管理平台。电子商务网站的服务对象是酒店客户和一部分酒店合作伙伴，主要实现酒店及其产品展示、在线预订、在线支付、在线交流、会员中心管理等功能；电子商务的后台管理平台主要提供电子商务网站运营的业务支持，包括电子商务系统的用户及权限管理、酒店基础信息管理、前台网站维护、采购管理、订单管理、分销管理、财务结算、客户关系管理等功能，也包括电子渠道的分销和管理。

随着移动电子商务技术的发展，未来的酒店电子商务已向增强与客户的双向交流、改善信息服务、通过个性化服务增加附加值的方向发展。目前，我国酒店电子商务"以交易为中心"色彩较浓，预计未来几年，将真正实现以人为中心的电子商务应用。如移动支付——顾客无论在何时何地，通过移动电话等终端就能完成对酒店或对个人安全的资金支付。新技术的应用将使酒店电子商务功能更加完善、便捷，服务更加人性化，应用更加普及。

四、CRS 系统

对 CRS 的解释一般有两种（谷慧敏，1998）：中央预订系统（Central Reservation System）和计算机预订系统（Computerized Reservation System）。中央预订系统主要是指酒店集团所采用的内部预订系统，是一种封闭的、归属特定企业集团，由集团成员共享的预订网络，具有排他性，较少对集团外开放。中央预订系统既是企业集团综合实力的体现，同时又是其垄断客源的一种途径。计算机预订系统是指用于整个旅游活动包括机票、酒店等预订在内的预订网络，它的范围比中央预订系统更为广泛，是一种开放的、面向多个供应商及客户的专业预订网络系统。CRS 的这两种解释既有区别又有联系。区别主要在于使用对象的差别。中央预订系统强调的是预订的集中、集成化，其主要使用者是酒店企业集团。而计算机预订系统的使用者可以是酒店集团，也可以是单体酒店，还包括其他与预订相关的企业。计算机预订系统比中央预订系统的适用范围更加广阔。二者的联系在于计算机预订系统是中央预订系统的基础。酒店集团的中央预订系统是通过将集团内部的计算机预订系统联合起来构成一个网络预订体系。为了阐述方便，本书中所提及的 CRS，一般默认为集团的中央预订系统。

几乎所有的国外酒店集团都建立了自己的中央预订系统并提供在线网络订房服务。早在 1965 年，假日酒店就建立了自己独立的计算机预订系统 Holidex I。随后，假日酒店又建立了 Holidex II 预订系统。到了 1989 年，假日集团的第三代电脑预订系统 Holidex 2000 投入使用，该系统集预订和管理于一体，将所有的预订与商业分析功能都整合在一起。1973 年，希尔顿酒店公司所有的酒店也开始使用中央预订系统。到了 1999 年，希尔顿酒店公司又投资 3000 万美元，建立了新的中央预订系统（Hilstar）。该系统使全世界 5000 多家希尔顿酒店连成网络。精品国际的精品 2001 预订系统（Choice 2001 Reservation System）利用"地址编码"原理，能够在瞬间连接到精品系统中的各个成员酒店，每年能够处理 2100 万个电话。此外还有洲际集团的 GLOBAL II 预订系统，雅高集团的 ACCOR 订房系统等。国外酒店集团所拥有的统一的预订系统和销售网络，提高了酒店集团在国际市场中的竞争能力。通过中央预订系统，各成员酒店收集、整理的大量顾客信息可以共享，从而可以了解到当前顾客消费的最新动态，更大程度地实现了顾客价值的挖掘。在提高酒店集团竞争力的同时，这些预订系统和销售网络也成为方便分销中介和吸引顾客的重要手段。分销中介和顾客可以直接访问集团的中央预订系统，从中得到酒店的详细资料和服务信息，包括酒店客房资源的出租情况并能立即预订和确认。

我国本土酒店集团的发展，开始于 20 世纪 90 年代。在吸收国外先进管理经验的基础上，国内酒店集团获得了快速发展。到了 2005 年，中国本土酒店管理公司共有 190 余家，托管酒店总数近 1600 家星级酒店，集团化程度达到 14.55%（张红卫，2006）。国内也出现了不少实力派集团，如锦江国际酒店管理公司、金陵酒店管理公司、东方酒店管理有限公司、凯莱国际酒店有限公司、中旅酒店总公司、开元旅业集团以及首旅集团等，它们都是国内酒店集团投资和管理领域的佼佼者。为了缩小与国外酒店集团的差距，为了集团发展战略的需要，国内一些较具实力的酒店集团开始探索中央预订系统。金陵集团在 2005 年建立了中央预订系统并推出本土第一家具有在线互动功能的网站；同年 8 月，首旅建国酒店采用了国外的 I-Hotelier 中央预订系统；锦江集团于 2005 年 12 月推出自有的多语种网站，并于 2006 年初建立了中央预订系统。

五、GDS 系统

1965 年，凯蒙斯·威尔逊首次引进假日旅馆的中央预订系统，开创了住宿业中央预订系统的先河，但事实上，酒店预订系统的发展其实是建立在航空预订系统的基础上的。

在 20 世纪 60 年代早期，航空公司为了简化预订机票的程序，成功开发了电子预订系统。航空公司通过这个预订系统管理库存并直接和销售代理联系，旅行代理商直接通过安装在旅行社的预订系统终端进行信息查询和预订。通过将大部分的劳动密集型的预订过程转移到旅行社，航空公司可以更加专注于在自己的核心业务领域——航空提供顾客增值服务。预订系统的实时监控和管理，可以使航空公司通过预订系统产生的统计数据来实现航空收益管理最大化。电脑预订系统能让航空公司不断根据需求调整自己的航班安排和价格以适应激烈的竞争要求，电脑预订系统开始变得越来越复杂，以能面向全世界的潜在顾客提供实时信息并支持航空公司的经营管理。那时候，旅行代理商是酒店和航空公司预订的唯一来源。为了激励他们，航空公司采取了根据销售业绩来获取佣金的方法。而旅行代理商为了获得更加有效的预订、售票和市场开拓，纷纷加入了这家或者那家航空公司的 CRS，航空预订系统很快转化为全球网络。航空公司利用新兴电脑技术能更准确有效地管理预订和价格数据，还可以进行航空公司与旅行代理商之间的结算，并通过实施常客计划进行关系市场营销，这些都会带来无法估量的好处（Buhalis，

2004)。

20 世纪 80 年代以来,以 GDS 系统为核心的电子分销渠道逐渐成为酒店业市场营销链条中至关重要的环节。全球主要酒店组织和很多单体酒店都已经通过不同的途径建立了与 GDS 的系统连接,并通过 GDS 渠道实现产品的全球分销。目前的 GDS 由四大系统平分天下:SABRE(原美国航空公司的 SABRE 系统);WORLDSPAN(由原美国环球航空公司的 PARS 系统和达美航空公司的 DATASII 系统于 1990 年合并而成);伽利略国际(由原美国联合航空公司的 APOLLO 系统和欧洲的 GALILEO 系统于 1993 年合并而成);阿马迪斯/系统一(由原美国大陆航空公司的"系统一"和欧洲的 AMADEUS 系统于 1995 年合并而成)。

第五节　酒店管理信息系统的现状及趋势

酒店管理信息系统基本每 5 年就进行一次更新换代,随着日新月异的技术发展,软件的结构及应用功能已日趋完善。本节将系统地介绍 HMIS 发展的历程、HMIS 软件提供商的现状、未来 HMIS 发展的趋势等,最后归纳 HMIS 建设中存在的相关问题。

一、酒店管理信息系统的发展历程

旅游酒店是旅游业中发展最快的一个产业,是旅游的支柱产业;同时,它是信息化普及率较高的一个行业,也是旅游业中信息系统应用最早的一个行业。美国在 20 世纪 70 年代已有信息系统应用于酒店,我国在 1983 年才有信息系统应用于酒店。所以,酒店行业信息化建设经过了 32 年的发展,其发展的历程并不算太长,但大体上经历了以下五个阶段。

(一)电算化阶段

在没有信息系统之前,酒店面临着很大的预订工作量,大量的电话、传真、文件需要处理,每个酒店都需要耗费不少人力和时间处理预订。随着航空业和工业企业信息化的展开,国外酒店被这些高科技带来的巨大商业价值所吸引,也投入到信息化的建设中。早期的国外酒店业信息化应用主要是针对这个问题而设计的。通过该系统,员工可以处理简单、琐碎、重复性的日常工作,如财务管理,可进行收银、账务查询与对账、出纳管理等;客房管理,可进行可用房查询、客房统计报表等;酒店计算机管理系统可执行入住登记、收银、查询、结账、报表生成等多种功能。这个阶段的信息化应用主要是替代机械式、高重复性工作的手工操作，对员工提高工作效率、改善服务质量等起到了一定的作用。但是，这一阶段的信息化应用主要还是停留在表层，并没有从深层次上改变传统酒店业的内部管理流程。

（二）自动化阶段

随着计算机技术和自动化技术的发展，酒店的信息化应用走向了自动化，特别是在旅游酒店的设备运行管理和后台管理上，逐步走向高层次应用。一方面，通信系统、暖通系统、给排水系统、供配电与照明系统的监控，火灾报警与消防联动控制，电梯运行管制，门禁系统等发展成为由中央管理站、DDC 控制器和各类传感器、执行机构组成的能够完成多种控制及管理功能的智能化自动化控制系统。例如，楼层服务员通过运用自动化智能技术，不用频频敲门，便可根据客房内安装的红外线安全消防监控系统，感应客人是否在房内。另一方面，酒店人事、行政、财务、采购、保安、工程等部门引入财务管理系统、人力资源管理系统、采购库存管理系统等管理信息化系统，实现了办公自动化，不断提高酒店整体的管理效率和降低行政开支。此阶段的酒店信息化主要表现在对酒店后台管理系统的开发建设以及对前、后台系统的有效整合方面。

（三）网络化阶段

随着互联网的出现和普及，网络化建设也已成为酒店业信息化建设的重要组成部分，于是以宽带高速数据网络为核心的"数字化酒店"（Cyber Hotel）也应运而生。这个阶段的应用主要集中在网络营销和网上预订功能，酒店基本实现了宽带所能带来的便利服务。酒店通过网络宣传企业形象和服务，开展网上预订客房，让客人了解酒店设施，选择所需要的服务进行远程预订。而客人上网就可以利用酒店的门户网站在线查看酒店的信息，客人无论身处何处都可以选择自己中意的酒店。这一阶段的特点是酒店的信息化建设的内容从酒店内部开始向价值链的上下游拓展——将客户服务也纳入到信息系统建设中来。

（四）集成化阶段

随着酒店信息化管理系统深入运用，酒店信息化建设又出现了新的问题。由于各个信息系统是由不同部门在不同阶段完成的，往往没有统一的规划，从而导致酒店软件系统各自为政，形成了一座座"信息孤岛"。"信息孤岛"对于酒店充分实现信息共享是非常不利的，酒店业是跨部门合作的服务行业，酒店信息无法全面共享，影响了酒店的效率和服务水平。因此，在继网络化阶段之后，酒店业信息化步入了酒店流程再造的全新集成化应用阶段。酒店的各个软件系统，如前台系统、餐饮和成本控制管理系统、宴会与销售管理系统、财务管理系统、OA系统、人力资源管理系统、工程设备管理等各个系统之间实现无缝链接，同时，还能够通过接口软件将酒店软件系统和酒店的自动化系统进行对接。这样就进入了全面集成化阶段，又促使酒店的业务流程不再是某个部门的流程，为了使业务流程适应集成化，酒店开始了业务流程再造（BPR），酒店流程的再造不仅是为了信息化而信息化，更重要的是变革酒店的组织结构，使信息技术架构与酒店的新业务流程及组织的管理目标相互适应协调，形成酒店在信息时代的新竞争优势，这也是酒店集团化发展的需要。

（五）智慧化阶段

2010年到现在，酒店信息管理软件已向智慧型软件发展，提出了智慧酒店概念。什么是智慧型系统呢？智慧型信息系统就是充分利用了物联网、云计算、移动互联网等最新技术，使得酒店管理软件相互能通过感知来交换数据，使酒店管理更精细化、酒店服务更加敏捷。智慧型软件可以实现人、物交换信息，可以实现经营服务人员与消费者的实时互动，可以实现酒店经营未来趋势的自动预测，同时可以实现酒店经营的自动节能。例如，杭州的黄龙饭店是我国第一家智慧型酒店，并于2010年成功投入运行，它的成功转型对现代酒店业的发展产生了重要影响，如目前通过智能手机订房、结算都是智慧型系统在酒店业的重要应用。

智慧型阶段软件的特点就是逐步实现信息系统的协同作业、协同管理、协同服务。通过打造统一、整合的信息化平台，将酒店内各部门、会员酒店、客户、供应商和合作伙伴联合为一个软件整体，形成相互感知的智慧，创建一个跨行业、跨组织、跨地区，实时在线的高效全面协同的酒店经营系统，最终实现直接面向顾客的实时、互动的个性化服务。在智慧型阶段，酒店主要运用基于移动互联网和物联网的企业资源计划（ERP）、客户关系管理（CRM）、供应链管理（SCM）和电子商务（EC）等方面的新系统，来提升酒店的核心竞争能力，能够让酒店对价值链下游的客户价值实现有效开发，不断开发新客户和潜在客户，提升客户满意度和忠诚度，最终创造酒店的市场竞争优势。

二、酒店管理信息系统的发展现状

信息系统在酒店业中的应用是在20世纪70年代初开始发展起来的，经过十几年的发展，到了 20 世纪 80 年代，国外酒店管理信息系统（如 HIS、ECCO、Lodgistix、FIDELIO、CLS 等）整个模式已基本定型，技术较成熟，功能也齐全，在全球得到了普遍的应用。

国内的酒店管理信息系统是在 20 世纪 80 年代初发展起来的。它们充分吸收了国外管理系统的精华，再结合国内的实际情况，逐步发展成熟，到目前已经形成了几个较成熟的市场化软件系统，同时诞生了几家专职从事酒店业信息系统研发的公司，主要有杭州西软科技 Foxhis 系统、华仪酒店管理系统、杭州绿云的 iHotel、北京泰能酒店信息系统、中软好泰酒店信息系统等全国性的软件企业，还出现了如深圳捷信达电子、大连华盛科技、桂林奥普、珠海高柏、珠海万维科技、镇江资深等地方性酒店软件企业。酒店管理信息系统的使用率和普及率得到了大幅度的提升，促进了酒店信息化管理水平的提升。

到了 20 世纪 90 年代中后期，随着计算机在酒店中的普及应用，信息网络技术的不断发展，酒店管理信息系统的发展已到了一个新的时期，新的系统平台、新的系统特点及发展方向不断涌现。目前，国内各种酒店管理软件众多，有条件的酒店一般采用自主开发或委托软件开发商开发出具有竞争力的专用软件，部分大型酒店也已经使用市场上出售的酒店管理信息系统，有条件的中小型酒店则使用功能比较简单的酒店管理软件。

下面就国内外主流的酒店管理信息系统软件作简单的介绍。

（一）国外的主流 HMIS

1. ECI（EECO）

ECI 系统是美国易可（ECI）电脑公司于 1969 年开发的酒店信息系统，这是酒店信息管理系统的鼻祖。ECI 公司是美国加州电子工程公司（Electronic Engineering CO.，EECO）所属的子公司，因此该软件也被称为 EECO 系统。该系统于 1970 年在美国夏威夷 WAIKIKI 的喜来登酒店（Sheraton Hotel）安装使用，成为全世界第一套 ECI 酒店电脑系统。经过四十余年的发展，在其鼎盛时期，全世界有六百多家用户（中国有六十余家），如杭州香格里拉、桂林文华、广州中国大酒店、北京天伦、青岛海天等。ECI 系统采用的是集中式标准多用户系统，目前还在使用的是其第三代产品 GEAC/UX 系统。

2. HIS

酒店业资讯系统有限公司（Hotel Information Systems，HIS）于 1977 年成立，总部位于美国洛杉矶，目前是美国上市公司 MAI Systems Corporaion 的全资子公司，全盛时期在全世界八十多个国家拥有四千多家用户，如中国的北京王府井、北京中国大酒店、北京长城、上海锦江、上海华亭、上海希尔顿、广州花园等，而香港地区采用 HIS 系统的高星级酒店最多时占了 75%，目前该系统市场占有率已下降，已有许多被更换。

3. Fidelio

Fidelio Software GmbH 于 1987 年 10 月在德国慕尼黑成立，并推出了 Fidelio 6、Fidelio 7 等版本。Fidelio 犹如一匹黑马很快在世界范围酒店市场领先，该公司成立四年即成为欧洲领先的酒店软件产品，成立六年跃居世界酒店信息系统供应商之首。据统计，Fidelio Suite Version 6 在全世界有超过 7500 个安装项目。后来该公司合并入美国 MICROS System Inc.公司。目前，Fidelio 系统在国内四、五星级酒店占据了最大的市场份额，是那些由外资或外方管理的酒店采用最多的软件。1995 年，公司在中国香港成立了 Fidelio Software(China)Limited，专门开发中国大陆市场。2003 年 7 月，MICROS 公司与北京中长石基信息技术股份有限公司（简称石基公司）共同签订中国大陆市场（不包括香港、澳门、台湾）独家技术许可协议，自此，石基公司全面代理了 MICROS 公司 Fidelio 系统和 OPERA PMS 在中国大陆的全部销售业务。

4. OPERA

OPERA 系统是美国 MICROS 公司在 MICROS-Fidelio 系统的基础上开发的基于 B/S 的新版本。OPERA 已经不仅仅是一个酒店管理软件，而是作为接待业企业的软件综合解决方案（OPERA Enterprise Solution）。它主要包括 OPERA 前台管理系统（OPERA Property Management System, OPERA PMS）、OPERA 销售宴会系统（OPERA Sales & Catering, OPERA S&C）、OPERA 中央预订系统（OPERA Reservation System, ORS）、OPERA 中央客户信息管理系统（OPERA Customer Information System, OCIS）、OPERA 渠道管理系统（OPERA Channel Management, OCM）和 OPERA 收益管理系统（OPERA Revenue Management, ORMS）等，其中 OPERA 前台管理系统是其核心部分，简称 OPERA PMS。OPERA PMS 可以根据不同酒店之间运营的需求多样性，来合理地设置系统以适应酒店的实际运作。它分为完整版（Full Services）和精简版（Express），主要区别在于内部功能开放度不同，如接口数量等，但 Express 可适用于绝大多数酒店。

（二）国内的主流 HMIS

1. 华仪软件

北京华仪系统工程有限公司是国内第一家从事酒店计算机管理系统开发的专业性公司。其创始人金国芬教授于 1979 年为北京前门酒店用 Basic 语言，在单机上开发了一个具有查询功能的酒店管理软件，开创了国内酒店管理的先河；她于 1984 年开发了国内首个基于微机局域网系统的酒店管理系统；她于 1987 年正式成立华仪公司，是国内最早成立的致力于国内酒店管理信息系统的开发和实施的专业公司。多年来，华仪公司为全国各地三百余家用户提供了三个版本的管理软件：① DOS 版，称 HUA-YI 酒店管理系统，是最早的产品，采用 NOVELL 网络系统平台，使用 Basic 语言编程。② CHIMS 系统，1995 年推出，采用 NOVELL 网络系统平台，用 Access 数据库，用 VC/VB 编程，工作站用 Windows 3.1/3.2。③ HY2000 系统，采用 Windows NT 平台（C/S 结构），使用 SQL Server 数据库，用 VC/VB 编程，客户端使用 Windows 95/98/2000 系统。目前最新版本为 HY.COM 版本，该版本是 B/S 架构的酒店管理系统，主要针对星级酒店，典型客户包括吉林世纪大酒店、英皇娱乐酒店、九华山庄、乌鲁木齐银都大酒店、苏州新城花园酒店、厦门国贸金门湾大酒店等。

2. 西湖软件（FOXHIS）

杭州西湖软件（西软科技）有限公司，简称西软，从业历史始于 1988 年，由浙江大学杨铭魁老师和高亮等自然人创办。到目前，其推出的 FOXHIS 系列产品已成为国内用户数最多、高星级用户最多、用户增长最快的酒店管理软件，连续多年被中国软件行业协会评为"中国优秀软件产品"，成为中国最大规模的酒店软件供应商，其资产规模、综合实力在国内遥遥领先。公司于 1993 年推出 DOS 版，1997 年推出 Windows 版（采用 C/S 结构，操作系统用 UNIX 或 Windows NT/2000，数据库用 Sybase，开发工具用 Power Builder），2000 年底推出 Windows 五星版（专用于高星级酒店）。公司于 2006 年 12 月 18 日与北京中长石基信息技术股份有限公司合并。FOXHIS 软件主要包括针对四、五星及国际品牌酒店的 X 系列，针对三、四星酒店的 V 系列，针对快捷连锁酒店的 S 系列等。杭州西软在国内占有最大的市场份额，截至 2012 年上半年，拥有客户超过 4000 家，挂牌五星级用户 170 家（占国内挂牌五星酒店的 1/4），典型客户包括九寨天堂洲际大酒店、杭州索菲特西湖大酒店、成都凯宾斯基酒店、南京金陵酒店、四川锦江宾馆、三亚天域酒店、新疆康城建国国际酒店等。

3. 中软好泰

北京中软好泰酒店计算机系统有限责任工程公司是金士平等自然人与中软总公司合作所建立的专业从事酒店计算机管理系统开发、推广及服务的专业化公司（简称中软好泰公司），该公司于 1995 年成立，先后开发基于 Windows 与 DOS 平台的两大系列产品，在全国各地拥有四百余家用户。CSHIS V1.0 及 CSHIS V2.0 为 DOS 版，建立在 NOVELL 网络环境之上，用 C 语言开发。CSHIS 96/97/2000 系统采用 C/S 结构，用 DELPHI 开发，采用 Windows NT/2000 网络平台，使用 MS SQL Server 数据库。该公司主要产品为中软酒店管理系统 International 和 Professional

两大版本。其典型客户有外交部钓鱼台国宾馆、京都信苑酒店、北京新世纪酒店、鸿坤国际大酒店、粤海酒店管理集团等。

4. 千里马酒店管理系统

千里马酒店管理系统最初由广东劳业电脑系统开发公司于 1993 年推出 DOS 版，1998 年推出 Windows 版（采用 C/S 结构，用 Visual Basic 开发，采用 Windows NT/2000 平台，使用 SQL Server 数据库），到目前有三百家左右的酒店用户，主要分布在广东、湖北、湖南、四川等省市。劳业公司于 1998 年被香港万达电脑系统有限公司收购，改名为广州万迅电脑软件有限公司。千里马产品覆盖前台管理系统（PMS）、餐饮管理系统、温泉和水疗管理系统、会员储值卡管理系统、票券管理系统、后台管理系统、iPad 点菜系统、手机订房系统等。典型客户包括非洲加纳酒店、FURAMA BUKIT BINTANG（富丽华集团）、广州大厦、四川宝元通河畔酒店、丹东中联大酒店等。

5. 泰能软件

北京泰能计算机系统工程公司成立于 1993 年，由清华大学博士倪源滨先生创办。该公司于 1994 年推出国内最早的 Windows 版酒店管理软件（采用 Paradox 数据库）。1999 年，推出酒店管理系统 THIS2000。2006 年，泰能公司重组，成立北京泰能软件有限公司。同年，整合上海沪泰信息科技有限公司。2007 年，泰能 Delta 酒店管理系统 V2008 问世。目前，泰能公司拥有约 2200 家用户。

6. Sinfonia

1998 年，李仲初创办北京中长石基网络系统工程技术有限公司，专门从事酒店信息系统的研究与开发，2001 年 12 月 21 日改制为股份有限公司。2003 年 7 月，石基公司与美国 MICROS 公司签订中国大陆市场（不包括香港、澳门、台湾）独家技术许可协议，成为 MICROS-Fidelio 和 OPERA PMS 在中国大陆的独家代理商。但是，石基公司有着更远大的目标，所以石基公司先后合并了北京泰能软件有限公司和杭州西湖软件公司，将自己的酒店业用户数拓展到了史无前例的规模。2006 年，石基公司购得 Fidelio V7 的源码，与 MICROS-Fidelio 共享版权，并于 2009 年推出 Sinfonia Version 1.0。Sinfonia 酒店前台管理系统继承了 Fidelio 系统的精髓，并在此基础上根据中国酒店行业的需求进行了深度开发。Sinfonia 包括预订、前台接待、财务、管家、夜审及系统设置等管理模块，以及丰富的第三方产品接口和中央预订系统接口，为酒店提供了一个开放的、高集成度的信息管理平台。

7．绿云软件

绿云软件是新一代酒店信息系统软件的代表，由杭州绿云科技有限公司（简称绿云，取自绿色环保、云计算之意）研发提供。该公司致力于打造国内外领先的集酒店管理与电子商务、网络营销为一体的 iHotel 酒店信息化平台，单体酒店可以租用该软件，不需要对软硬件系统进行投资，连锁酒店可以通过建私有云的形式实现低成本的统一管理。公司 2010 年一成立就直接开发基于云计算和 Web 架构的开放型应用软件，取名 iHotel，核心团队均有二十多年酒店信息化系统的开发和服务经验。iHotel 应用平台基于云计算、大数据、SAAS 等互联网技术，内容包含中央预订系统 CRS、客户关系系统 CRM、会员系统 CMS、前台管理系统 PMS、餐饮系统 POS、门户网站（包括手机移动应用）等，还有苹果及安卓移动终端的各种集成应用，如手机网站、手机 iPMS、iPad 经营分析、客房宝、电子签名等，各种支付平台、短信平台、微信平台等的集成，酒店分销数据中心及直销平台的建立和运行等。截至 2014 年 3 月，酒店用户数已经突破 1500 家，包括世贸君澜集团、锦江都城（锦江之星）、四川岷山集团等，是目前国内发展最迅速、最有竞争力的酒店信息化应用产品。

三、酒店管理信息系统的发展趋势

国内最早的酒店管理信息系统软件仅简单地运用于前台接待、排房、结账、查询等，发展至今，较为成熟的酒店管理信息系统已具备前台管理、餐饮娱乐管理、客户管理、财务管理、物业管理、电子商务等多项管理功能。基于对国内外主流酒店管理信息系统软件和对酒店业信息化实际需求的分析，笔者认为酒店管理信息系统的发展有如下几大发展趋势。

（一）网络化趋势

HMIS 是随着计算机技术和通信技术的发展而发展起来的，尤其是网络技术的发展，给酒店管理信息系统的网络化带来了机遇，极大地提高了系统处理效率。所以 HMIS 从最初的 DOS 操作平台发展到局域网操作平台，甚至开放型的互联网平台。现在，随着 Internet 的普及和网络安全技术的进步，基于 Internet 技术的企业内部网络——Intranet 逐渐发展起来，连锁酒店的整合型信息系统趋于成熟。同时，由于酒店业也由单体酒店逐渐发展为酒店集团或者酒店联盟，也需要进行跨地区的沟通和协同操作，所以基于 Web 的 B/S 结构的网络型酒店管理信息系统将逐步取代传统的基于 C/S 结构的酒店管理信息系统。

（二）智能化趋势

虽然三星级以上酒店基本都在使用 HMIS 软件管理，但其应用水平往往是比较低的，主要处于初级使用阶段，只满足于日常事务的处理，用于提升处理事务的效率。但是，信息技术更有价值的地方在于为经营管理提供战略支持，实现智能化经营管理。随着人工智能技术的发展，数据仓库、数据挖掘技术在管理信息系统中的应用，酒店管理信息系统必将向着智能化方向发展。现在，很多酒店信息管理系统中的客户档案、客人偏好、消费统计、积分及使用、个人照片及签名、投诉处理、回访记录等信息，都还"躺在那里睡大觉"，需要智能挖掘。如何利用数据挖掘技术，为酒店提供分析数据，辅助管理层决策，将是 HMIS 系统的真正核心价值所在，也是未来 HMIS 应用研究的主要方向。目前出现的智慧酒店，提倡的智慧管理、智慧服务和智慧营销，就是 HMIS 智能化发展的明显趋势。

（三）集成化发展

在酒店建设信息化过程中，由于各个信息系统是由不同软件服务商在不同的时期研发提供，供不同酒店部门使用的，限于技术因素这些系统会存在着比较多的"信息孤岛"，这对酒店的整体经营管理是非常不利的。随着酒店行业的加速发展，酒店之间的竞争，将不再是设施设备等硬件的竞争，而是服务质量、顾客关系等之间的软性竞争，即需要协同服务。这就需要信息系统的技术支持，需要高质量地集成各系统的信息。由此出现了集成化的信息系统需求，以满足酒店扩展或集团化发展的需要。集成化的酒店管理信息系统是将酒店管理信息系统的各个子系统有机地结合起来，或把各成员酒店的信息系统整合起来，信息共享，达到相关部门或酒店互通信息、共享数据资源的目的，其支撑技术是数据库和计算机网络。通过集成化的 HMIS，可以将酒店企业内外部的信息及时地导入到酒店内部，并进行快速共享，实现敏捷服务和个性化服务，从而提升客户的满意度，创造竞争优势，也便于推进电子商务。

（四）与自动化设备相结合

为了提升服务效率、管理效率，构建智慧型酒店，HMIS 往往通过接口系统与电话交换机、门锁系统、语音信箱、VOD 系统、银行卡、Internet、公安局报户口系统进行无缝链接，采用无线网络或物联网的相关技术，实现信息系统与自动化设备的信息交换。酒店可以直接在 HMIS 上操作即可实现对其他自动化设备的相关操作和控制功能。HMIS 的未来发展，还将把更多的自动化设备纳入到信息系统当中，实现真正的智慧型酒店。

1．与客房房态控制系统联网

通过与客房控制系统的接口联网，前厅部、总机、财务、商务中心等相关服务部门的员工也能知道客房中是否有人、客人是否已经休息、勿扰灯是否点亮，从而更好地做到对客服务。另一方面，前台 HMIS 系统中的客人喜好（如房间温度、灯光状态要求）也能自动转送到客房控制系统，以满足客人的特殊需求。客人的到店和离店，能自动通知客房控制系统，自动打开和关闭电源系统、设置房间温度、启动新风系统，以达到节能的目的。

2．与迷你吧控制系统联网

通过 HMIS 与迷你吧控制系统联网，迷你吧系统能自动探知物品消耗情况，并自动计入客人应付账款中，使酒店及时了解物品的消费情况以便随时补充物品，并能根据客人的喜好对所提供的物品进行调整。

3．自动登记及结账系统

自动登记入住及结账系统也被越来越多地应用于酒店。客人到店时，只需在自助登记设备中插入他的信用卡，自己操作就可直接办理入住手续。在离店时，在客房通过操作相关设备，即可实现自助离店。目前，国内也有一些酒店开始对 VIP 会员提供类似服务，宾客通过大堂、地下车库的自助系统，可以实现自由选择房间，自助入住客房。如 VIP 会员已经有预订，在其开车进入酒店停车场或地下车库的时候，通过感应 VIP 会员卡，客人即可实现自助入住，直接进入客房。

4．服务移动化

技术在不断改变世界。移动设备、掌上电脑和智能手机在消费者个人和工作生活中占据越来越重要的地位，从而引起了酒店业者的关注，开始利用移动设备提供服务。如通过 iPad、PDA、智能手机提供服务，实现客人在客房结账，外出时通过手机提供服务等，酒店管理信息系统由此开始走向服务移动化。一些酒店信息化产品供应商开始提供通过顾客的移动设备展示酒店服务和当地旅游信息的解决方案。有的软件系统能帮助顾客预订餐厅和 SPA 护理，请求在房间用餐，提供唤醒服务和额外的枕头或牙刷。有些软件系统可以提供、获取外部的服务，如机场登机服务、租车服务、本地天气预报和社交网络站点的链接。还有其他应用程序包括预订引擎，可以为未来住宿预订房间，以及客房内购物平台，还可以提供多个信息途径，促进当地企业和酒店合作为顾客提供服务，从而为酒店带来额外收益。通过移动设备，酒店工作人员能对顾客请求做出快速回应，同时能向顾客发送包括欢迎邮件或促销活动在内的文本、音频或视频消息，从而提高向顾客提供个性化服务的水平，实现用二维码对住店客人开展面对面营销等。

四、酒店管理信息系统建设存在的问题及建议

酒店管理信息系统已成为酒店业竞争力的一个重要标志，也是酒店发展战略中需要建设的重点内容，总结酒店信息化三十多年来的历程和经验，我国酒店管理信息系统在建设中还存在许多问题，下面将归纳这些问题，并提出建议。希望读者或未来的酒店管理人员能引起重视，少走弯路。

（一）酒店管理信息系统建设存在的问题

酒店经营者在信息系统应用中以及建设过程中，往往存在以下一些问题。

1. 缺乏知识，造成对系统建设认识不足

大多数酒店经营者没有把酒店管理信息系统建设与提高酒店的经营管理、竞争和长期效益结合起来，仅重视硬件的高档配置，对酒店管理信息系统软件的本质认识不足。由于自身信息技术和信息管理方面的技术力量薄弱，尤其缺少既懂信息技术又熟悉酒店管理的信息化复合型人才，酒店管理者容易听信服务商宣传说教，并没有结合酒店自身的管理思想和管理理念进行管理信息系统建设。曾有一段时间，酒店业对信息化建设是否能够增加酒店效益存在争议，因为很多酒店的确进行了很大的投入，但是结果却不尽如人意，所以有部分管理者怀疑信息化的意义。产生这样的结果，其实也是酒店管理层对酒店信息系统的认识不足导致的。由于酒店管理层对信息化建设的认识不足，导致他们所购买的信息系统、设备设施与酒店实际需求产生错位，或者在实施过程中，并没有真正发挥信息技术的作用，从而可能导致系统投资失败。

2. 缺少足够重视，造成信息化人才匮乏

对于酒店而言，信息化是一个工具，是一种手段，更是一种服务，服务水平的好坏直接影响酒店的经济效益和市场竞争力。我国高级技术人才辈出，却大多投身于高新技术领域，服务行业层面的服务型技术人才却非常缺乏。酒店也一样，酒店在进行信息化建设时，往往对信息技术人才不够重视，导致人才引进困难或流失。同时对基层、中层员工信息化培训，信息化专业人才的培养不够重视，也导致酒店缺乏信息化的专业人才。我们始终认为高校是培养通才的地方，适合企业的专才必须由酒店自己培养。21世纪是人才竞争的时代，信息技术的应用需要酒店配备较高素质的人才，缺乏信息化专才将阻碍酒店业的信息化建设进程。

3. 缺乏勇气，导致业务流程变革受阻

酒店企业在应用信息技术和新系统时，需要经营者有足够的勇气对酒店业务流程进行再造，

否则，无法发挥新技术的作用。作为服务业的酒店企业，其核心竞争力就是服务质量。而服务质量的好坏，除了服务人员的因素之外，合理、及时地应用酒店管理信息系统提供的信息也非常重要。不少酒店在安装了新的管理信息系统之后，管理模式和流程并未变更，依然使用原有的报表、原来的统计数据。结果，不少酒店既保留了原有的手工操作流程，又徒增了新系统的电子流程。这就造成员工对新系统的抵触心理，不仅无法发挥信息系统提升效率的作用，还增加了员工的工作量影响了工作效果。所以，酒店业务流程变革需要结合酒店信息系统的流程进行彻底的变革，这样才能真正发挥酒店管理信息系统的作用。

4. 缺少知识工程师，导致系统应用水平较低

对比国外，我国酒店业的信息系统应用还处在低水平层次。国外很多酒店集团，通过数据库技术和数据挖掘技术，对顾客数据进行采集和分析，得出顾客的个性化需求信息，并提供互动、实时、个性化的信息化服务。国内大多数酒店已经建立管理信息系统，已经拥有了详细的顾客资料、销售资料和财务资料信息等。这些都是当今的酒店管理者能够轻易掌握的信息，但那些不断积累的顾客资料库，还只是停留在传统的使用价值——再次识别顾客的信息库而已。所以，对于信息的掌握，并非只是获得信息内容本身，更主要的是通过对信息的分析、利用，充分利用酒店管理信息系统积累的数据来挖掘潜在的模式数据，实现个性化的"信息化服务"来提升酒店整体的服务水平，缩短与国外酒店的差距。这需要知识工程师的支持，通过他们的工作向酒店高层提供具有决策意义的数据，从而提高 HMIS 的应用水平。

（二）酒店管理信息系统建设的建议

我国酒店业还是单体酒店居多，信息化发展过程中存在问题并不奇怪，总体上酒店连锁和酒店集团信息系统建设领先于单体酒店。根据上面分析的现状和问题，下面提出一些通适性的建议，供读者思考。

1. 应从战略层面规划系统建设

对酒店管理信息系统的建设，酒店必须根据自己的规模和经营目标，从业务流程重组、系统设计、产品选型、工程实施、工程监理等全面方面考虑，进行合理的规划，合理选择信息系统的类型和合作伙伴，并对总体方案进行论证和审核，以确保方案的先进性、可行性。对于新建的酒店，酒店需要从战略层面进行信息系统规划，明确需要重点建设的内容，分步骤、分期实施各个子系统。对于老酒店，酒店在信息化建设中或多或少都已经有了投入，不可能推翻一切从头再来，所以这些酒店必须以整合为主完善信息系统。通过对现有酒店信息系统进行整合，

努力建立一个快捷、易用、内容丰富、信息能够畅流无阻的共享平台，提高信息资源的利用率，围绕酒店战略目标建设和完善 HMIS。

2. 以酒店为主培养复合型专业人才

酒店信息系统的有效使用，不仅要求员工具备酒店的专业知识、能力和技能，还需要掌握一定的 IT 技术、网络技术。同时需要培养复合型的专业人才来维护和管理信息系统，提高系统中信息的利用率。酒店具备了复合型的专业化信息人才是酒店信息系统建设和运行能够成功的重要因素之一。因此，酒店应充分利用各种途径、方式，建设全方位、多层次、高素质的信息化人才队伍，立足酒店自己培养专业人才。酒店需要让既懂酒店专业知识，又懂信息技术开发应用的复合型人才队伍不断壮大，尤其对连锁酒店非常重要。目前酒店市场上非常缺乏信息化复合型人才，学校培养的信息技术人才基本上都是计算机专业毕业的本科生或专科生，不具备酒店业务知识和管理知识。针对这种状况，酒店在引进信息技术专业人才后，可以安排他们到酒店的各个部门实习，了解酒店总体的运转情况和业务流程，加强对他们在酒店业务和管理等方面知识的培训，从而培育适合酒店自身的复合型专业人才。

3. 以信息技术为驱动力整合业务流程

传统的业务流程是以接待（总台）为中心，以职能划分的业务流程，酒店在建设信息系统的时候，都是根据职能业务流程进行软件设计的。现代的业务流程是以客户（服务）为中心，酒店的信息系统须按照客户服务需求进行整合，如客户可能需要在客房结账离店，这时传统流程的信息系统就无法满足。这种业务流程的整合，不是简单地对流程进行分析和再设计，而是对酒店经营理念的一次变革，是服务创新的需要。业务流程改造需要把顾客放在第一位，把顾客的满意度变为系统建设追求的目标。酒店需要以顾客为导向，从顾客一开始接触酒店到完成入住并离店的流程进行合理划分，使实际操作和信息系统操作都能够自然而顺畅地进行。只有信息系统流程和酒店的实际业务流程进行充分融合，信息系统的效果才能够充分发挥出来，从而满足各种个性化服务的需要。

4. 用创新的视角重视信息化服务

传统的 HMIS 重视的是酒店管理，这样的 HMIS 已无法满足现代酒店经营的需要。互联网普及以来，尤其是移动互联网的发展，HMIS 的服务功能显得更加重要。随着网络的普及，客户的服务需求瞬息万变，酒店的服务也随着信息技术的发展显得瞬息万变。酒店行业的性质和服务的特点决定了酒店的服务不是一成不变的，它受到服务员的服务水平、环境、信息系统服务功能的影响。随着移动网络的应用，信息系统可提供的信息可以减少服务水平的差异性，为实现个性化的敏捷服务提供了可能性。所以，酒店必须用创新的视角，不断提升信息化服务，如位置服务、无线服务等。充分利用基于网络的信息系统为顾客提供个性化服务，提升客户的满意度。酒店可以利用数据挖掘技术，对数据库中的顾客数据进行划分、归类，从中选出常住客和消费大户，实施差异化服务。用信息技术不断吸引和留住这些对酒店有很高价值的顾客，从而提升酒店的经营效益和竞争力。

拓 展 学 习

1. 数据、信息、知识的相互关系
2. 管理信息系统的结构及战略作用
3. 酒店管理信息系统与酒店管理
4. 酒店 ERP、酒店 CRM 等系统的类型、概念

案例分析与习题

一、案例分析

案例 2-1："智慧"黄龙饭店

黄龙饭店，隶属于杭州旅游集团，多年来与杭州市政府密切合作，承办了很多重要会议与贵宾接待工作。但是，随着越来越多国际化新饭店的进驻，杭州饭店业竞争日趋激烈。如何突出重围，续写并超越黄龙饭店的往日辉煌成为黄龙饭店管理层面临的首要问题。为此，杭州旅游集团耗资 10 亿元对其进行升级改造。在改造中突出科技创新，主打信息化管理，实现了内部流程、对客交互和顾客体验三个层面的智能化系统升级，使黄龙饭店成为名副其实的全球首家"智慧"酒店。

1. 顾客体验智能化

饭店首先是为顾客提供服务的载体，因此顾客体验的智能化是智慧酒店的第一要义。伴随信息科技的日新月异，顾客对酒店体验的智能化有着越来越高的要求。黄龙饭店给顾客多重智能体验，第一次住店往往令客人耳目一新，再次住店则得心应手，对其智能体验

欲罢不能，这就是黄龙饭店的核心竞争力。

（1）客房智慧导航系统（见图2-7）。所有入住黄龙饭店的客人都可以拿到一张独一无二的房卡，进电梯只须刷卡即可到达所住楼层，出电梯后系统会自动感应客人的房卡信息，通过走廊内三道指示牌指引直至进房间。这轻松解决了客人在酒店里找不到房间的困难。

（2）VIP快速通道。VIP客人通过预订后，自己开车入车库的同时完成登记入住和房卡制作，非常便于保护高端客人的隐私。

（3）电视门禁系统（见图2-8）。大多数饭店门禁就是猫眼，黄龙饭店则有巨大改进。门铃一响，不必看猫眼，门外的图像会自动跳到电视屏幕上，很快知道谁来访，方便客人判断以什么形象去开门。

图2-7 黄龙饭店的客房智慧导航系统

图2-8 黄龙饭店的电视门禁系统

（4）客房智能手机。每间客房配备一台智能手机，号码就是客房电话，可实现全球漫游，免费拨打，免费接听。这极大地方便了出差在外的客人，尤其是国外客人。

（5）互动服务电视系统（见图2-9）。黄龙饭店将电视的功能用到极致，内设八国语言系统会自动选择以母语欢迎客人入住，自动弹出客人上次入住时常看的频道；能显示客人祖国气候及杭州气候；显示机场航班动态，方便客人合理安排时间，甚至可以在饭店商务中心打印登机牌；为客人提供点餐服务；为客人提供杭州各类信息等服务。

（6）苹果iPad点菜系统。黄龙饭店是全球饭店业第一家采用iPad点菜的饭店，并且与杭州引力网络科技有限公司合作研发出一套点菜系统I-MENU，所有菜品均可清晰显示，除了形象的画面，各种食物的成分也清楚标示，方便搭配。该系统还可以和智能手机互动，顾客下载了饭店的APP，就可以用自己的手机点菜了，且所点菜单在iPad上自动出现，实现了互动式点菜。

图 2-9　客房互动服务电视系统

诸多创新体验令客人目不暇接，流连忘返。新奇的体验，舒适的住宿，黄龙饭店用全方位的智能系统"俘虏"了一批又一批客人的芳心。系统化的智能体验客房完全超越数字客房的狭隘范畴，实现顾客体验的全面覆盖，为饭店在高端客源市场开辟出前景光明的蓝海之路。

2. 对客交互智能化

现代酒店服务涉及的信息稍纵即逝，服务环节增多更会导致信息传递过程中的损失，进而直接导致服务失败。因此对客交互的智能化是提升服务品质的关键，但是很少有成功的案例。黄龙饭店则很好地破解了这一难题，利用智能系统实现对客交互的智能化，极大地提升了服务品质。下面以饭店常见服务作为切入点阐述对客交互的智能化。

（1）客人识别。服务员见到客人要问好，但存在的问题是酒店客房规模大，再好的服务员也难以记清楚每位客人的姓名，叫错了姓名更尴尬。如果对客人不加区别地问好，客人也会因为不被尊重而心生反感。在黄龙饭店这种情况不会发生，因为每位客人都有一张独一无二的房卡，当客人走进黄龙饭店，这张房卡就会被感应，服务员就能收到相关信息，上前问好并提供服务。

（2）对客服务。客人住店期间有服务需求，这种信息在很多酒店往往经过多次传递而无法及时完成，甚至因此而招来投诉。在黄龙饭店这种情况不会发生，因为每个当班员工都配备一台 HTC 手机。客人将服务需求信息告知服务中心，服务中心立即将服务信息发给当班员工。如果员工有时间且有能力完成则确认，有事难以抽身则可以转给其他员工。服务完成后，员工会向服务中心确认完成，而服务中心则会征询客人意见。这样的一个服务过程不存在信息损耗，可以说实现了顾客——信息中心——职能部门之间的完美对接。

（3）点菜系统。客人用 iPad 点菜，服务员则用 I-TOUCH 确认。客人的需求通过信息系统直接传到厨房间，厨师与服务员实现无缝对接。

（4）会议系统。会议自动签到系统无须与会的宾客——签到就能统计已到和未到的人数，还能分析各类数据，并能将与会人员的具体信息汇总成报表，让每次会议的结果均可见可查。例如，智能会议管理系统会自动统计客人在不同的展区停留的时间、每个展区参观的人次等，这样展会主办方就能轻松地分析出哪些产品更加有市场吸引力。

如此种种，基于智能系统的对客交互实现了服务的高效率，实现了传统人力所不能达到的新型服务，这也是黄龙饭店核心竞争力的重要方面。

3. 内部管理智能化

管理智能化是提升管理绩效的有效手段，也是智慧饭店的重要方面。目前大多数酒店采用的智能化系统主要针对物流和资金流，用于成本控制，对于员工服务的考核管理仍主要靠逐级负责人考核的办法，其中人的主观因素占了很大比重。酒店经营得好则所有人都忙于接待服务，管理力度就下来了，长此以往就形成了"经营和管理不能兼得"的悖论。而服务是服务员对客人的不可储存的劳动，很难精准计件计量，忙起来就是一笔糊涂账。在黄龙饭店不会发生这种情况，员工的付出有着精确的统计，因此才能真正有效地激励员工。

（1）员工管理。当班员工的制服内有专业专用标签，在各个分区都有读写器，显示员工定位。员工通过随身携带的 HTC 手机接收任务并汇报完成情况，所有的服务都会在中央系统留下"痕迹"，便于统计员工的工作量。

（2）资产管理。在贵重物品上粘贴专用标签，当资产非法移动，系统会自动报警，这直接解决了饭店贵重物品的资产管理难题。

（3）流程管理。无论是客房服务还是餐饮服务，整个流程都是无纸化办公，所有的流程都经过中央系统，流程控制一目了然，信息通畅，管理高效。

正是由于采用智能化管理，酒店员工考核成为激励的有效工具，有凭有据的奖惩让员工心服，激励员工以更大的热情投入工作。

经过两年半的改扩建，2010 年黄龙饭店提升到全球第一家智慧酒店。从老饭店一跃成为智慧酒店，外人一定认为其信息化系统改造成本一定不菲，但事实上却是并没有大幅提升成本，关键在于黄龙充分发挥常用设备的潜在价值，开发软件嵌入扩充其功能，所投入的成本并不高。通盘考虑后做整合开发，黄龙饭店节约了不少成本。例如，原来引进饭店的六根线，包括电信、电视、电话等，整合之后只需要一根线，为运营省下大量成本。而采用 iPad 等先进设备，则要比不采用更节省成本。以菜单为例，用 iPad 点菜不仅给客人提供更多信息，且菜单更新只需要改变程序即可完成，而纸质菜单则需要重新印刷，成本颇高。因此整体成本控制得非常好。

再看收益。由于采用最新的技术给客人以独一无二的数字科技体验，黄龙饭店已经成为杭州顶级奢华酒店，摆脱原来无休止价格竞争的红海，在高端市场上竖起民族酒店品牌。由于采用全覆盖的管理系统，酒店用工较之同星级饭店大幅下降，598 间客房仅有 780 个员工，而高品质服务在管理系统的支撑下更显卓越。

资料来源：郑世卿. 杭州黄龙：中国最智慧的饭店. 饭店世界[J], 2011（03），有修改

思考题

1. 结合案例思考黄龙饭店为什么要进行"智慧饭店"建设？

2. 黄龙饭店的智慧主要体现在哪些方面？采用的是哪些技术？

3. 你如何看待黄龙饭店用 iPad 进行点菜，觉得有必要吗？

4. 杭州黄龙饭店的智慧管理体现在哪里？产生了怎样的管理效果？

5. 通过查阅资料了解国内饭店建设情况，并对比分析黄龙饭店信息化建设的内容，有什么启示和建议？

案例 2-2：香港奕居酒店的信息化之旅

近日，凭借着在"旅行者之选"中荣获全球最佳酒店第二，最佳奢华酒店排名中国区第一、亚洲第三及世界第十四名等多项好成绩，香港奕居酒店成为中国获得最多奖项的酒店，备受瞩目。一下斩获这么多奖项的奕居酒店，凭借的不仅仅是其奢华的装饰，优质的服务，独特的设计，还在于高科技的大力相助。

走进大堂，你会发现酒店的工作人员貌似正在偷懒——手里把玩着 iPad。而这正是酒店的服务特色，透过特定的笔记本电脑，工作人员可以在酒店任何角落为客人办理电子化入住登记，退房的手续还可以通过客房内的电视进行，并且酒店可以将账单及资料发送至客人的电子邮箱，最大程度减化了手续的同时，也实现了无纸化办公。

当然，高科技并不只供酒店工作人员使用。当顾客入住客房，便会发现，茶几上静静地躺着一台 iPod Touch 或 iPad。多数顾客都很少会去翻动酒店房间内厚厚的入住手册，特别是当它已经泛黄折角以后，而有了这个，只需轻触显示屏，多元化的信息便接踵而来，酒店介绍、送餐服务、本地旅游资讯、天气情况、常用电话等无所不包，还有一个板块专

门让客人用来与酒店留言互动。

思考：在科技迅速发展的时代，酒店如何在市场竞争中取胜？

分析：随着高科技的发展，传统的酒店装潢、客房数量、房间设施等质量竞争和价格竞争将退居二线，取而代之的是人性化、个性化的服务竞争，而人性化、个性化服务水平的提升主要依靠信息技术的支持。可以预见，未来酒店的竞争战略，将是通过高科技手段，不断创新业务模式，提供超值服务，提升客户体验的竞争，其本质是高科技手段应用能力的竞争。所以，酒店要想在激烈的市场竞争中取胜，就必须将各种信息技术、网络技术应用到酒店经营业务中。

二、习题

1. 什么是信息？什么是管理信息？

2. 简述酒店管理信息系统的概念及作用。

3. 简述 C/S 和 B/S 结构的优缺点。

4. 酒店管理信息系统的应用类型主要包括哪些？

5. 简述酒店管理信息系统的功能。

6. 结合实际，谈谈酒店管理信息系统的发展趋势。

7. 简述酒店前台信息系统和后台信息系统的概念。

8. 请结合实际谈谈国内酒店信息系统提供商的情况。

9. 简述酒店前台系统的范围及内容。

10. 通过查阅资料，总结国内酒店的信息系统有哪些类型？

11. 酒店管理信息系统的发展经历哪几个阶段？

12. 简述酒店 CRS 的用途及相关概念。

13. 简述酒店 CRM 的用途及相关概念。

14. 怎样利用 HMIS 为酒店创造竞争优势？

15. 结合实际，谈谈酒店 HMIS 建设存在哪些实际问题，如何解决。

16. 结合实际，谈谈中小型酒店 HMIS 建设的应对策略。

17. 作为一个小规模酒店，应如何利用信息通信技术提升自己的经营优势并实现经营模式的转型？

18. 作为一个小规模酒店，应如何结合 HMIS 开展电子商务业务，提升自己的市场经营优势？

第三章
酒店管理信息系统的开发与设计

【引言】

从 20 世纪 70 年代起，随着个人计算机和局域网等技术的发展，一些大型酒店集团开始开发酒店管理信息系统（尤其是酒店预订系统），20 世纪 90 年代后广域网以及 21 世纪互联网的发展，尤其是网络操作系统的成熟和流行，国外软件和国内软件出现竞争发展，酒店管理信息系统进入了飞速发展和普及阶段，更多的酒店集团和单体酒店加入到酒店信息系统的开发和使用队伍中。由于酒店是客房、餐饮、娱乐等多个业务部门的综合体，业务信息交叉复杂且信息量巨大，通过酒店管理信息系统可有效地管理酒店的信息资源，高效地为顾客提供各种服务，从而提高酒店的服务效率和顾客的满意度。本章我们将讨论酒店管理信息系统开发与设计的相关内容。

【学习目标】

通过本章的学习，要求学生：① 了解酒店管理信息系统规划的意义；② 掌握酒店管理信息系统规划的原则和内容；③ 了解酒店管理信息系统的软硬件构成；④ 熟悉酒店管理信息系统的需求；⑤ 熟悉酒店管理信息系统功能设计与开发。

第一节　酒店管理信息系统的规划

酒店管理信息系统的开发综合性要求较高，尤其是信息和业务流程的综合性，对服务的要求也越来越高，同时对资金和时间消耗也较大，开发这样的系统应重在规划。好的规划是系统开发成功的一半，在进行酒店管理信息系统开发之前，规划应从酒店自身的现状出发，拟订详细的需求计划，每个部门都参与到计划的制订当中，当然，之后还需要对每个部门的需求计划进行集成整合，形成一个完整的、兼容性高的系统规划方案。只有在前期规划上做足工夫，以后的系统开发才会更加顺利，缩短开发时间、降低开发成本、避免开发的失败等，也能够从酒店整体的角度对酒店管理信息系统进行思考，提升未来系统的整体性和高效性，能够更好地满足酒店的各项服务、管理、发展等实际需求。

一、酒店管理信息系统规划的意义

系统规划是明确系统开发的任务和目标，需确定开发怎样的系统才能满足酒店经营的需要，即明确系统开发的需求，因此系统规划的文本是系统开发的指导性文件。对酒店管理信息系统进行有效的规划可以避免更多软件建设的盲目性，实现酒店长远和整体战略发展的需要。

（一）酒店信息系统规划是实现集成化和一体化的起点

进入 21 世纪，酒店信息化的软件要求一体化，这样便于经营管理与提升服务。酒店信息系统只有很好地集成，才能发挥更大的作用，实现智慧酒店建设的要求。通过系统规划，酒店信息系统可把前台和后台所有相关部门的信息，如前厅、客房、餐饮、娱乐、厨房、人力资源、财务等信息整合起来，也可以把外部环境的信息整合起来，用一体化的软件提供整套的解决方案，最终开发的信息系统才有市场竞争力和价值，从而实现对酒店业务流程中各个环节的整合管理，包括客房、餐饮、娱乐等信息以及客户消费等信息。因此，通过规划实现了酒店信息的资源化管理，有利于软件的一体化开发建设，这样构建的系统才能够满足一般员工和酒店管理人员对各方面信息的需求。

（二）酒店信息系统规划是长远化和个性化的保证

进入互联网时代，软件的个性化是体现软件质量的第一要素，只有对酒店信息系统采用超前的眼光进行规划，用个性化的视角去规划系统，才能够让系统的生命周期更长，如采用先进的计算机硬件设施、移动网络平台、数据库平台、新媒体工具等规划系统，这些新技术应用符合未来互联网发展的主流，也符合客户的服务需求，为信息系统的个性化发展及不断升级提供了根本保障。而系统规划的一个很重要的意义在于为顾客提供更加满意的服务，随着顾客个性化需求越来越显著，在系统规划时考虑到这些需求，将对系统未来的有效运转提供极大的帮助。例如，系统中引入先进的客户关系管理，建立完备的客户消费档案，记录客人的爱好、口味等，为后续的个性化或针对性的服务提供铺垫，也有利于未来酒店的大数据建设。

（三）酒店信息系统规划是节约成本和保证成功的关键

系统规划可以减少和降低开发成本，少走弯路，提高需求实现成功率。作为一个信息系统，只有在开始设计和开发酒店信息系统的时候进行认真的系统规划，才能够避免开发过程中产生的各种问题，避免人力、物力、财力等多方面的浪费，在保证信息系统顺利和成功开发的同时，降低了开发的综合成本。此外，经过科学合理的规划之后，能够制定出各种预期的方案，防止由于人力、资金等缺乏导致开发中断，并且能够从整体上规划系统的功能结构，让其达到酒店管理的各种性能和需求，保证系统应有的作用和功效。

二、酒店管理信息系统规划的步骤

酒店管理信息系统属于管理信息系统学科范畴，但酒店企业属于中小规模企业，有单体酒店企业和连锁酒店企业之分，相应的信息系统规模差异较大。这里的规划步骤主要针对单体酒店对应的信息系统开发。按照一般管理信息系统规划的步骤，酒店管理信息系统规划应该是确定规划的性质、收集相关信息、资源分析、系统目标，确定时间顺序，成本费用估算，签字实施，最后形成系统开发的规划报告文档。

（一）规划基本问题及收集相关信息

首先，酒店应该确定信息系统规划的性质，也就是基本问题，明确开发信息系统应该解决酒店哪一类管理问题，即信息系统规划的时间年限（短期、中期、长期等）、信息系统规划的方式、规划的基调以及支持酒店经营的方式等。其次，收集与规划相关的信息。可以多渠道地获取信息，如企业内部的高层管理者、中基层管理者和员工，企业外部的客户需求、供应商和利益相关者，也包括技术支持信息以及竞争者的相关信息等。其中客户需求信息和网络信息是收集的重点。

（二）资源分析和设置目标

在上述基础上，对现有经营状态和资源约束进行分析，包括对系统开发的目标难度、现有的技术人员、现有的硬件和软件资源、资金情况、已有软件的质量等情况进行分析，也包括软件开发中的整合程度分析。此外还需要成立专门的项目开发小组，一般由总经理和副总、技术骨干、业务骨干来设定系统的目标，确定软件结构及子系统构成，并对系统的质量、范围、人员、政策、服务等进行确立，最后对信息系统给企业带来的预期效益进行分析。

（三）确定时间顺序和费用估算

这一步骤将进一步确定系统规划的内容模块，并对各模块之间的相互关系进行分析，确定各软件模块开发的时间顺序，同时判断某个模块是一次性活动还是重复性活动。由于公司拥有的资源有限，所以不会同时进行所有的项目，只会选择最重要和最迫切的先进行开发，使得资源得到合理的使用，进度时间得到合理的分配。在确定项目开发先后顺序的同时，还需要估算项目的费用预算，并编制项目进度表。通过反复与相关的部门用户、技术人员等进行沟通并最终定稿。

（四）签字确认并实施

规划报告定稿后，需给项目负责人审核和总经理审批签字，并报相关部门备案，这时一个软件的规划阶段就结束了。规划通过后，原则上系统开发就可以启动，项目组从财务部获得前期的资金，开始执行项目。

三、酒店管理信息系统规划的内容

总体来说，酒店管理信息系统规划重点应该从以下几个方面进行：信息系统规划面临的环境分析、酒店内部自身条件及经营现状分析、企业过程和子系统划分、系统需求和功能分析等。具体内容如下。

（一）外部环境和内部现状分析

酒店信息系统只有知己知彼，才能开发出具有竞争优势的信息系统。第一，对酒店面临的外部环境进行分析，主要从宏观层面的国家相关政策法规，中观层面的同行业发展情况，微观层面的市场情况、竞争对手的情况以及资源情况等，根据外部环境的竞争情况确定信息系统开发策略。第二，酒店内部情况包括酒店发展历史和企业文化、酒店的发展战略、酒店的组织结构、酒店的业务范围、酒店的经济和技术实力、酒店的顾客特点及分布等，结合酒店发展战略确定信息系统开发的目标集。酒店经营现状还可以从主要部门结构及业务范围、业务流程、技术标准、管理标准、财务报表以及现行系统等环节进行分析。

（二）企业过程和子系统划分

企业过程和子系统划分是系统规划的重点内容，因为它确定了酒店应开发怎样的一个信息系统结构。虽然该结构是初步的，但它是符合酒店经营管理需要的，也是支持酒店发展战略的。酒店是一个企业，它的业务处理环节包含所有的企业过程，每一个信息子系统都是由这些企业过程构成的。相关的企业过程形成了一个固定的子系统，所有的子系统形成了一个完整的酒店管理信息系统。系统规划必须梳理这些企业过程，结合酒店的业务流程重组理念，来明确或优化信息系统应包含的企业过程，使酒店新开发的信息系统具有较高的市场竞争优势。系统划分就是要合理地组织企业过程，明确一个信息系统应由哪些子系统构成，而这样的子系统结构数据分布最合理，且构建的信息系统具有较高运行效率，也具有较低的开发成本。

（三）系统需求和功能分析

系统需求和功能分析是系统规划又一个重点内容，不清楚各个子系统的实际需求，很难开发出高质量的信息系统。要了解系统需求和应具备的功能，必须对客户需求和管理需求进行调研。首先，对现有的系统进行仔细的评估。组织结构是否合适，数据和信息量、信息处理流程、计算机应用情况、现有系统的限制和约束等，是否符合酒店经营需要，是否可以扩展。其次，对用户需求进行调研。主要包括调研用户对系统管理的职能需求、对管理方式和管理思想的需求、对信息处理及结果的要求、对系统用户素质的要求、对公司办公自动化的要求、对系统集成的要求，以及用户对服务的需求等。再次，对用户需求进行分析。主要包括数据处理与管理功能的需求分析，现行管理体制的合理性与弊端分析，建立管理信息系统内部资源所能投入的能力和适应能力的分析，外部环境对企业的影响程度分析，现行信息系统的运行效果分析等。最后，根据用户需求和数据分析的结果进行功能需求分析，确定各个子系统应具备的功能。

完成了以上系统规划的内容，系统就进入了具体开发阶段，首先进行系统分析，明确系统开发的逻辑模型；然后进入系统设计阶段，设计和确定系统的物理模型；最后进入系统实施阶段，实现系统可运行的源代码。这样一个新的酒店信息系统就形成了。另外，规划中还需考虑系统的环境要求、主机服务器等级与配置、工作站分布、系统软件要求、网络形式、外设要求、运行要求等内容。

四、酒店管理信息系统规划的方法

用于酒店管理信息系统规划的方法有很多，现在将简要介绍几种常用的方法。这些方法主要是关键成功因素法（Critical Success Factors，CSF）、战略目标集转化法（Strategy Set Transformation，SST）和企业系统规划法（Business System Planning，BSP），其他还有企业信息分析与集成技术（BIAIT）、产出/方法分析（E/MA）、投资回收法（ROI）、征费法（chargout）、零线预算法、阶石法等，但用得最多的还是前面三种方法，下面简要介绍这三种方法。

（一）关键成功因素法

1970 年，哈佛大学教授 William 首先提出在管理信息系统规划中使用关键变量，而这些变量是决定 MIS 成败的主要因素[1]。随后 1980 年，麻省理工学院（Massachusetts Institute of Technology，MIT）教授 Jone 认为关键成功因素可以作为 MIS 的战略。例如，在分析和建立数据库时，可以包括以下步骤：了解企业目标；识别关键成功因素；识别性能的指标和标准；识别测量性能的数据。关键成功因素法通过目标分解和识别、关键成功因素识别、性能指标识别，产生数据字典。关键成功因素就是要识别联系于系统目标的主要数据类及其关系，识别关键成功因素所用的工具是树枝因果图。如何评价这些因素中哪些因素是关键成功因素，不同的企业是不同的，对于一个习惯于高层人员个人决策的企业，主要由高层人员个人在此图中选择，因此该方法适用于企业高层人员对系统的规划。对于习惯于群体决策的企业，可以用德尔菲法或其他方法把不同人设想的关键因素综合起来。关键成功因素法在高层应用，一般效果较好。

（二）战略目标集转化法

战略目标集转化法由 William King 于 1978 年提出，他把整个组织战略目标看成是"信息集合"，由使命、目标、战略和其他战略变量组成，MIS 的战略规划过程是把组织的战略目标转变为 MIS 战略目标的过程[2]，具体如图 3-1 所示。

第一步是识别组织的战略集，先考查一下该组织是否有成文的长期战略计划，如果没有，就要去构造这种战略集合，包括描绘出组织各类人员结构，如销售商、经理、雇员、供应商、顾客、贷款人、政府代理人、地区社团及竞争者等。识别每类人员的主要目标。对每类人员识

---

[1] 相关资料来源于 http://baike.so.com/doc/6730008.html。
[2] 相关资料来源于 http://baike.so.com/doc/5298282.html。

别其使命及战略。第二步是将组织战略集转化成 MIS 战略，MIS 战略应包括系统目标、约束以及设计原则等。这个转化的过程包括对应组织战略集的每个元素识别、对应的 MIS 战略约束等，然后提出整个 MIS 的目标结构。最后，选出一个方案送总经理讨论。

图 3-1　战略目标集转化法

由图 3-1 可以看出，这里目标是由不同群体引出的。例如，组织目标 O1 由股票持有者 S、债权人 Cr 以及管理者 M 引出；组织战略 S1 由目标 O1 和 O6 引出，依此类推，这样就可以列出 MIS 的目标、约束以及设计战略。

（三）企业系统规划法

企业系统规划法（Business System Planning，BSP）是目前使用最普遍的一种规划方法，IBM 公司在 20 世纪 70 年代初将 BSP 作为用于内部系统开发的一种方法，它主要是基于用信息支持企业运行的思想。在总的思路上它和上述方法有许多类似之处，它也是自上而下识别系统目标，识别企业过程、数据，然后再自下而上设计系统以支持组织目标[①]，如图 3-2 所示。

图 3-2　BSP 分析方法

BSP 方法是把企业目标转化为信息系统（IS）战略的全过程，它支持的目标是企业各层次

---

① 相关资料来源于 http://baike.so.com/doc/6698073.html。

的目标。进行 BSP 工作是一项系统工程化工作，要很好地准备，全面地发动，准备工作包括接受任务和组织队伍，全员参与。一般接受任务是由一个项目委员会承担。这个委员会要明确规划的方向和范围，在委员会下应有一个系统规划组，其组长应全时工作，并具体参加规划活动。委员会委员和系统组成员思想上要明确"做什么"（what）、"为什么做"（why）、"如何做"（how），以及"希望达到的目标"是什么。需要准备的东西：一个工作控制室、一个工作计划、一个采访交谈计划、一个最终报告的提纲，还有一些必要的经费。所有这些均落实后，还要得到委员会主任认可。在这里我们要再强调一下准备工作，如果准备工作没做好，千万不要仓促上阵。我国许多酒店企业现在仍存在未认真做准备工作而盲目上马信息系统的情况，结果是欲速则不达，危害整个信息化工程。

1. 开始的动员会

动员会要说清工作的期望和期望输出，为什么要开发信息系统？系统规划组要简介企业的现状，包括政治上、经济上、管理上敏感的问题，还应介绍企业的决策过程、组织功能、关键人物、用户的期望、用户对现有信息系统的看法等。由信息系统负责人介绍规划组人员对于企业的看法，同时应介绍现有项目状况、历史状况以及信息系统的问题。通过介绍让大家对酒店和对信息系统支持的要求有个全面的了解。

2. 定义企业过程

定义企业过程是 BSP 方法的核心。每个成员均应全力以赴识别它们、描述它们，对它们要有透彻的了解，只有这样 BSP 才能成功。企业过程定义为逻辑上相关的一组决策和业务活动的集合，这些决策和业务活动是管理企业资源所需要的。整个企业的管理活动由许多独立的企业过程组成。识别企业过程可对企业如何完成其目标有个深刻的了解，识别企业过程可以作为信息识别构建信息系统的基础，按照企业过程所建造的信息系统，在企业组织变化时可以不必改变，或者说信息系统相对独立于组织。任何酒店企业的活动均由三方面组成：一方面是计划和控制；另一方面是产品和服务；再一方面是支持资源。这可以说是信息的三个源泉，任何业务活动均由这里导出。识别企业过程要依靠专有材料，走访部门，实地考察和分析研究，但更重要的是要和有经验的管理人员讨论商议。识别企业过程是 BSP 方法成功的关键，应输出以下文件：一个过程组及过程表；每一个过程的简单说明；一个关键过程的表，即识别满足目标的关键过程；产品、服务过程的流程图；系统组成员能很好地了解整个酒店的运营是如何管理和控制的。

例如，接待登记是一个企业过程，它体现了独立的接待服务过程，包括对散客、团体的接待服务；网络预订是一个企业过程，它包括了在线预订所有的业务过程以及在线价格的决策。

它们都是酒店独立的、不可缺少的企业过程。

3. 定义数据类

识别和定义企业数据的方法有两种，一种是企业实体法，实体有顾客、产品、材料以及人员等客观存在的东西，企业实体法的第一步是列出企业所有的实体，然后再识别和定义它们的数据，形成完整的数据类。另一种识别数据的方法是企业过程法，它利用上面识别的企业过程，分析每一个过程利用什么数据，产生什么数据，或者说每个过程的输入和输出数据是什么，然后整理出完整的数据类。它可以用输入—处理—输出图来形象地表达。

4. 分析企业和系统的关系

分析企业与系统的关系通常采用组织—过程矩阵图，它在水平方向列出各种过程，垂直方向列出各种组织部门，如果该组织是该过程的主要负责者或决策者，则在对应的矩阵元中画"*"；若为主要参加者就画"+"，若为部分参加者就画"#"，这样一目了然的图称为组织—过程矩阵图。如果企业已有现行系统，我们可以画出组织和系统矩阵图。在矩阵元中填 C，表示该组织用该系统；如果该组织以后想用某系统可以在矩阵元中填入 P，表示该组织计划用该系统。同理可以画出系统—过程矩阵图，用以表示某系统支持某过程，同样可以用 C 和 P 表示现行和计划。用同样方法还可以画出系统和数据类的关系矩阵图。分析这些关系矩阵图可以帮助我们理解企业与新系统的关联，判断新系统是否符合酒店发展和管理的需要。

5. 确定总经理的想法

作为系统规划组的成员必须很好地准备采访提纲，了解酒店总经理对信息系统的想法。很好地采访及分析总结等，也是规划中的重要内容。采访的主要问题参考如下：你的责任领域是什么？基本目标是什么？你去年达到目标所遇到的三个最主要的问题是什么？什么东西妨碍你解决它们？为什么需要解决它们？较好的信息在这些领域的价值是什么？如果有更好的信息支持，你在什么领域还能得到最大的改善？这些改善的价值是什么？什么是你最有用的信息？你如何测量？你如何衡量你的下级？你希望做什么样的决策？你的领域明年和三年内主要变化是什么？你希望本次系统规划研究达到什么结果？规划对你和酒店将起什么作用？以上问题供参考，均应根据酒店具体情况增删。一般来说，所提问题应是 Open up 型，即打开话匣子型，而不应当是 Close down 型，即只要求回答是否式的问题。

6. 评价企业问题

在 BSP 方法采访以后应根据这些资料来评价酒店经营的问题，寻找哪些问题应由信息系统来解决。第一步要总结采访数据，这可以汇集到一个表上。第二步是分类采访数据，任何采访的数据均要分三类，即现存系统的问题和解、新系统需求和解，以及非 IS 问题，第三类问题虽不是信息系统所能解决的，但也应充分重视，并整理递交总经理。第三步是把数据和过程关联起来，可以用问题—过程矩阵图表示，表中的数字表示这种问题出现的次数。

7. 定义信息结构

定义信息结构实际上是划分子系统，BSP 方法是根据信息的产生和使用来划分子系统的，它尽量把信息产生的企业过程和使用的企业过程划分在一个子系统中，从而减少了子系统之间的信息交换。具体的做法是用 U/C 图，U 表示使用（Use），C 表示产生（Create）。如果某企业过程产生某数据，就在某行某列矩阵元中写 C，如果某过程使用某数据，则在其对应元中写 U。开始时，数据和过程是随机排列的，U、C 在矩阵中排列也是分散的，我们用调换过程和数据类顺序的方法尽量使 C 集中到对角线上排列，然后把 C 比较集中的区域用粗线条框起来，这样形成的框就是一个个子系统，即确定了系统信息结构的主流，这样信息系统初步的结构就规划完成了。具体做法可参阅管理信息系统相关的教材。

归纳以上介绍的三种规划方法，CSF 方法能抓住主要矛盾，使目标的识别突出重点。用这种方法所确定的目标和传统的规划衔接得比较好，但是一般最有利的只是在确定管理目标上，缺乏全面的信息定义和结构。SST 方法从另一个角度识别管理目标，它反映了各种人的要求，而且给出了按这种要求的分层结构，然后转化为信息系统目标的结构化方法。它能保证目标比较全面，疏漏较少，但它在突出重点方面不如前者。BSP 方法虽然也首先强调目标，但它没有明显的目标引出过程，它通过管理人员酝酿"企业过程"引出了系统目标，企业目标到系统目标的转换是通过组织/系统、组织/过程以及系统/过程矩阵的分析得到的，这样可全面定义出新的系统以支持企业过程，也就把企业的目标转化为系统的目标，所产生的系统结构能全面支持酒店的经营与管理，所以我们说识别企业过程是 BSP 战略规划的中心，绝不能把 BSP 方法的中心内容当成 U/C 矩阵。

把这三种方法结合起来使用，可称做 CSB 方法，即 CSF、SST 和 BSP 结合。这种方法先用 CSF 方法确定企业目标，然后用 SST 方法补充完善企业目标，并将这些目标通过识别转化为信息系统目标，用 BSP 方法可校核两个目标，并确定信息系统结构，这样就补充了单个方法规划的不足。当然这也使得整个方法过于复杂，而削弱了单个方法的灵活性。可以说，迄今为止信息系统战略规划没有一种十全十美的方法。由于战略规划本身的非结构性，可能永远也找不到一个唯一解，所有方法总是在不断完善之中。进行任何一个酒店企业的规划均不应照搬以上方法，而应当具体情况具体分析，选择以上各方法可取的思想，灵活运用。

第二节　酒店管理信息系统的业务流程分析

　　酒店管理信息系统经过系统规划后，就进入了系统分析阶段和系统设计阶段，而系统分析的基础就是酒店的业务流程分析。要对酒店管理信息系统进行设计，必须弄清楚酒店管理信息系统的业务流程（包括未来的业务流程），根据业务流程确定系统的各个需求模块。

一、酒店前台管理业务流程分析

　　酒店业务的管理包括前台（面对客户）和后台（面对内部管理），本部分的业务流程分析主要针对前台管理，读者可以根据需要在老师指导下自己分析后台的业务流程。通过对酒店管理前台业务的实际调查分析，得出一个酒店前台日常管理工作的业务流程和管理功能[①]，这是后面数据流程分析的基础。具体前台的业务流程如图 3-3 所示。

图 3-3　酒店前台管理业务基本流程

　　由图 3-3 不难得出，酒店前台各部门主要有以下几项业务管理工作：第一，顾客可以采用三种形式来订房，包括网上订房、电话订房、直接到酒店前台办理等。第二，前台部门必须验

----

① 相关图形及资料来源于 http://wenku.baidu.com/view/941d25f4f61fb7360b4c65de.html。

证每一张订房单填写是否合格。验证的内容包括顾客姓名、身份证号码、电话、订房日期、订房类型、预订数量、入住人数、退房时间等。第三，前台验证完毕并将合格的订房单交由客房部，由客房部做好接待顾客的准备，当顾客退房时将总台提供的入住清单数据制成退房单一式三份，一份自己部门保管，一份交给顾客，一份交给财务部。第四，酒店前厅工作人员应登记顾客预订房间的初始数据并制成入住登记表，在退房时及时根据顾客的消费情况完成入住清单，并将入住清单数据提供给财务。第五，酒店餐饮部根据顾客的点餐单提供送餐服务并制作一式三份的消费单，一份留底，一份交给顾客，一份交给财务部。第六，酒店采购部主要配合餐饮部及客房部的工作制作采购汇总表，及时采购餐饮部所需要的各种原料，并及时补充客房部所需的日常生活用品。第七，酒店财务部负责根据采购发票、消费单、退房单制作经营财务分析报表。

（一）前台预订业务流程

前台预订系统的业务流程主要包括以下方面：输入客人姓名，需自动查出是否是黑名单客人，说明渠道来源；根据已订房客人资料进行"快速预订登记"操作；全面处理客人不同房类的开多间房的预订；输入订房人信息，如此订房人以前在酒店入住过，应自动提示其以前消费的记录和客人的详细资料；可快速地为客人预订各类型房间并快速地查询客人相关的信息；取消客人预订时方便快捷，并对取消预订客人以统一列表形式体现；房态图上直接显示预订客人将要抵店的时间，方便预订人员对预订客人来店的操作；对散客/团队客人生成快捷方便的预订统计报表；对散客/团队进行快捷方便的预订取消；对散客/团队进行快捷方便的预订换房；对散客/团队进行快捷方便的追加预订处理；散客一次性预订多间客房；多次预订房间资源不够时，系统出现提示信息；批量预订、批量修改预订、批量入住等；同时做多间房的联房操作——全部订房均可处于联房关系状态。读者可以根据业务内容在老师指导下绘制酒店预订业务流程图。

（二）前台接待业务流程

前厅接待是酒店业务的核心流程环节，其业务流程主要包括以下方面：房态管理，这是接待中分房、排房的基础，可以按顺序房号列出客房，用图形及颜色表示不同的房态；可直接在房态图上显示各种房类的房间列表；可直接在房态图上选择房间进行散客/团队预订、散客/团队入住、散客/团队结账等操作；可直接在房态图上为客人进行换房操作或续住操作；可直接在房态图上给房间修改房态，方便客房中心人员；可与客房导航器进行配合使用，方便入住登记、散客/团队的直接登记、续住、换房等；按客人姓名可自动调出回头客信息及历次住店统计信息以确定房价优惠和客人具体的消费记录；按客人姓名可自动查出是否是黑名单客人；根据已订房客人资料进行快速登记；更改住客资料和房价；回头客人的快速入住登记；快速给客人开各类房（散客房、钟点房、午休房、团队房等）；快速换房处理，房价自动关联；续住、黑名单管理；多间房快速批量入住；房态过滤功能管理；身份证号码自动识别；挂账、协议单位自动关联房价；客史档案管理，可对曾经在酒店消费过的客人快速入住管理，并查询此客人的历史消费记录和消费总额，以及房价折扣等信息；各类登记的报表管理和分析。读者也可以根据业务内容自己绘制酒店接待的业务流程图。

（三）前台收银业务流程

该环节的业务流程主要包括收退押金处理，可多次注入押金；快速消费入账，支持多种快捷方式，如编码、五笔、拼音等；消费退账、错账冲销；支持单笔/多笔客人消费转账处理；支持客人组合结账/分开结账；支持客人多种方式快速结账（人民币、信用卡、签单挂账、其他卡等）；支持账单补救功能；多间房客人一起快速结账、支持不结账退房操作，以及不结账退房客人的恢复入住；散客/团队签单挂账；账单、报表打印，列表打印、一账多单等；押金单/入住单打印；交接班管理，实现无纸交班；挂账单位同酒店结账功能的账务处理；钟点房、午休房自动计费功能；团队团员分开结账操作；非住客结账管理；各种特殊客人的结账处理管理；折扣处理、另项收费管理等；综合查询及报表管理等。

（四）公关销售业务流程

本环节的主要业务流程包括销售员管理和价格管理。首先实现对酒店销售人员进行统一管理，包括业绩管理；支持协议管理和协议类别管理；支持各类销售统计及报表管理；支持协议单位管理；支持房价协议管理；支持贵宾卡管理；支持一卡通管理（金卡、银卡、会员卡、贵宾卡等管理）；支持自定义客人协议单位；支持挂账单位签名字样管理，以方便用户为客人结账时核对挂账客人的笔迹；支持价格定义及管理，以及价格码的定义管理；支持会员卡查询、增加、删除、修改、充值、积分、查询等功能操作等。

（五）信息查询业务流程

本业务流程主要包括房态图查询，系统在实时房态图上可对客人进行查询操作；各种列表查询，用户可看到酒店各种类型客人的不同样式的列表，如预订客人列表、在住客人列表、结账客人列表等；功能强大的客人信息查询，可按账号、姓名、到店离店日期、房号、团队账号和国籍模糊查询；公共信息查询，房间电话查询、旅游信息查询、万年历、世界时钟等；导航器查询，房态导航器可对酒店各类型房间各种状况的出租情况进行查询；各种查询信息的总体统计报表等；未来房态预测查询，稽核报表查询等。

（六）产品维护业务流程

产品维护主要用于酒店内部专职管理人员，包括客房代码维护、餐饮代码维护等；还包括修改用户密码，酒店房类设置，酒店房间设置，消费项目类别、明细维护，房间特征信息维护，服务员维护，权限维护、功能权限维护（可细分到每一步操作），房态图维护，操作日志、系统初始化、删除以往酒店数据的维护，夜核维护（手动、自动夜核），午休房、钟点房计费设置，夜审记录、楼层维护，客人证件、支付方式维护、VR账户维护等。

（七）报表中心处理流程

智能生成各类报表，模糊查询和打印等，主要包括结账明细表、结账汇总表、客人汇总分析表、消费分类明细表、消费分类明细表（收银员）、消费分类汇总表、押金明细表、账户余额表（汇总）、账户余额表（明细）、当日开房报表、当日退房报表、当日散客房报表、当日午休房报表、当日钟点房报表、当日自用房报表、当日团队房报表、客人类别统计表、客人消费排行表、销售员业绩排行表、协议单位消费排行表、房务分析报表、营业日报表（明细）、营业日报表（汇总）、营业分析图（明细）、营业分析图（汇总）、营业走势图；还可以处理客人消费预测表、客源分析预测表、经营收益报表和预测表等。

二、酒店散客和团队客人业务流程逻辑图

本部分将围绕客户对象，分析散客和团队客人的业务流程图。在了解酒店管理基本业务流程的基础上，对不同类型的客户（主要包括散客和团队客人）涉及的业务流程逻辑图进行分析，以便于后期系统设计和开发，也有利于帮助设计人员开发个性化的软件服务产品，使酒店管理信息系统既满足管理，又能提升酒店服务。下面仅介绍散客和团队客人的部分业务流程图，其他业务流程图读者可以根据需要自己去分析完成。

（一）散客预订流程逻辑图

对于散客，需要包括查询客人所需房间类型、确认预订客房、登记预订信息、打印票据、修改房间信息和增加日志六个环节，具体如图 3-4 所示。

图 3-4　散客预订业务流程逻辑图

（二）散客入住流程逻辑图

散客业务流程图包括预订业务流程、入住业务流程以及离店业务流程，由于篇幅关系，这里我们仅介绍散客的入住业务流程图。散客入住业务流程主要包括确定入住房间、确定客人类型、确定房间的成交价格、登记客人信息、交住房押金、领房卡，期间会发生客人与接待员之间的互动和客人与财务人员之间的互动①，通过互动实现信息的准确登记。具体业务流程如图 3-5 所示。

---

① 相关信息及资料出自 http://wenku.baidu.com/view/53a26e1a964bcf84b9d57bf4.html。

```
┌─────────────────┐
│ 1. 确定入住房间 │                                    客人──接待员
└─────────────────┘                                         ▲
        │                                                   ┊
        ▼                                                   ┊
┌─────────────────┐                                       信
│ 2. 确定客人类型 │                                       息
└─────────────────┘                                       交
        │                                                   互
        ▼                                                   ┊
┌──────────────────┐      ┌──────────────────┐             ┊
│ 3. 确定房间的成交房价│◄──►│ 3.1 与授权人交互 │             ┊
└──────────────────┘      └──────────────────┘             ┊
        │                                                   ┊
        ▼                                                   ┊
┌─────────────────┐      ┌──────────────────┐              ┊
│ 4. 登记客人信息 │◄────►│ 4.1 确定加床房价 │              ┊
└─────────────────┘      └──────────────────┘              ┊
        │                                                   ┊
        ▼                                                   ▼
┌─────────────────┐      ┌─────────────┐                客人──财务人员
│ 5. 交住房押金   │─────►│ 6. 领房卡   │
└─────────────────┘      └─────────────┘
```

图 3-5　散客入住业务流程图

1. 确定入住房间

散客入住首先要确定住什么房间类型，这是入住流程的第一个环节，从服务员的角度，该环节的功能描述和数据输入/输出需求如表 3-1 所示。

表 3-1　确定入住房间（散客）

子　功　能	描　　述	输　入　数　据	输　出　数　据
1. 查询房间信息	查找酒店内所有房间，并显示相关信息		F1: 房间信息
2. 选择房间	当房间信息被显示出来后，接待员要根据相关规定选择合适的房间来满足客人的要求		
2.1 原房为空房	显然能够被用来提供给客人	房态	
2.2 原房为维修房	不能用来提供入住接待	房态	
2.3 原房为住人房	根据入住房间的客人来确定是否提供给客人	房态	
2.3.1 住的人为一般散客	可以	客人信息	
2.3.2 住的人为工会散客	不行	客人信息	
2.3.3 住的人为团队成员	不行	客人信息	
2.4 原房为预订房	团队客人预期抵店日期比散客预期离店日期早，则不行	房态	

2．确定客人类型

第二个环节是确定客人类型，主要功能描述和数据需求如表 3-2 所示。

表 3-2　确定客人类型（散客）

子　功　能	描　　　　述	输　入　数　据	输　出　数　据
1．根据房间来确定入住客人的类型	主要是房间已有人入住		
1.1 原房间是空房	则任何人都可以入住该房间	房间信息	入住客人类型
1.2 住的是工会散客	则一定要是工会散客	房间信息+客人信息	工会散客入住
1.3 住了一般散客	则一定是一般散客	房间信息+客人信息	一般散客入住
1.4 住了团队客人	则一定是团队客人	房间信息+客人信息	团队客人入住

3．确定房间的成交房价

一般散客在入住时只能确定房间的成交房价，不能选择自己成交房价，但是在房间的成交房价确定以后，则每一个入住该房间的一般散客都有一个自己的个人成交房价。若住宿人数小于等于房间标准住人数，则个人的成交房价=房间的成交房价/所住人数，否则，则多出来的人的个人成交房价=加床房价，具体如表 3-3 所示。

表 3-3　确定房间的成交房价

子　功　能	描　　　　述	输　入　数　据	输　出　数　据
1．与授权人交互	若客人要求的房价超过接待员能够提供的房价权限，若一般散客能够有酒店授权人的授权，则接待员要通过电话与授权人联系，来确定该客人的成交房价		
1.1 查询授权人信息			授权人信息
1.2 选择授权人		授权人信息	成交房价信息

4．登记客人信息

一般散客的入住登记，在成交房价确定以后，将会循环地记录入住该房间的客人信息，若该房间所住客人的人数超过房间标准，则超出的客人将作为加床处理，且加床房价远远低于房间的成交房价，具体如表 3-4 所示。

5．交住房押金

客人在登记完个人信息后，要到财务人员那里交一定的住房押金，具体如表 3-5 所示。

表 3-4　登记客人信息

子　功　能	描　　述	输　入　数　据	输　出　数　据
确定加床房价	若该房间所住客人的人数超过房间标准，则超出的客人将作为加床处理，且加床房价远远低于房间的成交房价	加床房价	个人成交房价，房间的加床房价

表 3-5　交住房押金

子　功　能	描　　述	输　入　数　据	输　出　数　据
1. 选择房间	首先要选择要交住房押金的房间	房间号	押金信息
2. 选择客人	押金要在与房间联系的同时，还要与客人联系起来	客人 ID	押金信息
3. 选择单据号	每一次酒店的财务往来，都有可能有一些手工开出的单据以作为最终的证明，所以押金收缴时财务人员也会手工开出一张单据给客人	单据号	押金信息

（三）团队预订流程逻辑图

对于团队业务，一般经过查询所有可用客房、确定预订客房、登记预订信息、分房处理、修改房间信息和增加日志六个环节[①]，具体如图 3-6 所示。

图 3-6　团队业务流程逻辑图

---

① 资料来源于 360 图片和 http://www.docin.com/p-203670684.html。

1．查询所有可用空房

团队预订首先要找到在团队预期抵店日当天酒店内所有可用空房，可以通过输入团队预期抵店日期、现有房间是空房、现有房间是住人房、现有房间是已预订房和现有房间是维修房，如表 3-6 所示。

表 3-6　团队预订子功能

子　功　能	描　　述	输 入 数 据	输 出 数 据
1. 输入团队预期抵店日期	通过输入团队预期抵店日期，系统可找到所有可用空房	团队预期抵达日期	该日所有可用空房
2. 现有房间是空房	如果现有房间是一间空房，无论如何它都可以作为一间可被预订的房间	房态（空房）+团队预期抵达日期	可用房
3. 现有房间是住人房	若客房已有人入住，且已入住客人的预期离店日期和时间比团队预期到店的日期和时间晚，则不能把这间客房提供给团队客人	房态（住人房）+团队预期抵达日期+现住人房的预期离店日期时间	可用房
4. 现有房间是已预订房	若客房已被预订，且已预订客人的预期抵店日期和时间比现预订团队客人预期离店的日期和时间早，则该房间就不能提供给团队客人	房态（预订房）+团队预期抵达日期+现预订房的预期抵店日期和时间	可用房
4.1 输入团队预期离店日期	若已预订客人的预期抵店日期和时间比现预订团队的预期离店日期早，就不能提供给该团队	房态（预订房）+团队预期抵达日期+现预订房的预期抵店日期和时间	可用房
5. 现有房间是维修房	若维修房的预期完工时间比客人的预期抵店日期晚，则不能提供给团队客人	房态（维修房）+团队预期抵达日期+维修房的预期完工时间	可用房

2．确定预订客房

通过客人的相关描述为团队客人从可用房中选择出预订房，如表 3-7 所示。

表 3-7　选择预订房

子　功　能	描　　述	输 入 数 据	输 出 数 据
选择预订房	被选择的空房将要被修改房间信息	房间号	房间预订信息

3．登记预订信息

当客人的预订要求被满足后，酒店方要登记团队客人的信息，如表 3-8 所示。

表 3-8　团队登记预订信息

子　功　能	描　　述	输　入　数　据	输　出　数　据
登记团队预订信息	主要是团队预期抵店日期和预期离店日期	团队预期抵店日期+预期离店日期+团队信息+团队负责人信息	团队预订信息

4．分房处理

当团队预订完基本信息以后，就对团队成员进行分房处理，并确认相关消费信息和设定，如表 3-9 所示。

表 3-9　团队分房信息

子　功　能	描　　述	输　入　数　据	输　出　数　据
打印	团队分房要求描述	成员数据	房间信息描述

5．修改房间信息

当确定团队预订之后，要修改房间的信息，主要是房态，如表 3-10 所示。

表 3-10　修改房间信息

子　功　能	描　　述	输　入　数　据	输　出　数　据
1．修改房态	房间信息的修改主要是指房态	—	—
1.1 现有房是空房	—	空房	预订房
1.2 住人房	—	住人房	预订房
1.2.1 住人脏房	—	住人脏房	预订房
1.3 维修房	—	维修房	预订房
1.4 预订房	—	预订房	预订房

6．添加日志信息

房态变化之后，系统要求增加一条日志信息。

7．预订取消

团队预订有可能会被团队客人取消，这时要求接待员删除预定信息并修改相关信息，如表 3-11 所示。

表 3-11　团队预订取消

子　功　能	描　　述	输　入　数　据	输　出　数　据
查询预订信息	系统通过选择团队预订功能选项来触发	—	预订信息
删除预订信息	若确定该预订要取消则要删除该预订信息	预订信息	—
修改房间信息	原预订房要取消预订标记	预订标记	—

（四）团队入住登记流程逻辑图

团队入住登记过程比较复杂，由于团队中每个成员所需要的房间类型并不完全一致，并且很多团队成员还有特殊要求，因而在入住登记的过程中难免会存在一些混乱，一般包括确认团队号、团队成员总人数及性别、核对房间类型及房价、登记团队及客人信息、预交押金等，具体如图 3-7 所示。

图 3-7　团队入住登记业务流程逻辑图

在确定团队编号之后，酒店需要和团队领队核对团队总人数及房间类型，核实团队人数是否有变动，或者房间类型是否有变动，如果有人员的增减，就需要对原有的房间类型进行调整，特别是有人员增加时，需要确认是否还有相应类型的空房。在核对好房间类型及房价后，对团队及各房间客人的信息进行登记，收取相应的预交押金，与领队确认哪些是团队费用之外必须自费的项目，等所有核对完毕后，将所有房间的房卡交给领队。

关于团队入住业务的功能描述和数据需求，有兴趣的读者可以围绕登记信息、确定房间类型、排房、交押金或核对协议等环节自己进行分析。

关于酒店散客和团队住店期间消费的业务流程以及离店结账的业务流程，由于篇幅限制这里不再详述，有兴趣的读者可以结合酒店业务自己进行流程分析。

第三节　酒店管理信息系统的数据流程分析

业务流程分析结束后，开发就进入数据流程分析阶段，数据流程分析既是系统分析的重点，又是系统设计的基础。信息系统的核心功能就是数据处理，酒店管理信息系统在业务流程分析基础上，需要对信息系统的数据流程进行分析，确定数据的结构和分布范围，这是系统模块设计的依据，从而为后面的数字字典描述和系统功能设计打下基础。下面围绕酒店的客房、餐饮、采购及财务等主要业务环节，简要介绍它们的数据流程及分析。

一、酒店客房管理数据流程图

客房是酒店的主要销售产品，它的数据流转正确与否，直接影响到酒店经营的经济收益，因此酒店前台的信息系统设计都是围绕客房的销售与服务展开。数据流程图通常是分层绘制的，一般数据流程图的层次与管理业务层次相似，也可以根据平衡的业务水平绘制。根据以上酒店业务流程分析，可以得到酒店客房管理初步的总体数据流程图[①]，具体如图3-8所示。

图 3-8　酒店客房管理数据流程图

---

① 参考 360 图片等资料（http://image.so.com/i?src=360pic_normal&q=酒店客房管理数据流程图）。

在图 3-8 中，阴影矩形框中的名称表示数据流，箭头表示数据流向，其他还有处理逻辑、数据存储和外部实体等符号。具体来看，酒店客房管理的数据流程图主要包括以下几个部分：第一，顾客通过各种方式进行订房，前台对顾客的订单进行审核，并把订单数据传给客房部；第二，客房部对订单数据进行入住前准备处理；第三，客人入住时填写入住登记表，确认入住，并通知客房部做接待处理；第四，酒店根据预订情况在没有客人要求的客房时，客房部作退房处理；第五，结合入住和退房数据确认最终在住客人，并形成客房日报表；第六，根据入住情况及耗品使用情况制订采购计划和采购清单，将采购清单的数据提交给采购部进行采购，以补充客房的耗材及其他设施。

客房管理的数据流程图还可以进一步分层和细化，一直分层到处理逻辑为独立的不可再分解为止。图 3-8 中的客人入住前准备和接待处理还可以进一步细化，读者可在老师的指导下完成对该处理逻辑流程图的进一步分解。

二、酒店餐饮部管理数据流程图

餐饮产品是酒店经营的又一个主要销售产品，它的数据流转正确和敏捷程度也会影响酒店的整体收益。根据酒店主要业务的流程分析，可得到酒店餐饮管理总的数据流程图，如图 3-9 所示。

图 3-9　酒店餐饮部管理数据流程图

可以看出，酒店餐饮部管理的数据流程主要包括以下几个环节：第一，顾客进行点餐，由此形成点餐单并由厨房进行处理；第二，顾客在点餐后会形成消费单，而消费数据一方面返回给顾客，另一方面送收银台处理；第三，餐厅根据点餐单和库存情况形成物品采购单，并将采购数据交给采购部，采购部根据这些清单来采购所需要的餐饮原材料。

三、酒店采购管理数据流程图

根据采购业务的流程分析,可得到酒店采购部业务管理的总体数据流程图,如图 3-10 所示。

图 3-10　酒店采购管理数据流程图

酒店采购部门根据经营部门的消费和消耗情况进行物资采购,其数据流程图主要包括以下几个部分:第一,客房部根据客户预订及消费情况将采购清单报给采购部进行处理;第二,餐饮部根据客户预订及消费情况将采购清单报给采购部进行处理;第三,采购部汇集所有的采购清单形成采购审核和审批总表,并进行采购;第四,采购完成后将采购汇总表发给财务部,并进行验货和入库处理。

四、酒店财务管理数据流程图

酒店财务软件一般都采用标准软件,根据酒店业务的特点以及财务业务流程的具体分析,我们可以得到酒店财务管理的总体数据流程图,如图 3-11 所示。

图 3-11　酒店财务管理业务数据流程图

可以看出,财务部会根据各个业务部门的报表情况,进行最后的财务处理、汇总、核算、审核,最终生成财务报表。酒店财务的数据流程图主要包括三个方面:第一,财务部对客房部提交的合格的以及不合格的客房订单和销售报表进行处理，形成客房财务数据；第二，财务部对餐饮部提交的合格的以及不合格的餐饮订单及日报表进行处理，形成餐饮财务数据；第三，财务部对采购部提交的各项采购数据进行处理，形成采购财务数据。第四，将所有财务数据最终经汇总和会计处理后形成酒店的财务报表。

第四节　酒店管理信息系统数据字典描述实例

数据字典是系统分析中又一个重要的分析工具，数据流程图仅反映了数据处理需求和数据流向，并没有反映出具体数据流的结构和描述，因此对系统的数据分析并不完整。数据字典是数据流程图的重要补充，可对流程图中的数据流作进一步的说明。因此，数据字典是系统设计中数据结构设计的基础，本节将对数据字典以描述实例的形式作简要介绍。

一、数据流的描述实例

数据流是数据流程图中的主要对象，它反映了数据处理的流动方向，一个合理的数据流描述主要包括数据流编号、数据流名称、数据流简述、数据流来源、数据流去向、数据项组成、数据流量和高峰流量等。在以上介绍的几个数据流程模块中[①]，其数据流的描述实例说明如下。

（一）订房申请单数据流的描述实例

数据流编号：A-01

数据流名称：订房申请单

简述：顾客通过网站、电话、前台填写的订房申请单

数据流来源：顾客

数据流去向：前台审核模块

数据项组成：顾客姓名+身份证号+联系电话+订房日期+订房类型+订房数量+入住人数+退房时间

数据流量：约 50 张/日

高峰流量：约 130 张/日

[①] 根据厦门润庭连锁酒店的实际情况和网站：http://www.docin.com/p-328107071.html 上的相关内容整理而来。

（二）合格订房单数据流的描述实例

数据流编号：A-02

数据流名称：合格订房单

简述：经前台审核修正的订房单

数据流来源：前台审核模块

数据流去向：客房部处理模块

数据项组成：顾客姓名+身份证号+联系电话+订房日期+订房类型+订房数量+入住人数+退房时间

数据流量：约 50 张/日

高峰流量：约 110 张/日

（三）不合格订房单数据流的描述实例

数据流编号：A-03

数据流名称：不合格订房单

简述：经前台审核修正的订房单

数据流来源：前台审核模块

数据流去向：预订中心处理模块

数据项组成：顾客姓名+身份证号+联系电话+订房日期+订房类型+订房数量+入住人数+退房时间

数据流量：约 30 张/日

高峰流量：约 50 张/日

（四）点餐单数据流的描述实例

数据流编号：A-04

数据流名称：点餐单

简述：顾客填写的点餐单

数据流来源：顾客

数据流去向：收银台处理模块

数据项组成：顾客姓名+房间号+菜名+具体数量+送餐时间

数据流量：约 45 张/日

高峰流量：约 150 张/日

（五）餐饮部采购单数据流的描述实例

数据流编号：A-05

数据流名称：采购单 1

简述：餐饮部提出的采购需求统计单

数据流来源：餐饮部处理模块

数据流去向：采购部处理模块

数据项组成：蔬菜类名+肉类名+调味料名+厨具用品名+具体数量

数据流量：约 10 张/日

高峰流量：约 20 张/日

（六）客房部采购单数据流的描述实例

数据流编号：A-06

数据流名称：采购单 2

简述：客房部提出的采购需求统计单

数据流来源：客房部处理模块

数据流去向：采购部处理模块

数据项组成：卫生洗漱用品名+家具用品名+具体数量

数据流量：约 1 张/日

高峰流量：约 2 张/日

（七）财务单数据流的描述实例

数据流编号：A-07

数据流名称：财务单

简述：财务部每天的财务总结单

数据流来源：前台、客房、采购、餐饮部处理模块

数据流去向：财务部处理模块

数据项组成：前台财务处理+客房财务处理+餐饮财务处理+采购财务处理

数据流量：约 8 张/日

高峰流量：约 30 张/日

二、处理逻辑的描述实例

处理逻辑是数据流程图中的核心，它描述的是数据处理需求，数据流程图的分层都是围绕处理逻辑逐层展开的。处理逻辑的主要描述一般包括处理逻辑编号、处理逻辑名称、简述、输入的数据流、处理描述、输出的数据流、处理频率等[①]。

（一）前台审核处理逻辑的描述

处理逻辑编号：A-01

处理逻辑名称：前台审核

简述：审核顾客填写

输入的数据流：订房申请单

处理描述：审核顾客提交的订房申请单信息是否完整，酒店现有房间是否符合顾客要求，若信息不完整或者剩余房间不符合顾客要求，则做出相应的协调解决方案，更改相关申请单信息，完成订房申请单的填写直至完成合格的订房申请单转给客房部。

输出的数据流：合格订房申请单

处理频率：118 次/日

（二）客房部审核处理逻辑的描述

处理逻辑编号：B-02

处理逻辑名称：客房部审核

简述：审核前台订房单填写

输入的数据流：订房单

处理描述：审核前台检查通过的顾客提交的订房单信息是否完整，完成订房单的交接工作，

---

① 根据厦门润庭连锁酒店的实际情况和网站：http://www.docin.com/p-328107071.html 上的相关内容整理而来。

若查出订房单信息不完整或者预订房间不符合顾客要求，则在顾客自愿的情况下，协调更改房间类型等信息，完成订房单的填写直至完成合格的订房单并做好相应的接待工作。

输出的数据流：合格订房单

处理频率：97次/日

（三）点菜单审核处理逻辑的描述

处理逻辑编号：C-03

处理逻辑名称：点菜单审核

简述：审核顾客填写

输入的数据流：点菜单

处理描述：审核顾客提交的点菜单信息是否完整，酒店现有餐饮原材料是否符合顾客要求，若信息不完整或者剩余原材料不符合顾客要求，则在顾客自愿的情况下，协调更改订餐类型等信息，完成点菜单的填写直至完成合格的点菜单以及相应的后续处理工作。

输出的数据流：合格点菜单

处理频率：108次/日

（四）餐饮部采购单审核处理逻辑的描述

处理逻辑编号：D-04

处理逻辑名称：采购单1审核

简述：审核餐饮部采购填写

输入的数据流：餐饮部采购单

处理描述：审核餐饮部提交的采购单信息是否完整，酒店现有餐饮原材料是否符合顾客要求，若信息不完整或者剩余餐饮原材料不符合顾客要求，则再与顾客交流协商，在顾客自愿的情况下，提供其他代替产品，或者与采购部协调采购符合要求的物资。

输出的数据流：合格餐饮部采购单

处理频率：20次/日

（五）客房部采购单审核处理逻辑的描述

处理逻辑编号：B-05

处理逻辑名称：采购单 2 审核

简述：审核客房部采购填写

输入的数据流：客房部采购单

处理描述：审核客房部提交的采购单信息是否完整，酒店现有客房剩余物资是否符合顾客要求，若信息不完整或者剩余物资不符合顾客要求，则要求重新填写，或者与采购部协调采购符合要求的物资。

输出的数据流：合格客房部采购单

处理频率：13 次/日

（六）财务审核处理逻辑的描述

处理逻辑编号：E-06

处理逻辑名称：财务审核

简述：审核各部门财务填写

输入的数据流：订房单、点菜单、采购单

处理描述：审核各部门提交的财务审核单信息是否完整，若信息不完整或者审核单内容出现差错，如数量不符、名称不符、款项不符、账目不符，则要求重新填写直至完成合格的财务审核单转给财务部留底。

输出的数据流：合格财务报告单

处理频率：37 次/日

三、数据存储的描述

数据存储的描述主要反映了数据存储的用途和结构，一般包括数据存储编号、数据存储名称、简述、数据存储组成、关键字、相关联的处理等。

（一）订房申请表数据存储的描述

数据存储编号：C-01

数据存储名称：订房申请表

简述：记录酒店客房预订申请情况

数据存储组成：日期+客房编号+客房类型+客房单位+入住天数+客房价格+退房时间

关键字：日期+客房类型+客房价格

相关联的处理：B-01

（二）客房入住情况表数据存储的描述

数据存储编号：C-02

数据存储名称：客房入住情况表

简述：记录酒店客房入住情况

数据存储组成：客房编号+客房类型+客房单价+入住时间+入住人数+入住天数+退房时间

关键字：入住日期+客房类型+退房时间

相关联的处理：B-02

（三）餐饮销售表数据存储的描述

数据存储编号：C-03

数据存储名称：餐饮销售表

简述：记录酒店餐饮部支出收入的明细账单

数据存储组成：日期+销售数量+销售总价

关键字：日期+销售类型+销售总价

相关联的处理：B-03

（四）采购表数据存储的描述

数据存储编号：C-04

数据存储名称：采购表

简述：记录酒店采购支出收入的明细账单

数据存储组成：日期+采购代码+采购类型+采购数量+采购单价+采购总价

关键字：日期+采购类型+采购总价

相关联的处理：B-04、B-05

（五）财务报表数据存储的描述

数据存储编号：C-05

数据存储名称：财务报表

简述：记录酒店支出收入的明细账单

数据存储组成：日期+客房售额+采购总价+餐饮售额+其他类型

关键字：日期+日期+客房售额+采购总价+餐饮售额+其他类型

相关联的处理：B-06

四、外部实体的描述

外部实体是数据流程图中不受其控制的对象，可以是人、部门单位、处理逻辑等对象，其描述主要包括外部实体编号、外部实体名称、简述、输出的数据流等，相应实例如下。

外部实体编号：D-01

外部实体名称：顾客

简述：来自全国各地的顾客

输出的数据流：A-01、A-03

第五节　酒店管理信息系统的功能设计与开发

一个酒店信息系统的开发是否能适应酒店经营和发展的需要，在结束了系统的分析阶段以后，关键是如何进行系统的功能设计。这里由于篇幅限制，仅介绍系统设计阶段的功能设计内容，更多的系统设计内容，如模块设计、数据库设计、界面设计、输入/输出设计、代码设计等读者可以自己通过课外的渠道进行学习。

一、酒店管理信息系统功能设计与开发的原则

在明确了系统的应用需求以及数据处理需求以后，就基本明确了系统应做什么，这时就可以进入系统的功能设计阶段了，解决系统如何做的问题。在系统设计和开发以前，系统功能的设计与开发应该遵循一定的原则，如能够从服务器端到客户端实现数据资料统一集中管理，具体来说，包括以下几个方面。

（一）应以保障系统运行的安全与稳定为原则

酒店管理信息系统是为经营管理服务的，接待、退房、查询等都要求系统的安全与稳定，以保障经营业务的正常进行。因此，系统设计就必须考虑系统运行的安全因素，即应考虑采取多项措施来保证系统的安全稳定，至少应采取三项措施来对用户权限进行限制：网络操作系统、后台数据库管理系统、前台应用程序。现在酒店信息系统逐步形成基于互联网的开发系统，其数据的安全更为重要，系统设计应保障系统数据交换过程中的绝对安全。其他如服务器安全、交易安全、数据保密、防病毒等在系统设计中也需予以考虑。

（二）应以提供及时准确的数据为客户服务为原则

系统是否稳定运行主要看系统接收和提供数据是否及时、敏捷，系统提供数据的迟钝除了网络原因外，剩下的就是系统设计的问题了。系统应能够及时准确地接收、处理、统计酒店各方面的数据，同样系统也应向各种用户及时、敏捷地提供数据。系统设计时要以数据为基础，提供实时性数据和周期性数据。例如，每一时刻的营业数据、库存数据、财务数据，系统应对营业时间段的这些数据进行自动汇总（任意时间段的数据汇总），再结合强大的数据分析系统在"客、财、物、人"全程管理中量化考核指标，为决策层进行市场运作、成本控制和经营规划等管理决策提供科学的数据基础，同时也能为酒店客户提供敏捷的服务。

（三）应以提供强大的客户管理为原则

酒店的经营，客户是上帝。信息系统应具备强大的客户管理与服务，尤其在互联网时代。而良好的客户管理功能必须在系统设计阶段就要全盘考虑，如将客人的爱好、习惯等信息与客人在酒店的消费额、酒店相应的优惠折扣、个性化服务、真诚问候等紧密联系在一起；对于企业客户，应提供协议公司、旅行社的全方位管理功能，系统随时可以对其在酒店的消费总额进行排名分析，并对任意时期的数据进行比较，根据数据差异分析原因，以便提供更优质的服务、更合理的策略、更科学的管理。实行部门间层层控制、紧密联系和快速响应，防止跑单现象。酒店餐饮、客房、娱乐等部门与前台收银紧密关联、数据共享，酒店各类实时消费设备（程控电话、客房视频点播等）与本系统接口兼容，客人在各个环节的消费费用能快速、自动地转入前台收银结账处。进行部门二级核算，消除管理漏洞，对于酒店营业部门，特别是餐饮部门，每日消耗原材料的数量较大，如能对其有效地管理，将能大大提高酒店对客服务的管理效益。

（四）应具备扩展兼容适应多种客源的价格体系

酒店经营需要各种不同的价格体系为不同的客户服务，实现基于信息系统的个性化服务。一般的酒店管理系统提供的客源类型较少，大多数还不能直接为网络客户提供服务。一个有竞争力的信息系统应提供门市散客、旅行社团队、协议公司、会议客人、宴会客人、长住客人、网络客人、VIP 贵宾等客源类型所对应的价格体系，以便做到对不同客源类型进行不同的服务与管理。提供灵活多变的服务程序机制，适应酒店不同时期客户的管理需要。系统还应根据客人需要提供多种多样的房价调整政策，提供不同时期、不同阶段的电话费率政策，提供酒店打折优惠的设定标准，提供各种客源类型的保险费收取定额，提供消费卡的最大自由支取额度和最大透支额，以及不同卡类的各类消费折扣标准等。

（五）应考虑以更多的业务预测决策功能为原则

利用信息系统辅助酒店经营管理决策，是酒店提升竞争优势的重要举措，酒店信息系统在设计时就应考虑这些功能，如销售的预测功能、价格预算的决策功能、营销的预决策功能、采购的预决策功能等。系统通常以数据为基础，提供丰富多彩的图文界面，分析酒店任意阶段、任意时期的各类经营、管理数据；提供简洁、清晰、全面的酒店经营报表并由不同级别的管理人员进行调用，可作为经营管理决策的依据。系统能够依据已有数据，采用不同方法预测未来经营情况的功能，可方便酒店管理者调整下一步经营目标或制定合理的销售策略，甚至可以根据近期的经营情况数据，提供节约成本的方案和措施，从而可间接地提高酒店的利润和收益。

不同类型的酒店开发信息系统的原则不可能完全相同，每个酒店都由自身的因素决定。单体酒店和连锁酒店要求不一样，低端酒店和高端酒店要求不一样，休闲酒店和商务酒店要求也不一样。作为一个酒店在设计和开发信息系统时，需根据自己的情况和现有的条件，制定适合自己要求的信息系统开发原则。

二、酒店管理信息系统的功能设计

酒店管理信息系统的功能设计是以系统业务流程和数据流程分析为依据，通过子系统的划分和模块设计，得出酒店管理的基本功能结构。典型的酒店管理信息系统以前台管理和部分后台管理为主，包括预订管理、接待管理、客房管理、餐饮管理、收银管理、客户管理、财务管理等。部分系统还包括人事管理、娱乐管理和工程设备管理等，这些功能通常也称为子系统，它们反映了信息系统的业务处理能力，如图 3-12 所示。从业务管理的角度，每个功能都从五个方面来进行详细设计，即数据录入、数据查询、数据处理、数据输出和代码维护。

图 3-12　酒店管理信息系统功能设计

通常，酒店管理信息系统功能设计都是根据酒店经营现状通过业务流程分析和数据分析的结果来决定的。近年来，酒店经营在互联网思维的影响下，酒店信息系统的功能设计更多地考虑了客户的需求，即除了满足管理需要外，还需要满足服务的需要，用信息系统更多地为客户提供服务，如订房服务、关怀服务、查询服务、积分兑换服务等。因此，在功能设计的方法上，更多地采用平行设计法，多个独立的业务同步进行功能设计，这样既考虑了信息系统的个性化需求，又考虑了酒店发展的需要，满足了信息系统的功能创新和竞争优势。在平行法设计中，为更多地获取客户的服务需求，可通过问卷调查、座谈会、访谈了解客户的服务偏好、住店习惯、网络爱好，从而得到客户对信息系统的功能需求。对于酒店内部，平行法设计也需通过座谈会了解客房、餐饮、娱乐各方面的功能需求，同时了解这些业务部门的数据交换需求，形成满足现代管理与服务的功能需求。

新一代信息系统的功能需求无法用传统的系统分析和系统设计方法去获取，需要通过业务部门和客户的实际需求，结合基于网络的新技术和新媒体去分析，形成具有市场创新能力的酒店管理信息系统功能。

三、酒店管理信息系统的功能开发

在确定了子系统的功能需求以后，下一步就要开始进行各系统的功能开发，功能开发建立在需求开发的基础上。所谓需求开发是在系统分析、系统设计、系统实施的各阶段中，进行有目标的需求分析、需求确认和需求管理，允许各阶段根据需要作一定的需求变更，使系统开发的功能符合酒店的实际需求。功能开发是根据功能需求进行系统性的功能定义、功能设计和功能管理，使开发的功能可用源代码实现，支持业务管理和服务的需要。经过需求开发和功能开发的设计步骤，就形成了酒店管理信息系统的核心功能模块，这些核心功能包括客房预订管理、团队预订管理、散客接待管理、团队接待管理、客户关系管理、前台收银管理、财务管理、考勤人事管理、夜间稽核管理、前台应收账款管理、IC卡管理、餐饮收银管理、桑拿管理等[①]。

（一）客房预订管理

传统的预订管理功能包括预订单录入、客历、合约、会员预订、预订单变更修改、预订确认、应到未到处理、未确认预订单处理、预订方式分类统计、单位及旅行社预订报表、房态预报表、可用房查询等。新的预订管理功能包括网络预订、订单确认、分销管理等功能。预订管理功能可根据客人的基本订房资料自动显示该种房类在客人抵/离店期间房数情况；按客人姓名系统可自动调出客史信息及历次住店统计信息以确定房价优惠；按客人姓名系统可自动检索是否为黑名单客人；如是实时预订，其功能可预订到房类、房号，并根据已订房客人资料进行快速入住登记。预订还可以为客人建立同住关系及关联关系。

（二）团队预订管理

团队预订是客房预订管理中的核心业务，其功能主要包括预订和排房，实现快速、自动的团队订房业务流程。具体功能有建立团队预订主单、信息录入、成员排房、账务定义、消费设定等。通过团队主单管理团队订房信息及账务，并确定预订团队要求的各类房间及相关信息。系统可手动、自动排房，可选择多种排房方式，系统自动快速按要求进行入住登记及填写客人姓名，并实现散客、团员的互转等。

（三）散客接待管理

接待管理是酒店前厅管理的核心业务环节，包括散客接待和团队接待两种业务。散客接待管理的功能包括散客入住登记、预订客人入住、换房处理、加床处理、折扣调整处理、现住客人查询、历史客人、合约客人、会员查询、房账、客账转账处理等。功能要求还可根据房间状态表直接进行客人入住登记操作，按客人姓名系统可自动调出客史信息及历次住店统计信息以确定房价优惠，按客人姓名系统可自动检索出是否是黑名单客人。同时还可从预计今日抵店的

[①] 根据杭州绿云科技有限公司研发的酒店管理信息系统模块的相关资料总结。

客人列表中，选择客人直接入住，以及可根据客历、合约、会员档案快速登记入住，并根据房态表实现住客换房、续住、离店后重入住等功能。

（四）团队接待管理

团队接待管理比散客接待管理在功能上要复杂些，其功能包括预订团队及团员自动入住、自动分房、团员非同时抵店、团队类型统计、团队账务建立、结账方式等处理。其他功能还包括按顺序列出客房号，动态实时地显示客房状态，可直接在房态表选择显示常见的房间列表，如全部客房、全部清洁房、不同房类房间状态、客房图表等，也可直接在房态表上选择房间进行团队登记，实现最快速的客与房的管理。辅助功能还有修改客人资料、将预订客人转入住、查看设置房间信息操作、客人留言、客人换房、客人续住、散客团员互转等，在房间状态表上操作员可直接看到留言、房间信息、今日到客、今日预离店团队标识等。

（五）客房管理

客房管理是酒店的主业务，其功能包括了房态管理、耗品管理、设备管理和员工管理等。其中房态管理是核心功能，提供实时的房间状态表，要求以不同的颜色实时列出房间的状态，在房间状态表上操作员可直接进行房务管理或查看客人日常住店信息。常规房态应包括脏净房、维修房、自用房、VIP房、等待房等，并具备增加/修改/删除房态和房务管理的信息。辅助功能包括客房日志、记录和管理客人丢失物品、交接班事项等需求。

（六）客户关系管理

近年来，酒店信息系统中的客户关系管理正在逐步演变成独立的 CRM 系统，以实现个性化的销售和自动营销，并满足电子商务发展的需要。但作为独立的酒店前台信息系统，仍然保留着客户关系管理的功能，这里的客户指的是常客管理或会员管理，系统通过客户关系管理可以提高酒店的经营收益。在前台信息系统中，客户关系管理的基本功能包括完善的客历管理、合约管理、销售管理、积分管理。对于企业客户，如旅行社，还具有协议单位房价政策和优惠方式管理、支付方式管理以及营销信息播送管理等。系统通过全面的合约管理即可保证销售人员管理自己的客户，同时也为酒店保留了客户信息资源，以便优惠政策得以延续和实现自动定价。所有客历、合约中享受的优惠和账户信用等内容可被所有的收银点和前台查询调用。系统还应具备客户在酒店的消费可被系统进行统计、分析，制定消费排行榜的功能，从而为酒店的促销政策提供数据。销售人员的销售业绩可被统计分析，自动考核酒店销售人员的工作业绩。

（七）前台收银管理

前台收银是前厅的重要管理工作，也是酒店经营的核心环节。在前台管理中，前台收银管理是一个独立的系统模块，具有完善的前台客账体系，住客、团体、公司、特殊账号等均有独立账户，实时进行账务处理，可具体到一条明细账的结账、挂账或转账等业务操作。系统具有完善的账务处理功能，所有有关账务的操作都留有操作痕迹，对已发生的账务只允许账务更正，从而保证财务账目的完备和完整，防止违纪现象的发生。为方便灵活的消费记账、收入记账，系统具备的丰富、全面的转账功能，令账务的跟踪清晰明了，多种账单输出功能全方位满足客人的结账要求。完善的结账功能可以支持按房号、账号智能快速结账，系统自动检测功能提示关联账号，按日期、消费类别结账，使得结账在瞬间完成。系统还支持现金、支票、信用卡等多种支付方式结账。为方便团体结账功能，团体结账时，根据团体主单自动调出全部团员，系统自动提示未结账团员，支持团体离店其团员自动离店等功能。另外，完善的客账查询系统，提供跨账号的综合账目查询，可输入多种查询条件，达到查询的各种要求。

（八）财务管理

一般由国家财政部审批的财务系统通过接口接入酒店信息系统，功能包括科目编码、期初余额、计账凭证、过账科目汇总、过账明细账、总账、出纳管理、银行对账、自动转账、报表设计生成、查询、录入、合并、资产管理等。

（九）考勤人事管理

该模块专适用于酒店的人事工资系统管理，包括人事档案基本情况建立、员工分类档案（在职情况、历史员工、应聘人员）、多种人事报表、员工工资报表、基本情况设定、考勤情况、薪金变动、薪金计算、工资报表等。目前该模块正在升级为独立的人力资源开发管理，还包括人事培训管理、员工绩效管理等内容。

（十）夜间稽核管理

酒店经营是 24 小时连续经营，但需要区分每天的经营业绩，这就是通过稽核来实现的，每天夜间的稽核工作结束后就是一天的开始。稽核工作从夜里 12 点开始，通过严谨的夜审流程控制，保障夜审的快速准确，审核并打印预审报表，房租核数过账、稽核台账，并提供各部门经营管理及收入日报表、整理转移备份数据及特殊情况下的数据恢复。稽核的各类报表传送给总经理以及财务部门，是每月财务报表的基础数据。

（十一）前台应收账款管理

酒店经营中会产生很多的应收账款，如协作客户、旅行社、常客等，在前台管理中，专门提供一个应收账管理模块，专门用来管理前台的应收账款。该模块直接与前台系统相连，数据自动按要求转入，支持多种应收账户，其中协议公司账号、旅行代理账号、会员账号、内部账号等；账户数据清晰明细，每天提供相应的应收报表等。

（十二）IC 卡管理

IC 卡管理是现代酒店经营的重要工作，因为现代消费者已习惯使用各类 IC 卡支付各种费用。目前有两类 IC 卡，一类是银行或第三方支付的 IC 卡，这一类卡的使用都是通过接口的形式，管理比较简单；另一类是酒店自己发放的 IC 卡，这一类卡需要酒店一系列的管理，如 IC 卡发行、IC 卡充值、IC 卡注销处理、IC 卡清退、持卡人维护等管理。

（十三）餐饮收银管理

餐饮收银是餐饮管理的核心工作，许多酒店都使用综合收银系统来管理餐饮的收银工作。现在大多数餐饮收银系统包括简单的桌位管理和点菜管理，客户点菜后直接把信息传输到收银台，便于餐后的收银管理。因此，餐饮收银管理系统将餐厅楼面、收银、厨房分层次支持连接，从而做到点单、落单、收银一体化管理。功能需求包括支持分类列表选择及快速代码输入；支持查询历史前台挂账，实现客人多处、多次消费，一次性结账处理；支持多种收款方式（现金、支票和各种信用卡）；支持服务费计算，折扣计算，结账及报表，账务查询，报表处理等功能。

新一代的餐饮收银管理支持无线点菜、智能终端点菜等功能，如智能手机、平板电脑等设备的餐饮点菜等。

（十四）桑拿管理

桑拿管理通过信息系统可以提高服务的效率和效益，该模块可将桑拿咨询、钟房、收银、吧台分层次支持连接，从而做到科学化、规范化管理桑拿的服务流程，节省人力，提升服务，并具备详细的营业资料、用户分级授权等功能。系统可自定义单项和整单，实现快捷的收银服务。模块实现了对酒店内部各种服务管理的电子化、自动化连接，提高各个模块之间的业务数据交换，支持桑拿服务的客户自动挂账，为提高酒店各种服务提供保证，也提高了服务质量。

以上功能开发内容大多数是前台信息系统的功能要求，仅介绍了部分后台功能开发，酒店管理信息系统的功能开发除了前台以外，其实后台的功能开发也非常重要，因为前台的许多服务需要后台的支持。如后台的功能开发还包括工程设备管理、办公自动化管理、物资采购管理、仓库管理、安全保卫管理、经营收益管理、酒店知识管理、分销渠道管理等。这些后台管理基本上以财务管理为核心，形成后台管理的信息流程。由于本书要求的篇幅限制，这些后台管理的功能需求及结构希望读者参考有关酒店需求自己去分析。

拓 展 学 习

1. 管理信息系统的战略规划与方法
2. 面向对象的系统开发方法
3. 酒店管理信息系统的生命周期概念
4. 信息系统设计的方法

案例分析与习题

一、案例分析

基于 Web 的前台管理信息系统开发与建设

（一）需求分析

1. 系统现状

深圳富临大酒店现有的酒店前台管理信息系统是 1998 年由深圳市一家专门从事酒店管理信息系统开发的企业开发的，该系统基于 C/S 模式，拥有预订、接待、结账、客房管理以及查询服务等功能，由于原系统是封闭性的，已不适合互联网时代酒店经营发展服务的需要。系统实施以来，随着数据的增加，业务的增加，竞争的加剧，原有的系统已暴露出运行速度慢，处理时间长，服务不到位，且不能处理网络业务等缺点。随着近几年网络的飞快发展，人们的消费行为也随之改变，越来越多的消费者希望通过网络迅速了解酒店信息并进行实时订房，酒店自身的电子商务比重也在不断增加，基于上述原因，酒店的经营决策人员决定重新开发和建设一套基于 Web 的酒店管理信息系统。

2. 用户需求

用户希望通过使用酒店客房管理系统得到所需信息，达到提高酒店管理水平的目的。用户希望新系统具有以下功能：使用计算机快速处理日常的业务，可处理网络预订业务；消费者使用手机可查询信息，实现实时查询酒店信息；可以实时录入住宿单、调房单和退宿单等的情况；可以实现酒店各系统的数据无缝交换，前后台数据互通；满足酒店数据的安全性要求——不同用户有对数据查看、修改等处理的不同权限；具备智能的数据报表、精确的经营数据分析报表等。

3. 功能需求

接待管理：要求可以用智能终端和 PC 客户端同时实现接待，实现移动式服务，满足客人的实际需要。在线服务：可以处理网络业务，消费者直接通过网络或移动网络实现订房等消费。分销管理：对接分销渠道，可以对分销渠道进行分配管理和营销管理，实时播送酒店相关的信息。数据查询：要求通过网络可以分别按房间编号，房间类型等进行数据查询。订单确认：根据订单信息完整情况，系统能实时确认有效订单，并提供订单分析报表。安全管理：满足系统运行安全、数据传输安全的要求，可实时随时随地地备份系统数据。

（二）开发目标

首先建立一套功能完整、高效、开放、安全、稳定的酒店前台管理信息系统，既要满足目前单体酒店经营管理的需要，又要满足未来连锁发展管理与服务的需要。同时，系统既要满足传统商务处理的要求，又要满足电子商务处理的要求。另外，系统建设要能够方便用户、酒店管理人员通过内部网或外部网了解相关信息，如消费者需求信息、酒店市场信息等。

（三）系统开发方式

经过市场的调研，深圳富临大酒店新系统的建设首先采用了杭州绿云科技有限公司开发的 iHotel 原始模型，结合富临大酒店的具体需求，进行合作开发。系统建立在云架构的基础上，采用开放式的云结构软件，实现了软件就是服务的理念，形成最后的新系统。新系统既可满足传统酒店业务，又可满足电子商务业务；既满足酒店内部管理的需要，又满足对消费者在线服务的需要。

（四）系统实现

经过近半年的规划与设计，系统终于在 2014 年 1 月正式实施运行。

1. 系统的操作界面及功能

通过浏览器进入系统，出现当前预订、团队预订、当前登记、协议单位、消费账户、顾客档案、AR 管理、房态方块、经营分析等功能的主菜单，如图 3-13 所示。

图 3-13　操作界面

如进入房态方块，可以出现图 3-14 所示的房态管理界面，实现对客房的状态管理。在该界面图上，可以实现对房态的查询、变更、接待、设置和结账等操作。

2. 实施效果

（1）系统功能全面。酒店前台管理、餐饮管理、收银管理、酒店网站预订等都能无缝对接；电子签名、智能客控接口等新应用给管理和业务流程带来创新和优化；手机 PMS、客房宝手机 APP 等基于移动互联网的应用使管理变得更加便利和随时随地。

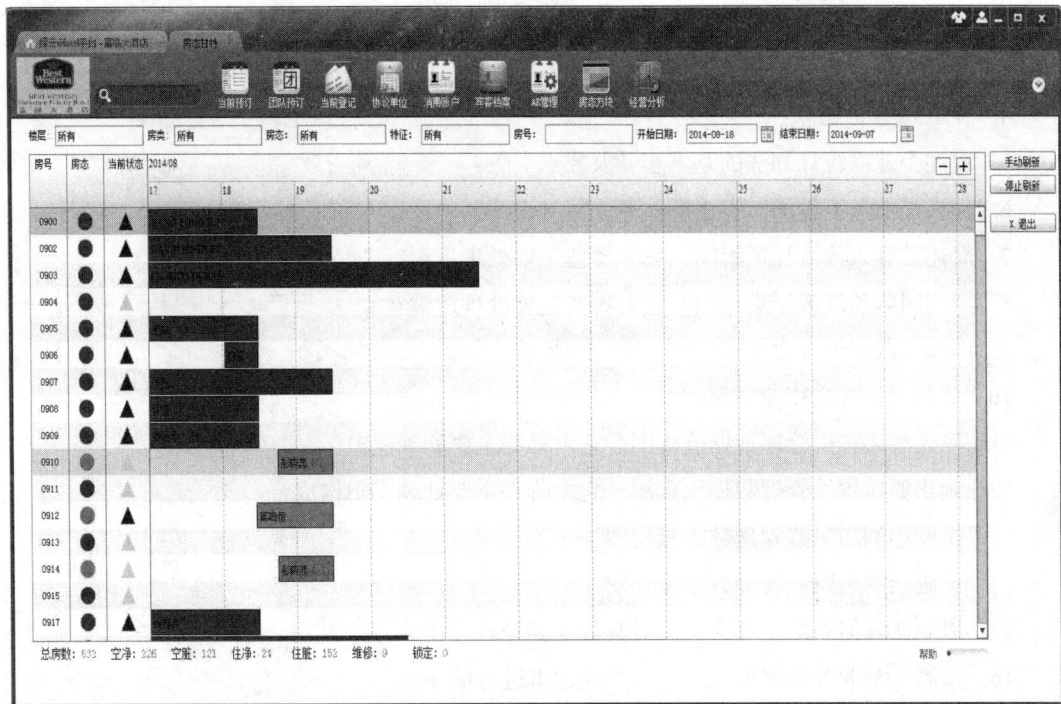

图 3-14　房态管理界面

（2）业务变更自如。酒店业务千变万化、系统流程严密设计，保证各变更经相关人审批后均可自如变化。无任何系统外操作，并保留详细的变更日志备查，且有效防止流程和财务漏洞。

（3）系统提供丰富的电子商务功能，并有精确的经营报表，给酒店的财务分析、经营分析、经营决策提供了最有力的支持和数据保障。

思考题

1. 基于 Web 的酒店管理信息系统与传统的管理信息系统相比，有哪些优势和劣势？

2. 本案例中给出的系统有哪些优点和缺点？解决了酒店怎样的核心问题？

3. 思考一下，未来酒店可能会发展哪种类型的管理信息系统？为什么？

二、习题

1. 思考酒店管理信息系统为什么要先规划？酒店管理信息系统规划的意义是什么？

2. 酒店管理信息系统规划的步骤经历哪些？为什么规划后的报告需要签字？

3. 酒店管理信息系统规划包括哪些内容？

4. 什么是 BSP 方法？

5. 简述企业系统计划法的基本步骤及要点。

6. 什么是业务流程图？它由哪些基本符号组成？

7. 简述散客入住流程逻辑图。它有哪些主要处理逻辑？

8. 简述团队预订流程逻辑图。它有哪些主要处理逻辑？

9. 试画出散客预订业务流程图。

10. 试画出散客接待业务流程图。

11. 简述酒店客房管理数据流程图。它由哪些主要处理逻辑？

12. 画出酒店餐饮管理数据流程图。它由哪些主要处理逻辑构成？

13. 试画出酒店采购管理数据流程图。

14. 试画出酒店财务管理数据流程图。

15. 以酒店任何一个业务为例，对其数据流进行描述。

16. 以酒店某业务流程为例，对其处理逻辑进行描述。

17. 以酒店某业务流程为例，对其数据存储进行描述。

18. 简述酒店管理信息系统功能设计与开发的原则。

19. 简述酒店后台管理信息系统功能设计的几个方面。

20. 简述单体酒店管理信息系统功能开发的子系统构成。

21. 结合某一个酒店管理信息系统设计与开发实例，论述酒店管理信息系统开发与设计成功的因素有哪些。

22. 在互联网经济影响下，作为一个单体酒店，应如何选择或开发酒店管理信息系统？

第四章
酒店前台管理信息系统

【引言】

在酒店经营管理中直接对客服务的部门统称为前台部门，主要是为客人提供预订、接待、住房、餐饮、娱乐等服务，其对应的软件系统称为前台管理信息系统。前台管理信息系统的功能主要围绕这些前台服务开发，目的是提高接待服务的效率，因为前台的接待效率直接影响酒店的效益。一般情况下，我们可以按照使用部门将前台管理信息系统划分为前厅管理信息系统、客房管理信息系统、餐饮管理信息系统、康乐管理信息系统等。同时，随着互联网的发展，电子商务及网站的重要性也日益凸显，其对应的服务也是属于前台。本章将围绕这些前台系统的管理与服务进行系统性的介绍。

【学习目标】

通过本章的学习，要求学生：① 熟悉前厅信息管理的内容，掌握前厅管理信息系统的功能和发展趋势；② 掌握客房管理信息系统的特点、作用和主要功能；③ 掌握餐饮管理信息系统的主要功能和发展趋势；④ 熟悉康乐管理信息系统的作用和主要功能；⑤ 掌握酒店电子商务的内涵、作用、内容和发展趋势。

第一节　酒店前厅管理信息系统

前厅是酒店经营的核心部门，也是与住店客人接触最多的一个部门，其核心业务是客房的预订、接待和销售，同时包括咨询等业务。

一、前厅信息管理的内容

前厅部是酒店经营的核心部门，是信息的汇集地，其信息量大、变化快，要求信息管理系统高效率地运转。同时，前厅部信息处理的质量、信息传递的速度以及信息沟通的效果都将直接影响酒店其他部门的对客服务效率。因此，前厅部管理人员应注重信息沟通，做好酒店客流的接待、预测与信息的传递，同时快速地处理前厅报表、文档管理等工作，为酒店全面优质服务打下基础。前厅信息管理的内容主要包括以下几点。

（一）收集客源市场信息

酒店市场信息包括客源构成、宾客流量、宾客的意见和要求、国家政策、经济形势、社会时尚对酒店产品销售的影响等。传统的酒店客源市场信息是依靠酒店前厅部在客人预订或入住时提供的信息获得的。在网络时代，酒店客源市场信息可以通过网络来获取，通过分析访客的目的地，来获取客源市场的变化情况。客源市场信息决定了酒店是否能够针对目标市场开展营销工作。

（二）客流预测与报表统计信息

前厅部预订处需要做好未来客流的统计预测工作，包括近期客流、一周客流、次日抵达预测、宾客登记表、客房预订单、订房预测报表、营业报表、客房统计表、收银报表、夜间稽核报表等。这些都是现代酒店经营中需要关注的重要信息。

（1）近期客流预测。一般指半月或一月以上的预测。一般只统计预订客人数量、每天所需房间、VIP 或团队会议等内容，并及时传递给其他相关部门，以便其他部门管理人员据此做好近期计划和设备物资准备，尤其是季节性或紧缺性物资，防止接待时措手不及，影响酒店整体服务质量。

（2）一周客流预测。前厅部预订处应提前一周将未来每天的客人人数、用房类型、团队会议、VIP 等信息统计并制作一周客情预测表，一式多份，分送酒店总经理、餐饮部、客房部、财务部、工程部等，以做好接待准备，也可建议召开由总经理或驻店经理主持的协调会，以搞好重大活动的接待。

（3）次日抵店客人预测。在客人抵店之前，前厅部应将具体的接待要求，包括客人姓名、用房类型、优惠条件、接待规格等提前通知相关部门，应制作 VIP 接待通知单、鲜花通知单、水果篮通知单、团队接待通知单等。在客人抵店当天，前厅接待员应将有关变更或补充的接待细节通知相关部门，以便做好接待服务。

（4）其他报表。除了上述的预测报表，还需要统计各类特殊的报表，主要包括：

① 当日取消预订表（Cancellation List）。

② 当日未到客人报表（NoShow）。

③ 提前退房离店表（Unexpected Departure）。

④ 延期退房表（Extension List）。

⑤ 房租折扣及免费表（Discountand Complimentary List）。

⑥ 次日离店客人名单（Expected Departure List）。

⑦ 今日住店 VIP 报告（Today's VIP Stayover Report）。

⑧ 客房营业日报表（Rooms Revenue Daily Report）。

⑨ 客房销售报告（Room Sales Recapitulation）。

以上都是前厅管理中预测环节的重要信息形式。

（三）建立客户档案、分析客户档案的信息

客史档案的有关资料主要来自于客人的订房单、住宿登记表、账单、投诉及处理结果记录、宾客意见书及其他平时观察和收集的有关资料，这些也是会员管理中最基础的数据。特别是要把 VIP 客户和团体资料收集起来，进行分类和统计分析，找出酒店和客源市场联系的切入点，提高服务质量，增加回头客。客史档案的建立必须得到酒店管理人员的重要支持，并将其纳入有关部门和人员的岗位职责之中，使之经常化、制度化、规范化。

（四）前厅部与其他部门之间的协调信息

前厅部是酒店的核心部门，也是业务流转的中心，所以和其他部门有着很多信息沟通工作。前厅需要和客房部保持实时沟通，当客人入住或者退房时，需要及时通知客房部做好准备。当团队客人出现一些突发情况时，需要及时通知销售部的销售员进行协助处理。客人如果在酒店餐饮部门消费，要求挂房账时，需要在前厅部确认是否有足够押金。前厅所有的财务收入及相关单据都需要由财务部进行审核。前厅部除了应及时向总经理请示汇报对客服务过程中的重大事件外，每天产生的在店贵宾/团队表、预期离店 VIP 客人名单、客房营业日报表、营业情况对照表等都要及时送至总经理室。如果客人发生安全事故，需要通知安保部门等。因此可以说前

厅是酒店信息流转的核心。前厅部与其他部门之间的信息流转如图 4-1 所示。

图 4-1　前厅部与其他部门的信息联系

二、管理信息系统对前厅服务与管理的意义

通过上述分析，前厅的信息管理对酒店经营的意义非同一般，这样大量的信息，与其他部门复杂的流转关系，如果是靠人工处理，其工作量会非常大，而且容易出错，对酒店的经营管理会造成较大的影响。所以，前厅服务首先要信息化，使用管理信息系统对服务与管理都有提升作用，有着非常重大的意义，具体包括以下几个方面。

（一）优化资源配置，提高收益

前厅部涉及多种信息资源，这些资源配置优化越好，对客服务就越好，酒店收益就越高。基于网络的前台信息系统以其多维性、实时性、精确性突破了传统管理手段的诸多局限，能够将存量资源实行最佳配置，从而在服务/产品组合、服务/产品营销方面有所创新，促进服务/产品的销售，增加酒店收益。例如，前厅管理信息系统可以实时查询未来一个月甚至未来一年后的客房可销售数，能够帮助酒店对有限的资源进行合理的分配及定价，精确散客分配比例、团队分配比例，从而获取酒店最佳收益。前厅管理信息系统对酒店的客房能够进行统一的排房处理，充分利用酒店的客房属性，如无烟房、江景房、朝南房等特性，满足一些有特殊需求的客户，最大化酒店客房的利用价值。

（二）提高酒店工作效率，降低成本

传统的手工操作，是为每个客人的每一次入住建立一份档案，包括入住登记单、每次消费

的单据、结账单据等，在客人结账时，需要找到这些单据，然后手工计算最后的结账金额，客人退房后，所有资料进行存档。一个客人入住或者退房，由于要准备大量纸质资料并进行手工计算，不仅处理信息的速度慢，影响入住/退房工作效率，还非常容易出错。所以，酒店必须配备足够的人手，才能够完成前台繁忙的工作。通过前厅管理信息系统，酒店可以大大提高效率，入住登记单、所有客人消费都在系统中存储着，当客人要退房时，需要结账的单据和金额直接显示在系统当前屏幕上，大大减轻了收银员的工作负担。所以，近几年出现的岗位合并趋势（如前厅的接待和收银员岗位合二为一），前厅管理信息系统有着不小的贡献，这就大大降低了酒店的人力资源成本和单据管理成本。

（三）优化前台服务流程，提升顾客体验

由于前厅部的服务种类繁多，客人从预订、登记、住店到退房结账的过程中会产生各种各样的需求，且这些需求的产生具有随机性、个性化的特点，往往需要酒店各部门相互配合提供综合服务。手工操作的酒店往往因为信息传递速度慢、传递过程失真等原因影响服务质量。例如，客人住店时，要求提供叫早服务。叫早服务是由总机负责的，如果是手工操作的酒店，则需要前台填写叫早服务通知单，转交总机，总机派送给当班的员工。信息传送经过了多个环节，容易形成差错。前厅管理信息系统信息流转实现自动化，处理速度快，能够进行及时传递和控制。同样地，当客人需要叫早服务时，前台接待只需要在信息系统中设置叫早服务功能，则客人房间的电话在叫早时间到的时候，就会自动响起铃声提醒客人。总机员工也能够在信息系统中看到该客人的叫早需求，如果自动叫早服务客人没有任何响应，则还可以进行人工叫早，大大优化了服务流程，提升了顾客的体验。

（四）提高酒店管理规范化水平

我国很多酒店存在着管理不够规范，管理随意性较强的问题，前厅管理信息系统可以很好地解决这些问题。管理信息系统本身就是一个完整的管理模式，并且绝大多数的管理信息系统都预留了足够的灵活操作性，酒店经营者可以根据酒店自身的经营宗旨把管理理念整合到管理信息系统中去，形成酒店特有的管理模式。信息系统可以详细地记录员工的所有操作轨迹，发生问题可以及时追踪，把责任落实到个人。管理信息系统的操作轨迹还可以让采购、财务环节的漏洞减少甚至杜绝，促使各管理环节都能规范化操作。

（五）为决策提供丰富的信息依据

前厅管理系统能够提供有关顾客、市场、财务的一切情况，全方位、多角度地分析酒店的客源状况、营销状况、经营业绩构成。这些信息及时提供给管理者，便于其及时调整酒店经营策略。前厅管理信息系统可以提供非常详细的酒店当前运营数据，能够生成各种各样详细的统计数据报告。酒店管理者可以摆脱凭借经验和感觉进行决策的状况，而是利用详细的基础运营数据和报表来做出科学管理的决策。

三、前厅管理信息系统的特点

每个信息系统都有自身的特点，前厅管理信息系统也不例外。与酒店后台信息系统相比较，由于前厅管理信息系统是酒店所有信息系统信息的汇集点，是酒店经营中信息流转的重要节点，因此该系统形成了如下鲜明的特点。

（一）实时性

前厅信息系统通过网络为前厅部与其他部门之间实现了信息的即时传递，实现信息资源的采集与共享。预订员在系统中成功预订后，前厅部、客房部、销售部都可以实时看到该预订信息。客房部打扫好客房后，将客房状态设置为"干净房"，前台也是立即可见。实时性可以帮助酒店减少信息传递带来的延误，提升服务的响应速度。

（二）综合性

前台业务有预订、接待、咨询、收银、大堂吧等多种综合性业务，针对前台职能交叉复杂这一特点，前厅管理信息系统为各业务流程分别设置不同的模块，一般包括预订模块、接待模块、收银模块、商务中心模块等，使得前厅各部门业务都在系统中协调运营，从而形成一个高度整合的综合处理整体。

（三）互动性

酒店前厅部门业务需要相关部门的协作，在服务过程中必然存在信息互动需求。因此，前厅信息系统中各模块也并非各自孤立，而是一个信息联动的统一体，这样就提高了前厅服务的便利和敏捷性。例如，房态控制模块——前厅部和客房部需要互动：客房部可根据接待情况调整房态，而不仅仅局限在查询上，需要与前厅部相互互动；客房服务部可根据清扫状况及查房信息反馈及时修正房态，也需要与前厅互动；当发生房态差异时，前厅部需要清查原因，与客房服务部一起及时更正。

四、前厅管理信息系统的功能

前厅管理信息系统的核心功能就是围绕预订、接待、收银、客户资料管理、房价销售、报表业务展开，以下为具体的前厅管理信息系统各核心功能模块。

（一）客房预订功能

客房预订模块为建立、查询、更新客人预订、团队（会议）订房等操作提供完善的处理功能，并提供用房量控制、取消预订、确认订房、等候名单、房间分配、押金收取以及房间共享等功能，是对客人个性化服务的好帮手。其典型功能如下。

1. 新建散客预订（New FIT Reservation）

新建散客预订主要是完成预订子系统的预订单填写。预订系统会逐步引导预订员完成预订，通过查询可用房信息，确定可以接受预订后，需要完善客人信息、预计抵离时间、所需房型和房价、包价情况、来源市场等信息。预订完成后，系统会生成一张新的预订单并产生一个唯一的预订号。

散客预订的信息流程如图 4-2 所示。

2. 团队预订（Group Reservation）

团队预订比散客预订要复杂得多，因为涉及人数众多且结账方式复杂。所以，绝大多数子系统都是把散客预订和团队预订分开处理的（当然，也涉及酒店销售数据统计的原因）。团队预订往往是分设团队账号和成员账号的结构，一个团队账号下面连接着多个成员账号。这样，团队的账号就处理团队的账务，成员的账号就处理成员自己的账务。因此，在预订子系统中，就需要完成团队预订单的建立，然后为该团队预留足够的房间，这些预留房间将进一步生成团队成员的账务，然后设置相应的消费权限。

团队预订的主要流程如图 4-3 所示。

```
                              散客预订
                                │
                      查看房态表,确认可否预订
                         ┌────────┼──────────────────┐
                         │        │                  │
                         │      接受预订 ──────────→ 接受其他委托预订
                         │        │
              无法接受预订 │   问清抵离日期、房型、数量、
                         │   用餐时间、标准、人数、要
              立即回答或回复顾客,  求、付款方式、预订人姓名、
              说明原因并致歉        单位、电话
                         │        │
              主动向客人介绍同等   将记录内容与预订人核实
              级宾馆,并告知联系方    │
              式或代为预订         填写预订单 ──────────→ 取消、更改预订
                                  │                    │
                      传真、电传、信件预订应在       立即查找预订单
                      24小时内用标准格式回复          │
                      (打印件一式两联)       根据房态表确定、
                                  │          取消、更改预订
                      将预订单信息输入电脑      ┌────┴────┐
                                  │       无法更改预订   接受取消预订应
                      确认预订单送有关部      应说明原因    问清原因(有合同
                          门签字认可                     的按合同办理)
                                  │                       │
                   (将来电、复电、来信、复信              将取消、更改的预订
                    和确认的预订单等归档)              及时通知有关部门
                                                          │
                                                      (输入电脑)
```

图 4-2　散客预订的信息流程图

图 4-3　团队预订的信息流程图

3．更新、查找预订（Update Reservation）

当需要更新预订时，预订员需要在预订列表中进行预订查询。预订列表往往提供多种关键词的查询，如可查询姓名（中英文，支持模糊查询）、房号、预订人等，并且预订列表可以详细显示一些关键信息，如姓名、抵离时间、房型、价格、是否协议单位、特殊需求等。找到预订单后，就可以在预订单界面进行相应信息的更新。如果涉及修改抵离时间，系统还会自动判断是否有可用房提供。

4．候补预订（Wait list）

候补预订是指在酒店旺季时，因为超额预订，系统已经无法再接受预订了（系统会设置一个合理的超额预订值，超过这个数值的预订将无法再生成预订单），但是，这些客人也是酒店潜在的客户，所以系统可以把这些预订处理为候补预订。当有客户取消预订时，预订员就可以联系这些候补预订的客户。

5．预订统计报表

预订系统会自动产生预订统计报表，包括当日抵离报表、在住客人列表、未来7天（30天）的客房预售情况、客人来源市场报表、分销渠道业绩等报表。前台接待系统根据当日抵离报表做好前台员工的排班。预订部可以根据未来的客房预售情况进行房价优化，以达到经营的最大收益。客人来源市场报表、分销渠道报表等可以帮助销售部进行市场分析，布置更加合理的分销渠道和采取相应的营销措施。

（二）接待服务功能

接待服务功能主要是登记及对客服务，用于为到达的和已入住的客户提供服务。此模块不仅可以处理已预约的散客客户、集团客户、团队客户，也可以处理未预约客户（Walk-in）的入住服务，还设有房间分配、客户留言管理、叫早服务、电话簿信息以及部门之间内部沟通跟进服务等功能。其典型功能如下。

1. 散客入住

散客入住按照是否有预订又分为预订散客和 Walk-in 散客的入住登记。如果是预订散客，则只需要在接待系统中找到该预订，打印出预订单由客人签字确认即可，然后转登记。如果是 Walk-in 客人，则需要填写入住登记表，直接办理登记。散客入住还包括产生入住登记单、分配房间、收取押金并录入系统、制作房卡、房间电话权限设置等操作。

散客入住登记的信息流程图如图 4-4 所示。

2. 团队入住

团队入住比散客入住要复杂得多。由于成员并不一定和团队同时抵达，所以团队入住并不一定代表所有成员都已经入住酒店。为此，在接待子系统会产生一个类似虚拟房号（或者团队账号）的方式，来记录团队的信息及账务，这个虚拟房号（或者团队账号）就叫做团队主单，团队主单和所有成员账单进行关联，以便灵活处理成员账务。团队抵达，则团队主单先办理入住，团队押金也输入到团队主单中去。如果成员抵达，则按照成员抵达的实际情况进行成员账号的操作。由于团队往往人数众多，因此很多接待子系统都提供批量功能，可以进行团队成员一些订单信息的批量修改，如抵离时间、留言、备注等。

团队入住登记的接待信息流程如图 4-5 所示。

3. 预计抵店/在住宾客列表

接待服务子系统直接提供当日预计抵店的宾客列表，方便接待员提前进行准备工作。在住宾客列表方便接待员快速查找在住宾客，并为其提供服务。

4. 客房预分配

客房分配是接待服务子系统中的重要功能。客房预分配指的是为当天抵店（也有些酒店是提前一天晚班的时候进行分配）的预订提前分配好房间，这样可以减少客人的等待时间。酒店的客房资源是有限的，而客人是多样的，所以排房的时候，就需要特别注意优先原则。一般客房预分配的时候，大致按照 VIP→团队→有特殊需求的预订→其他预订散客的次序进行分配。

图 4-4　散客入住登记的信息流程图

```
┌─────────────────────────────────────────┐
│  根据预订信息提前分配房间、制作房卡      │
└─────────────────────────────────────────┘
                    │
                    ▼
┌─────────────────────────────────────────┐
│              团队抵达                    │
└─────────────────────────────────────────┘
                    │
                    ▼
┌─────────────────────────────────────────┐
│     询问团队预订号并找到该团主单         │
└─────────────────────────────────────────┘
                    │
                    ▼
┌─────────────────────────────────────────┐
│  与团队陪同人员确认房数、押金收取情况并签字 │
└─────────────────────────────────────────┘
                    │
                    ▼
┌─────────────────────────────────────────┐
│     由团队领队分房，并填写分房名单       │
└─────────────────────────────────────────┘
                    │
                    ▼
┌─────────────────────────────────────────┐
│  与领队确认团队用餐、叫早以及收行李时间  │
└─────────────────────────────────────────┘
                    │
                    ▼
┌─────────────────────────────────────────┐
│  复印分房表，将分房表交给行李生用来分发行李 │
└─────────────────────────────────────────┘
                    │
                    ▼
┌─────────────────────────────────────────┐
│     根据分房名单，登记团队成员信息       │
└─────────────────────────────────────────┘
                    │
                    ▼
┌─────────────────────────────────────────┐
│          整理团队入住登记资料            │
└─────────────────────────────────────────┘
```

图 4-5　团队入住登记的信息流程图

（1）VIP 客户。此类客户是酒店的重要客户资源，分配时 VIP 客户曾经住过的房间是较优的选择，也可以选择房型朝向较好，较安静，房号比较吉利的房间。VIP 的客房分配一定要提前，因为客房部还要进行 VIP 的配套布置。越重要的 VIP，客房的预留就越要提前，因为要进行多层次、全方位的检查，这样服务才不会出现纰漏。

（2）团队分房。因为团队房间数量往往比较多，而且需要尽可能集中。最好把同一个团队分配在一个楼层或者相近楼层，方便他们联络，同时也能减少团队对其他散客的影响。团队都是按协议操作的，也是酒店的重要客户源，分房时需特别注意这些服务细节。

（3）有特殊需求的预订。例如，需要无烟房、需要靠近电梯方便出行的、希望朝南的客房等。这就需要酒店对客房的特征进行详细的设置，这样前台才能够尽可能满足客人的需求。对于残疾、年老、带小孩的客人，尽量安排在离服务台和电梯较近的房间。

（4）其他预订散客。没有什么特别要求的客户，可以按照接待子系统的功能进行随机排房，以减少接待员的工作量。

5．其他功能

在客人入住期间，接待服务员还需要为客人提供其他一些服务，如换房、续住、留言等，接待服务子系统一般也都可以实现这些功能。

（三）收银功能

收银是前厅服务中重要的子系统，也是一个独立模块。收银功能主要包括客人账单录入、账单金额调整、预付押金管理、费用结算、退房以及账单打印。收银功能还可以支持多种支付方式，包括现金、支票、信用卡、应收挂账等方式。

1．账单录入及修改

前台接待员办妥住客住宿登记手续后，即把住客的姓名、房号、房价及有关资料输入系统，住客资料一经输入电脑，实际上便在信息系统里为该住客开设了一个账户。当客人在酒店产生消费时，收银员需要把手工单据及时录入到系统中去，包括手工单据的单号、消费项目、消费金额，系统可以自动统计客人的消费情况，并实时显示余额。一些特殊项目的消费，如房租、电话费等，系统会自动入账。信息系统在进行夜审处理时，会自动地把房租逐日加入客人各自的账户，长途直拨电话的费用等各类消费也会自动计入客人账户中。如果发生账务录入错误，系统有着严格的权限，本人处理的账务可以进行删除（系统可以查），但无法修改其他人的账务，只能通过补录入差额进行调整。这样可以提高酒店财务系统的准确度，防止一些财务作弊行为的发生。

2．预付押金

收银模块支持预付押金功能，客人的预付款在系统中可以查看到，方便住店期间的查询管理。信息系统如果和酒店的 POS 机系统通过接口进行连接的话，当收银员在 POS 机器上进行信用卡预授权时，信息系统也能够立即获得预授权信息，无须收银员手工操作。预付押金为酒店的催账管理提供了非常大的方便。信息系统产生的催账报表可以统计客人的预付款情况和实际消费，并预计客人下一日的余额是否足够，方便酒店进行催账。

3．打印账单

信息系统的账单打印可以提供分类项目打印（适合长住客人）、明细账目打印、汇总打印等。酒店可以根据自己的实际需要进行账单模板设计，大大提升了酒店形象。一些酒店信息系统还可以记录这些打印账单的电子稿（或其修改稿），方便酒店财务查账。

4．结账及退房

客人离店时，前台信息系统提供了结账和退房功能。当客人结账时，系统结账提示会自动弹出，方便收银员查看注意事项。客人账务结清后，客人账户的状态也会由"I"（Check In）状态变为"O"（Check Out）状态，同时，接待服务系统会自动把该房间状态更改为空脏房，方便客房部安排打扫。前台信息系统支持的客人结账方式一般包括下列几类：① 现金支付（包括信用卡和支票）；② 银行卡支付；③ 应收账款（也称为往来单位转账）：对与饭店有长期往来的客人，在有授权证明的情况下，可将其全部或部分消费转账到往来单位账户中，在系统中做转账处理，并将账单连同有关证明转到财务部；④ 团队客账：团队客户的房租及固定用餐由旅行社负责统一支付，团队成员在离店时应付清按规定由个人支付的其他费用。

散客结账的信息流程如图 4-6 所示。

团队结账的信息流程如图 4-7 所示。

| 询问房号并收回房卡 |
| 确认房号并通知客房中心退房 |
| 询问客人是否有酒水消费 |
| 查看备注并打印账单 |
| 客房查房结果 |
| 确认付款方式 |
| 结账并开发票 |
| 电脑退房 |
| 整理账单 |

图 4-6　散客结账的信息流程图

| 收回团队钥匙并与导游确认 |
| 核实房号并通知查房 |
| 核查成员自费的账务 |
| 记录查房反馈信息 |
| 自费成员账务结账并退房 |
| 核查该团队主单账务 |
| 打印团队主单账单并电脑结账退房 |
| 整理账单 |

图 4-7　团队结账的信息流程图

5．客人催账管理

前台的收银模块往往也会提供客户余额的实时查询，并且能够根据客户的消费情况，产生"催账表报"，方便专门的工作人员与预计将欠款的客户进行信息沟通（催账）。有了收银模块的帮助，酒店可以对各类客人账户采取严密的监控措施，及时采取管理措施，避免可能出现的"走单"损失。

6．交班报表

收银员下班前，必须将自己当班的账务平账才能下班，即收银系统里打印出来的交班报表的财务情况和实际的钱相对应，否则必须查出原因并纠正后才能够下班。

（四）客户资料管理功能

客户资料管理功能，全面记录了包括散客客户、企业、团队、集团、旅行社、订房中心等客户资料。客户资料的具体内容一般包括地址、电话、会员信息、住店历史信息及收入详情分析、客户喜好、照片以及其他相关数据，这些资料可以使预订及其他操作的完成更快捷、更精确。

（1）常规档案。常规档案主要包括来宾姓名、国籍、地址、电话号码、单位名称、年龄、出生日期、婚姻状况、性别、职务、同行人数等。酒店收集和保存这些资料，可以了解市场基本情况，掌握客源市场的动向和客源数量等。

（2）预订档案。预订档案主要包括客人的订房方式、介绍人，订房的季节、月份和日期以及订房的类型等，掌握这些资料有助于酒店选择销售渠道，做好促销工作。

（3）消费档案。消费档案包括包价类别，客人租用的房间，支付的房价、餐费以及在商品、娱乐等其他项目上的消费；客人的信用、账号；喜欢何种房间和酒店的哪些设施等。通过这些可以了解客人的消费水平、支付能力以及消费倾向、信用情况等。

（4）习俗、爱好档案。这是客史档案中最重要的内容，包括客人的旅行目的、爱好、生活习惯；宗教信仰和禁忌；住店期间要求的额外服务。了解这些资料有助于为客人提供有针对性的"个性化"服务。

（5）反馈意见档案。反馈意见档案包括客人在住店期间的意见、建议；表扬和赞誉；投诉及处理结果等。

（五）房价销售管理

房价管理模块，为房价设置、控制提供了便捷的工具。房价管理模块可以设置淡旺季的销售价格，还可以设置不同类型的协议单位的协议价。同时，房价管理模块可以对房价以及不同房间类型的销售进行管理、实时监控和策略调整（根据收益管理策略），并在系统中提供收入的预测以及统计分析等功能。

（六）报表功能

酒店信息系统对于管理层而言最大的优势就是报表功能。前厅部与各个部门信息沟通所需要的各种报表，都可以在信息系统中直接打印出来，大大降低了人工统计的工作量，且提高了准确度和敏捷度。绝大多数接待服务系统都可以根据酒店的需求调整报表设置，可以依据客户要求创建全新格式的报表。

五、前厅信息管理的发展趋势

前厅信息管理的自动化程度越高，酒店经营的收益率就越好，因此许多酒店非常重视前厅的信息系统建设，如国内一些高档酒店或外方管理的酒店坚持选择进口软件就是基于这个原因。在酒店信息化的推动下，前厅信息管理呈现以下几种发展趋势。

（一）自助化

酒店业是典型的劳动密集型产业。在酒店里，我们总是能看到工作人员在我们身边走动，甚至在酒店淡季的时候，服务员可能比客人还多。但是，随着前厅管理信息系统的不断发展和完善，未来有可能打破这种局面。

1. 自助预订与选房

随着数字化风潮席卷全球，人们获取和认知信息的方式不断地发生着转变，尤其是年轻一代，比起一段文字更愿意欣赏一张图片，所以虚拟客房便开始产生了。360 度实景技术可以让消费者足不出户，利用网络平台便可观看 360 度实景视频，模拟亲临实地视角来了解空间特征。客人点点鼠标就能身临其境地洞察酒店各处空间，包括大堂、客房、餐厅、会议室、健身房等。利用 360 度实景技术的自助选房服务，消费者只需登录酒店官网在线预订并全额付款，在入住当天早上 6:00 后点击"自助入住"按钮进入选房页面，一张入住酒店的楼层平面图便会跃然眼前。通过该平面图可以了解酒店楼层和客房布局，房间位于几楼哪个位置，是否临街，是否靠近电梯或公用厕所，是否位于拐角等信息一览无遗。消费者可以自由选择自己心仪的房间，甚至可以挑选自己幸运数字的房间号。选房操作也相当方便，消费者只需点击酒店示意地图上的房间号，便可选定自己想住的客房。

2．自助入住

由于厌倦了在总台长时间的排队，越来越多的顾客开始倾向自助入住。例如，在荷兰的CITIZEN 酒店前台，进入大门后就可以看到几台自助登记入住的电脑，顾客把预订号输入电脑，插入信用卡支付订金，完成登记后自己给门卡上磁，即可入住。该酒店的前台只有一位服务生，他只服务于有特殊需要的顾客。喜达屋酒店集团也在这方面进行了尝试，纽约哈莱姆雅乐轩酒店和加利福尼亚库比蒂诺雅乐轩酒店将是首批试行虚拟入住技术的酒店。客人只需要下载喜达屋旗下酒店的移动 APP，使用智能手机就可以进行登记入住，登记后客人会收到一条手机短信，内含酒店房间号信息，并且还会收到虚拟酒店客房钥匙，这样客人不用在前台停留就可以直接进入房间了。如果运行顺利的话，虚拟入住技术将于 2015 年在喜达屋旗下雅乐轩、源宿以及 W酒店三大品牌全面投入运营。其他的国际饭店集团对于手机自助入住也已经进行了推广应用。例如，万豪酒店集团会员可以通过手机登记入住旗下万豪酒店，但是需要在酒店入住台拿取钥匙。万豪酒店集团计划将这一方式推广至另外 150 多家酒店。洲际酒店集团旗下皇冠假日酒店，酒店客人也可以通过智能手机随时随地登记入住。客人来到酒店后，可以不经过酒店前台自行在入住台扫描登记入住码来获得酒店客房钥匙。希尔顿酒店集团和卡尔森酒店集团也在试行推广移动登记入住技术，但是还未启用虚拟钥匙。目前移动入住正处于试运行阶段，如果运行良好的话，相信会有越来越多的酒店集团采用移动入住技术。但是运用移动入住技术也面临着一些挑战，如采用虚拟钥匙成本非常昂贵，需要更新整个酒店客房门锁系统，另外虚拟钥匙的安全性也有待进一步验证。

（二）集成化

在信息管理智慧化的要求下，酒店的前厅系统也变得越来越集成，前厅系统可将各个分销渠道通过接口系统进行直接连接，所有订单可以直接进入前厅信息系统，实现数据的无缝链接。例如，很多酒店都和携程有合作，但是，携程的预订无法直接到达酒店的信息系统中，酒店需要在本地电脑安装携程的预订终端才能查询预订。今后，酒店前厅系统将通过接口与其他分销渠道的系统进行对接，这些分销渠道可以实时看到酒店客房的库存情况并直接进行预订，所有预订能够直接进入酒店前厅系统。这样预订员的工作量会大大减轻。同时，前厅系统还将和酒店其他部门的系统相连接。例如，当前一些高星级酒店就通过客房的电话系统进行客房消费的入账。当客人在前厅成功办理入住后，客人进入客房时，前厅信息系统将客人的信息传递到客房系统并显示到客房的电视屏幕上："欢迎××先生（女士）入住××大酒店"。

（三）注重收益管理

收益管理能够使酒店的客房等资料得到最有效的利用，使酒店管理从经验管理上升为科学管理，从而较大地提高酒店的经济效益。因此，越来越多的酒店及酒店集团将日益重视并实施收益管理。从发展的现状和趋势而言，收益管理已经从一种管理思想转化为一种先进的信息管理系统，好的酒店信息管理系统都会有收益管理的内容。通过前厅管理信息系统的收益管理，未来酒店的价格将不再是固定的房价，而是根据当天的开房率来定价，以创造最大的客房利润。这就类似现在航空机票的价格，是随时浮动的。这有利于酒店进行更加精细的收益管理。例如，为了提高客房利用率和市场占有率，酒店可以利用价格鼓励客人提前预订客房，客人将根据其提前预订期的长短，在房价上得到不同程度的优惠（提前期越长，优惠程度越大）。

（四）无纸化

虽然管理信息系统本身是环保的，但是由于酒店传统的手工操作模式并没有被完全抛弃，因此很多酒店处于管理信息系统和手工操作模式并行的阶段。难怪有些酒店员工在引入管理信息系统之后，会抱怨工作变成双重了。因为完成手工操作模式之后，还需要到管理信息系统中再电子化操作一遍。在未来，这个操作模式也许将发生改变。

以酒店用纸最多的预订部为例，客房预订订单来源于传真、邮件和网络三大渠道。酒店除了需要在多个平台上处理订单外，还需要将所有订单打印发往不同部门并回传给客户确认。在订单需要修改时，还需要手工处理。在订单的查询和审计等环节中，工作人员要用便签条进行标注，以帮助查找，但这却会影响工作效率。此外，在财务审计等环节，需要将大批积累的纸质订单确认件送到财务和审计部门，过程相当烦琐，同时也浪费不少纸张。香格里拉酒店集团在这方面进行了新的尝试。2014年初，香格里拉集团的"无纸化订房系统"正式使用。无纸化订房系统利用系统带有的 Docuworks 文件管理软件，Docuworks 文件管理系统可将纸质文件和电子文件无缝结合，并像操作日常纸质文件一样进行标注、合并或增减页以及电子签章等。新系统实行以后，香格里拉的各类订房订单以及通过数码多功能机接收的传真订单在该平台上被转换成统一的 Docuworks 格式。工作人员可根据各自职责在该平台的共享文件夹将订单直接拖至各自电脑，并对订单按紧急程度、到店时间等进行预订处理、审批、确认等工作。处理完的订单则通过数码多功能机发送电子传真回复给客户，同时在系统里存档，供财务、前台等部门调用。基于文档服务器上的订单数据，预订部门可以查询并实时回复查询请求，轻松处理客户订单；前厅部则可以随时查询检索办理入住客人的订单信息；而财务部在审计时则可直接从系统里检索、查询或对历史订单进行标识。这不仅使得酒店三大核心部门通过"无纸化订房"系统实现真正无纸化业务处理，更可改善工作流程，提高工作效率，并成功实现了预订部、前厅部以及财务部的业务无纸化连通，形成了一体化的无纸化工作平台。

香格里拉酒店在采用该解决方案后，由于从原有的手工预订操作转变为电子化流转业务流程，每个订单处理时间由原来的 36 分钟降低至 5 分钟，工作效率提升了 84%，而单据的错误率则从 10% 降低至 4%，传真订单的丢失率更是减少了 97%。此外，在纸张使用量方面，酒店预订部门从原来每天大量的往来传真及打印用纸到现在的零用纸，预计每年可节省纸张 50%。无纸化订房系统改变了酒店传统的订房流程，帮助酒店行业降低纸张用量，实现环保目标，同时更可大幅提高工作效率，降低出错率，方便内部信息共享及管理，确保客户满意度的提升。随着网络的快速发展以及平板电脑的普及使用，酒店无纸化预订系统等应用必将逐渐普及起来。

第二节　酒店客房管理信息系统

客房是酒店的主打产品，客房管理得好不好会直接影响酒店的收益，因此客房管理信息系统也就成为酒店前台中较为重要的信息系统模块。本节围绕客房管理信息系统的内容、作用、特点、功能等进行系统的介绍。

一、客房管理信息系统的内容

酒店客房管理信息系统可以分为广义和狭义两个方面。广义的酒店客房管理信息系统涉及多方面的管理系统，包括客房 PMS 系统、客房门锁系统、客房自动控制系统、客房多媒体系统、客房节能系统等。总的来说，只要是涉及客房的设施设备管理的，都可以纳入到客房管理信息系统（广义）中去。狭义的客房管理信息系统主要是指酒店管理信息系统中的客房管理模块。本节主要针对狭义的客房管理信息系统进行阐述。

二、客房管理信息系统中的房态

客房房态是指客房当前的状态。为了随时掌握酒店客房房态的变化，酒店在酒店客房管理中需要用一些专用术语来表示客房的现时情况。客房管理信息系统中常见的客房状态包括以下几种。

1. 住客房（Occupied，OCC）

住客房又称实房，指住客正在使用的客房。由于宾客的使用情况、要求等不同，住客房又有下列状态。

（1）请勿打扰房（Do Not Disturb，DND），表示该客房客人不愿被服务人员或其他人员打扰。

（2）请即清扫房（Make Up Room，MUR），表示该客房的住客因会客或其他原因需要服务员立即清扫。

（3）外宿房（Sleep Out Room，S/O），表示该客房已被租用，但住客昨夜未归。为了防止逃账等意外情况，应将此种客房状况及时通知总台。

（4）无行李房（No Baggage，N/B），表示该客房的住客无行李。同样应及时把这一情况通知总台，以防逃账的发生。

（5）轻便行李房（Light Baggage Room，L/B），表示该客房的住客行李数量很少。为了防止逃账，应将该客房状况及时通知总台。

（6）贵宾房（Very Important Person，VIP），表示该客房的住客是酒店的重要客人，在酒店的接待服务过程中应优先于其他客人，给予特别的关照。

（7）长住房（Long Staying Guest，LSG），即长期由客人包租的客房。

（8）加床房（Extra Bed，EB），表示该客房有加床服务。

2. 走客房（Check Out，C/O）

根据情况的不同，走客房又分为以下几种。

（1）准备退房（Expected Departure，E/D），表示该房住客应在当天中午 12:00 以前退房，但现在还未退房。

（2）未清扫房（Vacant Dirty，VD），表示该房住客已结账并已离开客房，但还未经过清扫，服务员可以按规定进房整理。

（3）已清扫房（Vacant Clean，VC），表示该客房已清扫完毕并经过检查可以重新出租，许多酒店也将其称为 OK 房。

3. 空房（Vacant，V）

空房即指昨日暂时无人租用的 OK 房。

4．维修房（Out Of Order，OOO）

维修房又称待修房或故障房，表示该客房设施设备发生故障或正处于更新改造之中，暂时不能出租。

5．保留房（Blocked Room，BR）

保留房指为预订的散客或团队客人预留的客房。

三、客房管理信息系统的作用

客房管理信息系统是酒店客房日常管理的信息化软件，其目的就是提高客房的管理效率，减少客房易耗品的浪费，提高客房出租的周转率，提升客房服务满意度，增加酒店效益。该系统具体有以下几个方面的作用。

（一）为客房销售提供支持

实时的房态显示是客房销售的前提和基础。例如，有客户退房，那么就要对这个房间进行退房管理，在没打扫之前，将这个房间归为脏房，不向外提供业务服务；一旦打扫完毕，就可以更新状态，又可以对外开放预订业务。因此，前厅部的入住登记、客房预订、换房、续住等业务都离不开准确的房态。客人来入住，接待员向客人介绍房间、推销客房、报价离不开正确的房态显示；为客人排房、定价也离不开正确的房态显示；客人如需换房、续住，同样离不开正确的房态显示。否则，接待员就失去了推销客房的依据，也就无法准确地为客人介绍客房，为客人排房和定价，这既降低了工作效率，又影响了服务质量。所以，实时房态的显示对酒店有着重要的意义。没有管理信息系统之前，房态控制一般是采用客房状态显示架及信号灯系统等手工控制方式，采用变换客房状态卡条，按时正确填写、交换、核对控制表格，多方信息沟通等方法来控制房态。所以，前厅部和客房部需要不断地进行信息沟通，核对房态的工作量很大。在有了客房管理信息系统之后，两个部门的信息系统上都能够实时显示当前房态，前台接待员、预订员、客房中心接线员等只需要查看电脑系统就能及时掌握房态信息，这为客房销售做出了有力的支持。

（二）有利协同作业

在使用电脑管理信息系统之前，当客人入住某一房间时，总台在完成客人信息登记之后，必须立即通知客房中心该房有人入住的信息，以便客房部做好服务准备。相应地，当客人到总台退房时，总台需要致电客房中心，要求其查房。客房中心安排服务员查房后，将客人的迷你吧消费等报给总台，总台进行结账退房。由于总台和客房中心的沟通非常频繁，当客流量很大时，总台和客房中心的工作量就会变得非常大。随着客房管理信息系统的诞生，总台和客房中心的沟通开始变得电子化了。例如，当客人入住某一房间时，总台将登记信息（客人信息、房价等）输入电脑，客房管理信息系统便会跳出警示，提示客房中心服务人员该房已有人入住，客房中心服务人员也可以看到此房的相关信息，包括客人姓名、爱好、备注等。客人退房时，只需要收银员在前厅管理信息系统的收银模块进行结账退房，客房管理信息系统会将该房的状态自动更改为脏房状态，方便客房中心安排清扫任务，而且迷你吧的消费也可以实现由客房服务员在客房直接通过电话终端输入到信息系统，减少客房服务员通过电话报迷你吧消费的作业流程，减少出错概率，也降低了总台的工作压力。在信息系统的帮助下，客房中心和前厅部的作业流程更加精简、敏捷。原来需要客房中心和前厅部不断地进行电话沟通，简化为客房中心和前厅部在需要的时候，通过信息系统获得信息，大大降低了沟通频次，也提高了协同工作的效率。

（三）有利于提升入住体验

客房管理信息系统可以让房态实时展示和更新，前厅部可以放心地销售那些房态为"OK"的客房，最大程度地避免了客人走进尚未准备好的房间。如果房态显示失误，让客人进了尚未清扫的走客房，入住服务质量就会大打折扣，客人的心境就会受到影响，甚至引发投诉的产生。客房管理信息系统还可以让客房部员工查询到当前住客的基本信息，如宾客的 VIP 等级、特殊的喜好、住店客人的特殊需求（如请勿打扰、快速清扫）等，方便客房服务员提供个性化服务。客人的需求总是各式各样的，如有些 VIP 客户喜欢睡鸭绒枕头；有些客户对鸭绒敏感，要求放荞麦枕头；有些客户喜欢多个枕头。很多国际连锁酒店会要求每个服务员身上都带上笔和便携纸，一旦客人提出需求，便要求服务员记下来，并输入到管理信息系统的客史档案中去。当客人下次再次入住该酒店时，客房服务员就会按照客人的喜好进行客房布置。这就大大提高了酒店的服务质量，有利于培养忠诚客户。

（四）有利于控制客房成本

一般来说，酒店客房成本管理涉及的部门、人员、环节较多，如不严格管理，容易出现失控。例如通过客房管理信息系统，可以将酒店易耗品的采购量、使用量进行准确的统计，找到实际的需求使用量，从而达到易耗品控制的目的。同时，客房部的设备不但种类多、数量大、使用频率高，而且设备的资金占用量也居酒店前列。在设备保养中，如果不坚持以预防为主的原则，不加强日常的保养和定期检修，不能做到小坏小修，随坏随修，势必加剧设备的损坏速度，减少使用周期，增加设备更换频次，既会造成大量的成本浪费，又会严重影响酒店的服务质量。通过客房管理信息系统，可以对客房的设备进行年度检修规划，进行定期保养，降低设备的损坏速度，从而控制酒店的运营成本。

（五）完善内部管理，减少资源浪费

在一些内部管理混乱的酒店，往往在客房销售过程中出现酒店员工营私舞弊现象，如前厅接待员卖房中饱私囊，客房楼层员工私自留人住宿等，既影响酒店的收入，又影响酒店的声誉。在使用了客房管理信息系统之后，客房的各种状态实现了电脑管理，分别由客房部、总台予以转换和控制，从而达到掌握和控制房态的目的。客房部每天通过由电脑提供的楼层住客状况表来完成卫生清扫和合理安排；走客房清扫完毕，主管或领班经检查并确认可以重新出租后，通过电脑信息输入，将"走客房"改为"OK"房；客房出租时，总台接待员则将客人资料及客房已租信息输入电脑，将"OK"房转换为"住客房"，客房中心可以立即看到哪个房间入住了什么客人，以便做好为客人提供服务的准备；客人入住期满结账退房后，收银员将客人已结账信息输入电脑，使客房由"住客房"变为"走客房"等，从而实现通过信息系统自动转换来反映客房状态，并且这些变更和转换都可以追踪操作时间和操作人。由两个部门分别管理客房状态的一部分，大大降低了员工作弊的可能性。一旦产生客房差异，系统会生成客房差异报表，酒店可以根据客房实际状况与客房状况差异的表象，对客房差异产生原因进行分析，帮助管理人员发现操作程序中的漏洞和缺陷，及时寻找合理的解决办法，杜绝酒店内部人员对酒店资源的不正当使用（如擅自使用、出售客房），减少由此而造成的内耗和浪费，保证酒店的经济效益。

四、客房管理信息系统的特点

客房管理信息系统与酒店的其他信息系统相比较，有它自己的一些特点，这些特点也反映了客房管理信息系统在酒店经营中的重要性，具体包括以下几点。

1. 初始化信息量大

在系统刚刚建立初期，客房的基础资料信息较多。酒店需要全面查清每个客房的特征与属性，并且将特征输入到信息系统中去，系统设置的信息量较大。一旦设置完成后，后期工作量

相对就比较小了。

2. 时效性要求高

只有客房中心打扫好房间，并且在客房管理信息系统中进行状态更新后，客房才能够安排入住。所以，酒店对客房信息系统的时效性要求较高，在客房服务员打扫完毕且领班检查确认后，需要立即将房态更新。在每天中午，退房的客人比较多，前台要求客房服务员进行查房的要求也会比较多，信息系统需要实时反馈查房需求。一旦客人有消费，则客房服务员需要在第一时间将消费信息输入到客房管理信息系统中去，以免发生漏结账。

3. 准确度要求高

客房管理信息系统对客房状态的要求较高，一旦客房状态出错，则有可能导致售重房或者浪费房间资源。所以，在进行系统操作时，需要特别小心谨慎。输入完毕后，需要再次核对。同时，由于总台的工作量大，而且房态时常处于变化之中，操作失误还是很难避免的，因此接待处要定时与客房部核对"楼层报告"，一般采取一日三次核对的方法，以免出现"漏房"、"虚房"或员工营私舞弊现象，导致客房销售及客房服务的混乱。

客房管理信息系除了管理客房之外，还涉及管理人员、管理设备耗品等特点，这些特点读者可以自己去思考，这里不再详述。

五、客房管理信息系统的功能

客房管理信息系统的功能主要包括：（1）房间管理功能，能够有效监督房态，包括可用房、正在清洁房、维修房，以及房间设施的管理；（2）可以在系统中对客房清洁人员的区域分配、用工统计以及客房用品进行管理；（3）客房入住/退房信息提示功能；（4）租赁物品管理；（5）遗失物品管理等。

（一）房间管理功能

房间管理主要是指对客房的状态进行实时更新。客房部主要进行客房的清洁状况更新。例如，当客房服务员打扫好房间后，经领班确认，需要通过客房管理信息系统将客房状态更新为"干净房"，于是该房间便成为"可用房"待售。如果有客人对房间进行了参观，需要重新打扫才能够销售的话，客房部可以将该房间设置为脏房或者轻微打扫房，避免该房间被售出，影响顾客体验。除了进行常规的客房清洁状况更新外，管理信息系统还可以设置客房的特殊状态。例如，如果房间设备设施发生故障，则需要通过系统填写故障报告，并及时通知工程部进行维修。另外，为了延长酒店客房的使用期，客房部需要定期对酒店客房进行保养和维护。通过管理信息系统，酒店可以提前设置好需要保养的客房，这些客房将从酒店可售房中剔除，变为不可售的房间。

（二）清洁工作量分配和统计功能

酒店的客房每天都需要打扫，所以分配清洁员进行楼层客房清扫是常规的任务。有了信息系统的帮助，为客房服务员分配工作就显得非常简单了，客房管理信息系统能够列出待打扫的房间类型和数量，酒店可以根据实际的工作量灵活安排客房服务员进行清扫。在房间排队的功能中，可有效协调前台和客房清洁工作，针对已分配给客人的特殊房间，通过系统通知，安排优先打扫。当客房服务员清扫完毕后，管理信息系统可以直接将该房更改为干净房。到了月底，还可以统计出每个客房服务员的清扫工作量，按照房型参数、房间数等指标，打印出客房清洁工作量的汇总额和详单。

（三）客房入住和退房提示

当有客人入住时，客房管理信息系统可以实时提示房务中心的工作人员，方便客房部做好服务准备。当客人要退房时，系统也能够进行提示。有些信息系统还提供了电子报查房的功能。当客人到前台结账时，前台服务员只需要通过电子报查房功能通知客房部查房，客房部查房完毕后，也可以直接在客房信息系统中输入客房消费情况，并确认查房完毕。这个功能可以很好地提升客人的体验。因为当着客人的面通知客房部查房，显得不够信任客人，会引发一些比较敏感的顾客不舒服的情绪。很多酒店为了提升顾客的满意度，采取询问客人的方式，根据客人自己的陈述来结账。如果客人实际有消费却予以否认，则容易给酒店造成损失。电子报查房可以很好地解决这些问题。

（四）物品租赁管理

客房部的设施设备种类繁多。为了方便客人，大多数酒店提供设备租赁服务。但是，设施设备的管理却成了一个大问题。客人租赁设备后一旦退房结账，这些已租赁设备在查房时很容易被遗漏。通过客房管理信息系统的租赁管理功能，酒店就可以实时追踪那些被租赁出去的物品。当客人到总台结账时，前台可以看到客人有无租赁设备的记录，方便总台协助客房部追回租赁物品。

（五）遗失物品管理

手工操作的酒店，一般都将遗失物品记录在遗失物品记录本中，并且将遗失物品统一管理。当有客人寻找遗失物品时，客房部一般会到遗失物品记录本中去查找，并且进行实物确认。由于遗失物品较多，翻找并不容易。而且，还有些素质不高的员工会私拿这些物品，造成后续管理混乱。通过客房管理信息系统记录遗失的物品，可在电脑中永久存档，物品如果被领取走，信息系统也有记录可查。

六、客房信息化服务新趋势

随着科技的发展，客房服务也不断出现新的发展趋势，从而满足消费者不断变化的期望。在现阶段，客房服务新趋势逐渐朝智能化、个性化、交互性方向发展。

（一）智能化

随着高科技时代的到来，客人尤其是一些商务客人，对酒店客房的各种设施都提出了更高的要求，驱使客房的设施向着智能化的方向发展，而客房管理信息系统都能够和这些系统通过接口系统进行连接，通过客房管理信息系统就可以对这些智能化系统进行操作。以酒店的客房门锁系统为例，未来的客房锁钥系统将开始应用无线射频识别（RFID）技术，通过自动分配和终止客房进入权限简化了客房钥匙管理程序。基于云技术的解决方案可在客人入住前就将客房入住编码发送给客人，也就是说客人无须在前台登记入住就可以凭编码进入酒店客房。客人在经历一天长途旅行之后，很不愿意排长长的队等候办理登记入住，所以酒店智能客房门锁对于客人来说意味着更加愉悦的入住体验。利用无线射频通信技术，酒店客房经理不必再跑到客房对每个客房门锁重新编程，系统可以实时与每个酒店客房进行远程通信，这样可以增强酒店的安全性。在房卡丢失和被盗的情况下，酒店经理可立即让这张房卡失效，防止非法人员进入酒店客房。未来的酒店客房门锁系统将更加移动化和自动化，可以通过移动设备硬件扩展对客房钥匙进行编码，不论是身在酒店大堂，还是在前往酒店的机场大巴上，客人都可以使用移动设备将酒店客房钥匙激活。此外还有先进的客房多媒体系统，客房多媒体系统与酒店客房管理信息系统相连，在客人办理入住后进入客房时，电视会自动启动并在屏幕上显示问候信息，在房间里，客人仅需一个遥控器，便能实现电视节目、电脑网络、热播大片、酒店介绍、酒店服务、地方特产、旅游品牌、音乐助眠、管家服务、房间控制等功能的操作，系统终端无须维护，为客人提供了安静、健康的休息环境。

（二）个性化

标准化、程序化和规范化的服务是酒店服务质量的基本保证。但是，只有标准化而没有个性化的服务是不完善的，是不能够真正满足客人的需求、令客人完全满意的。因此，在酒店业竞争日趋激烈的今天，个性化服务已经成为酒店之间竞争获胜的最有力措施，成为现代服务的大趋势，客房服务尤其如此。为提供个性化服务，取得客人的忠诚，客房部需要建立完善的客史档案，并根据客人需求的变化不断调整客房服务的规程和标准。例如，提供夜床服务的酒店要能够保证为客人开喜欢的那张床，放客人喜爱的水果、茶等物品；不再强求所有客人看同一份报纸，而是根据客史档案将客人喜爱看的报纸放进客房。笔者曾经在青岛一家四星级酒店入住，该酒店虽然规模不大，但是它所提供的个性化服务令人印象深刻。笔者入住之后，由于酒店客房内的桌子是钢化玻璃的，鼠标感应不是很好。按照习惯，我找了一张酒店的便签信纸（大多数酒店都有提供）垫在了鼠标下面。第二天，在服务员打扫过房间后，我惊喜地发现，桌子上多了一个鼠标垫，还有服务员的一张留言条。我曾经入住过不下三十家国内四、五星级酒店，只有这一家，给了我这个细小的服务，让我终生难忘。所以，客房服务也需要不断搜集顾客的需求和偏好，并将这些偏好和需求记录到信息系统中，下次客人入住时，就能够有的放矢地针对客人的喜好提供个性化服务了。

（三）交互性

近几年来，平板电脑和智能手机逐渐流行，这些移动终端技术的发展对客房服务来说，其应用的意义是非同凡响的。这些设备在未来几年将成为商务客人的必备，消费者将使用这些设备与酒店客房实现互动。例如，消费者可以通过手机终端和酒店的管理信息系统相连，直接预订客房送餐服务、洗衣服务等。酒店的住店客人可以通过自己的移动设备，参与并控制客房环境包括控温器、电视、电话、高速网络、远程控制、迷你吧和客房门锁等。让客人的设备能够与房间内的设备（如电视、门锁、客房控制、WiFi、音响系统、电话、通过视频联系酒店工作人员等）实现交互，这将极大提升客人入住酒店的体验。

第三节　酒店餐饮管理信息系统

餐饮是酒店经营中的重要内容，仅次于客房。近年来随着餐饮业的发展，酒店越来越重视餐饮信息化的建设。餐饮管理信息系统也就成为酒店又一个重要的软件系统，使用该系统可逐步实现酒店餐厅点菜、收银、成本控制等信息化管理，同时也为用餐客人提供了电子化服务，提升了餐厅的服务质量和客户体验。

一、餐饮管理信息系统的作用

在餐饮的经营管理中，餐饮管理信息系统将起着非常重要的作用。

（一）餐饮服务普遍存在的问题

在传统的餐饮管理模式中，餐饮服务往往存在以下几个方面的问题。

（1）结账速度慢。顾客多的时候，结账等候时间过长，有时甚至会出现跑单的现象。

（2）存在下错单或漏单现象。有时顾客会抱怨点好的菜迟上、错上甚至漏上。这些往往都是由于服务员忘记落单、下错单或者是厨房丢失单据等人为错误造成的疏漏。

（3）服务到位率低。业务繁忙的时候，服务员疲于往返于顾客与厨房之间，腾不出足够的时间为顾客服务，难以提高餐饮的服务水平。

（4）账务核算用时过长。日常的收银稽核工作需要设专人而且要耗费大量的工作时间，有时还会因人为的疏漏产生稽核错误或舞弊现象。

（5）经营者缺乏对各类菜品销售情况的准确掌握。餐饮经营者无法进行科学的分析和预测，很难做到对菜品销售、顾客口味、客流等数据的准确分析，会直接影响经营的效益。

（二）餐饮管理信息系统的作用

提高劳动生产率与改进利润是酒店管理者追求的目标，从餐饮业未来发展的趋势来看，随着 IT 技术在餐饮服务业应用的深入，餐饮服务实施信息化战略也是势在必行。餐饮管理信息系统能够为酒店带来以下几点好处。

1．提升酒店形象

现在的酒店餐厅在硬件方面都很有特色，环境幽雅，装修豪华，但在信息服务方面还比较落后，有很多环节的工作还采用手工的方法进行操作处理，给客人的感觉是，出品优秀，服务一般，在服务运作方面"现代感"略显不足。目前餐饮服务都已开始运用新的 IT 技术手段来提高自动化管理与信息化服务水平，提升餐厅环境形象已是大势所趋。例如，很多酒店将传统印刷纸质菜谱升级为电子触摸滑屏电子菜谱，不仅界面简洁直观，图文并茂，而且每个菜品均配有完整的图片和详细说明，方便客户了解菜品的做法、口味、用料、营养及菜品典故等信息，大大提高了餐饮服务形象，对消费者也更有吸引力。

2. 提高运作效率

餐饮管理信息系统的应用大大提高了酒店的服务效率。例如，餐厅的电子菜谱可随时促销变价，根据时令节气随时调整菜品，增加新品，便于餐厅灵活开展多方位促销等活动，提升营业效率。餐饮结账时，可以分单或者详单打印账单，所有菜品都已经输入系统，只需要与客人核对账单后，即可结账，大大提高了结账的速度。厨房和餐厅前台一般距离较远，沟通非常不方便。餐饮管理信息系统可以很好地解决这个问题，当点菜员在电子点菜系统点完菜后，该餐单就能够通过网络实时落单到厨房，厨房的打印机与餐饮系统直连，可自动完成落单餐单的打印任务。系统还能够根据不同厨房的出品任务，将不同的落单发送到不同的厨房，从而使厨房能更早、更清楚地知道各出品的下单时间，就可避免某出品被长时间搁置不出导致客人催单情况的发生。同时也提高了酒店对餐厅采购备料、库存管理、成本核算的运作效率。

3. 降低运营成本

餐厅每次制作和更换纸质菜谱，需要经过校对、打样、定版、印刷、装订等一系列流程，不仅周期长，菜品调整修改极其麻烦，而且牵扯到大量管理精力，成本居高不下。电子菜谱可随时更新，随时发现问题随时调整，能够节省大量管理精力和成本。以电子菜谱的质保周期计算，应用电子菜谱的总支出，远远低于应用普通纸质菜谱的成本，大量节省更换纸质菜谱所发生的费用。同时，餐厅采用信息化管理后，从客人订餐、点菜到厨房、客人就餐、结账等所有环节都由计算机辅助控制、网络传输，人工的工作量将大为减少，极大地减少所需服务员的数量。杭州黄龙饭店于 2010 年 10 月开始启用 iPad 电子点单系统，这是全亚洲第一个使用 iPad 点单系统的酒店。黄龙饭店在中餐厅内共配备 13 套 iPad+iPod touch，加上接收等设备，硬件成本支出为 10 万元左右。然而，细算起来，这依然是一笔非常经济的投资，因为酒店省去了纸质菜谱更换成本和服务员的人力成本。五星级饭店的菜谱制作成本往往高达数千元。按一家餐厅配备 20 本菜谱，每年起码更换 4 次计算，一年在此项的支出至少为数十万元。同时，黄龙饭店采用 iPad 点单系统后，中餐厅的当班服务员也缩减至 9 个，比原先少了一半，大大减少了餐厅的运营成本。

4. 优化服务品质

餐饮管理信息系统的作用还体现在服务品质上，几乎餐厅的每个岗位都能受益。餐厅的引导服务员可以通过餐饮管理信息系统知道酒店当前的空位情况和预约情况，当客人抵达时，可以直接查询预订包厢或者引导到空桌位上，避免不合理的桌位安排。点菜员可以提供图文并茂的电子点菜系统，顾客可以在点菜员的帮助下或者自己 DIY 点菜。通过电子点菜系统，就餐的客人可以详细查阅某道菜的材料、制作方法等，避免服务员由于培训不到位无法提供详细介绍的问题。如果餐厅在就餐时间没有空座的话，点菜员还可以让就餐者在等待时用 iPad 浏览菜谱和预点菜来打发等待的时间。楼面服务员可以及时查询到客人的就餐时间、上菜情况，可以根据各桌消费者不同的状态提供更好的服务。例如，杭州有个餐馆利用二维码开展面对面营销，就餐客人用自己的手机扫描二维码，可以获得优惠服务，同时成为餐馆的关系客户，能便捷地收到餐馆的新产品信息，满足了顾客的尝新心理，受到消费者的喜爱。

5. 提高管理水平

如何用最经济的办法获得最大的客户满意度，已经成为餐饮行业最根本的竞争优势所在。如何降低成本，如何制止浪费，如何提高效率已经成为每个酒店经营者共同的追求，而这一切背后的关键正是过程环节的管理水平问题。采用手工方式管理的餐饮在财务管理方面存在很多问题。收银员在进行手工计算时，产生错账漏账是常有的事，少到几十元，多至上百元，漏计会给酒店带来经济损失，错计会引起酒店与顾客的纠纷，酒店声誉将因此受到很大影响，客人的流失也在情理之中了。在酒店还有一种情况，就是餐厅工作人员的熟人或者朋友来就餐，有时候会出现服务人员下单不记单、改单少收账款、私拿票据不记录等现象，虽然以手工管理模式的酒店一般会要求厨房留单，过后再与前台收银账单对账来控制这种现象，但厨房每天积累单据较多，没有专人管理和监督，单据较乱，出现状况也很难跟踪到责任人。如果基础财务数据都出现问题，那统计报表对管理的支持作用就大大弱化了。餐饮管理信息系统通过设置系统权限，让不同人员操作自己负责部分的流程，可以大大减少作弊行为和人为错误的发生，帮助酒店提升餐饮的管理水平。

6. 辅助经营决策

为了辅助高层管理者经营管理，酒店每天都要产生餐饮当日营业日报，包括就餐人数、桌数、总收入、人均收入、各类菜品的销售量、优惠统计等。餐饮管理信息系统可以对每日经营情况提供强大的查询及分析报表功能。总经理可以查询营业收入、员工业绩、消费额、翻台率等；并以图形或表格形式进行各种统计分析，包括财务状况分析、营销决策分析、营业收入分析等，进而为酒店下一步经营决策做出判断，能对餐饮服务的经营起到全面的辅助作用。同时，酒店管理者还可以实时查询餐厅的运营情况，可以在第一时间掌握客人用餐、厨房加工过程中出现的各种问题，以便及时进行处理。餐饮的信息化系统所具备的先进性、灵活性和人性化特点使餐饮服务能够更加接近现代化的酒店管理，有利于高层管理者做出科学的管理决策。

二、餐饮管理信息系统的功能

在酒店经营管理中，餐饮管理信息系统的主要功能包括预订管理、点菜管理、厨房与出菜管理、收银结账管理、客史档案管理、库存成本管理、财务报表管理等功能。

（一）预订管理

酒店餐饮对婚宴、会议餐、散客用餐等都提供预订服务功能。餐饮管理信息系统的预订服务功能主要是对预订信息进行管理，包括增加预订、查询预订、取消预订、预订抵达等多种操作。通过预订服务功能，餐饮预订员可以对餐厅未来的可用资源了然于心。通过预订系统，客人可以在预订的时候直接确定餐单，当客人抵达时，就可以直接下单，减少等待时间。这对于婚宴客户、常客非常有帮助，也可以帮助酒店积累客户的偏好菜式，有针对性地进行推销。还有一些先进的餐饮管理信息系统在常客打通预订电话时，预订模块便可自动显示此常客的消费信息。

（二）点菜管理

通过点菜模块，系统会显示各个餐厅的桌台导航图，能够实时显示桌台状态（空闲、占用、预订、正在结账等），使前台迎宾对店内各桌台情况一目了然，准确完成来客的领台。当客人落座之后，点菜员可以通过无线点菜系统进行点菜。客人对菜的烹饪方法有特殊要求的，点菜员也可以在点菜系统进行说明备注，提醒厨师注意。点菜完毕后，可以直接将餐单发送到后台厨房并打印出来。在客人就餐期间，有些客人会催菜，有些客人要求菜上慢一点，在传统手工管理模式下，服务员需要在客人和厨房之间不断奔跑，有了管理信息系统，服务员只需要在系统中选择催菜、暂缓上菜等功能，就可以立即将客人的要求通知到厨房。如果客人需要退菜或菜品因质量问题需要打折，在授权下，服务员也可以进行这些业务的操作。服务员还可以把餐单的相关操作提前完成，以便于收银员实现快速结账。

（三）厨房与出菜管理

厨房的智能厨打系统可以让厨房实现和前台的实时信息沟通。当点菜员完成点菜后，餐饮管理信息系统会立即将餐单打印出来，最大限度地提高了上菜速度和翻台率。厨打系统可以支持菜品条码打印，配合一菜一单方式，方便进行厨房出菜管理；也可以支持"一菜多出处"，如海鲜有时需要同时打印输出到海鲜池通知称量，还需打印输出到制作间，通知制作此海鲜；还可以支持不同区域同类菜品从不同厨房出单，例如，酒店有 3 层楼面，每个楼层都有吧台，也就是说，每个楼层都能出酒水，这时就要求一楼酒水从一楼吧台出，二楼酒水从二楼吧台出，三楼酒水从三楼吧台出。当厨房某些菜谱需要估清时，可以立即通知菜谱管理人员对菜谱进行管理，及时设置估清菜式。当酒店有一些新创菜式需要推荐时，也可以通过点菜系统进行菜式推荐。这些变化都可以在点菜终端进行实时更新。

（四）收银结账管理

收银是餐饮服务中的重要岗位。由于客人就餐容易出现加菜、退菜、酒水消费，因此收银结账时往往压力较大。通过将客人就餐过程的各类业务（如加菜、退菜、酒水消费等）交由服务员进行操作，大大减轻了收银员的压力。收银员只需要在客人要求结账时，将餐饮管理系统的餐单打印出来，由客人签字确认，然后根据客人的付款方式，进行现金结账、银行卡结账、挂房账、挂应收账款等。为了确保餐饮的财务安全，当客人要求挂房账或者挂应收账款时，餐饮收银员可以通过系统查询房账余额或者查询该客人是否为应收账款的有效签字人，确认可以挂账后再进行操作。系统一般也有灵活的账单打印功能，如西餐厅的一个典型问题就是客人 AA 制结账。通过餐饮系统，收银员可以很快将账单进行分单，可以一分为二或者一分为四，分别打印每个客人自己的账单，并分别进行结账。

（五）客史档案管理

当接到顾客预订电话后，预订员就可以在客史档案管理模块记录中获取顾客所有信息：姓名、性别、国籍、就餐人数、喜爱的菜式等。餐饮管理信息系统还会记录该客人的消费详情，包括就座的位置、光顾餐厅的次数、消费总额、平均消费等信息。餐饮服务员可以对客人的一些喜好进行观察，如有无吸烟习惯、饮食习惯、菜式偏好、位置偏好等，并将这些信息记录到餐饮系统中去，这样就便于为客人提供个性化的服务。客史档案管理模块还可以对常客、会员、签单客户进行消费特征的分析，对 VIP 客户进行生日、纪念日提醒，有利于培养酒店的忠诚顾客。

（六）库存成本管理

餐饮管理信息系统中的库存成本管理模块主要完成物品的出入库管理，并生成财务凭证（包括入库单、领料单、调拨单等），能够提供各种库存报表，对库存使用过程实时监管等。该模块还可以设置成本卡，能够把销售的菜式和库存的原材料之间的逻辑关系建立起来，实现自动出库和出成率的核算，以便实现餐饮原料的量化管理，从而降低餐厅制作成本并保证质量。

（七）财务报表管理

餐饮管理信息系统可以提供完善的经营报表功能，包括当日营业报表、菜谱销量排行、优惠折扣详情等。这些财务数据能够详细且准确地反映餐厅当日的营业情况，方便管理层掌握酒店的经营动态和过程。例如，根据菜谱销量排行，可以对那些滞销的菜式进行改良或者取消；通过优惠折扣详情，可以了解到酒店产品和服务质量，一般出现优惠折扣都是因为酒店菜品质量、服务质量等问题导致的。该模块可以实现智能报表管理，满足酒店对各种形式的餐饮管理报表的需要。

三、餐饮管理信息系统的应用现状

我国酒店业发展三十多年以来，随着人民生活水平的不断提高，个人餐饮消费逐年增加，作为酒店服务业中的重要组成部分，餐饮规模也在发展壮大。餐饮信息管理的特点是菜式不断出新、价格随原材料价格等多种因素而变化、折扣优惠灵活以及统计报表的需求较为复杂等。当前社会正处于信息时代，信息技术已渗透到酒店经营的各个环节。餐饮服务管理的各个环节，如采购、预订、点菜、出入库、结账、制菜、财务管理、物资管理，都将越来越依赖信息技术，酒店餐饮信息技术应用必将成为餐饮经营中核心竞争力的一个重要组成部分。当前，餐饮信息系统发展中的应用现状主要表现在以下几个方面。

（一）餐饮管理信息系统的技术应用现状

目前，餐饮业的信息技术应用主要是网络应用、信息系统应用等类型，网络应用主要集中在无线网络的应用，而信息系统应用主要是围绕点菜和收银等业务。在现阶段，信息系统的技术应用主要围绕数据录入问题，目前市场上的餐饮管理系统的数据录入方式大致有三种：手工单据集中上传、PDA 点菜上传和 IC 卡手持点菜上传。

（1）手工单据集中上传。顾名思义，集中上传就是点菜员手工开单后，统一到前台的信息系统或触摸屏来进行统一录入上传，这是信息系统技术的初级应用。很明显，这种类型的数据处理效率非常低下，在营业高峰时经常出现录入菜单排队现象，因此这种效率低下的应用类型将逐渐遭到淘汰。

（2）PDA 点菜上传。PDA 点菜上传，主要是通过红外线或无线传输技术（802.11b）来进行数据传输。红外线传输距离由其功率的大小决定，由于 PDA 自身性能的局限性，其红外线传输距离较短，而且红外线传输过程中不能有任何障碍物阻拦，否则极易造成数据的丢失。无线传输技术（802.11b）因其使用国家允许的公用频率，所以会受到其他诸如手机、微波设备等所发出信号的干扰，主要表现为通信距离缩短、通信时间加长、发出错误的数据包等。这种类型的数据录入方式目前比较普遍，采用的技术都是成熟技术。

（3）IC 卡手持点菜上传。IC 卡手持点菜系统着重流程管理，针对中餐酒店的所有环节采用信息技术手段进行整合，从预订、接待、点菜、菜品上传到厨房分单打印、条码划菜、收银、经理查询等全方位应用信息技术，每个环节都有新颖的终端设备技术，是目前餐饮行业较为先进的，非常适合中大型餐厅管理的技术系统。

（二）系统应用水平较低，缺乏深度融合的开放型系统

因餐饮业门槛较低，餐饮行业的从业人员人数众多，整体文化程度不高，工资薪酬也不高。对于酒店来说，由于采用信息化管理初期投资非常大，二者之间的较大反差造成餐饮经营管理者更愿意以人工方式完成信息化管理的正常业务，对服务信息数据的搜集、统计、分析宁可直接采用人工操作。即使进行了部分信息化，很多酒店依然处在手工及半手工状态，只是使用了POS 系统（点菜收银环节），系统应用的深度不够。大多数酒店把点菜器当计算器用，并没有真正通过管理信息系统来实现流程改造、强化管理、降低成本、堵漏节流等功能。目前只有一小部分酒店，认识到了信息技术的巨大作用，用餐饮管理信息系统进行了餐饮部门的整体流程改造，获得了丰厚的回报。系统技术水平低、软件价格高是许多餐饮管理者不愿意使用管理信息系统的主要原因，目前缺乏基于 SaaS 的成熟开放型系统，应该鼓励小规模餐饮企业采用租用软件的方式，使餐饮管理信息系统软件可以被大多数餐饮管理者所接受。

（三）缺乏科学和标准的管理体系

国外著名的快餐连锁经过上百年的探索都形成了标准化的工作流程和方法，但中餐因其菜品的多样化和服务的特色化很难实现标准化管理，这使中餐企业的成本控制很难实现。如何进行标准化使中餐的产品和服务能够始终如一，是一个需要继续探索的课题，信息化管理软件也因为缺乏规范的管理模式使得软件普及率不高。由于餐饮标准管理体系的缺乏，使得很多信息技术公司推出的餐饮管理系统也是参差不齐、良莠难分，无法规模化推广。而且，由于每个酒

店的操作模式不同，餐饮信息系统在实施过程中，往往会为了迎合顾客需求，对软件进行修改，造成软件处理流程缺乏标准。如果餐饮软件提供商对软件系统没有进行很好的管理，今天被这个酒店修改，明天又被另一个酒店修改，造成一个系统存在多种版本而不统一，这样为后期的维护带来了巨大的困难，造成餐饮软件的使用寿命非常短，因而，系统的稳定性和适用性就会出现一些问题。餐饮软件的标准和规范化体系建设是餐饮企业实现信息化的当务之急。

四、餐饮管理信息系统的发展趋势

在信息时代，由于消费者需求的驱动，餐饮管理信息系统的发展也在不断地进步，尤其是系统的软件结构，越来越趋于开放型，主要表现在以下几个方面。

（一）应用系统化促使软件结构呈开放型

酒店的餐饮不是一个独立的经营体，而是酒店经营的组成部分，需要系统化管理，包括软件上的系统化。许多酒店也不是独立的经营体，而是连锁或集团组织中的一员，它们的餐饮管理也需要系统化。在应用范围上，一开始，餐饮管理信息系统在酒店的应用，主要是在预订、接待、点菜、收银上，主要是对客户服务的应用。随着信息系统在酒店应用的逐步深入，餐饮信息系统的应用进入到餐饮的后台管理，也包括厨房分单打印、电子催菜、条码划菜等，它们的整体功能规划也需要系统化。因此，这些系统化的需求迫使软件结构必须有开放型的特点，让餐饮软件随时随地可使用，随时随地可连接。这样，餐饮的各个作业环节与餐饮管理信息系统也将结合更加紧密，更容易使用，开放型也就成为必然趋势。

（二）菜谱电子化促使应用终端呈多样型

餐厅的菜谱电子化后，要求餐饮信息系统能尽可能便利地呈现电子菜单，从而使系统的终端呈现各种各样的形式，以更便利的方式为消费者提供点菜服务，如餐厅可以利用触摸屏呈现电子菜单，可以利用平板电脑呈现电子菜单，也可以利用智能手机呈现电子菜单。而这些终端设备与餐饮信息系统都能实现随时随地数据互通，极大地方便了消费者的点菜服务。通过电子菜谱，顾客只需要在餐桌上的电脑屏幕上点菜，不必等待或是忍受总是出错的服务员，既简单又快捷。随着智能终端的广泛应用，电子菜谱也就成为餐厅服务的常态，尤其是智能手机的普及，消费者利用自己的手机就可以下载餐厅的电子菜单，点菜过程就更加自如便利了。随着技术的进步和消费者的个性化，将有更多的智能终端出现在现代餐厅里。

（三）管理精细化促使软件功能呈管控型

随着餐饮业竞争日益激烈，餐饮行业已全面进入微利时代，餐饮服务的管理也开始走向精细化管理，这是一个向管理要效益的时代。餐饮管理的最大瓶颈就是成本管控，通过软件实施过程管理可以有效实现餐饮经营的成本管控。提到成本，很多人会想到，这不是厨师的事情吗？事实上，成本管控不只是厨师的事情，餐厅任何一个环节的疏漏都会造成利润流失。例如，收银结账方面手工计算容易产生错误，一旦产生错误很难查找；收银与楼面及厨房容易产生丢单，尤其在单据数量大的时候；厨房制菜环节的原料管控以及收银人员利用便利条件谋取私利等。餐饮经营的营业日报和营业历史数据不能及时地上传和汇总给管理部门，使得管理部门的决策滞后，会给餐饮管理带来不小的损失。

为了解决这些问题，餐饮软件逐步从业务操作型软件走向成本管控型软件。通过菜谱成本核算，餐饮管理信息系统可以自动统计当日/当月的菜品成本和应收情况，可以即时对菜品的利润率进行分析，做到成本及时核算和利润最大化。管控型餐饮系统可即时分析出畅销菜品、滞销菜品、消费趋势等餐饮运营情况，从而实施有效的物流管理、库存管理和收支管理，将餐饮管理制度和控制手段融合到餐饮信息系统中去，全面堵塞各种漏洞，降低运作成本，提高经营效益，全面为餐饮服务打造流程化、科学化、精细化的管控模式。

（四）通信无线化促使软件由管理走向服务型

餐饮业的困境之一便是用餐时间客人扎堆，消费者常常很难得到忙碌的服务员的关注。而服务人员也抱怨，无法照顾多个顾客同时点单，总是手忙脚乱，顾此失彼。这些问题通过有效的服务型餐饮软件就可以得到解决，为了解决这些问题，餐饮软件开始采用无线通信设备，通过服务型软件让消费者自己完成从查桌、点菜到结账的相关流程。

餐厅目前采用的点菜宝、PDA 手持无线点菜机等，是为了管理而设计的软件终端。所谓服务型软件就是可为消费者提供服务或由消费者自己下载后获取服务的一种软件。如客户自己的iPhone、iPad 通过下载应用服务程序，就可以获取餐饮的相关服务。这样消费者可以实现在来餐厅的路上也可以订桌点菜，节省了许多等待的时间。例如，早在几年前，美国星巴克就推出"刷"手机点餐计划，让消费者事先上网订购饮料然后通过特定应用程序线上结账，之后到任何一家星巴克在柜台上扫描手机代码点餐取餐，减少排队结账的人数。英国餐饮连锁店"拉面道"（Wagamama）可向用户提供通过 iPhone 程序订餐并付款的服务。这种服务型餐饮软件当消费者确认下单后可以将信息被直接传到厨房，并提供最新状态报告从而让消费者准确掌握取餐时间。消费者还可以通过应用程序实现安全付款，选项包括借记卡和信用卡，实现敏捷的结账服务功能。因此，餐饮管理信息系统在无线通信上将迎来全新的服务变革。

第四节　酒店康乐管理信息系统

客房、餐饮、康乐（或娱乐）是酒店的三大服务产品，康乐管理信息系统也是酒店管理的一个重要系统。本节将对康乐管理信息系统的知识内容做一个简要的介绍。

一、酒店康乐管理信息系统的概念

酒店是由一个建筑物或诸多建筑物组成的接待设施，将住宿、餐饮、康体娱乐等服务融于一体提供给客人，以满足客人的食、住、行、娱等要求。在酒店所提供的三大服务产品中，住宿和餐饮产品的开发较早，产品较成熟，所应用的信息系统也较为成熟。而国内康乐产品的出现时间较晚，相应的信息系统出现得也较迟。酒店康乐服务是指为健康和娱乐活动提供场所和服务的业务，主要包括水疗、美容美发、健身房、歌厅、舞厅、桑拿、保龄球场、游泳池等。

康乐管理信息系统是指通过利用信息通信技术等，对康乐服务的相关信息进行收集、传输、加工、存储、更新和维护，从而支持服务与管理效率提升的人机控制系统。该系统也能提供预订、接待、结账、查询等服务功能，同时实现娱乐的过程管理与控制，增强消费者娱乐过程的客户体验。在酒店业竞争越来越激烈的今天，酒店要想在服务产品上标新立异，应更多地关注康乐产品的服务创新，特别是要加快康乐管理的信息化服务进程。

康乐管理信息系统的功能范围根据康乐服务的内容来确定，不同规模的康乐服务，其信息系统的功能差异性比较大。从目前已有的康乐信息系统来看，其功能范围大体上包括康乐中心日常管理、康乐中心营销管理、康乐中心服务质量管理、康乐中心预订与接待管理、康乐中心财务管理、康乐中心员工管理等。

二、康乐管理信息系统的作用

信息系统的核心作用就是降低经营成本，提高服务与管理的效率和效益，提升对客户服务的体验。康乐管理信息系统的作用也不例外，也是围绕提高经营的效率和效益，提高客户满意度而展开的。

（一）节约经营成本

康乐服务是劳动密集型的行业，其中人力成本占较大的比重。为了吸引客人，康乐行业的折扣体系一般比较复杂，特别是技师的提成、消费的折扣等计算过程往往比较复杂，这就对康乐前台服务的操作提出了较高的要求。纯手工操作的情况下，前台很容易因为消费折扣、消费项目复杂等原因算错账，既影响员工积极性，又影响康乐的经营效益。在康乐管理信息系统的支持下，许多管理环节可以通过软件自动完成，可以省去入单员、核单员以及减少服务人员，一年节省下来的人力成本相当可观。

（二）降低劳动强度

由于技师的分配、消费折扣的统计都可以进行自动安排和计算，这就大大减少了前台管理的工作压力，如前台收银只需要将账目进行核对并结账就可以了；娱乐项目的计分可由程序自动完成。康乐管理信息系统还可以全自动计算技师在任意时间段内的工资，提供日、月报表以及更高层次的绩效数据分析，如项目业绩分析、时间段分析、客人消费排行榜等，消费数据一目了然，减少了财务人员的统计工作量，提升了工作效率。酒店的管理层也不需要等到下班才知道客流和营业情况，只要能上网，电脑一开，所有营业数据、报表一目了然，可以轻松地根据分析数据掌控经营过程和进行管理决策。

（三）合理安排资源

对于类似 SPA、桑拿、足浴、美容、美发等依赖技师手艺的康乐项目，技师掌握的技能就是一项重要的人力资源。由于服务项目时间长短不同、客人需求各异，为技师排时间是一个非常复杂的问题。如何合理利用技师的时间，如何合理安排优秀的技师服务于 VIP 客户？有了康乐管理信息系统的技术支持，这些问题就迎刃而解了。通过康乐管理信息系统，可以快速开单、查询空闲技师、预约技师、催钟、收银，最大限度地流转康乐经营场所中各种资源。特别是在客流集中时段，信息系统还可以提供自动排钟功能，可以大大减轻员工的工作压力，强化服务管理。

（四）提升顾客体验

康乐的服务项目很多是按单位时间收费的，在现实操作中，有些技师为了能够多接一些客户，会悄悄将服务时间缩短，或者乱报服务项目、乱收费。康乐管理信息系统可以很好地避免这些问题的出现，通过在房间内安装系统终端，客人可以在房间内自由选择技师，开单成功时，系统自动进行项目显示播报。技师上钟后，系统会自动记录上钟时间，到钟点时，会有语音提示。由于客人可以自己直接选择技师，则可以很好地在技师中引入竞争，从而引导技师在服务上下工夫，提升顾客体验，通过优质服务培养忠诚顾客。

（五）支持多样化的营销手段

由于康乐服务项目的多样化、复杂性，康乐服务的营销手段需要具备多样性，以支持个性化需要。例如，可以通过二维码让消费者获取有需要的信息，也可以通过平板电脑介绍服务过程和了解相关项目的康乐知识，通过信息的展示达到营销的效果；或把某些服务与营销捆绑起来，让消费者一边享受服务，一边了解康乐服务相关的知识点。通过康乐管理信息系统及智能终端，就可以实现多样化营销的目的。所有有特殊优惠的客人，可以采取发放会员卡的方式，在康乐信息系统中对会员卡的类别、等级进行设置，不同级别、不同类别的会员卡享受不同的服务，采用不同的营销方式。康乐管理信息系统可以支持会员制、积分制、会员连锁、各种优惠券的管控、时段优惠、特殊优惠、节假日优惠、促销提成、阶梯提成等丰富多样的营销手段，能够有效提升康乐服务的营业业绩。

三、康乐管理信息系统的主要功能

由于康乐项目的多样化，服务流程和规则各不相同，因此市面上相关的管理软件也是品种繁多，但形成一定市场规模的很少。本书主要针对市面上比较成熟的洗浴中心（包括桑拿、水疗、SPA 等）信息系统进行功能介绍。按照是否直接对客服务的区分，可以将洗浴管理系统分为洗浴前台管理系统和洗浴后台管理系统两部分，其功能简要介绍如下。

（一）前台管理模块

前台管理模块主要实现对客服务的预订、接待、技师管理和经营报表管理等功能。

1. 预订及领位管理

消费者可以通过各种方式预订需要的服务，也可以通过手机 APP 实现查询和预订，预订信息全部接入康乐管理信息系统，供领位人员及时查询和协调用。康乐管理信息系统为领位人员也提供了完善的预订和房间协调功能，如有通过电话预订的消费者就人工输入信息系统。领位人员可以通过该系统掌握到当前所有的技师状态，是否有预订、预订的具体时间、上下钟的时间等，并统一安排技师的工作计划，同时实时动态掌握所有房间的使用情况，是否空闲、何时下钟、是否有预订、预订的具体时间等。

2. 前台接待

前台接待主要包括开单、消费录入、修改项目以及收银结账工作。

（1）开单。在客人抵店后，通过康乐管理信息系统可以对团队或散客的消费进行下单。系统操作人员可以实时看到房间的房态情况、技师的即时状态，可以对技师进行场内预约、场外预约等操作，对预约技师进行派工操作等。如果有些房间有特殊需求，则可以在系统中进行留言并在结账时进行结账留言提醒。如果有消费被取消，则立即会提示给相关人员处理，以防出现作弊行为。

（2）消费录入。消费项目按照计价方式可以分为计时类项目、计价类项目、技师类项目、仓储式项目、计数类项目、房间类项目消费等。

（3）修改项目。在服务过程中，客人有可能要求换技师、换项目、加项目、加钟时等，康乐管理信息系统都可以轻松实现这些变更操作。所有的项目发生修改，都会有详细的操作记录和日志，包括开单人、开单时间，修改人、修改时间、服务项目、价格、哪个技师为客人服务、几点上钟、几点下钟，防止出现服务中的舞弊行为。

（4）收银结账。系统具有灵活的结账方式，根据客人的不同需求，可以进行拆单、并单等操作，支持现金、挂账、签单、信用卡、充值卡、套券套票、免单等多种支付方式。系统会根据客人持卡与否，以及卡的种类，做到自动计算价格，不需要收银人员手工计算，这样一方面降低了收银员的工作量，减少了收银手工计算错误的可能；另一方面能够在很大程度上防止收银中舞弊情况的发生。

3. 技师管理

康乐服务中技师管理是一个较为复杂的工作，信息系统能完成如下管理。

（1）技师基本情况管理。主要包括技师的照片管理、档案管理、分组分班、请假、休假等。只有当班的技师才会出现在当前可以选择的技师列表中。

（2）上下钟。当客人点钟了以后，电脑会自动通知某技师上钟，打印机会打印出派工单。技师可以通过刷卡起钟。如果客人需要加钟，可以通过电话语音提示加钟或者由钟房人员进行加钟。钟房人员在操作界面上可以直接看到技师的派工时间、起钟时间、延时多少分钟、还有多少余时结束等；技师也可以知道自己在未来还有多少预约登记的客户，提前知道自己的工作量。

（3）排位管理。康乐管理信息系统可以支持自动排位，也支持人工调整排位。计算机系统自动排位可以有效地避免扯皮现象，降低技师、美容师和公司之间的沟通成本，防止误会、扯皮等现象的发生。

（4）技师工资管理

康乐管理信息系统能够提供技师、美容师每天所做工作完整详细的报表，并在此基础自动计算员工的绩效工资。自动计算工资的功能极大地减少了财务、人事部门的工作量和人力成本，同时极大地降低了技师因为工资问题而和公司发生纠纷的情形，体现了技师多劳多得的工资管理体系。

4．经营报表管理

康乐管理信息系统提供了详细的日报表管理功能，财务人员在和前台收银员交接时，可以直接按照系统的分类统计款项进行交接。所有收银员必须做到实际款项和系统款项相一致，才可以下班，如果发生错误当时解决。系统还能生成各种营业日报表、月报表、工资表以及多种销售分析报表，例如，服务项目销售分析、产品销售分析报表、客户消费分析统计报表、客户消费排行榜、时段分析等。这些系统自动提供的报表，能为客户的业务发展提供有力支持，方便管理层动态地监管经营过程。

（二）后台管理模块

后台管理模块主要是支持前台服务的相关业务，具体有以下一些管理功能。

1．库存管理

康乐服务中涉及许多产品的消费，一般根据客户需要选用，康乐管理信息系统可以针对需要对这些商品进行出入库管理。通过库存管理，管理人员可以非常容易地查到商品的进货日期、价格、数量、现有库存量、销售量等。如果有客人消费时，在系统中选择和购买了相关的服务商品，则该商品的库存量就会自动减少。库存管理大大方便了库存盘点，有利于建立合理的采购计划，可以最大限度地降低库存成本和采购成本。

2．会员卡管理

发展会员是康乐部重要的管理内容之一，建立会员卡体系是康乐部储备客源的最好途径。当酒店发展了新的会员，在发放 VIP 卡时就可以建立 VIP 会员的基本资料、体质情况、康乐爱好、拜访计划、回访记录、投诉记录等，并且会员的消费记录管理员可以实时查询。有了信息系统的支持，对会员卡客户就可以提供有针对性的服务，并且实现一对一的关系营销。会员卡管理人员只需一个简单的点击动作，就可以把营销信息发送给消费用户，也可以实时查询会员的积分情况和消费情况。所有会员卡的变更服务，如升级、换卡等，都可以通过康乐信息系统轻松完成。例如，一个客人持有的是 3000 元储值卡，卡内剩余 500 元，如果此时客人再往卡里储值 4500 元，那么这个客人的卡自动升级成 5000 元的卡，享受 5000 元等级的折扣服务。如果是积分卡，当积分达到一定数额时，则自动升级为更高级别的会员。

3. 员工管理

员工管理主要实现对员工基本信息管理、临时员工管理、员工考勤管理、技师等级管理、技师排班管理、员工绩效管理、员工提成管理等。

4. 系统设置

康乐信息系统在运行前，为了对服务产品实现有效管理，需要对一些服务的基础信息进行系统设置，具体包括以下几个方面。

（1）基本信息。主要进行康乐部基本服务信息的设定，包括设定服务场所信息、手牌、员工类型、房台、提成人员分类、部门、仓库、吧厨、工作站、付款方式、会员认证、营业信息、货币种类、汇率、考勤类型、管理费、排钟规则、总分店设置等内容。

（2）品项设置。设定系统经营范围内的营业项目分类、具体品项、套餐明细、提成统计分类、阶梯提成、月激励提成等内容。

（3）促销手段设置。设定系统的会员类型、会员级别、会员折扣、会员价、储值优惠、消费积分、会员自动升级规则、优惠券、优惠价、打折券、加钟及时段优惠、时段分段收费、节假日收费、特殊日、特殊优惠等内容。

（4）用户权限设置。设定系统的操作员账号、操作员角色、操作员权限、打折权限等内容。

四、康乐管理信息系统的发展趋势

随着康乐服务项目的普及，康乐管理信息系统也正在不断完善，服务功能以及营销手段也呈现多样化，其发展趋势主要表现在以下几个方面。

1. 软件结构网络化

康乐管理信息系统的软件结构随着网络的进步呈现了网络化趋势，通过网络尤其是无线网络可以与消费者实现互动，消费者可以利用自己的移动终端选择服务产品。例如，客人消费了一个足底按摩和一个美容面膜项目，通过自己的移动终端可以选买可乐等收费产品，促进了消费者在服务过程中的消费。客人也可以出门前在家中选择好自己喜欢的服务产品，到了服务场所就可以节省选择产品的时间。网络化的软件还可以使康乐管理信息系统支持灵活的消费折扣方式，让消费者在服务前就可以明确了解享受服务的折扣情况。网络化的趋势使康乐信息系统服务更敏捷，管理更精细，效率效益也更高。

2．注重个性化服务

每个人的消费需求都是有个性的，如汤姆喜欢游泳后喝杯饮料，玛丽喜欢水疗过程中喝茶水，鲍勃对桑拿温度有特殊的要求等。康乐管理信息系统利用移动终端可以记录这些偏好，让酒店能够更大程度地关注每一个客人的消费个性，可以更好地迎合客人的个人喜好，提供高质量的服务。例如，康乐管理信息系统可以建立微信、微博等社交媒体，实现和客户的互动交流，使酒店康乐服务人员能够更好地管理和追踪客户体验。这样，酒店可以提前获知如鲍勃、汤姆和玛丽等的个人喜好，并提供符合他们个人需求的康乐服务。

3．注重客户关系

在网络时代，酒店康乐服务的竞争越来越激烈，所以酒店对于会员体系的建立是相当重视的。康乐管理信息系统正在形成支持客户关系管理系统模式，并且不断拓展新功能，如关系维系、关系营销、自动销售等。针对会员，除了通过服务中的交流、日常的电话拜访以及不定期的短信发送，赠送生日蛋糕之外，还建立了微信推送、节日问候、移动服务等新的互动模式。通过建立全面细致的客史档案、关系维系、需求挖掘等，形成一种全新的康乐服务客户关系新模式。这种新模式可以实现对客在线管理和服务，可以实现对宾客的照片、联系方式、消费习惯、兴趣爱好等内容的自动收集，提高了康乐管理信息系统运行的收益。

第五节　酒店电子商务系统

2011年，中国在线酒店市场交易规模为319.3亿元，占在线旅游整体市场交易规模的24.3%，可见酒店的电子商务在旅游中占据较大的比重。未来随着网民互联网使用习惯的增强和酒店网络预订体系的完善，中国酒店电子商务在线预订市场发展速度会更快，将成为在线旅游市场增长的强劲引擎。随着互联网用户规模及在线预订市场的不断扩大，众多国内酒店业巨头也纷纷"触电"，开拓酒店电子商务市场。

一、酒店电子商务的内涵

电子商务源于英文 Electronic Commerce（Electronic Business），简称 E-C（E-B），简单地说，

就是"电子"+"商务"，是商务活动的电子化。基于互联网的电子商务起步于1995年，在后来的几年里逐步在旅游和酒店业开始应用。酒店电子商务是电子商务在酒店业的具体应用，主要指通过先进的信息技术、通信技术和网络技术，实现酒店商务活动的电子化的过程。在起步阶段，酒店电子商务主要应用于信息发布和网络订房等环节，目前电子商务已渗透到酒店业务的所有领域。按照酒店商务活动的流程，酒店电子商务的内容涉及酒店信息发布与网络营销、酒店服务产品的搜索和选择、酒店产品的在线预订与支付、售前售后的产品咨询，也包括酒店内部流程的电子化及酒店管理信息系统的应用等。因此，酒店电子商务的内涵其实就是商务，即所有商务流程的电子化处理。

酒店电子商务的开展都是围绕商务的电子化展开。酒店有各种各样的商务活动，包括产品销售商务、物品采购商务、企业合作商务以及内部流程商务等。酒店应战略性地选择突破点建设电子商务系统，每个酒店各种商务活动的重要性各不相同，主要取决于它对酒店收益影响性的大小。如南京金陵集团，随着成员酒店的不断增加，认为物品采购管理对集团收益的影响较大，因此它们在2005年建立了基于采购的电子商务系统。又如杭州香溢大酒店，随着香溢成员酒店的增加，产品销售对连锁品牌的影响较大，因此它们建立了基于网络订房的电子商务系统。各酒店通过实施电子商务都增加了收益，因此酒店开展电子商务的实质，就是通过电子商务为酒店降低经营成本，增加收益。

二、酒店电子商务的分类

按照不同的划分标准，酒店电子商务也有各种不同的分类方式。

按照实现电子化的程度划分，酒店电子商务可以分为完全电子商务和不完全电子商务。完全电子商务是指从交易最初的磋商到最后成交的所有业务流程都实现电子化。不完全电子商务是指酒店电子商务活动的某些流程仍需要在线下进行。例如，一些低星级酒店，只通过电子商务平台（或第三方平台）进行预订，具体的支付是在线下完成的，这种就属于不完全电子商务。

按照开展电子交易的范围划分，可以分为本地电子商务、远程国内电子商务和全球电子商务。目前，国内大多数酒店都以远程国内电子商务为主。少数高档酒店或国际酒店集团的电子商务范围基本上都以全球电子商务为主。

按照交易对象不同划分，可以分为企业对企业的电子商务（Business to Business，B2B）、企业对消费者的电子商务（Business to Consumer，B2C）、企业对政府的电子商务（Business to Government，B2G）、消费者对消费者的电子商务（Consumer to Consumer，C2C）、消费者对政府的电子商务（Consumer to Government，C2G）五种模式，其中覆盖范围最大的主要有企业对企业（B2B）和企业对消费者（B2C）两种模式。

酒店电子商务不同的类型，决定了电子商务系统的业务流程和交易对象，因此酒店需根据自己的需求建立有助于扩展业务的电子商务系统。

三、酒店电子商务系统的作用

酒店电子商务是当今酒店业发展的必然趋势。通过电子商务，酒店可以向全球多姿多彩、图文并茂地展示自己的产品风貌、特色，推销自己的客房和各种服务。它不仅可以开拓市场的广度和深度，为酒店开发客源市场带来了无限的商机；还有利于开拓酒店的品牌，利用网络形成自己的忠诚客户群体；也有利于酒店产品和服务的创新，扩展自己的市场份额。同时，电子商务系统也推动了酒店的管理和运营模式的变革。

（一）有利于管理模式变革

电子商务能变革业务流程，同时也对管理模式产生重大影响。酒店电子商务系统作为商务流程的自动化运行方式，也影响了酒店管理的预订模式、接待模式和营销等传统管理模式，由此产生了在线预订、移动接待、网络营销、电子采购等新业态管理模式。通过电子商务，酒店管理层不再需要时刻待在办公室，而是能够实现实时远程控制与管理或移动办公。管理层通过远程访问电子商务系统，实时查询到所需要的信息，掌握酒店当前的经营运作情况，有利于他们做出敏捷的科学决策。同时，酒店电子商务还促进了酒店组织结构的变革。电子商务和计算机网络改变了信息传递方式，使管理效率得以大幅度提高，管理幅度变大，促使组织结构扁平化，使管理层更加接近底层业务，也就更加接近市场和消费者。这样的组织结构变革有利于酒店的连锁经营和集团化发展。

（二）有利于开拓市场空间，创新营销方式

酒店电子商务系统打破了地域、行业、企业的各种界限，使酒店企业开拓市场的能力大大提高，获取和应用信息的能力也大大增强。这对于非常依赖第三方预订渠道的酒店企业来说，是一个开拓自身市场空间的绝佳机会。通过电子商务系统，酒店可以优化市场营销渠道，减少中间环节，实现酒店直接面对旅游消费者的商务模式。酒店通过电子商务的门户网站，直接培养自己的消费群体。由于电子商务可以突破区域的限制，也就意味着酒店可利用网络直接进入

国际市场，而国际旅游者通过多语种的网站，可以了解酒店的产品和服务，实现在线预订，也使得很多国外比较先进的模糊房价、团购、尾房特价等方式的采用都成为了可能。

（三）有利于酒店国际品牌建设

由于酒店服务产品的无形性特征，使得酒店的品牌建设和传播存在一定的困难。通过将酒店的产品、服务、设备设施进行适当的"有形化"，借助于国际互联网，有利于酒店国际品牌的树立。例如，酒店可以把大量的信息放到自己的门户网站上，如将历史信息、服务信息、酒店的环境情况等做成超链接供客人查阅，还可以用数码照相机或数码摄像机把酒店的硬件设施和服务人员的服务过程"记录"下来，用视频方式给客人以身临其境的感觉。同时，由于电子商务系统为酒店提供了不受时空约束的虚拟空间，其受众面更广，服务信息的传播速度更快，有利于提升酒店的知名度，促进酒店国际品牌的树立和传播。已经有越来越多的酒店通过电子商务门户网站宣传自身形象，形成便捷的商务处理流程，在网络客户群中形成良好的服务口碑，并且随着网上用户数量的快速发展，通过电子商务系统提升酒店品牌形象的作用还将进一步扩大。

（四）支持与协作伙伴的无缝操作

酒店的产品和服务，需要众多协作伙伴的支持。通过电子商务系统，可以将酒店与协作伙伴的商务操作进行无缝链接，形成 B2B 电子商务网络。协作伙伴可以直接通过外联网进入酒店电子商务系统（需要授权具体的功能），查询由其负责供应的物资需求数量和当前库存，以便提前做好供货准备。酒店电子商务系统也可以直接查询协作伙伴的供货记录及物资品质，并对协作伙伴的商务进行监督和评估。通过电子商务，实现与协作伙伴商务的无缝操作，有利于降低业务交易成本，实现信息共享，从而实现商务双赢。

（五）有利于顾客关系管理

酒店经营，客户是主导者。维系与客户的关系比什么都重要，这是酒店经营中的一条潜规则。目前，酒店用于管理顾客关系的，主要是会员系统或客户关系管理系统（CRM），这也是酒店电子商务系统的重要内容之一。CRM 可以作为酒店销售人员的工具，也可以作为营销的工具和关系维系的工具，通过 CRM 可以优化销售和营销策略，挖掘出最有潜能的客户，为其提供差异化服务。同时，通过酒店电子商务门户网站，客户可以在线提问和咨询相关服务，酒店通过在线互动式沟通，有利于充分了解客户的需求，从而有助于提供个性化的产品和服务，在提升客户满意度的同时，获得更好的收益。

（六）有利于产品和服务创新

酒店电子商务的应用促进了新产品的出现，如酒店团购产品的出现就是一个很好的例子。不管是高星级酒店还是经济连锁酒店，近几年酒店通过设计适合团购的客房和餐饮产品，通过自己的门户网站进行团购产品销售，极大地促进了酒店产品的销售，还提升了酒店的网络知名度。酒店电子商务还可以通过应用新技术手段来促进产品和服务创新的设计。例如，移动网络技术的发展使许多酒店的客房能够提供 WiFi 服务，客户可以方便地上网了解酒店更多的信息，更加便利地获取服务。无线预订将会成为电话预订、网络预订后又一个非常重要的预订方式。旅游者可以通过自己的手机访问酒店的 APP，实现信息的查询、服务的预订，甚至用手机支付，获取更个性化的服务。

四、酒店电子商务系统的结构和内容

随着互联网的普及以及第三方旅游中介对电子商务应用的推动，酒店电子商务得到了快速发展。由于酒店电子商务存在多种商业模式，有基于虚拟门店的电子商务系统结构，也有基于在线集市的电子商务系统结构，更有基于社交网络的电子商务系统结构，以及基于在线服务商的电子商务系统结构，而对于大多数连锁酒店则有基于门户网站的电子商务系统结构。这些不同的商业模式都有自己不同的系统结构，现在并不去讨论这些电子商务系统的具体结构，而是从概念的角度提出酒店电子商务系统的应用结构。目前由于许多酒店从业人员对酒店电子商务系统概念的结构和内容认识并不清楚，所以我们将从酒店电子商务系统的概念框架结构和电子商务系统的内容来解释什么是酒店电子商务系统。

（一）酒店电子商务系统的概念框架结构

电子商务系统整体概念结构一般分为四个层次，自下而上分别为网络层、传输层、服务层和应用层（见图 4-8）。其中前三个层次为基础层次，第四个层次是各种特定的电子商务应用。

（1）网络层。网络层是电子商务的硬件基础设施，是信息传递系统，包括远程通信网（Telecom）、有线电视网（CableTV）、无线通信网（Wireless）和互联网（Internet）。这些不同的网络都提供了电子商务信息传输的线路，但是当前大部分的酒店电子商务应用都是基于Internet。互联网络上包括的主要硬件有基于计算机的电话设备、集线器（hub）、数字交换机、路由器（routers）、调制解调器、有线电视的机顶盒（set-topbox）、电缆调制解调器（cablemodem）等。作为酒店企业来说，网络层中大多数设备是可以租用的，酒店不需要自己投资建设，酒店只需要解决网络末端的连接问题以及相关的服务终端即可。

应用层：
电子商务系统具体功能的体现，包括供应链管理、采购管理、客户关系管理等
服务层：
实现标准和规范的网上商务活动服务，包括交易协议、安全认证、电子支付等
传输层：
信息传输的线路，包括报文、多媒体、信息传播的基础设施，如 EDI、E-mail、HTTP、HTML、Java、WiFi 等
网络层：
电子商务的网络及硬件基础设施，包括专用网、有线电视、无线网络、互联网等

图 4-8　酒店电子商务系统的概念框架结构

（2）传输层。确定了电子商务系统的网络，酒店就可以确定具体的信息传输方式了，网络层提供了信息传输的线路，酒店可根据电子商务交易对象选择不同的传输线路。线路上传输最复杂的信息就是多媒体信息，它是文本、声音、图像的综合。最常用的信息发布应用就是 WWW，用 HTML 或 Java 将多媒体内容发布在 Web 服务器上，然后通过一些传输协议将发布的信息传送到接收者。对于传输层的构建，酒店大多数也可以租用，不需要自己去投资建设，酒店需要的仅是内部线路传输的规划和选择，如用 WiFi 传输等。

（3）服务层。这一层主要是为商务活动服务的相关标准选用，以便实现标准的网上商务活动和交易服务，以方便规范交易，因为电子商务的交易全球采用统一标准和规范，如标准的商品目录/价目表的建立、电子支付工具的规范和开发、保证商业信息安全传送的方法、认证买卖双方的合法性方法等。如果酒店电子商务系统是酒店自己开发建设，酒店要做的就是选择哪一种支付方式、哪一种安全认证的方法以及哪一种交易协议等。

（4）应用层。应用层主要是电子商务系统的具体功能的体现，是根据选定的商业模式而开发的应用软件，这是酒店要重点考虑的建设内容。应用层主要包括供应链管理、预订和营销管理、采购管理、客户关系管理等。每家酒店可根据自己的需要确定应用层的内容。

（二）电子商务系统的内容

酒店电子商务系统主要是实现酒店商务活动电子化的应用系统。所以，酒店电子商务系统是围绕商务活动各个环节的流程进行系统设计的，电子商务系统的内容与其系统类型密切相关，不同系统类型就有不同的系统内容。现在围绕基于门户网站的电子商务系统做一简要介绍，对于一般规模的电子商务系统，可以分为电子商务门户网站和电子商务后台管理平台。电子商务门户网站的服务对象是酒店客户和一部分酒店合作伙伴，主要实现酒店及其产品展示、在线预订、在线支付、在线交流、会员中心管理等功能；电子商务的后台管理平台主要提供电子商务网站运营的业务支持，包括电子商务系统的用户及权限管理、酒店基础信息管理、互动信息应答、前台网站维护、采购管理、订单管理、分销管理、财务结算、业务数据分析、客户关系管理等功能。

1. 酒店电子商务门户网站

酒店电子商务门户网站是酒店企业面向外界的服务窗口。客户通过 Internet 可以登录门户网站，查询酒店产品和服务信息，进行在线沟通和咨询，实现在线预订并进行预订确认和支付等。酒店可以通过电子商务门户网站进行电子促销、在线沟通、在线订房、网络营销等。酒店电子商务门户网站一般应包括以下内容（见图 4-9）。

图 4-9　酒店电子商务门户网站功能示意图

（1）酒店简介。通过酒店的电子商务门户网站，酒店可以将经营宗旨、发展历史、所获荣誉、成功事例等放到网站上，用于树立良好的企业形象，特别是将酒店的自身特色图文并茂地展示给消费者。通过酒店的门户网站，不仅可以将酒店的背景、实力及经营特色做全面的介绍，同时还可推出风格独特的酒店视频信息，满足来自不同国家或具有不同爱好的客人的需求。通过文字、图片及三维动画等方式，生动地介绍酒店的背景和发展状况，在相当的程度上可以起到品牌传播和促进销售的作用。

（2）最新动态。最新动态主要通过门户网站向消费者发布最新活动、促销活动以及行业动态等，也包括社会服务及旅游环境等信息，是酒店开展事件营销的主要窗口。面对随时变化的国际市场，酒店要及时调整其市场策略和产品组合以力争在竞争中获胜。通过最新动态栏目内容，向消费者提供酒店最新的产品信息、价格及优惠政策，向公众发布酒店的最新动态以加强社会对酒店的信任和提高客户的忠诚度，从而吸引消费者访问网站。网站内容的表现形式包括文字、图片、Flash动画、视频等，还可以根据需要做成不同语言版本，方便不同国家的合作企业和消费者使用。这不仅可以让消费者更加了解酒店的产品现状和发展，还可以促进搜索引擎收录。

（3）酒店产品展示。酒店产品展示是门户网站不可缺少的内容，而且需要高科技的支持。通过酒店的门户网站，可以对酒店的各种服务产品及特色进行全方位的介绍，可以通过文字、图片、视频等展示方式，生动地介绍酒店的产品、服务、设备设施等，在相当的程度上可以起到酒店品牌传播的作用。通过对酒店各种产品和服务的介绍，可以方便不同市场的客人选择自己所需要的服务产品。酒店可以根据自身的目标市场，突出重点服务产品的展示，从而将酒店推向全球的目标客户。另外，还可以将一些新的技术应用在酒店门户网站中，如虚拟现实（Virtual Reality）、信息推送技术、访问分析技术等。虚拟现实技术是一种可创建和体验虚拟世界的产品展示系统，它生成各种虚拟环境，作用于人的视觉、听觉、触觉，产生身临其境的感觉。虚拟现实技术应用于酒店网站时不仅可以看到图像，还可以看见内部操作演示。信息推送技术可以实现互动，让客户对客房、环境甚至服务进行体验，大大提高顾客与酒店的交互性。访问分析技术可以预测受客户欢迎的产品，达到需求挖掘的目的。

（4）在线预订。在线预订是酒店门户网站的核心功能，是电子商务的窗口。酒店的预订服务产品主要是客房和会议室设施等，客人可以在线实时查询是否仍有空房以及酒店会议室的日程安排。由于门户网站的在线预订主要针对两类客户，一类是散客消费者预订，一类是基于协议的合作伙伴预订，所以酒店门户网站能够支持VIP客人享用特殊的链接和优惠条件进行预订，能够支持单位或团体用户预订，支持签约企业或机构的协议价预订。这相当于是把B2C和B2B整合到了统一的系统平台，方便酒店进行库存管理和对客服务。目前，许多酒店门户网站，实现的并不是完全电子化的预订方式。真正的电子商务网站，是可以通过Internet实现酒店数据库的访问，能够在线实时查询酒店的库存并实现在线预订，但大多数酒店目前并没有实现这样的商务操作。

（5）在线支付。在线支付是完全电子商务的重要环节，酒店门户网站为了提高确认预订单的比例，必须具备在线支付功能。目前，国内酒店的预订较少采用提前预付的方式，这就减少了消费者的违约成本，也给酒店网络订房带来许多不确定性。随着电子商务在线支付体系的完善，通过信用卡、在线网银以及第三方担保支付已被广大消费者所接受，酒店的在线支付比例在逐年增加。同时，在线支付功能的完善也便于进行准确的客房库存管理，提升电子商务的效率和效益。在线支付也为合作伙伴之间的佣金结算提供了便利。

（6）在线交流。在线交流主要是提供酒店产品和服务的售前咨询、售中跟踪和售后反馈服务的功能。对于连锁酒店，经营方可以安排专人 24 小时在线服务，实现第一时间解答客户的疑问，促成销售。即便最终没有销售成功，在线交流也提供了一次良好的在线客户体验，有助于酒店品牌的树立和传播。当客户入住完毕，则鼓励客户进行在线售后反馈，可以通过 BBS、在线留言、在线聊天、移动 APP 等方式，分享入住体验。反馈的内容要及时自动发送到相应处理人员的邮箱及酒店高层领导或质量管理部门。客户反馈系统的信息流向可以是上行、下行或平行的，相应的信息都会及时出现在相应的位置，不管是通过电子邮件还是其他方式，都要确保信息及时、准确地到达信息接收者。通过在线交流系统，可以对客户进行服务满意程度的调查，对调查结果进行及时的分析并提出完善的改进方案。

（7）会员中心。会员中心的职能主要用于客户注册、申请会员、管理预订信息、管理个人信息、管理会员积分、进行积分兑换等。客户可以在网站上直接注册成为会员，填写详细的个人信息以及表示愿意接受酒店的服务条例，可以直接按照自己的会员等级进行预订，并能够对预订进行取消或者确认。入住成功后，将会获得相应会员积分，并可以进行积分兑换礼品、航空里程、免费住宿等服务。门户网站的会员中心也是酒店 CRM 的窗口，通过数据的交换，可以实现 CRM 的数据采集和互动信息的推送。

2. 酒店电子商务的后台

小规模的电子商务系统其后台其实就是一个管理程序，主要用于用户及权限管理、内容管理、订单管理以及渠道分析等。对于连锁酒店或酒店集团，则需要一个较大规模的电子商务系统支持，其后台会涉及许多合作伙伴的商务管理，如分销商、社交网络、国际分销渠道等内容管理。后台可以直接查看分销记录、佣金统计和详细记录、佣金支付情况、酒店最新分销价格等业务。下面就小规模电子商务系统的后台功能作简单介绍。

（1）基础信息管理。酒店电子商务平台涉及许多基础的商务信息，需要经常更新和管理。酒店的基本信息都需要输入酒店电子商务平台中，包括酒店基本服务介绍、酒店客房种类、客房数量、客房具体时间段的价格等。当客户进行网络在线预订时，就犹如已经抵达酒店一样，可以选择喜欢的房型、楼层、朝向等。如果没有这些基本信息维护和管理，客户的自助预订想要实现个性化，那就是天方夜谭。

（2）门户网站维护。门户网站的很多信息是需要维护的，酒店企业的最新动态、网站留言的处理等都需要及时更新。目前，为数不少的酒店在建成网站后，很少去实时更新，影响了酒店的网络形象。过期、陈旧的信息会影响酒店的企业形象，不回复客户的咨询也会影响酒店的企业形象，商务不及时处理更会影响酒店的企业形象。所以，通过后台的实时更新和维护，可保证网站的可访问性、商务处理的敏捷性，也保证了网站的安全性。

（3）内容管理。内容管理主要是指对电子商务业务处理功能进行维护管理，为不同的业务处理以及酒店营销制定工作流程，也为门户网站栏目设定个性化的处理功能，预建业务管道组件，使酒店电子商务的功能符合业务发展的需要，也迎合消费者的商务服务需求，让消费者能轻松地获取服务，敏捷地得到响应处理，如酒店在线采购模块，后台需要为采购商品发布、报价、谈判、签约、验收、结算等制定商务流程，便于酒店方便地寻找到成本更低或质量更好的供应商，供应商也可以便利地给出报价，从而降低采购的商务成本。

（4）订单管理。网络订房是酒店的主业务，需要一系列的流程进行有效管理。对于每一个网络订单都需要能够进行查询、确认、修改、取消、恢复等操作。客人在电子商务网站下了订单后，系统能够自动将该预订单导入到本地酒店管理信息系统的数据库中，酒店预订中心工作人员确认无误后，还需要客人确认预订。客人可以通过电子商务网站、手机短信等方式进行预订确认、取消、修改等，并且这些操作的信息都会实时更新到酒店管理信息系统中。

（5）分销管理。分销管理主要实现对酒店分销商的管理工作，如营销信息、客房价格与分销数量。酒店分销商即酒店的合作伙伴，许多信息需要协同管理。由于分销商是靠拿佣金的方式获得利润的，这就导致酒店在获得同等收入的情况下，利润会降低。所以，酒店需要对分销渠道进行分配管理，采用实现收益最大化的分销方案。电子商务系统可以如实记录所有分销历史，根据这些历史，酒店可以考核来自分销渠道预订的客源状况和收益情况，可以科学分析渠道对酒店所做的贡献，可以更加合理地布局分销渠道。

（6）财务结算。财务结算主要用于酒店与合作伙伴、分销商之间的账务结算工作。当来自分销渠道的客户完成了入住，系统将自动产生一笔佣金记录。当财务人员进行审核后，系统会自动生成分销商的佣金统计以及明细记录，并且这些财务结算都是采用数字化的方式进行款项支付的，避免了现金和现金流转的不便，提高了支付的效率。酒店可以与银行合作，或者与第三方电子支付平台（如支付宝、PayPal 等）合作实现在线结算。

（7）客户关系管理。良好的顾客关系是酒店在竞争激烈的市场竞争中脱颖而出的经营准则。酒店电子商务系统为打造良好的顾客关系提供了一个非常好的平台，后台管理就可以为客户关系管理提供在线操作，实现酒店的 CRM 系统与酒店电子商务系统的无缝对接。当有客户用电话或通过网站、短信等方式进行预订时，电子商务系统将立即在酒店 CRM 系统中搜索相关用户的相关信息，并将客户名字、客户喜好等信息在第一时间反馈给后台服务员，从而实现个性化的服务操作，更好地维护客户关系。

五、酒店电子商务的发展趋势

实践证明，酒店开展电子商务已是必然趋势，没有电子商务，酒店的连锁化、集团化经营就无法开展。目前，对于一、二星级甚至部分三星级酒店来说，电子商务环境的建设和应用还处于起步阶段，高星级酒店的电子商务应用相对较好，大多数单体酒店都建立了自己的网站并开展了在线预订。但是，这些网站往往是独立的网站，并没有和酒店的管理信息系统相连，业务数据还无法交换。所以，许多单体酒店的电子商务系统建设还处于比较初级的阶段，离真正的电子商务还有距离。而一些酒店连锁，如锦江之星、如家、7 天连锁等信息化意识比较强，电子商务系统建设走在了前列，已有完整的电子商务系统。经过十多年的发展，目前酒店电子商务的发展呈现出以下几个新的趋势。

（一）不断创新在线营销模式

酒店营销是酒店电子商务的核心业务，目前微信营销、微博营销等移动营销方式已被大多数的酒店采用，将成为酒店在线营销的主要模式。随着在线电子商务的开展，酒店的电子商务营销模式开始多样化，呈现了基于在线营销的多种销售模式。例如，尾房销售（Last-minute）模式：每晚 6 点后可以以 3～5 折的超低价格订到当晚的剩余酒店客房；模糊定价（惠选）模式：不告诉顾客具体的酒店名称，只提供一个折扣房价和简单的酒店描述；反向竞拍（C2B）模式：酒店将可接受的最低客房售价放到系统中，然后让顾客来提条件和出价；酒店团购模式：酒店拿出一定量的客房通过采用薄利多销的方式进行销售。目前，国内酒店团购、模糊定价等模式正逐渐被市场认可，既销售了一定量的客房，又起到了网络营销的作用。这些销售模式有一个共同的特点，价格较低，提前预付，且必须在线操作。这对于一直没有采用预付押金的方式进行预订的酒店业来说，是一个突破性的改革。同时，它也满足了酒店淡季房间销售的诉求，还迎合了价格敏感性用户的需求，具有一定的营销作用，在预订市场中发展较快，是目前酒店电子商务中发展势头较好的一种方式。

（二）移动电子商务发展迅猛

移动电子商务是近年来酒店业发展中最有前景的一种电子商务，迎合了顾客的实际需要。由于移动通信和互联网技术的迅速发展，移动电子商务凭借其能随时随地提供个性化服务的能力和优势，成为当前酒店电子商务领域应用和研究的热点，如第三方在线服务商携程旅行网、去哪儿网、同程网等也快速推出移动电子商务，许多连锁酒店、高端酒店也纷纷推出基于移动商务的 APP，游客只要用自己的手机一点就能轻松预订酒店产品。相对于传统电子商务，移动电子商务增加了移动性和终端的多样性，允许用户在移动网络覆盖范围内任何地方预订服务，并以其特有的移动支付和基于位置的服务大大扩展了传统电子商务的服务范畴。通过移动电子商务，游客可以获得移动定位服务（如位置跟踪服务、交通和导航服务、安全救援服务、移动广告服务、位置查询服务）、移动信息服务（如景点信息、餐饮住宿信息、特产信息、娱乐信息等）、移动支付服务和移动互联网服务等，大大扩展了酒店的信息服务和业务范围，成为最受酒店欢迎的电子商务发展方式。

（三）面向社交网络的电子商务

近年来，受社交网络快速发展及巨大人气的影响，中国社交化电子商务开始兴起，酒店也一样，面向社交网络的电子商务受到酒店界的青睐。从 BBS 到 IM，从博客到微博、微信，基于这些社交化应用的网络，正在创造出巨大的商业价值链，酒店企业也获得了新的网络商机。据艾瑞咨询统计数据显示，2011 年中国社交网络的用户规模达到 3.7 亿人，较 2010 年增长 17.6%，预计到 2014 年这一规模将达到 5.1 亿人，如图 4-10 所示。

微博、微信营销是社交化营销中的最新趋势之一。作为 Web 2.0 时代的一个后来者，微博、微信的影响力丝毫不亚于博客、Facebook 这些风靡一时的社交化营销工具，而且越来越有后来者居上的趋势。各地的旅游局、酒店、第三方预订中介纷纷开展微博、微信营销。其中，许多国内外五星级酒店通过微博、微信平台与消费者、目标用户建立了直接的接触和互动，并通过互动话题、活动的策划提高自身品牌的知名度。一些星级酒店在微信上发布近期促销活动、酒店特色美食、酒店造访名人消息等，并配以精美的图片，得到了大量的转发数和评论数，获得了较好的微信营销效果，创造出前所未有的电子商务效果。

图 4-10　2008—2014 年中国社交网络用户规模

拓 展 学 习

1. 酒店收银系统
2. 酒店营销、销售系统
3. 酒店网络订房与网络营销
4. 酒店网站、门户网站的概念

案例分析与习题

一、案例分析

案例 4-1：王先生的资料出了什么问题

王先生在浙江某高星级宾馆办理入住手续时，接待员章丽丽非常热情，为了更好地体现酒店对客人的关注，章丽丽主动欢迎客人："王先生您好，欢迎您再次入住我们酒店。您上次入住时是三个月前的5月8日，下榻的是8088商务套房，请问，今天您还住老地方吗？"王先生满脸诧异："我已经快两年没来你们酒店了哦！"旁边的王太太沉思了一会儿，开始质问王先生："5月8日你好像说是要出差北京，还去了一个多星期。怎么回事？你怎么在浙江？"随后，王太太愤怒离开。王先生非常生气，立马投诉，要求见总经理。

思考：试分析该情况发生的原因。酒店应该通过哪些方法来避免此类事情的发生？

分析：宾客的个人信息、历史消费信息等都是客人的隐私，需要进行保密。前台接待时，不能太直接地将历史消费信息都讲述得非常详细。对客人的关注的表达方式有多种，如称呼客人、关注客人的入住偏好、客房布置等。酒店需要对员工多进行培训，注意服务的技巧和尺度，以免发生类似的事件。

案例4-2：客人信息保密

一位先生入住1808房，要求为保密房。第二天一位自称为该客人妻子的女士到酒店前台问询处查找这位客人，问询员A通过酒店管理信息系统的查询得知客人申请保密，便礼貌告知其查无此人，但该女士说其夫肯定在这里住，现在找他有急事，要求问询员仔细查找，此时A灵机一动，说："我再到办公室帮你查找一下住客资料。"A来到后台，通过电话告知1808客人前台有人找他，此客人问明情况后表示要回避。于是A来到前台再次对该女士说查无此人，该女士见问询员不厌其烦地找了几遍都没结果也就离开了。

思考：酒店管理信息系统中的哪些信息需要特别注意？问询员A的处理是否得当？

评析：酒店管理信息系统可以为客人提供信息保密、留言、叫醒等服务，还可以看到房价信息、抵离信息等。对这些信息，都需要进行留心，如果有要求住店信息保密或者房价信息保密的，则需要灵活处理，按客户要求进行保密。本例中有访客要求找保密房的客人，并且情况特殊是住客的妻子。问询员A处理得当，灵活地避开访客向住客请示，否则很有可能引发一场冲突。

二、习题

1. 简述前厅管理信息系统的功能。
2. 前厅管理信息系统的作用是什么？对酒店前厅业务管理产生怎样的积极影响？
3. 通过查阅资料，试述前厅管理信息系统的发展趋势。
4. 客房管理信息系统主要功能包括哪些？

5. 客房管理信息系统主要处理哪些酒店业务？其作用是什么？

6. 查阅网络资料，找 1～3 则餐饮管理信息系统的实际应用案例。

7. 餐饮管理信息系统的功能有哪些？什么是电子点菜？

8. 无线网络在餐饮管理信息系统有哪些应用？

9. 什么是康乐管理信息系统？其作用是什么？

10. 查阅资料，了解某一具体的康乐管理信息系统（如 KTV、足浴、SPA 等）的主要功能。

11. 作为一个单体酒店企业，应怎样规划和建设前台信息系统？

12. 作为一个连锁酒店企业，应怎样规划和建设前台信息系统？

13. 酒店前台信息系统是酒店的核心系统，目前它有怎样的发展趋势？

14. 什么是酒店电子商务？什么是酒店门户网站？

15. 什么是完全电子商务？什么是不完全电子商务？

16. 什么是网站？酒店网站的作用是什么？

17. 酒店电子商务系统的框架结构有哪些内容？酒店应怎样建设电子商务系统？

18. 结合实际，谈谈酒店电子商务的发展现状和发展趋势。

19. 酒店前台信息系统有哪些最新的信息技术应用？

第五章
酒店后台管理信息系统

【引言】

在酒店管理信息系统的认知中，人们经常对前台系统更加关注，如预订系统、接待系统、客房管理系统、餐饮管理系统等。在很多时候，有些酒店往往忽视了后台管理信息系统的作用。在经营实践中，人们已意识到酒店后台系统的信息管理同样非常重要。根据酒店后台业务的管理，这些系统主要包括人力资源流、资金流、物资流和工程设备流等信息管理。本章将主要从酒店人力资源及考勤管理系统、酒店财务管理系统、酒店库存管理系统和酒店工程设备管理系统等核心系统进行介绍，并结合业内相关的实例介绍软件功能内容，希望能够通过系统化的介绍让读者对酒店后台管理信息系统作用有更清楚的认识。

【学习目标】

通过本章的学习，要求学生：① 掌握酒店后台管理信息系统的基本架构及内容；② 掌握酒店人力资源及考勤管理子系统的内容；③ 了解酒店财务管理子系统的内容；④ 熟悉酒店库存管理子系统的流程及内容；⑤ 熟悉酒店工程设备管理子系统的意义及内容。

第一节　酒店后台管理信息系统概述

在实际操作层面，酒店信息系统通常分为前台和后台，前台信息系统的主要内容在第四章已作了介绍，本章将围绕后台管理系统性的内容作简要介绍。一般来说，后台管理的精准、敏捷、高效，会影响前台的对客服务和顾客满意度，因此我们要正确理解后台信息系统的重要性及其应用含义。

一、酒店后台管理信息系统的含义

酒店后台管理信息系统是相对于前台管理信息系统而言的，并且为前台管理信息系统提供辅助，通过有效的对接，能够更好地实现顾客服务的及时准确性、酒店内部管理的高效性。从不同的角度出发，对酒店后台管理信息系统有不同的理解。从业务是否与顾客接触来看，酒店后台管理信息系统是指那些不与顾客进行直接接触的业务所形成的信息系统，如酒店财务管理信息系统、酒店人力资源管理信息系统、酒店设备管理信息系统等；从作用和功能来看，酒店后台管理信息系统是指为酒店的运营管理提供后勤保障的各类系统，主要体现在为经营服务的支持和帮助等方面。

不管从什么角度出发，酒店后台管理信息系统的含义主要包括以下三个方面：第一，是酒店前台管理信息系统不可缺少的补充，使酒店的管理职能更清晰，酒店前台管理信息系统离开了后台管理信息系统就不可能给酒店管理带来高效和便捷，顾客也不能够从酒店获得便捷优质的服务；第二，是酒店高效运转的后勤保障，后台系统虽然不直接为顾客提供服务，但能够为各项服务和酒店的管理提供支持和帮助；第三，是酒店管理者不可缺少的支持系统，酒店后台管理系统一般方便酒店管理者对某个方面进行监督、管理，方便管理者对酒店的业绩、各项工作指标进行全面的信息获取和核查。

因此，后台信息系统的职能是提供酒店后台的高效管理，其目标是支持前台的敏捷服务、精准服务。在现阶段，酒店的管理信息系统还是把前台信息系统和后台信息系统区分开来，让酒店根据自己的需要选择，但随着网络的发展和软件架构技术的进步，酒店的前台和后台信息系统将合二为一，形成一体化、高效率的集成型信息系统。

二、酒店后台管理信息系统的基本内容

由于酒店存在不同的类型，有商务酒店、休闲酒店、度假酒店、经济型酒店等，酒店的后台业务差异性很大，单体酒店和连锁酒店也存在很大的差异。本章讨论的后台信息系统主要针对一般的商务酒店，重点围绕单体商务酒店共性的后台业务，讨论其后台信息系统的主要构成，具体如图 5-1 所示。

在很多实际开发的酒店管理信息系统中，为了销售的方便以及面对不同类型酒店的选择，酒店后台管理信息系统基本上是从财务管理、人力资源、采购库存、成本核算、工程管理等角度来设计和开发信息系统，下面讨论完后台信息系统的特点就简要介绍这些后台子系统的内容。

图 5-1　酒店后台管理信息系统结构示意图

（一）酒店后台管理信息系统的特点

从图 5-1 中可以明显看出，酒店后台管理信息系统具有以下明显的特点：第一，独立性。酒店后台各子系统在业务上都具有很高的独立性，不管是财务、人力资源、采购还是工程设备管理，它们既可以单独运行，迎合酒店自己的实际需要，也可以集成在一起统一运行及管理。第二，开放性和可扩展性。系统在设计时充分考虑到未来业务快速增长和变化的可能性，如互联网业务管理、客户关系管理等，在确保数据安全的前提下，系统一般采用开放式架构，便于系统功能的扩展和应用。第三，人性化和个性化。因为后台一般都是非技术人员操作的应用系统，界面的操作须具备灵活的人性化、个性化要求，如许多系统可为客户定制界面，定制各类报表，搭建与酒店业务紧密相连的操作流程等。第四，易用性。系统采用面向对象的人性化技术，完全按照酒店业务流进行设计，操作过程完全符合业务规范，输入数据检查严格并有较强的容错能力，大大减少操作失误，使日常的管理工作化繁为简。第五，数据协同性。酒店后台涉及的部门较多，要求各个系统的数据实现无缝隙的链接，以确保酒店数据使用的完整性和协同性，同时确保系统的保密性和数据的一致性。第六，可维护性。作为完善的后台系统，系统运行应有一个完善的管理机制，软件的结构和运行管理应具备安装方便、配置方便、使用方便等特点，简单问题可以由使用操作人员自己维护，技术问题可以通过合理的配置、调整、远程监视及管控进行维护，使系统有保障地稳定运行。

（二）后台管理信息系统的基本内容

根据图 5-1 所示后台系统的结构示意图，下面简要说明酒店后台信息系统的基本内容组成。

1．酒店人力资源管理子系统

酒店人力资源管理子系统是一个重要的后台系统，尤其在连锁酒店的经营中，它是一个不可缺少的子系统。利用该子系统能够使酒店充分开发和利用人力资源，有效地控制人力资源成本。该子系统的主要功能包括人员管理、考勤管理、组织岗位管理、合同管理、培训管理、工资管理、绩效考核、人力资源开发和报表等。

2．财务管理子系统

酒店的财务管理子系统主要是会计管理和账务管理，通常酒店财务管理软件都是外购，购买由国家财政部统一认可的规范软件。利用该子系统能够使酒店经营有效的控制财务成本，合理地使用资金，使酒店经营收益最大化。该子系统的主要功能包括财务核算、财务分析、账务管理、固定资产管理、应收应付管理、成本分析、存货核算、UFO 报表等。

3．采购和仓库管理子系统

采购和仓库管理子系统是酒店经营中又一个重要的后台系统，尤其是酒店集团经营，它是一个不可缺少的后台系统。利用该子系统可以实现物资的统一申请和采购，为酒店控制物资的采购成本，杜绝采购员拿回扣的不良风气，有效降低酒店的经营成本。该子系统的主要功能包括申购管理、计划管理、采购管理、订单管理、供应商管理、竞价管理、验货管理、出入库管理、结算管理、二级库管理、结算管理以及报表管理等。

4．工程设备管理子系统

工程设备管理子系统也是酒店经营中不可缺少的后台系统，负责管理酒店经营中所有的设备和能耗。利用该子系统工程部可以与前台各部门紧密结合，完成报修、派工、维修及验收等一系列工程部日常工作的电子化管理，并与仓库管理系统结合完成设备管理与备件管理的网络化。该子系统的主要功能包括设备管理、计划润滑管理、报修管理、能耗管理、能耗分析、二级库管理、维修管理、设备供应商管理、各类报表管理等。

关于酒店后台其他的一些子系统，如收益管理、安保管理、楼宇管理以及办公自动化管理等，由于本书的篇幅有限，这里就不一一详述了，有兴趣的读者可以自己整理相关的子系统内容。

三、酒店后台管理信息系统的作用

任何一个酒店的经营都离不开后台各部门的协同，如果后台部门的工作效率高，对前台经营就有很大的保障和支持，前台的服务效率就高。在后台信息系统的支持下，后台部门就可以更好地协同为前台服务，也为酒店管理者的监督管理带来了便捷。因此，后台信息系统对酒店的经营具体来说有以下几个方面的作用。

（一）辅助提高服务质量

酒店前台管理信息系统能够直接地为顾客提供及时和高质量的服务，如强大而方便的快速预订、前厅接待、账目等批处理功能，这些前台服务离不开优秀的服务员。因此，酒店人力资源管理子系统的好坏直接影响到员工的绩效和努力程度，能起到激励作用，而人力资源管理是酒店后台管理的重要组成系统。此外，预订、接待、餐饮等业务最终构成了顾客在酒店的消费流，而只有对这些消费流进行及时的统计分析才能够从整体上了解酒店的运营情况，财务管理信息子系统分析提供的数据，刚好可以起到精准服务的作用，为酒店管理者的监督、决策提供了信息支撑和分析工具，也为酒店个性化服务提供了信息基础。

（二）提高酒店运营效率

通过后台管理信息子系统，能够快速、简捷地处理各类业务，功能合理，操作使用简捷、准确，如各种财务统计指标和分析指标能够帮助部门经理或总经理提高决策的效率和质量，能够让他们从烦琐的事情中脱身，利用系统的功能自动实现分析和管理。工程部能耗分析报表及时、准确，为管理层提供决策数据；网络化的报修功能彻底结束了手工报修的历史，使前台服务更加敏捷、有效。财务子系统分析消费报表，可按各种条件的分类，让销售部及管理层随时可以得知常客、回头客、协议单位的消费情况。

（三）降低成本并提高经济效益

后台各子系统可以提供各种自动统计的报表，如收入汇总表使酒店管理层清楚知道各时期客源变化与收入结构变化，可以及时调整经营方式与策略；能耗分析报表可以清楚地知道酒店经营的能源成本，可以及时采取节能措施。在物资和设备管理上，通过相关子系统智能化的提醒和处理，能够减少各项物资设备的浪费，降低酒店的运营成本，间接提高酒店的经济效益。

在人力资源管理方面，通过系统化的管理，能够更多地实现无纸化办公，降低酒店的办公成本，并通过系统化的人力资源管理，提高酒店人员管理的工作效率，能够更好地激励员工，留住优秀员工，从而间接提高了酒店的经济效益。

（四）能够提升酒店智能化管理

通过完善的后台管理信息子系统，可以实现酒店的全面智能化管理。首先人力资源管理可以实现员工绩效的智能化管理，工程设备管理可以实现设备的智能化管理以及能耗使用的智能化管理，采购与仓库管理可以实现资金的有效流转，实现采购各环节的智能化管理，财务管理子系统可以有效地进行成本控制，实现会计和账务的智能化管理。其他如收益管理、楼宇管理等子系统都可以实现相关的智能化管理。可以说，这些后台子系统的有效运行，是构建智慧酒店的基础，只有实现基本的智能化管理，才能实现期望的智慧酒店。

四、酒店后台管理信息系统的功能需求分析

酒店后台系统通常以财务管理（总账、明细账、应收账、应付账、银行现金日记账）为中心，开展支持前台经营的一系列管理和服务工作，如财务管理、物资采购、仓库管理、设备管理、固定资产管理、人力资源管理等。下面对后台重要的财务管理、人力资源管理和工程设备管理等功能需求作简要分析[①]。

（一）财务管理功能需求

酒店财务管理主要包括会计管理和账务管理，在酒店管理信息系统的后台管理系统中，应该只需要将会计凭证输入计算机并审核过账后，就可以随时取得账务处理结果资料和报表，中间过程全部应由计算机自动完成，从根本上改变财务工作的枯燥、烦琐的状况，从而大大减轻财务人员的劳动强度，并使他们的工作重点从大量的核算转到对账务的审计。酒店财务管理系统的具体功能需求如下。

（1）账务处理。

（2）总账管理。

（3）财务核算。

---

① 本部分的相关内容和观点均来自于陆均良，沈华玉. 旅游管理信息系统. 北京：旅游教育出版社，2010

（4）财务分析。

（5）应收付管理。

（6）现金流管理。

（7）每日账务稽核。

（8）资本管理。

（9）固定资产管理。

（10）各类报表。

（二）人力资源管理功能需求

酒店人力资源管理主要包括人事管理和工资管理，实现对员工的资源化管理。酒店经营中员工的流动性比较大，需要有一套完整的人力资源管理系统应对员工的变动情况。除了需要完善的人事管理功能外，还需要有完善的员工激励机制，并通过员工的绩效考核挖掘员工工作能力和创造力，最终为酒店创造最大的效益。尤其是大型连锁酒店，需要通过人力资源管理系统为酒店经营培养和储备人才，形成有效的人才培养生态链。酒店人力资源管理系统的具体功能需求如下。

（1）员工档案管理。

（2）招聘、培训管理。

（3）福利保障管理。

（4）绩效考核管理。

（5）定编、培养管理。

（6）考勤、工资、福利管理。

（7）人事变动管理。

（8）人力成本分析。

（9）各类分析报表。

（三）工程设备管理功能需求

工程设备管理是后台系统中很重要的一个管理环节，管理的好坏直接影响到酒店经营的实际成本，也会影响前台的服务质量。工程设备管理功能需求包括两个方面：一个是设备档案和运行管理，一个是酒店经营的能耗管理。前者对设备的管理影响到设备的使用寿命和维修成本，后者对能耗管理影响到酒店的经营成本和住客的舒适度，通过工程设备管理系统的高效管理，可以极大提高酒店运行的实际效益。工程设备管理子系统的具体功能需求如下。

（1）设备申购和验收管理。

（2）设备供应商管理。

（3）设备定期维护管理。

（4）设备润滑管理。

（5）设备报修管理。

（6）水、电、油、气能源管理。

（7）能源使用分析。

（8）弱电、网络管理。

（9）二级仓库管理。

（10）员工计件、工时管理。

（11）各类分析报表。

酒店其他后台管理子系统的功能需求，如采购系统、安保系统、楼宇系统等，读者可以通过参访，自己进行分析。

第二节 酒店人力资源管理系统

现有酒店一般采用的是人事管理系统，真正采用人力资源管理系统的比较少，还没有把员工放到比较重视的位置，真正实现资源化管理。当前，酒店人力资源管理特别是酒店集团经常会面临若干问题，如深陷人力资源琐碎事务，很难抽身着手人力资源管理创新和提升方面的工作，通常认为人力资源管理是人力资源部门的事，致使人力资源工作饱受员工和业务部门诟病，无法及时、准确、全面地掌握酒店人力资源状况，难以担当酒店管理层的战略决策顾问角色。从本节开始以实际系统为例，介绍酒店后台相关几个子系统的功能内容。

一、酒店人力资源管理系统介绍

本节以金蝶人力资源管理系统为例进行介绍。

（一）酒店人力资源管理系统的需求分析

通常，人力资源管理系统都应用于酒店集团。因为一些大型的酒店集团人才需求量大，人力管理复杂，需要采用人力资源管理系统服务于酒店。一般来说，酒店集团对人力资源管理系统的需求更加复杂，不同类型酒店也存在较大差异。图 5-2 所示是酒店集团人力资源管理的需求分析图。

図 5-2　酒店（集团）人力资源管理系统的需求分析

人力资源管理子系统主要通过三个平台和六个模块实现系统的功能需求，三个平台是指领导信息自助查询平台（对组织状况、报表、团队、审批、数据分析等进行查询）、财务信息查询平台（对规划要求、计划、数据统计、报表、团队等进行查询）、员工自助查询平台（对资料、消息、绩效、培训等进行查询）。六个模块包括组织架构的规划与执行、薪酬规划及管理执行状况、员工福利保障、绩效规划与绩效管理、人才培养规划、员工满意度等。人力资源管理系统服务于酒店的发展战略,服务于酒店、业务部门、员工职业发展等,通过精细化管理,使得基础数据共享化、业务流程规范化、内部控制实时化,从而提高人力资源的工作效率和服务品质[①]。

(二)金蝶酒店人力资源管理系统的实现

目前已经有一些软件能够实现酒店人力资源管理,并在酒店集团或连锁酒店应用,如金蝶的人力资源管理系统,图 5-3 所示是该系统的功能架构图。

图 5-3 金蝶酒店人力资源管理系统

系统整体的功能架构是通过人事管理、能力素质模型、绩效管理、薪酬管理、考勤管理、招聘选拔、培训发展和查询报表等系统一体化整合应用,以及工作流引擎、自助平台和移动 HR 平台的协同管理,在实现人力资源专业、精细、高效管理的同时,还能将酒店的人力资源管理任务和分析报告即时提供给业务经理和酒店管理层,充分响应公司战略和业务发展的需要。具体功能实现分析如下。

第一,通过组织规划系统和职员管理系统,将酒店的组织架构、职务、职位等相关信息与职员的详细信息进行整合,为绩效管理、薪酬管理等相关业务提供基础数据。第二,通过能力素质模型系统定义酒店的素质指标库,将素质指标库中的指标与职位的核心素质要求进行匹配,

---

① 本部分的内容来自金智东方人力资源管理解决方案,http://www.doc88.com/p-5068170616124.html。

结合职员的实际素质能力，提供入职素质符合度差异报告，使酒店在开展人事、招聘、培训、绩效等业务时得以全方位应用。第三，通过招聘选拔和培训发展系统，帮助酒店实现从人力资源规划到招聘需求征集、计划制订、执行、总结等完整的招聘选拔业务流程，以及从培训需求征集到培训规划制订、执行、考核和总结等完整的培训业务流程，从而帮助酒店达到规范化管理的目的。第四，通过绩效管理系统完成绩效方案制订与下达、绩效过程管理、绩效考核、绩效总结等完整的绩效管理流程。同时系统可实现平衡计分卡、关键绩效指标法（KPI）、360 度评估等多种绩效评估方式，实现对组织与员工的绩效目标管理和过程管理。第五，通过薪酬设计系统、薪酬核算系统以及社保福利系统，可以帮助酒店实现从薪酬体系构建、定薪调薪管理、薪酬核算到薪酬发放业务处理的全过程薪酬管理。第六，通过考勤管理系统帮助酒店应对复杂而多变的员工工作计划、人力成本控制、实时假期额度控制、请假处理、异地原始考勤数据实时集中运算等业务需求，提高系统的整体使用效率。第七，通过报表平台，使人力资源部门能够随时提供面向决策层的定期报告，面向内部评估的非定期报告，满足预警监控的非标准报告，日常管理用途的基础性报告以及决策分析的综合性报告。第八，通过员工工作台、经理人平台、CEO 平台的协同应用，酒店可实现从决策层到操作层的人力资源管理业务处理、沟通和监控，充分落实全员参与的战略人力资源管理思想与理念。

二、酒店人事管理系统

人事管理能够使酒店充分开发和利用人力资源，有效地控制人工成本，是人力资源开发的基础管理。人事管理系统（包括组织规划和职员管理）面向酒店人力资源管理人员设计，提供了组织架构管理功能，通过组织架构搭建，形成以职位体系为基础的酒店人力资源管理架构，提供了从入职、转正到离职、退休的职员任职全周期的人事业务处理功能，并对职员信息进行全面、动态、准确的记录，帮助酒店夯实人事管理工作基础。人事管理系统能够和薪酬管理系统、招聘选拔系统、培训发展系统、考勤管理系统、社保福利系统、员工工作平台系统、查询报表系统联合使用，构成完整的人力资源管理解决方案。

（一）酒店人事管理系统的主要业务流程

酒店人事管理系统的主要业务流程包括职位体系、在职职员管理（能力素质模型、薪酬管理体系、绩效评估体系、培训发展体系、招聘甄选体系）、人事档案管理和人事事务流程（离职管理、离退休管理、不在职管理），如图 5-4 所示。

图 5-4　酒店人事管理系统的业务流程

　　据此，可以实现以下四个方面的功能：第一，酒店组织架构管理。系统提供构建和维护多层级树形关系的酒店组织架构功能，可根据需要灵活调整组织架构，自动生成组织架构图，通过组织架构图链接查询各级组织单元、职位、任职人员的详细数据，帮助酒店实现组织架构的管理和组织规划的落实。第二，以职位体系为基础的任职管理体系。系统提供酒店职位体系的构建、维护功能，帮助酒店明确每个职位的工作职责和任职要求，以及职位间的上下级汇报关系，自动生成职位说明书，实现规范的任职管理。系统还提供职务体系分类功能，如划分职务类型、职务、职级、职等，可设定各个职位与职务、职级、职等的对应分类和等级关系，为薪酬等级设计、报表分类查询提供基础的分类分级标准；实现了招聘选拔、培训发展等其他人力资源业务系统都支持以职位体系设置作为业务运行的基础；实现了以职位关系为基础的默认授权和流程关系，帮助酒店将自上而下的业务线流程管理关系规范落实到系统应用中。

（二）酒店人事管理系统的内容

一般包括人员管理，全面管理职工信息数据库，包括个人基本信息、社会关系、工作历史变动、奖惩记录、考勤信息、工资福利信息、教育情况、技能情况、培训信息、奖惩信息、合同信息等。组织岗位管理，系统科学地对酒店的职务岗位进行规划，建立完整的职务说明书、高效的人员体系结构和完善的绩效考核体系。合同管理，通过对合同的分类管理建立酒店人员的合同档案库，全面管理订立、变更、解除劳动合同的全过程。工资管理，提供有关酒店员工工资福利的设定、计算、发放及核算的完整解决方案，包括工资和福利津贴两部分。报表设计，提供符合酒店人事管理需求的各种报表，还可以根据工作需要设计报表。

（三）金蝶人事管理系统实例

1. 薪酬管理子系统

薪酬管理系统面向酒店人力资源管理人员设计，帮助酒店承载规范的薪酬管理体系，实现基于薪酬标准的定薪、调薪业务，支持多种模式的薪酬核算管理，并实现薪酬发放业务，包括个税申报和银行代发业务，帮助酒店实现从薪酬体系构建、定薪和调薪管理、薪酬核算到薪酬发放的全过程薪酬管理业务。薪酬管理系统能够和金智东方人事管理、考勤管理、招聘培训等系统一起使用，构成完整的金智东方人力资源管理解决方案，主要业务流程如图5-5所示。

2. 考勤管理子系统

考勤管理系统面向酒店人力资源管理人员和所有员工设计，可帮助酒店建立高效的考勤管理，包括复杂而多变的员工工作计划、人力成本控制（如加班控制及出勤时间控制）、实时假期额度控制（如年假额度控制等）、请假处理、异地原始考勤数据实时集中运算、多考勤设备支持（如图像考勤机）、自然语言公式平台（使一般的 HR 人员可以自定义复杂的考勤政策、假期政策），还可为酒店提供智能排班、自助考勤管理，提高系统的整体使用效率，帮助 HR 部门快速完成考勤事务工作，为酒店人力资源管理投入更多的时间和精力。它是人力资源管理系统中重要的组成部分，它是连接考勤硬件设备与人力资源管理系统的枢纽，与金智东方人力资源管理系统集成使用，为酒店提供更完整、更全面的人力资源管理解决方案。考勤管理系统的主要业务流程如图5-6所示。

图 5-5　金蝶薪酬子系统的业务流程

图 5-6　考勤管理系统主要业务流程图

3. 报表查询子系统

报表查询系统面向酒店人力资源管理者及其他管理人员设计，提供人事、薪酬、考勤、招聘、培训、社保等业务的常用报表功能，并可根据客户需要提供自定义报表功能，帮助酒店从多角度来查询、统计、分析人力资源数据，并提供了多种报表展现形式。管理人员在自助服务平台中，可以方便地查看到各自所需的报表。报表查询系统能和 CEO 平台、经理人平台联用，与这些系统共同构成了完整的人力资源信息提供方案报表查询系统的主要业务流程如图 5-7 所示。

图 5-7 查询报表系统的业务流程图

4. 能力素质模型系统

能力素质模型系统面向酒店中高层管理人员和人力资源管理人员设计，可以帮助用户在系统中自定义符合本酒店长期发展战略的能力素质词典，并根据不同职位的工作性质要求，设置不同职位的能力素质模型（包括能力素质等级及重要性要求），支持按流程进行各个员工的胜任力评估，记录任职人的实际能力素质等级状况，并能实现职位素质要求与员工实际素质状况符合度的自动匹配。职位能力素质模型及职员能力素质信息可以应用到系统的培训管理系统、招聘选拔系统以及职员的调动、晋升和后备人才管理等业务中能力素质模型系统的主要业务流程如图 5-8 所示。

图 5-8　能力素质模型系统的业务流程图

5. 绩效管理子系统

绩效管理系统面向酒店全体人员设计，提供上下级互动的绩效目标分解下达、绩效过程管理、绩效考核、绩效总结等全面的绩效流程管理，支持工作流方式按预设规则进行绩效考核评估，可完成上下级互动的绩效目标分解下达、绩效过程管理、绩效总结等工作，可实现平衡计分卡、KPI、360 度评估等多种绩效评估方式，支持绩效的定性评估和定量考核，将酒店对部门绩效和职员绩效的考核规则在系统中以组织或职员考核方案形式进行落实，实现对组织与员工的绩效目标管理和过程管理。绩效管理系统的主要业务流程如图 5-9 所示。

该系统可以实现以下四个方面的功能：第一，灵活设置的绩效考核方案满足不同管理模式。第二，绩效目标的分解控制与下达功能。第三，多种方式进行绩效考核评分或等级评定。第四，自定义 360 度评估问卷及设置 360 度评估方案的评价者维度与权限。系统支持用户自定义 360 度问卷，根据不同的评价者维度设计相应的 360 度评估问卷，帮助酒店在系统中完成 360 度评估的全过程。

图 5-9　绩效管理系统的业务流程图

6. 招聘选拔子系统

招聘选拔系统面向酒店人力资源人员设计，提供从人力资源规划、招聘需求征集到面试录用的招聘选拔全业务流程管理。系统可与外部人才招聘网站对接，直接引入应聘者简历。系统提供的招聘报表，可以查看处于招聘面试各阶段的应聘人员情况。招聘选拔系统记录招聘各阶段的工作成果，统一存储应聘人员简历资料和面试意见，以一体化流程的方式协同招聘主管和用人部门的招聘面试工作，帮助酒店规范招聘选拔管理工作。招聘选拔子系统的主要业务流程如图 5-10 所示。

图 5-10　招聘选拔系统的业务流程图

7．培训发展子系统

　　培训发展系统面向酒店人力资源管理人员设计，系统能够承载酒店基于职位任职资格要求构建的培训课程体系，支持征集培训需求、制定培训规划、管理培训活动、生成员工培训记录、进行培训考试和培训效果调查、培训总结统计等业务处理。该系统能够根据任职资格要求安排任职者参加各种培训课程，员工也可查看和申请培训课程体系中适合的课程，或进行自助培训，对酒店规范培训管理和实现员工自助培训大有益处。培训发展系统的主要业务流程如图 5-11 所示。

图 5-11 培训发展子系统的业务流程图

8.社保福利子系统

社保福利系统面向酒店人力资源管理人员设计，可以帮助酒店管理职员缴纳社保的全过程，包括酒店参保账户、职员社保账户基本资料管理、职员定期缴纳社保费用金额记录，实现从酒店的社保缴纳过程到职员的社保对应的薪酬发放全过程的管理。社保福利系统配合薪酬管理系统，构建酒店完整的薪酬福利体系，使得薪酬福利的管理更加系统化、规范化，帮助酒店提升薪酬福利管理水平，提高员工满意度。社保福利系统的具体功能如图 5-12 所示。

9.CEO 平台

CEO 平台面向酒店 CEO 等高层决策者设计，通过 CEO 平台可获得酒店决策者所关注的酒店人力资源统计分析数据（报表）和即时查询所需的 HR 详细资料，为酒店人力资源等方面的决策提供业务数据支持。CEO 平台与经理人平台、员工工作台的配合使用可以实现人事流程等审批的协同工作，以及从决策层到操作层的 HR 业务处理和沟通、监控，实现全员应用、协同管理。系统还提供了后备人才管理功能用于查询跟踪后备干部的培养情况。CEO 平台加强了酒店决策管理者对人力资源业务的实际参与，加大了对人才战略执行的监控力度。CEO 平台的具体功能如图 5-13 所示。

图 5-12　社保福利系统的业务流程图

10. 经理人平台

经理人平台面向酒店中层管理干部（直线经理）设计，在实现中层经理个人 HR 信息查询、处理功能（和员工工作平台相同）的基础上，经理人平台还专门提供了部门级人力资源管理的各项服务功能：查询本部门员工的详细人事信息资料，如任职历史、项目经验等；可在系统中处理本部门的各项 HR 流程审批工作，如招聘、培训等；支持通过手机使用移动 HR 管理解决方案；可以根据每个经理人的需要，单独配置提供个性化的本部门人力资源报表。经理人平台的应用，在酒店决策层和操作层之间起到了承上启下的作用，在业务部门和人力资源部之间实现了 HR 业务的畅顺处理，在部门经理和下属员工之间可进行有效的日常管理和培训指导沟通。经理人平台方便直线经理参与酒店人力资源管理，促进了酒店战略的有效实施。经理人平台的具体业务流程如图 5-14 所示。

图 5-13　CEO 平台的业务流程图

11. 员工工作平台

员工工作平台（我的工作台）面向酒店所有员工设计，提供与每个员工相关的人力资源管理信息互动服务，是员工参与酒店人力资源业务的自助服务平台。员工可在工作平台申请、接收、处理、查询与本人相关的人力资源业务，包括个人信息的记录、公司政策及个人相关资料的查询，如日常请假、调动、培训申请等工作流程申请的发起，此外还提供移动 HR 信息服务，员工可以在工作平台中发送手机短信。员工工作平台是人力资源管理部门向员工提供服务的窗口，也是员工和上级管理人员之间互动、展开人力资源管理工作的平台。通过员工工作平台，酒店战略和制度政策实现上通下达，实现酒店人力资源管理的全员参与，进一步促进酒店战略的有效实施。

图 5-14　经理人平台的业务流程图

员工工作平台主要有以下五个功能：第一，我的消息。用于查看、处理 HR 系统任务消息。第二，我的申请。员工本人提交的审批流程当前的处理进展情况，流程催办。第三，我的培训。系统提供查看酒店培训体系中适合本人所任职位的培训课程及培训资料，查看个人培训记录和培训信息公告，可提出培训课程申请或培训建议。第四，个人资料。查看和维护个人相关资料，制订个人职业发展计划，可应用到上级的后备人才管理平台中，查看本人所任职位的职位说明书，了解工作职责和任职要求、核心素质等，查看个人人事档案信息、考勤记录、酒店人力资源政策制度等，可获授权本人在系统中维护部分个人信息，查看本人各期间的薪资发放记录、本人薪酬标准历史记录等。第五，移动 HR 功能服务。可自定义会议通知等内容模板，实现自写 HR 短信通知、短信投票、短信问卷调查、短信请假、短信备忘录功能，使用了移动 HR 服务后，HR 系统所有任务提示都可以用短信方式提醒。

第三节　酒店财务及库存管理系统

根据财务部业务的各个环节，酒店财务管理系统应该实现整个财务部门的业务执行与财务核算套账，减轻财务核算与业务执行监管的压力，使各个部门的经理及业务骨干逐渐从繁重的业务核算与报表统计工作中解脱出来，参与经营分析与决策支持，为酒店的财务总监、总经理等高层领导的经营决策提供数据依据，参与酒店的经营管理。通过系统化的规划，将物流与财务管理体系融为一体，完成物资采购、仓储、材料领用等各环节的业务流程处理，实现业务部门与财务部门的协同运作，达到资金与物流信息的应用集成。酒店财务管理系统主要包括以下系统模块：总账、UFO 报表[①]、固定资产管理、财务分析、采购管理、库存管理、存货核算。具体业务部门与财务部门的数据协同如图 5-15 所示。

图 5-15　酒店业务部门与财务部门协同图

[①] UFO 是 User Friend Office 办公软件的缩写。

一、财务核算子系统

财务核算是财务管理的基础，财务信息不仅反映了酒店的财务状况和经营业绩，而且通过对财务信息的查阅、分析，可以评价酒店财务核算的规范性与正确性，监控酒店资金运作全过程，发现酒店经营过程中存在的各类问题。通过总账、UFO 报表、应收应付、存货核算等系统的集成应用，可以完成日常账务处理、往来资金管理、经营成本核算、报表编制等核算管理工作。

（一）总账

总账是财务系统的核心模块，也是日常财务人员使用最多的一个模块，财务人员在该模块中可以完成填制凭证、审核凭证、记账、结账、账簿查询等财务核算工作。总账系统是会计核算的基础和核心，所有发生的业务最终都要在总账系统中进行反映。总账与采购管理、销售管理、库存管理等业务系统通过应收、应付、存货核算模块的连接达到实时无缝集成，完全实现了动态的财务业务一体化管理，为酒店的财务管理提供了及时丰富的数据。

1. 总账模块的功能

总账模块的主要功能如下：第一，基础数据管理。包括科目结构的管理、凭证分类的管理、凭证编号方式的设定、辅助核算项目的设置等内容。第二，凭证管理。包括凭证的录入及修改、凭证的审批和签字、凭证记账、凭证调整、凭证打印等内容。第三，往来管理。往来对账、往来核销、往来账龄分析等内容。第四，账簿查询。提供三栏式总账、余额表、明细账、序时账、日记账、日报表、多栏账、综合账查询。提供三栏式总账、余额表、明细账、日记账、多栏账的正式账簿打印。第五，辅助账簿查询。提供针对辅助项目的账簿查询及打印，包括辅助总账、辅助明细账、辅助交叉查询。第六，期末处理。提供汇兑损益结转、期间损益结转、自定义结转等转账凭证定义、生成方式；提供试算平衡检查，执行月末结账工作。

2. 总账模块的主要特点

总账模块的主要特点包括科目体系、凭证类别、会计期间均可根据本单位实际情况自由定义，具体包括：（1）提供强大的科目辅助核算功能，简化会计科目体系，同时使财务核算更加明晰；（2）可以进行原始单据——凭证——明细账的双向联查；（3）可随时查询如下标准账表，并可查询包含未记账凭证的最新数据：总账、余额表、序时账、明细账、日记账、日报表等；（4）可以灵活设置不限栏目数的多栏账，采用平行登账的方式登记多栏账，提供综合多栏账查询；（5）可以以科目、辅助项、自定义项等为分析栏目，完成多组借贷栏目在同一账表中的查询；（6）所有的账表均提供金额式、外币金额式、数量金额式、外币数量式等多种账簿格式；（7）提供自定义结转、对应结转、销售成本结转、汇兑损益结转、期间损益结转等自定义转账功能，月末根据自定义结转自动生成凭证；（8）提供凭证的导入、导出功能，可以将本账套的凭证导出到其他的账套或者其他的系统，又可以将其他账套或者其他系统的凭证导入到本账套中，凭证的接口完全符合财政部及软件行业协会的接口标准。

（二）UFO 报表

UFO 报表系统与用友账务系统及各业务模块完善的接口使其在财经领域发挥着巨大的作用；强大的二次开发功能则使其又不失为一个精练的开发应用平台。UFO 报表的主要功能包括：通过账务系统提供的函数，可以直接生成各种财务报表；支持从用友各业务模块取得各种业务数据，生成各种统计分析报表；内置工业、商业、邮电、交通运输、金融保险、行政事业单位、新会计制度等 29 个行业（分类）的常用会计报表模板；提供自定义模板功能，用户可以增加或删改系统提供的报表模板，也可以将本单位的报表模板加入到 UFO 的模板中；提供图文混排功能：将区域作图生成的图形以对象的形式插入到报表中，并提供对图表对象的打印及预览，对象本身可以透明显示；二次开发功能可方便地生成适合于本单位的报表系统；提供与 dBASE、Access、Excel、LOTUS1-2-3 等应用程序和数据库文件、文本文件直接交换数据的能力，报表文件可直接生成 Internet 浏览器支持的 HTML 格式文件。

（三）固定资产管理

固定资产管理适用于各类酒店的不动产和各种大型设备管理、折旧计提等，具体功能包括：可用于进行固定资产总值、累计折旧数据的动态管理，协助设备管理部门做好固定资产实体的各项指标的管理、分析工作；可以处理各种资产变动业务，包括原值变动、部门转移、使用状况变动、使用年限调整、折旧方法调整、净残值（率）调整、工作总量调整、累计折旧调整、资产类别调整等；可以解决固定资产多部门使用、分摊的处理功能：一个资产选择多个"使用部门"，并且当资产为多部门使用时，累计折旧可以在多部门间按设置的比例分摊；提供"固定资产到期提示表"，用于显示当前期间使用年限已到期的固定资产信息，以及即将到期的资产信息。

1. 初始设置

主要从四个方面进行初始设置，第一，资产类别。系统提供可以分级的资产类别设置方式，最大可以达到4级。自定义资产分类编码方式，自由设置每一级的类别名称、编码、使用年限、残值率、折旧方法等属性。第二，增减方式。可以自由定义资产增加的方式和减少的方式，以及每种方式所对应的科目。系统提供常用的资产增加及减少的方式，用户可进行增、删、改处理。第三，折旧方法。提供平均年限法、工作量法、年数总和法、双倍余额递减法、分类折旧法，此外还允许不提折旧，或者自定义折旧方法。第四，使用状况。可以自由定义资产的各种使用状况，以及每种使用状况是否需要计提折旧等。

2. 卡片管理

卡片管理功能包括原始卡片管理、新增卡片管理和减少卡片的管理。卡片编号提供系统自动编号和用户手工录入编号两种方式。卡片基本项目包括固定资产编号、名称、规格型号、开始使用日期、原值、净值、预计净残值、累计折旧、折旧率、使用年限、资产类别、使用单位等，除卡片基本项目外，还提供了卡片项目自定义功能，满足不同行业的特殊管理和核算要求。提供了卡片样式的自定义功能，适合不同酒店定制适合自己特定样式的需要。增加原始卡片和新增资产卡片时，提供了卡片自动复制的功能，减少了用户的输入工作量。资产减少时，在录入减少信息的同时，录入有关清理的收入、费用等信息。固定资产报废可以作为资产减少的一种方式，提供对资产报废处理表的打印。在进行卡片管理的同时，可同时进行附属设备、大修理记录、资产转移记录、停启用记录、原值变动记录、减少信息等查询。卡片打印全面灵活，可选择打印内容，分别打印卡片和各个附表，打印纸张大小、打印方向等。

3. 资产变动

资产变动处理主要包括如下功能：提供原值变动、部门转移、使用状况变动、折旧方法变动、累计折旧调整、使用年限调整、工作总量调整、净残值率调整、资产类别调整等。系统提供两种查询方式。一种是在进行卡片查询时，就能随时查询到该资产的各种变动情况的记录；另外一种就是通过变动单查询的方式，可以随时查询到某类变动情况的所有记录。完成经评估发生的原值、累计折旧、使用年限、净残值率、折旧方法变动，同时生成评估单。对尚未决算但已投入使用的固定资产，可以先以暂估的价值入账，按暂估的价值计提折旧。在决算后，通过原值调整功能对原暂估价进行调整，并通过累计折旧调整功能将补提的折旧进行调整。提供资产转移单等变动单据的打印。

4. 计提折旧

可定义折旧分配周期，以适合不同酒店的需要。在折旧周期内，按照固定资产卡片计提折旧。折旧费用分配表可以按照资产所属部门进行汇总统计，也可以按照资产所属的资产类别进行汇总统计。根据折旧费用分配表，自动生成凭证传递到总账。

5. 分析预测

提供如下分析表：固定资产使用状况分析表、固定资产价值结构分析表、固定资产部门构成分析表、固定资产类别构成分析表。在表格分析的基础上，还提供了直观的图形分析。提供如下统计表：原值一览表、固定资产盘盈盘亏报告表、役龄设备统计表、逾龄设备统计表、固定资产统计表、资产评估变动表、资产评估汇总表。提供如下账簿：固定资产总账、固定资产明细账、固定资产登记簿。提供如下折旧表：部门折旧计提分配表、资产类别折旧计提分配表、折旧计算明细表、固定资产及累计折旧表。支持自定义固定资产报表等。

（四）财务分析

财务分析模块是酒店财务管理系统的重要组成部分，系统运用了各种专门的分析方法，对账务数据作进一步的加工、整理、分析和研究，从中取得有用的信息，从而为管理决策提供正确的依据。其主要功能如下：提供多种分析方法，如对比分析、结构分析、绝对数分析、定基分析、环比分析、趋势分析。提供预算自动编制，预算与实际比较分析等全面预算管理，既可对各部门、项目中每个科目的精细预算分析，又有按整个企业、项目核算的粗放预算分析。提供多项分析内容，如因素分析、基本财务指标分析、现金收支分析、现金收支增减分析、现金收支结构分析。提供多种图形分析，直观、明了，易于理解。对生成的分析表均提供另存为报表文件、文本文件、dBASE 文件、Access 文件、Excel 文件的功能，以便进一步处理。提供添加文字说明区域，使酒店能自如地、随心所欲地添加对分析表的说明。

财务分析模块的预算管理提供预算编制、预算数追加、预算与实际比较分析的功能，可进行部门、项目、收入、支出、科目预算执行分析。在总账模块进行日常业务处理时，如果某项业务的发生金额超过了预算指标。系统会自动给予提示，通过系统参数的设置，可以选择控制的程度，如"只提示不控制"或者"提示并且控制"。如果选择前者，则起到预算报警作用；选择后者，不仅可以预警，而且可以实现财务层面对业务发生的实时控制。在财务分析系统中可以随时查询各种不同角度、不同维度的预算执行情况统计分析表，包括部门预算分析表、项目预算分析表、成本费用预算分析表、收入预算分析表、利润预算分析表、科目预算分析表等。

（五）应付款管理

应付款管理是酒店控制资金流出的一个主要环节，同时也是维护酒店信誉，保证酒店低成本采购的一个有力手段。应付款管理模块主要提供采购发票和应付账单的录入、向供应商付款的处理、及时获取现金折扣的处理、单据核销处理等业务处理功能，并提供应付账龄分析、欠款分析等统计分析，提供资金流出预测。其功能业务流程如图 5-16 所示。

图 5-16　酒店应付款管理业务流程图

该系统主要功能如下：第一，供应商管理。供应商档案的维护，供应商价格管理，供应商所提供的付款条件的管理、供应商的评估等内容。第二，应付管理。维护供应商的各种应付单据，包括采购发票和其他一些应付单据。第三，付款和核销处理。根据应付情况进行付款处理，并与相应的应付账款进行核销。根据付款条件提供选择付款功能，提供应付并账功能。第四，统计分析。提供账龄分析、欠款分析，以及相应的资金预测。此外，从系统的功能可以看出，这些功能具有以下特点：提供发票和应付账单的录入、向供应商付款的处理、及时获取现金折扣的处理、单据核销处理等业务处理功能。提供应付账龄分析、欠款分析等统计分析。提供付款单远程应用功能。系统提供简单核算和详细核算两种模式进行应付账款的核算，满足用户的不同需求。提供功能权限控制、数据权限的控制来提高系统应用的准确性和安全性。提供结算单的批量审核、自动核销功能，并能与网上银行进行数据交互。提供酒店总部和成员酒店之间数据的导入、导出及其服务功能，为酒店提供完整的远程数据通信方案。

（六）存货核算

存货核算模块主要针对酒店存货的收发存业务进行核算，掌握存货的耗用情况，及时准确地把各类存货成本归集到各成本项目和成本对象上，为酒店的成本核算提供基础数据，并可动态反映存货资金的增减变动，提供存货资金周转和占用的分析，为降低库存、减少资金积压、加速资金周转提供决策依据。

具体来说，该模块主要有以下特点。核算的方式：存货、仓库、部门。支持的计价方式：移动平均、先进先出、后进先出、全月平均、计划价、个别计价。暂估核算：出现货到票未到的情况时，支持存货暂估入库处理；货物到达时，对货品价格进行暂估入库处理，此后，用户可按自己的需要进行不同的处理：月初回冲、单到回冲、单到补差。支持运费的分摊；支持零成本出入库，实现对赠送存货、随货零配件进行核算；存货核算有特殊单据记账功能，对调拨、组装、拆卸、形态转换形成的出入库单按酒店不同的要求有不同的处理方式；存货核算可对全月平均、移动平均、计划价进行单价、差异率控制，对超过最高、最低单价或差异率的存货可自动报警并进行相应处理；支持假退料处理，极大地减少了核算的工作量；根据新会计制度的要求，支持按月、季或年对存货计提跌价准备并进行相应的财务核算；提供大量的账簿和分析报表，提供决策分析使用。支持账簿联查原始出入库单据，联查凭证。

存货核算的业务功能流程如图5-17所示。

说明：用户初进入系统时，进行初始设置。录入期初数据，进行期初记账。进行单据录入操作。进行单据记账/期末处理，计算成本。对已记账单据生成凭证，传递给总账。对存货数据进行统计分析、账表查询。

图 5-17　酒店存货核算业务功能流程图

二、采购管理子系统

采购管理子系统主要进行酒店统一采购业务全部流程的管理，目的是流程管控，降低采购成本。子系统提供请购、订货、到货、入库、开票、采购结算的完整采购流程电子化管理，酒店可根据实际情况进行采购流程的制定。

（一）采购订单

该模块的主要功能包括承接采购计划，批量生成采购订单，开始采购业务处理。业务的起点可以从请购单开始。对于没有在采购计划范围内的其他物资的请购需求可以通过请购单来反映，通过比价功能挑选合适的供货商，通过采购比价可以降低采购成本。需求方发出请购需求，依据工作程序和管理制度，进行必要的审批，采购业务员依据审批的请购单，经过比价确定供货商。对于部分由于生产能力限制等原因，紧急订货订单的紧缺物资，酒店可以采用直接购买的方式，如向同属一个集团的其他单位购买，则在依据系统中销售订单下达采购订单，体现了业务的连贯处理和购销业务的协同。对于采购订单而言，其有录入、审核、关闭状态，并支持对已审核订单的变更处理。执行完毕的订单或者未执行完毕，但经批准后不再执行的订单可以进行关闭操作，可以选择到货完成、入库完成等条件进行关闭操作。对于已关闭的订单，如果需要再次执行，则可以执行打开操作，重新进入执行状态。

本模块的主要特点如下：第一，比价。包括订单生成前的比价，事后的比价分析。第二，最高进价控制。如果进行最高进价控制，则录入订单时，当价格超过设置的最低价格，则无法通过系统校验，必须进行修改。第三，采购订单审批权限。对于不同的签单金额会有不同权限的人员进行审批，当发生大宗采购时，采购业务员录入订单后，需要采购部门经理、运营管理层进行审批，以符合酒店的权职划分。第四，订单执行情况的监控管理。

（二）采购业务

采购业务模块的具体功能流程如图5-18所示。在实际应用中根据应用需求进行不同的处理，第一，如果选择采购业务已有订单，则采购订单为业务处理的起点；第二，订单为非已有环节，则可以以到货作为业务处理起点，也可以以直接入库作为业务处理起点，这样可应用于不同存货和采购方式的管理需求下进行采购业务处理。例如，针对临时一次性的采购业务，可以直接办理入库。本模块主要有以下关键环节。

1．到货

如果到货收货后、入库前，检查出有不合格需要退货给供货商的货物，则需要依据到货单填制到货退回单。

2．入库

可以参照订单、到货单或者直接录入采购入库单，确认采购业务中的实际收货情况。

3．采购发票及采购结算

本模块的采购发票由采购业务员依据供货商提供的原始发票信息录入，可以参照原采购订单，也可以直接依据已有的采购入库单生成。

采购业务处理

供应商	采购业务员	物流部经理 仓库保管员	运营管理层 采购部经理	财务核算岗	应付会计

开始2

采购比价、签订订单流程1

依据订单/其他方式送货

填制到货单

到货单

开始

填制采购入库单，确认实收

符合收货规定？ N

Y

待审核采购入库

审核

采购结算

库存台账

记账

开具销售发票

录入采购发票

采购发票

存货明细账

审核采购发票

催款通知

根据结算协议请款

审批

已审核采购发票

根据付款计划进行支付

付款单

收款

紧急处理

异常业务：催货函

到货统计表
采购明细表
入库明细表
结算明细表
未完成业务明细

监控订单执行

异常分析

采购成本分析：供应商价格对比；采购资金比重分析；采购费用分析；采购类型结构分析

核销处理

凭证处理

业务账表

采购订单执行统计

采购统计表

采购分析

统计分析：欠款分析、付款预测

图 5-18 采购业务流程图

采购结算是确认采购成本的过程。存在以下几种情况：第一，单货同到，则完成入库和发票录入后即可实现结算处理。第二，货到单未到，则首先进行暂估入库业务，等收到发票进行结算后，再进行暂估处理。系统提供三种回冲方式：月初回冲、单到回冲、单到补差。第三，单到货未到，则可以将发票录入系统，并可进行相应的支付业务，等货到后进行结算处理。可以按照规定将运费等其他与购买活动相关的费用，通过采购结算计入采购货物的成本。

4. 催货函

本模块职能是针对异常业务发送供货商催货函。其中，应付会计处理在应付系统进行，包括应付款的确认、付款后的核销等。

该模块具有以下特点：（1）收货的依据。必有订单情况下，必须依据订单进行到货、入库的处理。超订单收货的控制，允许设置容差。到货不合格部分进行到货退回处理。（2）大量的分析报表。如到货统计表、采购统计表、采购资金比重分析、未完成业务明细。另外，能够建立供应商评价体系，与供应商建立战略合作关系；业务的全过程监控；部门间信息共享；异常信息监控，采取有针对的业务处理，避免损失；提高工作效率等。

（三）供应商管理

通过此功能可以对酒店相关供应商进行管理，可以设置供应商存货对照表、供应商存货价格表，按照供应商进行查询和分析，从而实现以下功能：第一，供应商存货对照表。用户可设置供应商所能提供的存货，即一个存货可以由若干个供应商提供，并设置每个供应商的配额、提前期等内容。第二，供应商存货价格表。供应商存货价格表用于供应商和存货价格的录入、维护功能，可以设置不同的价格。在填制采购单据（订单、到货单、发票）时，可以设置从供应商存货价格表中取价。第三，供应商催货函。根据采购订单的计划到货日期，在规定的到货日期货物还未完全入库时，可以向供货单位发出催货函。酒店在实际操作时，可以根据货物的在途运输时间提前发出催货函。第四，供应商存货价格分析。酒店可以对相同（供应商+存货）的记录进行价格比较。第五，供应商交货情况分析。酒店可以根据订单记录查询供应商的到货情况、付款情况。第六，供应商交货质量分析。酒店可以查询供应商到货的质检情况。第七，供应商ABC分析。酒店可以根据供应商交易金额的比例，将供应商进行ABC分类。第八，供应商价格对比分析。根据发票，对某种货物各供货单位的实际供货价格进行对比分析。

三、库存管理解决方案

库存管理模块能够满足采购入库、销售出库、产成品入库、材料出库、其他出入库、盘点管理等业务需要，提供仓库货位管理、批次管理、保质期管理、出库跟踪入库管理、可用量管理等全面的业务应用。采购入库、销售出库、材料出库、成品入库等单据流程较为简单，下面就实际应用会比较多的转库业务作专门说明。仓库间物资调拨（转库）业务一般流程如图 5-19 所示。

图 5-19　仓库间物资调拨流程图

可以看出，调拨单（转库单）可以进行存量检查；可以约束控制出库与调拨单批复数量之间的关系；当设置为出库单据审核时更改现存量，则未审核的其他入库单可以作为调拨在途量进行反映。能够提高库存准确性，减少库存呆滞积压，提高库存周转率，降低盘点差异率，及时掌握异地成品库存，避免管理失控，降低生产资金、产成品资金、储备资金的占用。

第四节　酒店工程设备及报修管理系统

工程报修是酒店工程设备管理的关键内容，因为它直接影响到前台服务的质量和满意度。报修管理子系统与前台各部门紧密结合，可为客房、餐厅、会议室等的设备维修提供敏捷服务，并与库存子系统结合完成设备管理与备件管理。该子系统主要包括建立设备档案，详细记载各种设备的基本信息，包括设备开箱记录、随机工具及备件明细、设备技术文件、调试记录、易损件明细、润滑明细、设备检修记录、大修记录、故障记录、事故记录等。根据维修计划和保养周期提醒用户定期完成设备的日常维修和保养任务。根据库存量报警及时补充库存备件以保证日常维修工作正常进行。根据部门、设备类型等统计分析设备维修费用及设备故障率。与前台系统有机结合完成报修、派工、维修等日常工作并且定期对维修班组和个人进行业绩统计和考核。下面将以绿云科技工程报修系统为例进行说明。

一、酒店工程设备管理

我们首先要解决的问题是设备到底是什么？一些学者把一切列入固定资产的劳动资料都看成是设备，包括土地、建筑、机器及车辆等；也有部分人认为设备只是固定资产的一部分，只是人们在实际工作中所使用到的用于对劳动对象产生影响的那一部分物资资料。其实，设备与动产、不动产的区别就在于此，设备是国民经济各部门和社会生活领域中，生产和生活所需的各种物质技术装备、设施、仪器、仪表、试验检验机具的总称。而动产是指可以移动的财产，如钱财、器物等；不动产是指不能移动的财产（房屋、土地）及附着于房屋、土地不可分离的部分。那么具体到酒店而言，设备的定义应该为设备是各部门所使用的机器、机具、仪器、仪表等物资技术装备的总称；设备具有长期、多次使用的特性，不是一次性消耗品；设备的价值形态在会计科目中列为固定资产。

（一）酒店设备分类

酒店设备种类数量繁多，又分散于各个部门，特别是现代旅游酒店，更有许多新型网络设备，所以对它的划分可以从不同的角度来进行，具体有以下几种分类方式。

1. 按设备的形态划分，可分为以下七类

（1）房屋、建筑物。

（2）机器设备。

（3）交通工具。

（4）家具设备。

（5）电器、影视设备。

（6）文体、娱乐设备。

（7）其他设备。

2. 按照设备在酒店运营中所起的作用可划分为若干子系统

（1）供、配电系统。

（2）给、排水系统。

（3）锅炉供热系统。

（4）制冷系统。

（5）空调通风系统。

（6）垂直运送系统。

（7）消防报警系统。

（8）通信系统。

（9）电视系统。

（10）音响系统。

（11）计算机管理系统。

（12）楼宇管理系统。

以上 12 个系统，根据结构、能耗情况与功能的不同，又可归纳为两类：机电设备（前 6 个）和电子设备（后 6 个）。

3. 按使用设备的不同部门可划分为以下种类

（1）厨房设备。

（2）洗衣设备。

（3）清洁设备。

（4）娱乐设备。

（5）健身设备。

（6）维修设备。

（7）办公设备。

（8）客房设备。

从信息化管理的角度而言，按照设备的功能进行系统划分应该是最可取的一种方法，当然，酒店还应该结合自己的实际情况和管理上的需求来选择设备划分的方式。

（二）酒店设备管理的内容

酒店的设备管理应包括对设备的选购、安装、使用、保养、维修、更新等一系列过程。1971年，英国人丹尼斯·帕克斯在关于设备综合工程学的论文中提出了设备综合管理的思想，引起了国际设备管理界的普遍关注。酒店综合设备管理就是以酒店经营目标为依据，运用各种技术的、经济的和组织的措施，对设备从投资决策、采购验收、安装调试、运行操作、维护保养、检修改造直到报废为止的运动全过程进行综合的管理，以达到设备寿命周期费用最经济的管理目标。酒店设备综合管理的一个重要方面就是对酒店设备实施全过程管理。酒店设备的综合效益在决策购买设备时就确定了它的基本情况，所以酒店设备的管理要从决策开始，直至设备运行整个生命周期中的每一个环节都要搞好，对设备的生命周期进行全过程的管理。

从信息化管理的角度看，酒店设备管理重点是设备的过程管理和运行管理，图 5-20 所示是一个典型设备的生命周期。

图 5-20　酒店典型设备的生命周期

根据工程设备管理子系统的功能需求分析和信息流程分析，以及根据酒店企业自己工程设备管理的需求，可以得到图 5-21 所示的工程设备管理子系统的功能结构图。

```
                    ┌──────────────────────┐
                    │  工程设备管理主控模块   │
                    └──────────────────────┘
  ┌────┬────┬────┬────┬────┬────┬────┬────┬────┐
┌───┐┌───┐┌───┐┌───┐┌───┐┌───┐┌───┐┌───┐┌───┐
│申 ││查 ││登 ││报 ││维 ││备 ││报 ││绿 ││能 │
│购 ││询 ││记 ││表 ││修 ││件 ││修 ││色 ││源 │
│管 ││管 ││管 ││管 ││管 ││管 ││管 ││饭 ││管 │
│理 ││理 ││理 ││理 ││理 ││理 ││理 ││店 ││理 │
│   ││   ││   ││   ││   ││   ││   ││管 ││   │
│   ││   ││   ││   ││   ││   ││   ││理 ││   │
└───┘└───┘└───┘└───┘└───┘└───┘└───┘└───┘└───┘
```

图 5-21 工程设备管理子系统的功能结构图

1. 设备信息的录入与登记

酒店设备信息录入及档案管理模块应该能够支持设备信息的录入、查询以及修改，设备信息准确录入后，对设备信息的修改需要有一定管理权限。这是设备前期管理系统中最重要的一个功能模块，它的运作基础是大量的设备数据信息的录入，包括设备的种类、数量和分布情况，各设备的基本性能、特点，设备的基本参数，工作状态、润滑要求、寿命周期、各设备系统的附件构成、功能、操作、维护规程等。为便于把数据输入计算机以实现自动化的管理，对设备的分类以及各项功能条目的设计就显得至关重要。在设备管理系统的关系数据库模型中，设备的编号是对设备信息进行查询和修改的关键字段，对编号的设置可以按照设备所属的系统、子系统、功能类别、组别以及同组设备顺序进行分层编号，然后确定设备编号录入系统。打个简单的比方，如果把供配电及控制设备的编号定为 1，子系统中配电控制设备的编号定为 5，那么变压调速器的设备编号的前两位就是 15，然后再根据设备的组别和所属部门进行进一步的划分。当然由于酒店设备种类繁多，功能复杂，现实中酒店设备编号的设置要复杂得多。

在完成了设备编号的设置之后，就要进行设备基本信息的录入。信息录入的基本原则是简洁完整，便于查询和修改。系统要能够根据录入的信息生成设备信息一览表，管理人员经过简单的查询就可以得到设备的完整信息，相对于手工操作而言，这种管理模式的效率要高得多，信息查询工作量少、速度快，信息准确是计算机化的信息管理的优势所在。典型的设备登记和查询界面应包含的内容如图 5-22 所示。

图 5-22　酒店设备录入登记界面

2．设备运行与维修管理

设备维修是将在运行过程中发现的问题及时报维修部进行维修。按照设备性能的恢复程度，对设备的修理一般可以分为小修、中修和大修三种。小修是对酒店设备进行局部修理，通常只修复和更换少量的磨损零件，校正并恢复设备的精度，保证设备能恢复和达到正常运行的标准；中修是对酒店设备进行部分拆卸、分解，更换与修复主要零件和数量较多的其他磨损零件，校正机器设备的基准，以恢复和达到规定的精度、功率和其他技术标准，一般每隔 4～5 年要对酒店设备进行一次中修；大修是对酒店设备进行全面修理和修复，需要把酒店设备全部拆卸，更换和修复全部磨损零件、部件，校正和调整整个设备，恢复酒店设备的原有精度和性能，对酒店的设备每隔 8～10 年要进行一次大修。设备修理的工作流程如图 5-23 所示。

图 5-23　设备维修业务流程图

设备维修和设备保修的基本操作界面如图 5-24 所示，维修中心的设备维修界面主要记录各设备的维修情况，作为维修过程的电子存档。

图 5-24　设备维修维护计划操作界面

另外，当酒店的设备状态需要变动时，设备管理部门必须按照规程实现对酒店设备的动态管理，在每个变动过程中系统需记录变动信息，使设备状态都处于可控状态，同时记录设备变动的责任人。

二、酒店能源管理

酒店是能耗大户，经营过程中消耗大量的能源，如电能、水能耗等。4 万平方米以上的高星级酒店年耗能可以达到 5000 吨标准煤。电、水、气是酒店物力资源的重要构成部分，对酒店能源管理的好坏，直接影响酒店经营的整体经济效益。能源问题对于酒店经营的重要性主要体现在以下几个方面。

（1）能源成本是酒店经营成本的主要部分，能耗费用通常可以占到酒店营业收入的近五分之一，能源成本影响着酒店的利润，为保持相当的利润幅度，减少能源供应波动的影响，酒店必须将成本控制在尽可能低的水平。

（2）能源供应是酒店经营的必备条件。没有稳定的能源供应，酒店的营业也将无法正常进行，酒店管理者不仅要有日常的能源供应意识，而且要准备好突发事故或自然灾害发生后的能源供应，防止酒店营业陷于瘫痪。

（3）能源问题影响酒店的经营和决策。缺电地区的酒店要备好应急供电设备，还要考虑因停电而可能引起的各种突发事故；缺水地区的酒店，管理者必须充分考虑到用水的问题。另外，能源紧张必定会引起物价上涨，酒店还需考虑由此引起的客源市场是否稳定的问题。

（4）能源的有效利用以及污染的防治已经成为国家经济发展的一个重要因素，同时也是现代酒店向绿色酒店发展的必然举措。

虽然能源管理对于酒店经营至关重要，许多酒店在能源的使用管理和节能方面仍然存在着许多缺陷。这些缺陷一方面是因为技术上的原因，因为节能工作是一项技术性很强的工作；另一方面则是由于管理上的原因，许多酒店的能源浪费是由于服务程序、操作规范的不合理、能源日常管理没有做好所引起的。所以对于酒店能源的管理不仅要强调技术上的先进性，同时也要关注能源使用的日常管理，在酒店设备性能及节能技术一定的情况下，酒店管理者关注的重点就在于如何做好能源使用的日常管理，而随着现代酒店设备种类以及耗能种类的增多，手工化的能耗控制管理已经很难做到全局性的、精确化的管理，工作量大，效率不高。信息化的能源管理就是利用先进的管理技术来弥补这些缺陷，通过把设备能源消耗数据信息输入计算机，通过计算机来登记设备能源消耗、进行能源统计、对比分析各个时期的设备能耗，科学地分析设备的能耗状况。然后通过网络实现设备能耗信息在有关部门的共享，达到设备能耗全员管理的目的。通过能源管理信息系统的开发，可使各种有关能源利用状况的信息流程规范，数据组织合理，从而减少了冗余，确保数据的一致性，并可进一步运用有关数学模型进行分析，从而获取反映能源使用系统本质特征的信息，为管理者提供调控和决策的依据，使能源管理水平有一个质的飞跃。

1. 酒店能耗的录入与登记

对能源使用情况进行统计分析，首先要登记每日能源使用情况，然后制定出计量标准，统一计量单位。接下来进行数据采集，整理加工，编制统计报表，计算各类能源综合指标，对比能耗标准和历史数据做出设备能耗使用评价。最后将能源统计分析结果报送有关部门。能源录入的登记界面如图 5-25 所示。

图 5-25　酒店每日能源消耗登记界面

2. 酒店能耗的统计与分析

酒店能耗统计资料的信息化、电子化也是对能源使用进行信息化分析的一大特色和优点。完备正确的统计和分析首先可以改变用能过程中各部门混成一锅粥的现象，刺激各个部门的节能意识，促进各个部门重视能源的合理利用，为各部门制定节约能源的制度和操作规程提供依据。其次，完备的数据为设备的节能技术改造提供了依据，可以全面了解酒店的能耗状况，分析设备的能源利用效率，发现能源利用率低的薄弱环节，有针对性地对设备或是设备系统进行技术改造。

  图 5-26 所示是酒店能耗分析的统计界面，可以使管理人及时了解酒店各能源的消耗情况，也可以对各能耗用曲线直观表示。能耗曲线的分析界面如图 5-27 所示。

能源统计					
	总计	每万元	每平方米	每人每天	每个客房
水	21607.0	0.0025	0.7202	0.4672	374.7538 吨
电	47.667	0.0	0.0016	0.001	0.8267 万度
油	164.408	0.0	0.0055	0.0036	2.8515 吨
煤	0.0	0.0	0.0	0.0	0.0 吨
管道煤气	0.0	0.0	0.0	0.0	0.0 立方米
煤气包	0.0	0.0	0.0	0.0	0.0 吨
蒸汽	0.0	0.0	0.0	0.0	0.0 吉焦
总能耗	5974.6458	0.0007	0.1992	0.1292	103.6248 吨

从 2003-01-01 至 2003-03-31　[统计]　[曲线图]　[参数设置]　[返回]

图 5-26　酒店能耗统计分析界面图

图 5-27　酒店能耗曲线分析图

三、酒店工程报修系统介绍

　　一些日常使用设备经常会产生一些随机故障，如客房的马桶漏水了、灯泡坏了、电风扇故障等，需要通过快速报修，工程部才会知道设备故障的地点及相关内容，然后工程部可快速派出维修人员，解决设备故障的现象。这样的电子化流程称为工程设备报修子系统。下面以实例操作来说明工程报修模块的功能与内容。

（一）酒店工程报修流程图

　　首先由设备所在部门的相关服务员通过电脑系统进行报修，工程部维修中心的电脑系统出现报修内容就快速派出相关维修人员，直至解决设备的故障现象，形成一个完整的报修流程。酒店工程报修流程如图 5-28 所示。

图 5-28　酒店工程报修流程图

酒店工程报修的主要流程如下：系统对新建报修进行上报维修内容描述，如果有错误，需要重新返回修改，并开始维护，系统会显示正在维修；待维修完成之后，系统显示维修完成，并对维修情况登记信息进行核查，如果没有问题，系统显示检查完成，整个报修和维修过程就完成了。

（二）代码配置

维修原因、维修取消原因、部门维修原因、维修材料等都实现代码化管理，报修代码是一个不断完善的过程，需要不断地添加才能形成一个工程报修代码库，代码添加一般在设置模块中进行，由酒店集团后台统一处理。设置这些代码是为了在新建报修等操作的时候可以直接选择原因，实现敏捷化操作，具体如图 5-29 所示。

图 5-29　酒店工程维修系统代码配置图

（三）参数设置

系统参数设置流程如下：参数设置——其他——根据实际情况设置；设置格式：T,A01,B01 表示消息发送给前厅部和客房部（A01 为前厅部的部门代码，B01 为客房部的部门代码，T 表示发送）；发给多个部门可用逗号隔开，F 表示不发送消息，具体如图 5-30 所示。

部门代码查找地方：在"用户管理"界面中选中部门，单击右上角的"修改部门"按钮，在弹出的窗口中查看部门代码，如图 5-31 所示。

图 5-30　酒店工程维修系统的参数设置

图 5-31　酒店工程维修系统部门代码查询

四、酒店工程报修操作说明

（一）新建报修

在工程报修模块中单击"新建报修"按钮，就可以新建一个报修项目；新建报修分房间报修和部门报修。报修项目建好后保存在"上报维修"栏目下。

1. 房间报修

单击"新建报修"按钮，选中"房间维修"（默认选中），输入信息，单击"保存"按钮，然后单击"确定"按钮，自动转到"上报维修"栏目下。

- ❑ 房间维修：选中表示是新建房间维修，不选中是新建部门维修。
- ❑ 房号：在下拉列表框中可以选择房间号码。
- ❑ 原因：在下拉列表框中可以选择原因，原因就是在代码配置下设置的原因。
- ❑ 紧急维修：选中表示紧急的维修，需要先处理。
- ❑ 报告人：在下拉列表框中可以选择，如果不选，默认是当前登入系统的用户名。
- ❑ 保存：把所有内容填好后单击"保存"按钮，维修房间的报修就建好了。
- ❑ 开始时间、结束时间：设置维修房的时间段。

备注：第一，在这里设置成维修房以后，在房态图上默认会变成维修房的状态，并且房间状态会根据这里的变化而变化。第二，如果保存后在列表中没有体现，单击"刷新"按钮即可。

2. 部门维修

单击"新建报修"按钮，取消选中"房间维修"，输入信息，单击"保存"按钮，然后单击"确定"按钮，自动转到"上报维修"栏目。

部门：在下拉列表框中可选择部门。

备注：其他功能和新建房间报修是一样的，这里就不再详细介绍了。

（二）上报维修

显示新建的报修项目后，可以对项目进行开始维修/删除/修改操作。开始维修表示维修项目开始维修了。打开报修项目，单击"开始维修"按钮，在弹出的窗口中单击"确认"按钮，自动转到"正在维修"栏目下，单击"开始维修"后，房间状态就变了，再单击"确认"按钮。

（三）正在维修

表示维修项目正在维修。可以对报修项目进行维修完成/删除操作。维修完成表示维修项目已经维修好了。打开维修项目，单击"维修完成"按钮，在弹出的窗口中输入必要信息，单击"保存"按钮，然后单击"确定"按钮，自动转到"维修完成"栏目下。

- ❑ 维修人：在下拉列表框中可以选择。
- ❑ 维修材料：在下拉列表框中可以选择。

备注：如不选维修人，则默认是登入系统的用户名。

（四）维修完成

表示维修项目已经维修好了，可以对报修项目进行删除/维修完成/检查完成操作。房间维修完成后，需要检查完成的情况，如果完成了就做"检查完成"操作。打开维修项目，单击"检查完成"按钮，在弹出的窗口中输入信息，单击"确定"按钮，然后再单击"确定"按钮即可。

（五）检查完成

显示检查完成的报修维修单，可以做打印/检查完成等操作。

（六）删除

显示被删除了的报修维修报告单，如图 5-32 所示。

图 5-32　被删除报修维修的报告单

五、房态图上产生房间报修单

在房态图上设置维修房时，选中"同时生成工程报修单"复选框，就会生成报修的维修报告单了，如果同时设置多个房间为维修房并且也选中，那么就会生成多个客房的维修报告单；功能类似于上文中的新建报修功能，如图 5-33 所示。

图 5-33　房态图上生成的房间报修单

拓　展　学　习

1. 酒店办公自动化系统
2. 酒店绩效管理的概念
3. 酒店收益管理的概念
4. 酒店决策支持系统

案例分析与习题

一、案例分析

深圳珠江皇冠假日酒店固定资产管理系统

（一）实施背景

深圳珠江皇冠假日酒店是龙岗唯一一家国际五星级商务酒店，是龙岗中央商务区首席商务旗舰综合体建筑群，也是 2011 年世界大学生运动会指定接待酒店。酒店毗邻龙岗区政府、龙岗文化中心及龙岗世贸中心，享有良好的声誉，便利的交通，齐全的生活及商务设施，令宾客的旅程更添惬意。酒店丰富的管理经验，胜人一筹的优质服务，竭诚为宾客营造全新舒适的环境。为了进一步加强酒店管理力度，整合企业资源，更好地提升酒店综合实力，珠江皇冠假日酒店加强固定资产管理力度，着力打造科学化、合理化、现代化的固定资产管理模式。2011 年开始，珠江皇冠假日酒店推广应用"简普固定资产条码管理软件"。

（二）管理目标

完善资产管理制度，科学清楚地划分管理权限与责任；有效避免资产流失，及时了解资产使用状况；减少盘点工作量，提高盘点效率；实现专业设备、大型设备的检修、维护；实现转移、调拨、借还及转借资产的跟踪管理；有效管理大量低值易耗品。

（三）方案实施

1. 归口管理

按照职责就近设立资产管理员，科学划分资产管理责任。珠江皇冠假日酒店部门、客房众多，实物资产数量大、种类多。"简普固定资产条码管理软件"提供了管理权限设置的思路，设置多级资产管理员可以将管理责任细分与明确。对客房内资产使用情况最为熟悉的是客房管理人员，按照工作便利原则，对各客房的资产实行归口管理，客房管理员就是该客房的资产管理员，客房内资产的使用由其负责管理和监督，资产发生了任何变化都要及时进行记录和告知。这种归口管理方法将管理责任分解与细化，在不增加人员的情况下实现了资产管理体制的建立与完善。各级管理部门可对所辖资产进行独立管理或查询等，酒店领导可对各场所的资产信息进行集中统一管理。

2. 提供折旧管理功能

作为五星级酒店，珠江皇冠假日酒店的资产种类众多，折旧的方式也各有不同。"简普固定资产条码管理软件"的折旧管理模块专门提供了平均年限折旧法和五五分摊法，可以非常方便地进行固定资产及低值易耗品的折旧计算，并提供相应的折旧月报表，折旧年报表；出于灵活性考虑，折旧管理模块还提供了手工录入与修改功能，在对实物折旧前或根据规定实物折旧率被改变时，财务人员可以对实物折旧进行手工录入或修改，以确定实物的累计折旧。同时折旧模块还提供折旧数据的备份与恢复功能，保证了折旧数据的安全。

3. 盘点工程——酒店视客人为生命

为尊重客人的作息时间，酒店客房内的资产进行盘点时不可能完全按照事先设定的时间和计划完成，这就对盘点的方式和效率提出了很高的要求。盘点必须非常灵活与高效，在客人不在客房的时间段进行快速的盘点，且在各个客房的盘点过程中保持一种持续性。"简普固定资产条码管理软件"可以按部门进行盘点，随时将每一件资产的相关数据输入"简普固定资产条码管理软件"后，软件会自动赋予该资产唯一的资产全息身份证资产编号，并可打印出条形码，条码上的内容可由用户自己设定，其中包括固定资产名称、购入日期、保管/使用部门等内容。将条形码贴在固定资产实物上，既能明显地区分固定资产的使用部门，又给盘点带来极大的方便，盘点人员不必通过记录资产编码、核对账本的方式进行手工盘点，只需通过专门的条码识别器对固定资产上的条码进行阅读，条码信息会自动存储在条形码识别器中，再由软件与财务系统对账，自动生成各种报表，实现了自动化盘点。

4. 对转移、借还、转借、流动资产进行跟踪管理

由酒店行业的性质决定，经常需要转移、借还、转借、流动的资产在珠江皇冠假日酒店大量存在，如对讲机、PDA点菜机、餐盘、座椅等。软件的资产转移功能为转移、借还、转借、流动资产的管理提供了有效的解决方法。进行资产转移或借出时，迁出地的资产管理员只需将条形码阅读器设置为转出或借出，逐一扫描迁出的实物，就可以实现实物的转出工作。到迁入地点，迁入地或借入地的资产管理员将条形码设为转入或借入，逐一扫描转入的实物，就可以实现实物的转入工作。扫描结束后将条形码阅读器的数据传入"简普固定资产条码管理软件"，系统会自动进行实物转移的批量处理，并生成实物转移或借出一览表。

5. 设备管理模块确保专业设备、大型设备的维修、保养及时

珠江皇冠假日酒店各经营场所有大量的专业设备和大型设备，如KTV设备、厨房设备、收银机、监视器、电子安全门等，均需定期进行维修、保养和检测。"简普固定资产条码管理软件"的设备维修、检测模块，对设备进行维修、保修、保养、检测、检测到期报警等管理，珠江皇冠假日酒店根据软件记录将各品牌、各型号设备的质量、维修率、保修服务和价格进行横向比较，来选择更高性价比的专业设备，使酒店的设备维修和养护成本明显降低。

（四）效果评价

"简普固定资产条码管理软件"管理理念先进，操作灵活实用，使用以来，改变了珠江皇冠假日酒店原来的资产管理分散、效率较低的问题，从根本上新建了酒店固定资产管理模式，使得资产管理操作更加方便，管理效率也提高了数倍，切实促进了酒店实物资产管理的现代化、信息化和高效率，使酒店实物资产管理水平上了一个新的台阶。作为五星级大型酒店，珠江皇冠假日酒店一直致力于酒店管理模式、管理方法的创新与实践。"简普固定资产条码管理软件"在该集团应用的成功，为整个酒店的资产管理提供了保障，使各项资产的管理均有据可查，责任落实明确，管好了酒店的"家底"，为珠江皇冠假日酒店在国内酒店中优势地位的建立和保持起到了一定的推动作用。

思考题：

1. 结合案例材料和本章所学的知识，分析酒店固定资产管理系统应该包括哪些功能模块，实现哪些功能。

2. 本案例中给出的系统有哪些优点和缺点？

3. 思考一下，酒店后台管理系统还应该包括哪些模块？

二、习题

1. 解释酒店后台管理信息系统的含义。

2. 试叙述酒店后台管理信息系统的应用特点。

3. 解释酒店后台管理信息系统的主要子系统及模块。

4. 阐述酒店后台管理信息系统的作用。

5. 作为一家连锁酒店，其后台管理信息系统的功能需求有哪些？

6. 酒店人力资源管理系统的功能需求有哪些？

7. 简单介绍金蝶酒店人力资源管理系统的功能特点。

8. 请表述一个单体酒店的人事管理系统的主要业务流程。

9. 试说明酒店人力资源管理系统的应用作用。

10. 简述金蝶薪酬管理模块的功能特点。

11. 简述金蝶考勤管理模块功能特点。

12. 简述酒店电子采购的主要作用。

13. 简述金蝶能力素质模型系统的作用。

14. 简述金蝶绩效管理系统的功能特点。

15. 简述金蝶招聘选拔模块的管理作用。

16. 简述金蝶培训发展模块的功能特点。

17. 简述金蝶社保福利模块的功能特点。

18. 请叙述金蝶 CEO 平台、经理人平台、员工工作台的管理作用。

19. 简述财务核算子系统的功能内容。

20. 简述总账模块的功能及主要特点。

21. 试叙述酒店财务分析的功能有哪些。

22. 试叙述酒店应付管理的功能有哪些。

23. 简述采购管理子系统的管理内容及功能。

24. 简述采购业务的主要环节。

25. 请画出一个单体酒店的工程报修流程图。

26. 试叙述酒店的工程设备有哪些类型。

第六章
酒店 CRS 和 GDS 系统

【引言】

　　早在互联网诞生之前，旅游酒店已经开始应用计算机专用网络开展旅游预订的分销和营销。航空公司的计算机预订系统、酒店集团的中央预订系统（CRS）以及后来更为成熟的全球分销系统（GDS）在旅游连锁酒店运行中发挥着重要的作用。本章主要围绕酒店电脑预订系统、中央预订系统、GDS 系统、CRM 等，介绍这些系统应用的基本概念、作用、发展历史、现状以及未来趋势等，目的是帮助读者了解这些系统在酒店经营中的作用。最后，还结合互联网针对当前酒店的主流营销系统进行了简要介绍。

【学习目标】

　　通过本章的学习，要求学生：① 掌握酒店电脑预订系统的概念，了解酒店电脑预订系统的分类和作用；② 掌握 CRS 系统的概念和作用，了解 CRS 系统的发展历史，熟悉 CRS 系统的主要功能；③ 掌握 GDS 系统的概念、特点和作用，了解 GDS 系统的起源和发展历史，熟悉四大 GDS 系统；④ 了解酒店主要的营销系统，包括电子商务网站、移动电子商务营销系统、SNS 系统、IDS 系统、OTA 系统、旅游目的地系统、CRM 系统等的概念及应用。

第一节　酒店电脑预订系统

　　自从计算机开始应用于酒店业，首先始于酒店客房的预订。开始的时候，还没有国际互联网，酒店就利用专用网络开展预订，凡是用计算机处理预订业务流程的，不管是否用网络，用什么网络，都统称为酒店电脑预订系统。本节将围绕酒店电脑预订系统的概念、分类、作用和应用现状进行系统的介绍。

一、酒店电脑预订系统的概念

电脑预订系统是指为潜在消费者提供实时信息，支持多种旅游产品的预订、确认、购买过程的信息系统。电脑预订系统使用者可以是酒店集团，也可以是单体酒店，还包括其他与预订相关的企业，如第三方在线代理机构等。

电脑预订系统（Computer Reservation System，CRS）形成于20世纪80年代，它的发展为旅游业的分销作出了重要贡献，可以帮助酒店有效地管理库存和产品的分销以提高酒店的收益。自从20世纪80年代以来，CRS发展迅速，几乎波及了所有的旅游企业，而它在酒店的应用是最成功的。电脑预订系统最早应用在航空公司，后来在酒店和旅行社获得成功应用。尤其是国际连锁酒店，认识到电脑预订系统的作用，把电脑预订系统相继发展为中央预订系统。一些大型国际酒店集团，如华美达、洲际集团、希尔顿、喜来登、雅高集团等都是较早使用电脑预订系统的酒店企业。通过应用电脑预订系统，使酒店的接待能力、接待容量、交易量、网络预订量以及经营收益都大幅度提升。这些经营业绩都与电脑预订系统的技术设施成正比，酒店经营的规模越大，电脑预订系统所需要的技术要求复杂程度也越高。

电脑预订系统的发展主要基于三个方面的驱动，第一个是成本驱动，如酒店的分销成本、通信成本和劳动力成本等，CRS有低成本的优势；第二个是市场驱动，CRS支持差异性和特殊性的客户需求，并可满足复杂的个性需求，另外CRS可以实现关系客户的营销以及实现市场调研，获取准确的市场信息；第三个是竞争驱动，酒店生意越来越难做，竞争压力很大，CRS可灵活地处理市场价格体系，用CRS建立竞争和增值技能，通过CRS获取酒店企业知识，创造战略性的竞争优势。

二、酒店电脑预订系统的分类

酒店电脑预订系统应用功能根据使用的目的、经营规模以及技术设施复杂程度等的差异性，另外由于许多大型酒店集团都是在电脑预订系统基础上发展成中央预订系统，因此对电脑预订系统没有一个明确性的技术分类。通常，都是按照系统使用主体来将电脑预订系统划分为三大类。

（一）酒店内部CRS

酒店内部CRS是酒店内部使用的预订系统，它往往是酒店前台系统的一个子系统，主要由预订部或预订中心使用，适合单体酒店使用。预订系统主要包括团队预订和散客预订两种类型，前者为旅行社的团队预订服务，后者为普通散客服务。系统功能主要支持未来可售房查询和预测，可以方便酒店的预订工作管理。考虑到系统的安全性，这类预订系统往往不是直接连接到网络，如早期的 Fidelio OPERA 都包含有此类功能的 CRS 系统。

（二）基于连锁或酒店集团的 CRS

这类系统都是酒店集团中央预订系统（Central Reservation System，CRS）的前身，主要是指集团酒店所采用的内部预订系统。它是一种封闭的，归属特定企业集团，由集团成员共享的预订网络。它具有排他性，较少对外开放，既是企业集团综合实力的体现，同时又是其垄断客源的一种途径。酒店集团可以通过 CRS 对客源构成、流量及流向进行分析和控制，并通过各种价位组合及调整实行收益管理，以实现集团利益的最大化。同时，此类 CRS 还具有集团内酒店信息共享、客户资源共享的联网销售优势，如洲际的 Global、杭州西软的 Foxhis CRS 等都属于此类系统。

（三）基于网络的独立 CRS

这类 CRS 系统是一种代表单体酒店或酒店连锁开展预订或分销的独立系统，可以由一个单位或多个单位组成，通过一定的网络开展电脑预订，因而也称为网络预订系统。网络预订系统是专门从事酒店营销的企业和酒店促销联合体所建立的销售网络，它通过自己设立在世界各地的销售点或终端接受客人委托预订，同时与入网酒店建立代理销售合同，通过退佣形式实现自己的利润。酒店网络预订系统与集团酒店 CRS 不同，它不仅面向集团酒店，同时更主要的是为各独立单体酒店通过营销服务而提升与集团酒店抗衡的竞争实力。这些酒店使用共同的预订系统，打上统一的广告促销标志，从而也形成了一个销售联盟。

三、酒店电脑预订系统的作用

酒店电脑预订系统的作用总体上体现了提高酒店预订工作的效率和效益，降低了酒店预订和分销的成本，提升了酒店的接待能力和销售收益的调控能力。具体来说，它的应用所体现的作用主要表现在以下几个方面。

（一）预测客房销售及可供房情况

酒店电脑预订系统通过将客人的预订存储在系统中，实现未来客房、餐饮资源的预先占用，使得未来任何时刻的客房销售数量和可供房情况清晰可见，这是手工操作不可能达到的效率。通过预订和预测，可使酒店减少超额预订、实现动态房价成为可能。

（二）收集及提供酒店各部门所需的资料

围绕客房销售与服务，酒店的各个部门需要相互合作才能实现优质服务。例如，餐饮部门第二天应该准备多少份早餐？第二天预计有多少团队用餐？客房部需要布置哪些 VIP 客房？所有这些，预订系统可以提供充分的数据资料，保证对客服务的准确性，减少服务中的差错。

（三）有利于合理调配资源

酒店的客房在一个时期内只能被售出一次，所以合理配置酒店的资源就显得尤为重要。有些客人需要无烟房，有些客人需要安静的房间，团队希望入住在同一个楼层，也有些客人喜欢景观房。满足这些需求的资源可以通过预订系统提前分配好，避免有限资源的浪费，从而提高酒店资源的效益。

（四）改善操作效率，提升顾客体验

有了自动化的电脑预订系统，预订员不需要再去翻厚重的手工预订本，就能够在第一时间回答顾客的问询，减轻了工作压力，提升了预订工作效率。顾客在预订咨询时，就可以获得快速而准确的答复，有利于提升顾客体验。

（五）多渠道增加整体销售，提升收益

增加销售、提升收益，需要技术系统的支持。酒店的电脑预订系统可以和其他第三方代理机构的网络进行联网，或者和网络分销商进行联网，拓展销售渠道和分销渠道，有利于市场营销和销售，提升酒店的经济效益。

（六）有利于构建顾客数据库，维系客户关系

电脑预订系统后台是庞大的数据库，其中客户数据库是酒店经营最重要的资源。客户在预订时所表示的个性化需求以及消费业绩都可以在电脑预订系统中保存下来，从而形成内容丰富的顾客数据库。当顾客再次预订时，其个人基本信息、个人偏好都可以迅速查阅，有利于酒店的市场开发和销售工作。

四、酒店电脑预订系统的应用现状

酒店电脑预订系统应用产生的作用如此吸引酒店管理人、酒店经营者，但它在许多酒店的应用状况并不理想，尤其是我国大多数的单体酒店。国内已有许多酒店及酒店集团近年来建设了电脑预订系统，但缺乏应用的理念，使用效果并不理想，主要表现出以下几种状况。

（一）重视程度不够

预订部是酒店销售的最前沿部门，但由于酒店管理层对电脑预订系统所能产生的效益认识不足，对软件系统建设的重视程度不够或缺乏一定的知识，使系统建设比较简单，功能不足，达不到酒店经营的预定目标。预订部的工作除了受理客户预订，记录相关信息外，更需要把预订数据和预测信息统计分析出来，为前厅接待处、客房部的"后期"服务提供"前期"的准确信息，以便为客人提供准确、迅速、优质的服务。这些工作的准确、敏捷、衔接就需要电脑预订系统的帮助，需要系统具备一定的功能。如果酒店经营者不懂、不重视电脑预订系统的建设，那么即使建立系统也达不到顾客的需求，也无法发掘市场的潜在需求。

（二）预订系统利用率不高

酒店通过电脑预订系统可以很便捷地掌控预订客房走势，同时可对各类客人的预订比例及入住天数等进行数据分析，帮助酒店管理层按最大收益原则作出经营决策。但在实际工作中，大多预订人员对电脑预订系统的认知度还不够，缺乏分析能力的深度应用，对预订系统分析综合功能的使用率并不高。电脑预订系统的许多功能还没有被充分认识和使用，有些甚至还在依赖手工操作。对于酒店而言，电脑预订系统只是一个可以存储预订信息的系统，利用系统进行数据分析的意识尚未建立。

（三）预订价格缺乏吸引力

由于分析不足，酒店很难掌控价格决策，造成预订价格缺乏吸引力，这是目前在酒店中很普遍的状况。许多酒店没有对各渠道的价格进行统一管理，而系统的操作员没有能力分析各渠道的现状数据，酒店又缺乏知识工程师，造成酒店对多个分销渠道缺乏实时了解，而酒店对这些分销渠道的掌控能力又比较弱，价格管理混乱造成的各个分销渠道价格不统一，既影响酒店品牌的传播，又影响了酒店的收益管理。在理论上往往很多分销渠道的价格比直接进行酒店预订要便宜，但实际上出现提前预订的价格不如现场入住价格优惠的现象。电脑预订价格对客人缺乏吸引力，酒店在价格策略上没有原则性，严重阻碍了酒店预订业务的发展。

（四）在线支付存在障碍

国外的预订一般都需要提供担保，如通过信用卡预授权的方式进行预订，这样对客人、对酒店都是有好处的。客人不用担心因为超额预订导致无房的现象，而通过在线支付的保证预订，酒店也可以对客房的预售有一个更加准确的预测。然而，国内要求提供信用担保的预订比较少，因为在线支付存在技术问题和安全问题，还有许多旅游者还不够信任网上在线支付。尽管有些旅游酒店也进行担保的预订，但是普及面并不广，在线支付的技术问题和安全问题，造成的在线支付障碍依然存在。

（五）不够智能化，需要人工操作

当前酒店的预订操作烦琐，费时费力，系统操作不够人性化，尤其在处理酒店与渠道方的结算时，系统的功能不够智能，又缺乏诚信，需要许多人工操作。在操作上，由于电脑预订系统功能相对较弱，与预订相关的工作内容大多以传统的、简单的人工操作为主，即使采用电子方式预订也是如此。预订过程如下：渠道方首先向酒店进行需求预订，酒店以电话或其他方式进行确认；客人入住后，渠道方一般通过电话暗访予以确认（以此确认预订客人的确入住并以此作为以后与酒店进行佣金结算的一个依据）。酒店在收到订单后，还需要人工录入到酒店的预订系统中。大部分酒店的预订系统还处于这一发展水平，系统智能化水平不高。

综上所述，电脑预订系统的应用在功能上还需要进一步提升和完善，但在运作方面，酒店还需要经营者的先进理念和知识工程师的配合，仅靠几个会操作的服务员是远远不够的。只有这样，电脑预订系统的潜能才能被挖掘出来，酒店也会获得相应的竞争优势。根据分析的应用现状，下面给酒店经营者提出三点建议。

1. 拓展分销渠道

酒店在应用电脑预订系统时重点拓展分销渠道，为酒店增加收益。酒店除了选择本地渠道外，还应在全国范围内有目标地选择分销渠道，或者在全世界选择自己的分销渠道，并与之实现链接开展业务交换，这样既可宣传自己，又可增加客源收益，为消费者提供直接预订的服务，从而增加在线预订的份额。

2．提高服务能力

随着网络的发展，在线预订的客人会越来越多，酒店预订部的工作内容、工作重心应适应现代酒店的发展，提升预订服务功能。通过了解、分析、预测客人的变化和需要，使用先进的手段和方式方法，满足和适应现代客人不同层次的预订需要，及时获得客人真实、可靠的反馈信息，从而使电脑预订系统由"预订中心"转向"信息服务中心"，不断改进和完善相关的服务措施和办法，通过提高服务能力，使预订收益最大化。

3．加强价格管理

酒店管理者要在现有的销售体系配套的基础上，针对各种预订客源市场，建立一套有效的预订价格体系和营销策略。具体做法有：制定合理的价格政策，根据订房数量和订房天数，设置差异化价格，同时确保预订房价低于现场入住价；开展网络预订价格促销，使产品价格如同航空票务系统一般，在一段时期会根据客人的预订情况浮动，吸引客人预订；通过各种促销活动加强预订的宣传力度，扩大酒店的影响力，引导和吸引客人在线预订。

五、酒店电脑预订系统的发展趋势

酒店电脑预订系统随着网络的普及，其应用已全面普及，尤其是单体酒店，已作为经营中的一个重要系统来建设。因为现在的顾客已经习惯于通过网络进行在线订房，尤其是移动互联网的普及，顾客利用自己的手机就可以在线预订，酒店对电脑预订系统的功能要求也越来越高。在这种应用需求的推动下，电脑预订系统呈现出以下发展势头。

（一）向智能化发展

酒店电脑预订系统发展之初主要是实现库存管理和价格管理。预订系统通过统计不断售出的房间而计算可用房数量，实现部分可视化管理。当时对电脑预订系统的要求仅是统计管理，代替部分的人工工作量。而且价格管理往往也是基于旺季、淡季而预先设置好的，并没有灵活的销售策略体现。虽然有些系统也能够按照顾客的类别，进行房价类别定义，不同顾客可以享受不同的价格，但缺乏收益管理的智慧性。随着电脑预订系统的不断成熟，系统功能还可以非常智能地帮助预订部门做一些数据分析，以帮助部门或管理层决策。例如，可以模仿航空售票系统的那种浮动价格销售，开展差异化定价，当酒店未来某一天的预计出租率已经达到一定数值，则那一天的房价可根据销售策略进行一定程度的浮动。通过这种方式，可以最大限度地增加酒店收益。新一代电脑预订系统的智能化还体现在了解、分析、预测客人的变化和需求上，以满足和适应现代客人不同层次的预订需要。客人第一次入住酒店时，客人的资料、喜好和要求等都能录入系统，当客人再次入住时，预订系统可以立即显示该客户的历史、偏好、消费记录和购物习惯等，从而帮助酒店为其定制超前的服务，让其感受到酒店更加贴心的服务，用智能服务提高客人满意度。

（二）向实时互动化发展

实时互动化的发展，主要基于移动网络的发展。由于技术的原因，传统的电脑预订系统出于安全考虑，往往是不和酒店在线网站互联的。客户通过在线网站预订后，预订员需要把该预订单手动输入到电脑预订系统中。这样的工作量很大，而且容易出错。新一代的电脑预订系统能和在线网站进行直连，也可以和酒店前台系统相连，预订信息可以在各系统相互流转。目前，酒店通过在线网站、微门户网站提供实时的客房状态和服务信息，能够根据顾客的个性化的查询及时提供相应的回复，顾客也可以通过网站、自己的手机直接查询酒店可售房的情况，并进行自主操作，实现有效的实时网络订房。必要的时候，客户还可以用信用卡直接进行付款。通过实时信息的互动，消费者的订单信息会实时传递到酒店内部的电脑预订系统，被确认后，该系统还能够通过手机、微信、E-mail 等方式及时向顾客发送确认信息。

（三）向移动服务发展

21 世纪是一个信息时代，更是无线网络时代。由于无线技术的发展，移动终端智能化技术的成熟，使得酒店预订系统的移动服务成为可能，如酒店使用平板电脑可以为个性化客户提供便捷的预订服务，客户利用自己的智能手机，也可以登录酒店预订系统预订服务产品。目前已有很多酒店的电脑预订系统可以和微信营销平台对接，客户用自己的手机通过微信就可以直接预订客房。不管客户在哪里，在任何地点都可以实现订房，实现了真正的移动服务。通过移动服务，酒店将销售渠道可拓展到整个旅游行业的各个价值链环节，利用移动互联网把酒店产品挂到国际网站订房网和全球分销系统上，实现全球化销售。这样酒店电脑预订系统逐渐从内部网、外部网格局走到消费者身边（无线网格局），形成移动服务的网络化格局。电脑预订系统还可以利用无线网络与各类中介开展移动合作。通过接口系统，电脑预订系统可以实现与零售旅行代理商、旅游批发商、网络预订服务公司、网络旅游公司等旅游企业的移动化业务对接，并实现实时预订的移动化管理。这样的移动服务可以非常有效地扩大酒店的销售。

第二节　酒店中央预订系统

在国外，中央预订系统是酒店企业的一个重要系统，也是核心竞争力的重要标志。它来自于电脑预订系统，但特定地只能为本企业服务，可为酒店创造差异化的竞争优势。近年来，中央预订系统受到国内酒店集团、连锁酒店企业的青睐，尤其是受到国际酒店集团发展的影响，它们都纷纷构建适应自己酒店发展的中央预订系统。国内发展最早的是南京金陵集团，于2005年与杭州西软科技有限公司合作，研发了第一个国内版权的中央预订系统应用软件。

一、酒店中央预订系统的概念

中央预订系统（Central Reservation System，CRS），主要是指集团酒店自己所采用的内部预订系统，为所有的客户、成员酒店提供预订服务与管理。它是一种封闭的，归属特定企业集团，由集团成员共享的预订网络。它具有排他性，较少对外开放，既是企业集团综合实力的体现，同时又是其垄断客源的一种途径。客人如需要预订该集团内任何一家酒店的客房，可以通过该集团的订房系统进行网上预订。国际上一些著名的酒店集团，如巴斯酒店集团的 HOLIDEX 预订系统、洲际集团的 GLOBAL II 预订系统、雅高集团的 ACCOR 订房系统、希尔顿的 HILTRON 中央预订系统等，都属于这类系统。

中央预订系统是酒店集团企业竞争力的一个标志性系统，系统建设的目标不但为消费者提供即时预订服务，还为酒店企业提供交互式的网络营销，提供完善的客房管理、订单管理以及常客和会员客户管理。因此，中央预订系统的建设是酒店集团或连锁酒店积极推进电子商务、实现酒店信息化服务、转变酒店企业经营扩展方式的重要举措，是增加酒店收益最重要的技术系统。中央预订系统涉及的技术有数据库（或数据仓库）技术、网络通信技术（包括无线网技术）以及新媒体技术等，Web 网站是它的对外窗口。随着信息技术的不断进步，中央预订系统正在成为酒店不可缺少的电子分销平台。

二、酒店中央预订系统的作用

随着酒店经营规模的扩大，酒店的收益管理、客房管理工作量越来越大，难度也越来越大。我国已存在超过1300家的酒店管理公司，这意味着存在1300多家酒店集团，其中大多数酒店集团已有电脑预订系统，但大多数还没有中央预订系统。由于酒店集团化发展的组织结构不成熟，前者并没有给成员酒店带来业务上质的飞跃，而后者可以支持集团预订管理、集团收益管理、集团渠道管理、集团大客户管理、集团电子营销，所有成员酒店可以共享客户资源，给部分集团化组织较为完善的酒店发展带来巨大的推动作用。中央预订系统在集团经营上具备以下几点作用。

（一）联网销售

酒店集团采用中央预订系统后，可以十分便利地将集团下属酒店的客房资源整合在一起，按收益最大化原则，建立更加广泛的客房预订网络。客户可在世界任何地方通过互联网系统，轻松地查询到该集团下属任何一家酒店的房间资源、房价、地理位置、临近旅游资源及交通线路等信息，并可通过免费预订电话进行人工预订，也可在网上完成自主预订。成员酒店之间可互相代办预订，以此实现全球范围内方便、快捷的客户共享和在线预订。中央预订系统还可以在集团层面与其他各旅游分销系统，如 GDS（全球分销系统）、IDS（互联网分销商）及酒店官方网站预订引擎实现无缝对接，建立广泛的销售网络，使酒店各种产品资源能在全球范围内实现即时预订。

（二）客户资源共享

中央预订系统在酒店集团应用后，可以使客户信息在集团内的所有酒店共享。客户资源的共享体现在客户基本信息和客户历史消费信息两个方面，这是酒店提供优质服务的基础。通过集团客户资料共享，可以使客户资料在各酒店的无障碍互通。例如，某个客人在集团的 A 酒店入住后，就保留了该客人的基本资料和消费历史。当该客人到集团的 B 酒店预订时，B 成员酒店的预订员就可以看到该客人的相关资料，从而可以根据其喜好和消费水平，提供有针对性的优质服务，享受同样的待遇。实时的、所见即所得的资源共享预订模式，既可以提高预订效率，增加客户黏滞度和忠诚度，同时又方便了客户。客户资源的共享，不仅有助于提升酒店管理集团的品牌形象，而且还可最大程度地增强酒店集团化经营的竞争优势。

（三）加强成员酒店的管控力度

酒店集团的经营是否成功，关键是客房销售的管控。酒店集团旗下的成员酒店往往分布在全国，甚至全球的各个地区，经营管理的成本很高，对成员酒店的管理和把控也比较难。传统的酒店集团管理模式，是通过成员酒店上报经营数据，集团进行远程遥控指挥的方式进行管理，管理模式是属于事后管理型。中央预订系统为集团进行实时管理、事前管理提供了可能性，集团可以实现各成员酒店客房的销售情况可视化。通过中央预订系统，酒店集团可以在第一时间了解各个成员酒店的运营情况，便于其针对各酒店的不同实际，实施有针对性的管理，及时为所属酒店提供资源支持。集团的营销策略，也可以通过中央预订系统进行统一实施。例如，目前酒店集团的营销手段之一就是"预订送积分""满房晚数免费赠"等方式，中央预订系统可以实时进行统计，无须人工对各家酒店的消费进行审核和统计，极大地提高了工作效率。通过中央预订系统可以打造统一的集团形象，更有利于建立集团品牌。

（四）有利于扩大集团规模，增加收益

国际酒店集团的快速扩张，很大程度上是受益于自己庞大的网络预订系统。国际上著名的酒店集团都建立了自己的全球性网络和订房中心。中央预订系统的建立，可以快速扩大酒店集团自身的营销能力和竞争力。一些单体酒店也会被集团的中央预订系统所吸引，加盟酒店集团，有利于集团增加收益。一般而言，酒店集团公司拥有所有权的酒店使用 CRS 系统获得订单一般需要付出一定的费用，拥有特许经营权者除了预订费通常还有其他管理收费，单体酒店以合约形式使用大型酒店集团的 CRS 所付出的费用会更高。所以，中央预订系统的建立，既有利于酒店集团扩大规模，也有利于获得额外收益。

三、酒店中央预订系统的发展历史

中央预订系统的发展，最早始于假日酒店集团于 1965 年 7 月建立的假日预订网络（Holidex-I），随着假日酒店集团应用该系统的成功，国际上一些大型酒店集团都纷纷建立了自己的中央预订系统。因此 CRS 发展至今已有四十多年的历史，并经历了以下发展历程。

（一）CRO 电话预订+电脑管理模式

在计算机和网络技术取得重大发展之前，早期的预订系统都以使用电话为基础。酒店面临着大量的预订工作：电话、传真、文件都需要耗费不少人力和时间来处理，而且容易出错。这种情况在航空公司推出它的电脑预订系统时开始改变。20 世纪 60 年代早期，航空公司开始开发电脑预订系统，初衷是为了简化航空公司内部订票员预订机票的程序，这个系统既有效，成本又低，在全球航空市场获得了巨大的成功。

由于航空公司的产品和旅游酒店的产品同样都具有不可储存的性质，国外酒店集团敏锐地发现了这一共同点和这一系统的潜在价值。尽管那个时候的航空预订系统的网络容量能够将酒店和汽车租赁代理也归并到航空预订数据库，许多连锁酒店也有能力加入到航空预订系统，但是，他们觉得加入该系统的费用高得令人望而却步。连锁酒店集团的成员每一个预订需要支付三种不同的佣金：成员酒店支付给旅行代理商的 10%（甚至更高）的佣金，酒店集团收取的通过集团中央预订办公室（CRO）的合理费用，航空公司收取的使用航空预订系统的费用（Vallen，2002）。

国外连锁酒店既被航空预订系统的巨大潜力所吸引，又无法接受为了使用该系统所必须付出的成本，于是便自己着手开发了更加适合于酒店产品的中央预订系统（CRS）。1965 年，凯蒙斯·威尔逊首次引进假日旅馆的中央预订系统，开创了住宿业中央预订系统的先河，完成了酒店预订系统一次历史性的飞跃。为更好地使用中央预订系统（CRS），酒店集团设立了与之配套的部门——中央预订办公室（CRO），来统一负责关联酒店的相关预订，同时为旅行代理机构提供了免费服务电话，安排拥有较高实际业务能力的服务人员受理预订请求。

这个阶段的预订以电话预订方式为主，订房中心的预订员在酒店资产管理信息系统（PMS）的帮助下，向旅游代理商或者顾客提供预订相关信息。PMS 其实是一个数据仓库，存储了关于顾客偏好、协议单位的账户、协议以及实时的房价和房间可用状况。但是由于这个时候的 CRS 不能够和成员酒店的 PMS 直接连接，需要酒店和中央预订处不断地手工更新各个成员酒店的库存信息。中央预订处从来不知道某酒店有多少房间可供出售，只知道该酒店有房出售。由于 CRO 无法及时获知每家酒店的房间占用及空闲信息，因此酒店在客房供应紧张时，就必须及时通知 CRO 停止销售。何时通知中央预订处实际上很难掌握，过早地通知可能造成可用客房的积压，而过晚地通知又容易造成超额预订。因此，在该模式下进行预订存在着以下几个问题。

（1）电脑上显示的数据信息过于简单不足以说明酒店复杂的设施和功能。

（2）虽然酒店的电脑管理系统（PMS）实现了对酒店客房存货情况的管理，但是系统上的信息并不能及时传达给订房办公室（CRO），所以订房办公室是不知道酒店客房的实时信息的，这也给订房工作带来了隐患。

（3）所有的沟通过程都必须通过电话实现，整个流程实际上只是电话预订，电脑管理。根据国际酒店销售与营销协会（HSMAI，1995）的统计，通过酒店集团 CRO 电话语音预订，每个预订的成本在 12～15 美元之间。

（二）基于局域网的半自动化预订模式

20 世纪 80 年代末，随着数据库技术和网络技术的成熟，出现了 PMS 与 CRS 数据库远程无缝对接技术，极大地促进了酒店预订系统的发展。数据库远程无缝对接技术是指将 PMS 中房间状态及房价的变化实时复制到远端的 CRS 中的一种软件编程技术。利用此技术，CRS 中的房态和房价可以真实反映远端酒店 PMS 中的情况，酒店集团可以实时掌握每家成员酒店每间客房的真实情况。酒店通过 CRS 既可以最大限度地销售房间，又可以避免超额预订情况的发生，同时可以根据市场变化情况及时调整房价。集团与其成员酒店通过无缝链接技术，实现了实时掌握每家客房的实际供应情况，使酒店有更多的机会销售每一间客房。通过将成员酒店的 PMS 与集团总部控制的中央预订办公室（CRO）进行接口连接，连锁酒店可以集中控制集团所有的房间和房价清单，还可以使酒店为客人提供个性化的服务，实施关系市场营销，通过对客人历史记录的查询更好地为顾客和代理人服务。

这个阶段 CRS 的特点是实现了局域网的半自动化预订。CRS 系统的使用者，除了酒店集团或者酒店联盟的成员酒店，旅行代理商、批发商等也很快加入到该系统中。当预订成功时，旅行中间商便从酒店获得佣金。而那些没有自己的预订系统的酒店，可以通过支付一定的费用，加入到某个酒店联盟的预订系统并将酒店产品的销售点和房价罗列在中央预订系统中，以便于旅行代理商销售。旅行代理商和顾客通过 1-800 电话联系酒店联盟，从而获得合适的酒店及信息。

这种模式一直是各大酒店集团开展网络预订业务所使用的主流方式。这种模式具有以下优点：（1）有利于收益管理。酒店很大一部分收入来源于客房收入，房价设置合理且灵活，有利于酒店增加收入。基于局域网的信息传递，可以将酒店集团的产品信息以及销售信息在第一时间传递到相关部门。这种传递是实时的，酒店可以随时根据销售情况进行房价优化。（2）扩大销售范围。无缝链接技术使得酒店企业可以使用更为广泛的销售代理。销售代理只需要在本地安装一个简单的销售终端，即可进行销售。借助 CRS，酒店企业可以在更为广泛的空间中对自己的产品进行销售。（3）信息展示更加全面。基于中央预订办公室的电话预订，消费者往往不能得到充分的产品信息，而 CRS 可以显示出酒店产品非常详细的信息，有利于顾客进行购买决策。

（三）基于互联网的全自动化预订模式

不管是连锁酒店或者联盟酒店的预订系统，其应用目标是让产品进入到最大的市场范围，

Internet 网络的诞生为酒店预订系统又带来了一次巨大的冲击。Internet 使顾客绕过所有的中间环节直接向酒店发出预订要求，而旅行社和顾客可以直接访问集团的中央预订系统，从中得到酒店的详细资料，包括酒店的出租情况，并能立即预订和确认。

随着网上预订业务在酒店总销售额中所占的比重越来越大，酒店付给网络中间商的佣金越来越多，使得酒店集团逐渐认识到构架自己的网络预订平台的重要性。出于利益的考虑，各大酒店集团正努力建设自己的网站，使顾客可以迅速、方便地找到自己需要的产品，并进行确认。实际上，作为业务外包的一种办法，把网上销售交给中介商并非不可，但是酒店方付出的代价则是对中介的依赖性，开支的增加，收入的减少，逐渐失去对产品价格的自主权，品牌影响力的降低等，失去这些对于一个酒店企业而言是不可思议的。另一方面，从消费者角度而言，他们也不愿意在中间商那里多花钱，Forrester Research 调查公司发现 69%的美国休闲旅客喜欢直接订房，而只有 27%的旅客愿意从中间商那里订房，因为他们认为高质量的服务只能来自酒店本身。这也就是为什么国外大型酒店集团越来越倾向于发展自己的网站来开展网络直接预订业务的原因。

目前，绝大多数连锁酒店都拥有了公司网站，并且提供在线预订服务，允许顾客直接进行预订。这些预订都会直接进入酒店的 CRS 系统，不再需要人工干预。国际酒店联号也采用了一些吸引客户直接预订的政策：如最好的价格一般只能在酒店自有的网站上获得，万豪集团更是提出了"不用上别处看，这里保证最好房价"的口号。在未来的一段时间内，酒店建立自己的网站并主要通过自有网站进行客房的直接预订将会逐渐成为客房预订方式的主流，但是 CRS 系统依然需要各类旅游中间商为其分销。所以，这个阶段的 CRS，不仅仅是技术上实现了直面终端消费者的意义，还使酒店客房的预订方式变得更趋于多元化，CRS 覆盖的范围、使用的对象也变得越来越广泛。这就需要酒店集团进行分销和直销管理，它们需要和网络中间商谈判，建立新的分销协议，控制送往网络中间商销售的房间数量等。

这种基于互联网的全自动化预订模式为酒店企业带来了以下几个方面的竞争优势：（1）覆盖的范围更广，面对的用户种类更多。除了基于局域网的旅游行业企业，终端消费者也可以通过 Internet 与酒店直接发生联系。这是一个异常庞大的市场。（2）降低成本，增加收益。把顾客预订房间所要经过的中间渠道减少到最低，减少酒店企业对中介的佣金支出；增强酒店对于产品价格的控制权，帮助酒店实现收益管理。（3）实时互动服务。基于互联网的全自动预订模式，可以为顾客提供充分的、及时的信息支持，让顾客作出决策，有利于酒店实现个性化服务，在满足顾客需求的同时，还可以降低酒店企业的成本。（4）建立酒店品牌。通过网站展现酒店品牌、形象和服务是最为经济有效的方法，节省营销费用；酒店信息可以在最短的时间内发布到网站上，容易更新；直接面对顾客有利于酒店收集用户资料，开展在线调研，获得第一手资料；帮助酒店对市场需求做出迅速反应，调整营销战略。

综上所述，CRS 的发展过程经历了人工方式的中央预订办公室预订、到基于局域网的半自动化预订，以及到基于互联网的全自动化预订模式等阶段，CRS 功能是通过不断纳入新功能、采用新技术逐步完善而形成目前的系统的。最新的 CRS 的发展模式是借助呼叫中心、局域网以及移动互联网预订这三种方式的混合模式。

四、国内外典型的 CRS 应用综述

酒店连锁或酒店联号较之独立酒店一个突出的优势就是，拥有自己的全国性乃至全球性客房预订中央控制系统，能为其成员酒店提供集团内订房服务，并支持集团的快速扩展。通过 CRS 系统，可以在全世界各地的成员酒店里办理其他成员酒店的客房预订，共享集团的客户资源。下面简要介绍几个国际上著名的 CRS 系统。

（一）Holidex 系统

最早的中央预订系统是由假日酒店集团于 1965 年 7 月建立的假日电讯网（Holidex-I）系统。那时候它的主要功能是提供客房的营业和订房资料，作为信息传送及公司内部的通信工具。后来，假日电讯网已升级为 Holidex II，并拥有自己的专用通信卫星。假日集团通过 CRS Holidex II 将遍布世界的假日酒店联系在一起，通过该系统，在每一家假日酒店里，都可以随时预订任何一个地方的假日酒店，并且在几秒钟内得到确认。这个阶段的 Holidex II 加强了自动化功能，加入高速信息传送技术，加强了客房数目及价格管理。通过 Holidex II，客人可以预订假日酒店集团当时在全球各地的两百多家酒店和度假村不同等级的客房，并在几秒钟内得到确认。Holidex II 每天可以处理 7 万间客房的预订服务。1980 年，Holidex 2000 面世，除具备原有服务功能外，还采用了先进的信息技术，将酒店管理信息系统直接接入到中央资料库和订房操作系统，使订房人可以通过 Holidex 直接访问假日远程预订系统，查看系统内各酒店的房态信息，包括房型和房价等，并可直接人机对话，完成网上销售，无须借助酒店前台人员操作即可完成客房预订的全过程。

（二）HILSTAR 系统

希尔顿的中央预订系统——HILSTAR 能够支持希尔顿整体战略实施，能够将信息实时传送

到 HRW（希尔顿全球预订）、GDS（全球分销系统）以及成员酒店和在线网站。HILSTAR 包括灵活的库存和房价管理功能，支持房价变化，提供快捷搜索。该系统提供单页面的库存管理功能（全世界的希尔顿分销渠道所看到的信息和价格是相同的）和实时确认功能。顾客可以通过系统看到具体的房价目录，如促销价格等，能够直接在线订房。

（三）Fidelio 系统

Fidelio 酒店软件是目前全球最著名的软件。这套完整的软件系统由中央预订、中央客人档案、中央公司、旅行代理商档案及中央管理信息几个子系统组成，目前许多国际酒店集团采用该软件。其中央预订系统可以储存所有集团内客户的个人资料、偏好等信息，供所有成员酒店共享。香格里拉集团采用的便是该软件，客人可在任何一个香格里拉酒店预订其他香格里拉联号酒店的产品，并且可以迅速得到确认，从而使这家酒店能够提高预订效率并进一步提供有针对性和个性化的服务。另外，系统可以和 GDS 系统完全连通。旅行商可以通过中央预订系统在最后一分钟做出预订并立即得到确认。

（四）VoyagerCRS 系统

Cendant 国际酒店公司的 VoyagerCRS 系统包含了全球分销系统 GDS 联网、互联网预订引擎、数据维护工具、佣金支付和商业智能模块等功能。具体功能包括：（1）可以与所有的 GDS 系统，包括 Galileo、Sabre、Amadeus 和 Worldspan 等系统连接，为酒店提供与旅行代理商预订系统联网的酒店实时预订情况和预订率信息；（2）多语种互联网页面的预订引擎；（3）通过多个预订渠道提高获取特定酒店信息的导航能力；（4）实时数据报告和存储等；（5）可以帮助酒店搜索顾客的数据资料、判断预订趋势，使其能够更好地确定目标客户，更有效、更经济地分配产品库存。对于一般客户也可以通过网站查看实时信息并在线预订产品。

（五）TravelCLICK 的中央预订系统

北京建国旅业采用的 TravelCLICK 的中央预订系统能够无缝链接全球主要的 GDS 及互联网分销渠道（IDS），使首旅建国旗下的酒店能分销到全球 67 万家旅行社终端及上千家国际互联网分销商，并且该系统提供动画单页面（OneScreen）预订引擎，能够将房型信息、图片、房价等信息集中到一个页面，方便预订（刘河军，2005）。该系统还提供销售管理方案、多样化的营销手段、库存优化管理等，可以根据以往市场占有率的记录和未来市场占有率的推测，帮助酒店在市场竞争中快速应对各种变化，调整价格，增加收入（覃珧，2006）。

（六）锦江 CRS 系统

锦江酒店与美国德尔集团合资成立了锦江德尔互动有限公司，引进先进的 GenaRes 订房系统，二次开发出适合国内使用的中央预订系统。锦江酒店以前开发的"锦江之星"呼叫中心也趋于成熟，月接订单近 7 万个；忠诚客户总数近 7 万人，会员入住率达 38%。同时，锦江酒店建设并开通了具有中、英、法、日四国语言和实时预订功能的锦江酒店电子商务网站、"锦江之星"电子商务网站等。为了便于集团管理，锦江集团于 2010 年成立锦江国际旅游电子商务公司，对中央预订系统运行以及电子商务业务实行集团统一管理。

（七）金陵集团的 CRS 系统

南京金陵集团与杭州西软合作开发，于 2005 年建立了国内自行开发的第一套国产中央预订系统（CRS），并推出国内第一家具有在线互动功能的网站。该系统目前在国内已有多家酒店集团在使用，属于基于互联网的自动预订模式。

五、CRS 的主要功能

随着酒店电子商务发展的需要，酒店中央预订系统必须和其他系统进行系统集成，以保证所有成员酒店业务管理上的协同。因此，新一代的中央预订系统功能包括常客管理、渠道管理、预订中心管理、收益管理、在线预订管理等系统，使它们能够进行实时的数据交换、无缝库存管理和单页库存（所有系统在同一时刻可以看到相同的数据）。下面简要介绍 CRS 系统应有的主要功能。

（一）常客计划系统

集团常客计划系统主要用来协助建立集团客户网络，以加强集团对下属酒店输送和维系客户的能力，方便下属酒店共享集团客户资源，帮助集团建立"回头客"管理和奖励机制，以吸引客人不断光顾本集团的所有酒店，并最终形成一个围绕着本集团品牌的完善会员数据库和网络。常客计划功能主要包括客户管理、会员管理、积分奖励、积分消费、储值消费等功能。通过采集各成员酒店的原始顾客数据，并对采集来的数据进行分类、汇总、分析、预测。CRS 可对常客的档案进行有效管理，对顾客历史预订状况进行分析，跟踪顾客的消费动态，充分挖掘顾客的潜在价值，形成差异化服务的有效依据。通过常客管理功能，也可实现对协议单位的绩效分析，以帮助管理者根据协议单位的不同贡献，制定协议价格等。

（二）渠道管理系统

CRS 的渠道管理是配合建立集团层面与国内外各主要分销渠道（如 GDS、IDS、TMC、HRC 等）的直接合作，以优化分销流程和降低分销成本。尽管目前的电子分销渠道依然需要线下的电话或传真确认，但是集团通过 CRS 可以与外部网络预订中心（如全球分销系统、携程、艺龙、去哪儿等旅行网）建立更密切的、开放式的在线合作关系，并实现对分销渠道的监控和管理。根据 CRS 中存储和收集的数据考核来自渠道预订的客源状况，对其进行收入支出管理，以分析渠道对酒店所作的贡献，实现对分销渠道考核的准确性，从而加强对渠道的控制力，为管理者构建最优化的分销渠道体系提供依据。

（三）预订中心系统

CRS 的预订中心管理主要用来配合建立集团自己的预订中心，以加强集团集中客源管理能力和提高向下属酒店输送各种预订信息的能力。该系统功能主要包括中心预订、网络预订、成员互订、确认管理、佣金管理、顾客历史管理等。中央预订系统与所有成员酒店直接相连，可以查看成员酒店的各种信息，如客户档案、客房资源、餐饮资源、会议室资源等。通过 CRS 可以在最短的时间内，提供给顾客所需要的产品，并能够及时获得顾客对产品和服务的反馈，改善酒店的产品和服务。预订中心的成员互订可以实现成员酒店之间的互订，可以通过网络或其他微信等新媒体，实现集团内对顾客行踪锁定与追踪，挖掘有消费能力的客户，从而帮助集团更有效地定位产品和服务，为这些客户提供个性化服务。

（四）在线预订系统

CRS 的在线预订系统主要实现为散客自助预订所需要的功能，功能主要包括在线订房、订单查询、房态查询、客户消费及积分查询、客户资料信息修改、客户交流及投诉等。散客可以通过酒店集团的预订网站自助查询产品信息，在较短时间内足不出户就可以收集到酒店相关信息并进行安全、实时的在线预订。中央预订系统能够跟踪客户的网上预订信息，并进行校验和相应的确认处理。该系统能持续协助挖掘在线直销市场的潜力，并更好地优化和平衡集团及下属酒店客房的直销及分销的比率。

（五）收益管理系统

CRS 的收益管理主要是为了制定更好的销售策略。集团收益管理系统能通过科学的数据分析为集团和下属酒店创造更高的收益目标。收益管理系统的主要功能为销售情况的分析与预测，确定不同季节的最佳收益产品。目前国内酒店集团的预测管理主要通过手工方式进行计算，决策者个人素质和经验的影响比较大，缺乏精准管理。收益管理系统可以提供丰富的经营数据报表，方便提供数据分析，灵活实现各种对比分析。系统可以根据历史数据、现状数据，进行经营预测，以提供管理者科学的决策依据，实现房价和库存的预订收入最大化管理。收益管理系统可以实时设置房价和销售控制，这种变化必须立即传送到所有的系统和渠道中。酒店还应该可以追踪丢失的客户数据，进行决策正确与否的对比分析。

新一代 CRS 的功能还在不断完善中，应用中的管理需求和服务需求不断充实了 CRS 应用功能，如差异化营销管理、新媒体渠道管理、移动服务管理等。限于篇幅，这些功能就不一一介绍了，读者可以自己通过其他途径了解和掌握这些知识。

六、我国发展 CRS 存在的问题

20 世纪 80 年代初，CRS 率先出现在我国几家由国外集团酒店管理的酒店。进入 20 世纪 90 年代，国内多家著名酒店开始使用了国际 CRS。随后，很多国内酒店集团开始了适合本土的 CRS 的建设开发工作。但是，国内 CRS 的发展还比较缓慢，主要存在着以下几个方面的问题。

（一）对 CRS 的认识和建设理念不平衡

许多国内酒店集团管理者认为，只要有一个先进的 IT 系统，就可以解决集团所有关于市场和销售中存在的问题，并能给集团及其下属酒店带来业务上质的飞跃，但实际情况并非如此。CRS 的建设受经营者的发展理念、经营理念、管理理念影响很大。因此，CRS 建设是一个涉及理念、技术、管理的系统工程，需要通过建立完整的组织结构来制订科学的发展计划，并通过切实可行的步骤来分步落实，形成支持酒店扩展与经营的技术系统。国内酒店集团可以根据自身的实际情况（如规模、发展规划、经济实力等）制订不同的实施计划来实现集团化管理进程，但必须在中央系统建设初期就要全面考虑到今后的发展规划，以确保各种系统数据的集成和兼容、客户历史资料的长期保存，以及系统可拓展性等要求。这样可确保对前期投资建设最大限度的保护，以及后期不会造成浪费，或避免被迫重建系统的尴尬局面。

（二）巨额资金障碍

CRS 的建设目标是为酒店创造持续的竞争优势，而不是考虑建设投入的短期回收，而要体现出在行业内的竞争优势，需要资金持续投入来不断完善系统性能。因此，中央预订系统的建设需要巨额的资金，一般的酒店企业建设自身的 CRS 面临着非常大的资金压力。国内的融资渠道并不完善，在融资机制未得到解决的条件下，酒店企业很难通过资本市场筹集到足够的资金投入到 CRS 建设中。而且，国内许多酒店集团都受短期利益驱使，缺乏超前的经营理念，不愿进行大的投入建设 CRS 系统，尤其在酒店业主对该系统的作用和必要性认识不足的情况下，解决资金障碍更是困难重重，造成系统建成后缺乏持续改进的资金。

（三）市场消费行为限制

市场的消费行为和诚信体系有非常密切的联系，目前我国诚信体系不够健全，造成在线预订的在线支付发展缓慢，影响了 CRS 的建设绩效和酒店业主的积极性。市场消费者对于网络预订的可靠性存在质疑，对于付款机制也非常不信任。所以，预付款式的担保预订很难推行，而没有预付机制的预订，则有可能造成很多无效预订。其次，市场的消费行为和酒店定价理念不相称，消费者并不认同 CRS 的价格体系，如通过人工电话预订，消费者还可以和预订员直接进行讨价还价，有可能获得比网上更加便宜的价格。市场缺乏在线预订的信任感，付款安全问题存在障碍，这些都极大限制了酒店企业发展 CRS 的动力。

（四）联网销售效益困惑

在国际市场上对酒店销量举足轻重的中央预订系统，进入中国市场后却遭遇瓶颈，特别是在北京、上海等一线城市以外的二线城市，许多国际酒店集团管理的酒店，业主在支付巨额管理费用后，发现经由国际酒店集团系统带来的订房很少，从而导致业主要求退出或摘牌。同样，一些中国本土酒店集团在投入巨资开发 CRS 后，仅能带来少量的国际市场订单，以及有限的呼叫中心和网站订单，造成这种状况的原因何在呢？在国际市场上，这是一个非常成熟的产业链，包括产品供应商，如酒店和酒店集团的 CRS；B2B 电子分销平台以及分销科技提供商，如四大 GDS 运营商；B2C 零售网络包括全球七十余万家旅行社以及数以千计的旅游网站。而在中国，这个联网销售的产业链尚未形成，特别是核心的 B2B 电子分销平台以及相应的科技提供商尚未出现，导致酒店集团即使拥有 CRS，也无法同国际分销商和代理商实现对接和售卖，这是酒店集团 CRS 在中国市场无法发挥积极作用的主要原因。

（五）受管理水平和技术水平限制

受经营管理人员和从业人员素质的限制，尽管我国新建酒店以及更新改造酒店的硬件设备设施的规格与国际水平相当，但软件方面存在着较大差距，其中尤以经营管理水平和技术支持水平偏低为甚。事实上，运营 CRS 对技术水平的要求并不高，对于一家酒店只需一台或数台 PC 机，加上一个 Modem 及一根外线电话线即可，预订中心和外部网的连接便可实现联网销售。然而，许多酒店的计算机管理系统往往还停留在内部管理的功能上，与外网链接产生的技术问题往往束手无策未能发挥 CRS 对外销售的功能。

在技术支持上，我国许多地方的酒店业对酒店业务和网络知识深入了解的人才并不充足，致使在实际运行中经常发生重复预订、信息错误等问题，影响了 CRS 的应用效果，也使酒店业主们对 CRS 产生一定疑问。对此，提高从业人员素质，加大对从业人员新技术的培训，以及引进高素质人才充实到酒店中来，是解决这一问题的根本所在。

（六）客户价值尚未深度挖掘

国内酒店的 CRS 建设还只是停留在技术层面上，没有真正发挥其作用。尽管我国有些酒店已经拥有自己的管理信息系统和 CRS 系统，但由于这样那样的原因，导致花巨资建设的 CRS 不能在酒店中发挥真正的作用。那些在 CRS 中不断积累的顾客资料库，只是被当作再次识别顾客的信息库而已。系统的应用没有真正渗透到顾客数据采集和分析、酒店管理和营销以及发展战略等更深层面上，酒店经营模式大多还停留在传统阶段。信息资源是 21 世纪酒店管理的主要对象，只有基于对相关信息的掌握，尤其是客户资源信息，酒店才能够利用和挖掘这些信息，找到信息价值的应用所在。CRS 的应用，到最后就是利用它寻找最有价值的客户信息，为这些重要客户制定经营策略，从而体现 CRS 对信息资源管理的价值所在。

七、国内酒店集团发展 CRS 的建议

基于目前国内酒店集团建设 CRS 的现状，为了我国酒店产业的健康和有序发展，培养我国酒店管理人员对 CRS 发展的正确理念，下面对我国酒店 CRS 的建设和发展提几点建议。

（一）实施信息技术战略

酒店 CRS 建设能否有序开展，关键是酒店集团有没有信息技术实施战略。随着时代的发展，信息在现代酒店经营活动中起着越来越重要的作用。信息技术已经成为影响酒店经营效果的关键因素之一，已经越来越成为酒店战略管理的重要组成部分。酒店集团的优势在于集团规模经济效益，具体在集团预订的战略层面上，集团规模不仅可以降低集团总体的预订成本，树立集团整体品牌形象，还可以更好地管理和控制成员酒店的预订成本。通过在集团层面实施信息技术战略，酒店集团可以优化各个酒店的预订流程，可以实现顾客资源的共享，可以通过集团预订产生的数据开发独特的产品和给现有的产品增加附加值，可以提高顾客对酒店集团品牌形象的认识，增强集团产品和服务的差异性。因此，酒店集团通过信息技术战略实行集团客房预订的集中化势在必行。然而，酒店的信息技术能否取得成功，除了相关的技术因素之外，更大的因素将取决于信息技术和酒店集团的实际匹配和结合程度。因此，酒店管理者在考虑问题和作经营决策时应具备一定的前瞻性，需要以长远的眼光来规划酒店引入信息技术的过程，将信息技术提高到企业战略层面。在以信息技术为代表的第三次产业革命中，我国酒店和国外酒店基本处于同一起跑线上。酒店管理者应该紧紧抓住这个机会，依靠信息技术战略来开展经营和管理，才能在竞争中创造出与别人不同的竞争优势。

（二）合理规划、分步实施

由于 CRS 建设涉及资金巨大，而且系统的持续改进需要资金，需要有一个合理规划来实施，尤其是系统的功能规划。国内大多数酒店在一定时期的人力、物力、财力都是有限的，所以对 CRS 的规划建设，酒店必须根据自身的实际情况，进行合理的规划，合理且有选择地进行 CRS 系统建设。酒店需要从战略层面进行整体信息化建设规划，明确需要重点建设的系统，分步骤、分期实施各个子系统，并完成对子系统的信息流通渠道规划，努力建立一个快捷、易用、内容丰富、信息能够畅流无阻的 CRS 平台，提高信息资源的利用率。

（三）重视发挥 CRS 的网络营销作用

虽然国内酒店集团的 CRS 发展障碍不少，缺少成熟的预订生态圈，但是酒店集团发展 CRS 是大势所趋，谁能够捷足先登，谁就在未来的竞争中占了先机。目前国内 CRS 运营中不太重视营销，或者传统营销和 CRS 的营销职能没有对接，也影响了 CRS 建设的效益。国外酒店集团已经实现了全球范围内方便、快捷的预订业务，非常重视 CRS 的营销作用。例如，假日酒店的 Holidex III 预订系统、洲际集团的 GLOBAL II 预订系统、雅高集团的 ACCOR 订房系统、希尔顿的 HILTRON 中央预订系统等都为酒店集团营销作出了杰出的贡献。与国外酒店大为不同的是，很多国内酒店集团的各个成员酒店依然处于各自为政的状态，没有发挥 CRS 的营销职能为成员酒店服务。很多酒店依然保持着传统的营销方式，电话和传真仍然是主要的预订确认方式，通过网络降低交易费用的优势没有很好地发挥出来。因此，必须将传统营销模式与网络营销模式无缝对接，利用信息技术实现对传统模式的改造和优化，把 CRS 的网络营销作为新的营销战略，从酒店集团的层面展开。

（四）重视发挥 CRS 的信息化服务职能

CRS 系统要建设好、应用好，必须发挥它的信息化服务职能，因为酒店除了服务还是服务。对于酒店而言，信息化是一个工具，是一种手段，更是一种服务，服务水平的好坏直接影响酒店的经济效益和竞争力。CRS 在预订流程、营销流程、客服流程、销售流程中都具有良好的信息化服务流程，在应用中要充分利用这些系统职能，减少反应迟钝的人工服务流程。所以，酒店必须重视信息化服务，充分利用 CRS 的科学流程提供个性化服务，提升客户的满意度。酒店可以利用数据挖掘技术，对数据库中的顾客数据进行划分、归类，从中选出常住客和消费大户，以及有价值的客户。然后，在接待这类顾客时，及时给予出乎意料的、高附加值的个性化服务，以便不断吸引和留住这些对酒店有很高价值的顾客。美国的圣特达集团（Cendant Corp.），在全球拥有六千多家酒店。该集团通过 CRS 在总部建有一个顾客中心数据库，这些数据是从世界各国各下属的酒店采集来的，都是有关顾客逗留天数、平均房价、历史消费等信息。通过对这些数据的处理，该集团设计出一系列具有附加价值的服务内容，并在 CRS 系统中体现，以不断吸引和留住这些有价值的顾客。

第三节　全球分销系统

全球分销系统 GDS（Global Distribution System）是近十年以来在酒店行业获得迅速发展的新型电子商务分销网络，是代理人通过航空和旅游产品分销服务的计算机技术和网络服务系统的总称。全球分销系统是 20 世纪 70 年代由航空公司计算机预订系统（CRS）演变而来的，主要分销航空机票、旅行酒店等产品，经济全球化和旅客需求多样化是 GDS 发展的推动力量。进入 20 世纪 90 年代，GDS 已发展成专门为旅行服务的一大信息产业。

一、基本概念

全球分销系统是由国际性航空公司分别联合组建，连接航空、酒店、度假村、汽车租赁公司、铁路公司、旅游公司等其他旅游相关行业，提供航班订位及订房等预订和市场营销综合服务的电子分售系统。GDS 通过国际航空电讯协会（SITA）的通信专网，将加入 GDS 的"卖方"（航空公司、酒店、汽车租赁公司等产品、服务提供者）和"代理方"（遍布全球的旅行代理人）连成一个旅游专业网络系统，并通过"代理方"实现对"最终用户"（各国旅行者）的销售。加入全球分销系统组织的各个酒店集团或独立酒店都可以使用 GDS 开展全球预订服务。

全球分销系统的应用始于 20 世纪 80 年代，后随着技术的提高及旅游业发展的需要，逐步加入其他旅游产品，如与酒店电脑预订系统（CRS）的对接。终端的延伸，如与汽车租赁公司和旅行服务商的终端接入等。至 20 世纪 90 年代，经过一系列的兼并活动，国际上形成了四大 GDS 品牌：Galileo、Amadus、Sabre、Worldspan。目前 GDS 已发展到提供航空交通、旅游度假、汽车租赁、客房预订等综合性的分销服务，加入 GDS 的各个酒店和旅行社都可通过该系统开展预订服务，并可上传营销信息。

近年来，我国十分重视 GDS 的建设与发展，目前主要运用于航空业，发展较为成熟的是中国民航的 GDS 系统，它是由多家国内航空公司以共同集资、风险共担的形式建立的。自行建设 GDS 系统而不依靠国外的 GDS 应用，可大大降低我国航空、酒店的分销成本，增强竞争力，减弱国外实力雄厚的大集团公司所带来的冲击，但该系统目前还在完善之中。

二、系统特点

全球分销系统几乎整合了所有旅游供方的技术系统，包括酒店业内的 CRS 系统，体现了它在全球化分销中的作用，在欧美，它也是电子化酒店的主要技术系统，使酒店需求方获取服务更加便利。那么，全球分销系统的主要职能是分销和销售，中央预订系统也有分销和销售的职能，二者相比 GDS 有哪些特点呢？下面进行简要介绍。

（一）间接销售

GDS 有最齐全的产品数据库，通过吸纳全球各地的酒店集团产品，把这些产品分类储存在数据库中，通过各种网络与安装有销售终端的代理商实现面向顾客的销售。GDS 拉近了酒店与消费者之间的距离，而且面向全球的消费者或客户，并且为消费者提供了多种产品选择的可能，为消费者节省了购买的费用。

（二）市场细分

GDS 的市场范围从豪华、高端、中端直至经济型等不同类型的客源，通过细分让客户很方便地找到自己所需要的产品。这种对市场的细分是其他分销系统所无法达到的，既符合了酒店经营的理念，有力地支持了酒店营销手段的多样化，又符合了消费者理念，多渠道、多产品地选择自己所需要的产品。

（三）全球覆盖

全球覆盖是 CRS 系统无法比拟的，不管是服务商还是消费者都是全球化的。四大 GDS 公司（Amadeus、Galileo、Sabre、Worldspan）分别将各自的旅行产品数据库通过专门网络与各地代理商的计算机预订终端相连，实现了全球分销的目的。目前，这四大公司分别占领了北美、拉美、欧洲、亚太、非洲和中东几个大的主要市场，占到了全世界酒店预订市场份额的 93%。目前新一代的 GDS 系统利用互联网和移动互联网，更进一步地覆盖全球的服务供应商和各层次的消费者。

（四）分销成本较低

互联网技术的应用，使 GDS 的分销成本非常低廉。GDS 系统通过网络展示、在线预订和在线结算，大大降低了分销成本和人工管理成本，相比其他电子分销系统，由于它的规模和产品优势，分销成本优势非常明显。酒店方面的相应统计（HSMAI，1995）证明，每个电子预订的平均成本仅为 3.5 美元。这比目前国内的网络分销商所需费用明显低许多。

三、GDS 的起源与发展

全球分销系统（GDS）首先是在国际编目航班控制系统和国际航空预订系统的基础上发展起来的，最早起步是 20 世纪 60 年代初，航空业成为计算机应用最早的行业领域，后来随着网络技术的进步，GDS 逐步延伸到国际旅游服务领域。它的起源与发展经历了三个阶段。

（一）ICS——GDS 系统最早的雏形

ICS（Inventory Control System）即航班控制系统，是 GDS 系统最早的雏形，是国外一些大型航空公司为实现更多、更便利的销售，在 20 世纪 60 年代初建立起来的以计算机订座控制和销售为主要功能的网络系统。当时，航空公司为了提升效率、节约人工成本、方便客户预订机票，开始投资发展电子预订系统。美国航空公司在 20 世纪 50 年代中期开始着手开发 Sabre，并于 1963 年首次付诸应用。那时，Sabre 每天处理 85 000 个电话，40 000 个预订信息和 20 000 张机票的数据。这是第一个实现了预订流程自动化的系统。随后，美国大陆航、美联航、达美航和环球航也相继建立了各自的 ICS——Systemone、Apollo、Datas II 和 Pars。航空公司通过这些预订系统管理库存并直接和销售代理联系，旅行代理商直接通过安装在旅行社的预订系统终端进行信息查询和预订，大幅度提升了订座管理的效率。

在这一阶段，每个代理人为了能够代理各个航空公司的机票，必须装上不同的终端为各个航空公司代理，航空公司也要在各地建立自己的销售代理，产生了大量重复建设和系统冗余。对于代理服务商来说，订座系统范围越广，收益越大，但投资也就越大，它们当然希望尽快寻找到能够降低投资而保证收益不致减少的新的解决方案，计算机订座系统（CRS）因此应运而生。

（二）CRS——GDS 系统发展的原形

20 世纪 70 年代早期，意识到代理人能够通过自动化预订提高生产率，进而拓展航空公司的销售范围，增强航空公司的营销能力，Sabre 和 Apollo 首先将其内部订座系统外部化用于代理人。自此，ICS 转变为 CRS 系统，GDS 的发展进入了第二个重要阶段。为了减少航空公司的重复建设和系统冗余，国际航空公司通过协议建立了同时与多家航空公司相连接的 CRS 系统（Computer Reservation System）。随后，为了结算方便，BSP（Billing & Settlement Plan）航空客票销售与结算系统也被开发了出来，这是由国际航空运输协会 IATA 根据运输代理业的发展和需要建立的供航空公司和代理人之间使用的销售结算系统。

经过这个阶段的发展，GDS 服务公司实质上已成为世界第一批经营 B2B 电子商务的公司，但其所有权仍归股东航空公司所有。在此阶段，各航空公司内部订座系统互相结盟，将资源集聚于 CRS 共同利用，建立多用户系统，与具有订座系统的航空公司连接，并为没有订座系统的航空公司提供计算机系统服务，从而避免了 ICS 给代理人销售多家航空公司机票带来的不便和浪费，预订效率和销售能力再度提高，旅客也因此得到更加便捷的服务。旅客可以在任何一家连接 GDS 的旅行代理点购买通向世界各地的机票。这个阶段的 CRS 虽然技术上引起了行业运作模式的变革，但是依然有其局限性：一是只能完成预订任务，不能承担市场营销或者交易中的其他管理工作；二是没有直接面对终端消费者，消费者还不能直接预订获取服务，只是面对旅行社等中介服务机构。

（三）GDS——最终的系统形式

随着国际航空运输市场的进一步发展，尤其是网络技术的进步，系统使用的费用进一步降低，系统由原来单纯的航空预订、结算系统发展为整个旅游行业服务的一体化的中性分销系统。20 世纪 80 年代后期，面对放松管制及迅速涌入的美国航空公司的激烈竞争，一些国际航空公司不愿被挤出航空市场，在缺乏独立开发订座系统所需的巨额资金、技术人才的情况下，不得不采取组建地区性合作集团与美国各系统结盟，从而使全球范围的计算机订座系统进一步扩大，真正的 GDS 全球分销系统应运而生。

对于酒店业而言，20 世纪 80 年代迅猛发展，以 GDS 系统为核心的电子分销渠道也逐渐成为酒店业市场营销链条中至关重要的环节。全球主要酒店组织和很多单体酒店都已经用不同的途径建立了与 GDS 系统的连接，并通过 GDS 渠道实现产品的全球分销，GDS 成为真正意义上的为旅行服务的全球分销系统，包括所有散客的预订服务。

四、世界主要的全球分销系统

全球分销系统在 20 世纪末得到了快速发展，形成了 GDS 分销的巨大产业，那时全球有上百家全球分销系统，旅行分销市场竞争日趋激励。进入 21 世纪，全球分销系统进入了大并购时期，形成了目前全球最大的四大 GDS 系统。本部分简要介绍这四大 GDS 系统以及亚太地区的一些 GDS 系统。

（一）国际四大 GDS 系统

经过市场多年整合，现在全球分销系统基本形成了几大巨头割据称雄的局面，具有代表性的有四大 GDS 公司。目前，这四大公司分别占领了北美、拉美、欧洲、亚太、非洲和中东几个大的主要市场，占到了全世界酒店预订市场份额的 90% 以上。

1. Sabre

Sabre 是由原美国航空公司与 IBM 公司合作开发成立，是现代全球分销系统的先驱，全球员工约一万人，是全球旅游业和运输业信息技术的领导者。每年通过 Sabre 系统成交的旅游订单金额超过 750 亿美元。欧美及其他国家的旅行社均通过此平台预订机票、酒店，在欧美国家它是旅行社必备的工具之一，其重要性如同电话、传真、电脑一样，已成为美国酒店业、旅行社等拓展业务不可缺少的分销系统。

2．Worldspan

Worldspan 是全球四大分销系统中最小的一个，由原美国环球航空公司的 PARS 系统和达美航空公司的 DATAS II 系统于 1990 年合并而成，其业务主要分布在美国，在伦敦设有一个分公司负责美国之外的所有业务。2011 年 10 月，Galileo 的母公司 Travelport 有限公司，完成了对 Worldspan 公司的收购，这使 Galileo 和 Worldspan 进一步集成和整合，业务逐步向欧洲等区域扩展，形成目前 Worldspan 的业务分布形式。

3．Galileo

Galileo 全球分销系统由英航、荷兰航空、加航、美航、美联航结盟组建成立。由原美国联合航空公司的 Apollo 系统和欧洲的 Galileo 系统于 1993 年合并而成。业务主要分布在欧洲与美洲，规模要比 Amadeus 小。

4．Amadeus

Amadeus 系统于 1987 年先由欧洲四大航空公司，即法航、伊比利亚、德国汉莎、北欧航空公司联合组建，后与美国大陆航空公司共同投资扩建，系统于 1992 年 1 月正式开始运营，是目前四大 GDS 系统中规模最大的。Amadeus 及其竞争对手 Galileo 在欧洲的出现是为了应对美国 CRS 在 20 世纪 80 年代的快速发展和扩张，业务主要分布在欧洲和美洲。到 1995 年，原美国大陆航空公司的"系统一"和欧洲的 Amadeus 系统合并，进入 21 世纪后，由于竞争的因素，系统规模进一步扩大，形成目前的 Amadeus 系统。

（二）亚太地区的 GDS 系统

除了欧洲、北美等地区，亚太地区近年来也有了 GDS 的发展，但是还没有形成具有全球性影响力的 GDS 系统。占有全球运输量四分之一份额的亚洲航空公司试图建立以亚洲为基地的 GDS，但是由于地域分散、文化差异、发展水平悬殊及政治不睦等原因，却没有形成合力，仅建立了国家或地区性的代理人分销系统。例如，东南亚的 Abacus，日本的 Axess、Infini，韩国的 Topas 等系统。这些系统的运输市场占有量有限，在规模上、市场上，尤其是技术上始终无法与 GDS 四大国际巨头相匹敌。另外，印度两家骨干航空公司较早便拥有功能先进的订座系统，但没有形成国家级的 GDS，在政府 1995 年开放订座市场后的一年时间内，国内代理人被 Sabre、Amadeus 瓜分殆尽，从而严重弱化了印度国内航空公司的竞争力，加大了分销成本，制约了印度民航业的发展。大洋洲、拉美、非洲的 GDS 也经历了与印度类似的过程。

中国加入 WTO 之后，中国航空运输服务市场作为最具有发展潜力的市场之一，已成为世界主要航空公司竞争的战场。国外的几大 GDS 纷纷向中国市场渗透。相对而言，中国航空旅游业发展还比较滞后，中国 GDS 的发展还与国外存在着很大的差距。我国的 GDS 市场供给方主要是中国民航信息网络有限公司（简称中航信）、外航驻中国办事处以及国外 GDS 在中国的非法终端三个方面。中航信运营着我国民航业唯一的航班控制系统（ICS）和计算机订座系统（CRS），而且是国内唯一向分销代理人、售票处和消费者提供航空运输服务产品的公司，国内机票出票业务主要由中航信的凯亚系统完成，具有垄断地位，处理了占我国商业航空公司总预订量 97% 的订座。

中国民航订座系统始建于 1986 年，采用 UNISYS 的整体解决方案，其中包含主机、系统软件、通信网络系统、USAS 应用系统（含订座、离港、货运）。1999 年，国家批准建设全球分销系统 GDS，总投资 16.9 亿元，主要完成了 ICS 和 CRS 的系统功能完善、里程银行、网络开放化改造、电子客票等。2001 年，以原中国民航计算机信息中心为基础，国内全部 20 家航空公司共同发起设立了中国民航信息网络股份有限公司（中航信，TravelSky），并在香港创业板挂牌上市，筹集资金 11.08 亿港元，顺利完成了国有企业的股份制改造。

目前，中航信是唯一为国内全部航空公司、机场和国内外多家代理人提供服务的分销系统。其最大特点是既提供 CRS 服务又提供 ICS 服务，在国内有完善的技术支持体系和分销网络，完全有能力满足国内航班的分销需求，而其薄弱环节在于 ICS 功能不完善。该系统目前正在逐步向酒店、旅游、租车等非航空领域拓展，全面实施旅行的分销业务。中航信也加入了 Galileo GDS 系统，中航信的旅行代理商可以实时地接入大范围的全球航空公司库存，进行在线预订并发行电子客票。

中航信 GDS 具有高增长率、系统整合、开放及跨行业行为等特点。其功能包括以下几点：第一，使任意一个经过授权的代理商均可通过该系统实时预订、销售国内外超过四百家航空公司的机票、航空意外保险、部分酒店产品等。第二，其自动清票功能增加了防火墙，使代理人不能随时更改时限，更有效地减小了代理人虚订座对航空公司造成的不利影响。第三，提供电子客票的结算等功能。目前，中航信 GDS 系统还在进一步研发、完善中，在酒店业已经出现了如畅联（www.chinaonline.net.cn）、德比（www.derbysoft.com）等新型电子分销服务商。

五、我国酒店业发展 GDS 的障碍分析

由于我国本土 GDS 的不成熟，国外进入的 GDS 不管从费用、应用理念、系统操作上都存在一定的不适应性，从而影响了 GDS 在我国酒店业的普及应用。从酒店企业的角度而言，这种基于行业内部的国外 GDS 系统还是具有一定的局限性和不利因素，这种应用障碍主要表现在以下几个方面。

（一）加盟门槛太高

四大 GDS 公司中只有 Sabre 系统是由美国航空公司的 AMR 公司独自经营的，其他系统均是由几大航空公司合作开发的，系统以及网络费用的高昂可想而知。这就使得酒店和旅行社要接入这一系统就必须付出极高的代价。许多单体酒店和小旅行社无法承受这样的系统费用，我国目前的经济水平还不适应支付这样的加盟费用。

（二）缺乏顾客增值服务

GDS 对于酒店而言是一把双刃剑：酒店通过 GDS 极大地扩展了自己的销售渠道，但是这种渠道却并不是直接面对消费者，酒店还无法通过 GDS 对消费者提供增值服务。所以，这就非常容易在市场上形成低价竞争，不利于散客市场的培育与发展。久而久之，不仅酒店利润会减少，而且会影响品牌形象。

（三）佣金成本过高

来自于 GDS 系统的大部分订单仍然是客人通过代理商的终端发出的，因此是不可避免的，对于每一单来自 GDS 的订单，酒店都要付出好几种佣金：有给代理商的，给转换公司的，甚至是给航空公司的。例如，有顾客通过旅行代理人预订滑雪旅行，旅行代理人（酒店所付的第一种佣金）通过一家转换公司（第二种佣金）预订住宿，转换公司又通过全球销售网络（第三种佣金）将预订信息发送到酒店连锁公司的中央预订处（第四种佣金），最后才到达滑雪度假酒店。实际的情况也证明了这一点，从 20 世纪 90 年代开始，GDS 系统取得飞速发展的同时，酒店企业付给中间商的佣金也在飞速提高，这些网络公司从每一次成交中获得的利润可以高达营业额的 25%～40%，这比传统的旅行社从酒店收取的 10% 的折扣要高出许多。

（四）界面不够友好

GDS 操作比较复杂，需要经过特定的培训，不像互联网那样容易上手。许多操作环节不适合我国酒店业的应用习惯，一些业务流程与我国酒店业的操作习惯相距较大，这些也影响了国际 GDS 在我国酒店业的推广应用。

（五）存在技术壁垒

国内一些单体酒店也想加入 GDS 系统，但是二次开发和维护 GDS 系统的费用很高，于是很多酒店把分销外包给一些预订公司，而不是自己开发接口系统，因为接口系统会形成一些技术壁垒，出现接口费用过高而不愿使用 GDS 的状况。这些预订外包公司被称为 Switch 公司，它可以作为任何一个酒店 CRS 和 GDS 平台的转换者。

第四节　其他酒店营销系统

上述介绍的各类系统基本都是以预订、分销为主的技术系统，并兼顾供方的市场营销。除此以外，在酒店业还有一些系统目前是以营销为主，兼做分销与销售，我们暂时称这些系统为营销系统，它们都是新一代基于互联网的电子分销系统。这些系统包括电子商务网站营销系统、移动电子商务营销系统、SNS 系统、互联网分销系统、OTA 系统、旅游目的地系统、CRM 系统等。下面介绍这些新型的酒店营销系统。

一、电子商务网站营销系统

近年来，利用网站开展营销已成为酒店常态。大多数酒店建立网站都是为了营销，但其中许多酒店没有完善的网站后台管理平台，并没有形成真正的基于网站的营销系统。随着经济全球化和互联网技术的飞速发展，酒店经营要想在竞争中取胜，就必须充分利用 Internet 所提供的超越时空的新媒体渠道，快捷地沟通信息，开源节流，不断提升酒店形象。酒店业与电子商务的融合是当今酒店业发展的必然趋势，尤其是在当今酒店业处于国际激烈竞争的环境下，成功设计酒店电子商务网站并进行 Internet 营销，将是我国酒店业提升竞争力的有效方法。酒店建设独立的酒店网站，不应该是为了赶时髦或者标榜企业的实力，更重要的是让网站真正发挥作用，使网站成为酒店传递信息、开展营销活动的有效手段。一个完善的基于营销的旅游酒店网站应具备五个方面的功能。

（一）品牌与产品展示

网站的形象就代表着酒店的网上品牌形象，人们在网上了解一个酒店的主要方式就是访问该酒店的网站。网站建设的专业化程度，网站的个性风格直接影响着酒店的网络品牌形象，同时也对网站的其他功能产生直接的影响。例如，不同国家的居民对颜色也有着不同的偏好和禁忌，网页色彩的选择应针对目标市场所喜爱的颜色。另外，网页界面设计应随着季节、时间的不同进行合乎时宜的设计与改变。一些国际品牌酒店为了针对不同的市场，建立了不同语种的网站版本，并且内容展示符合目标市场的习惯和需求。

产品展示是为了吸引顾客，顾客访问网站的主要目的就是对酒店的产品和服务进行深入的了解，即使是一个功能十分简单的网站，至少也要保持及时的动态更新。酒店网站应重点介绍酒店的服务设施、服务项目并附有图片或视频。好的旅游酒店网站在进行网站设计或优化时，需要特别关注新技术的应用。例如，多媒体技术、互动技术与 3D 虚拟旅行技术等的融合。这些技术不但可以为酒店创建优质虚拟环境服务平台，同时可以增加酒店的网络品牌效应，提升网络营销效果。产品展示涉及的技术制作需要强大的后台支持，网站展示与后台产品库动态链接、动态更新，从而使得网站的服务和价格等信息，以及产品图片给人一种温馨、高贵、豪华的感受。

（二）信息发布与关系营销

网站是一个信息载体，在法律许可的范围内，可发布一切有利于酒店形象、顾客服务以及促进销售的酒店新闻、产品信息、各种促销信息、招标信息、合作信息、人员招聘信息等。同时，网站又是关系营销的窗口，不同的客户可以享受不同的信息服务，享受不同的产品价格。因此，支持关系营销的网站具有复杂的营销流程，这些流程都需经过网站后台的信息处理，才能为客户提供个性化的服务，真正为酒店实现电子商务和营销。

（三）在线预订服务

建立网站及开展一系列网络营销活动的目的是增加销售，酒店网站本身就是一个销售渠道，应提供网上预订、订单确认等商务功能。通过引导客户到自己的门户网上进行预订，可以减少酒店需要依靠旅行社及 OTA 介绍客户所付出的佣金，直接把客房销售给了客户，不需要与中间人分享利润，同时在线预订能接触到直接客户，能获得更多的客户资源。对于客户而言，酒店提供在网上的预订服务，就可以直接与酒店互动，更详细了解酒店情况，然后根据自己的喜好来选择酒店。所以，在线预订功能必须简单、易于操作，且必须有后台完整的商务流程实现对订单的跟踪、确认、接驳，以产生更多的有效订单。

（四）顾客服务与管理

作为营销型的网站，顾客服务是第一位的，因为酒店服务顾客就是上帝。酒店网站可以为顾客提供咨询服务、会员服务、贵宾服务，越是重要的顾客，提供的服务越精细，越个性化。任何酒店都不可能为顾客提供同样的精细服务，这就需要网站也有相应的客户管理功能，对顾客根据其消费能力和贡献度，根据其访问网站的频率以及购买产品的频率，进行有效的细分，这样的细分以及管理必须有后台强有力的支持，也需要客户维系的策略支持，通过服务与管理以及网站窗口的交互，培育酒店有在线消费习惯的客户群体，这是利用网站开展电子商务和营销必须具备的网站功能。

（五）超链接和分销管理

作为营销型的电子商务网站，超链接管理和分销管理对营销非常重要。选择有效的超链接可以扩大营销覆盖面，把营销信息可以让更多的消费者看到。而分销渠道同样有深层的营销内涵，把营销信息传播给分销渠道可以增加分销的销售量，是很重要的分销附加值。有效的超链接管理和分销管理同样需要强大的后台平台支持，在不同销售阶段、不同季节采取不同的网站内容超链接策略，选择能使利益最大化的分销渠道，是酒店电子商务网站设计中很关键的内容。

二、移动电子商务营销系统

移动电子商务，指的是在网络技术、移动通信技术、无线上网技术等支撑下，利用手机、平板电脑等智能移动设备，实现在手机等移动通信终端之间，或移动终端与 PC 等网络信息终端之间，通过移动电子商务解决方案，在移动状态下进行的便捷的、大众化的，具有快速服务能力和整合增值能力的商务活动。而移动电子商务营销系统是以营销为主体的技术系统，是酒店电子商务开展中较常见的一种应用系统。

近年来，由于移动通信和移动互联网技术的迅速发展，移动电子商务凭借其能随时随地提供个性化服务的能力和优势，成为当前电子商务领域应用和研究的热点。相对于传统电子商务，移动电子商务增加了移动性和终端的多样性，允许用户访问移动网络覆盖范围内任何地方的服务，并以其特有的移动支付和基于位置的服务大大扩展了传统电子商务的服务范畴。通过移动电子商务，游客可以获得移动定位服务（如位置跟踪服务、交通和导航服务、安全救援服务、移动广告服务、位置查询服务）、移动信息服务（如景点信息、餐饮住宿信息、特产信息、娱乐信息等）、移动支付服务和移动互联网服务。这些随时随地的便捷服务，给酒店营销带来良好的机遇，移动电子商务营销系统应运而生。

（一）移动电子商务的特点

与传统电子商务相比较，利用移动电子商务开展营销有许多诱人的特点，具体如下。

1. 即时性

旅游消费者利用自己的移动设备可随时随地进行实时沟通。不仅可以在移动的状态下交互、开会、旅行、社交及进行商务等活动，而且可以在移动的状态下满足其随时产生的需求，获得视听信息、图文信息、定制信息和相关服务，如订餐、订房等服务。

2. 互动性

具有相同爱好或兴趣的用户，可以方便地通过文本消息和移动聊天的方式实时互动，交流旅游等体验感受。酒店服务商可以通过这种途径促销商品，并作出特别的提议，随时与消费者互动，以期望消费者接受他们的推广或营销、促销等信息。

3. 便携性

手机作为一种最便捷的移动终端，按键少，屏幕小，操作简便，响应时间短，在移动营销中使用最普遍。这种便捷性特征能够最大限度地扩展移动商务的主体规模，使移动商务成为大众化的商务工具。消费者可以通过移动终端具有的照相功能等，保存酒店客房类型、酒店地址、酒店或宾馆的设施、预订或支付的详情，以及安全信息等。通过互动酒店也可以随时给这些消费者发送促销信息或定制个性化信息，实现便捷的一对一营销。

4. 私密性

基于手机的移动商务具有很高的私密性，非常适合一对一的个性化营销。因为不同于传统互联网，用户在手机中存有大量的私人信息，所以手机用户与电脑用户相比在私人社交中使用频率和私密性要求更高。例如，手机通讯录里的私密性一定是大于 QQ、微博、人人网，还有用户的 E-mail 等，它天生最大的属性就是私密。这样的私密性非常适合酒店的关系营销、电子商务以及其他的客户交流。

5．可定位性

电子商务需要知道客户在什么时候，在什么地点，需要怎样的服务，精准的需求能提供精准的服务。移动商务主体尽管在移动状态下进行商务活动，但是，由于手持移动终端和持有主体的对应性，就赋予了移动商务主体具有移动使用中的可定位性。这种特征对电子商务的创新和突破的意义是重大的，酒店很快可以识别客户在什么地点需要怎样的服务。不仅如此，移动商务服务的对象也可以通过全球定位技术实现精准定位，以获取客户的实际需求。

（二）移动电子商务的营销模式

目前，作为消费者最便捷的移动电子商务就是利用自己的手机获取服务，而酒店针对消费者的一对一营销也是借助于手机的信息发布或互动。可采用的移动电子商务营销模式主要包括以下四种类型：Individual Identification（分众识别）、Instant Message（即时信息）、Interactive Communication（互动沟通）和 I（我的个性化）。

1．Individual Identification（分众识别）

这种模式一般用于关系客户，移动营销的方式是基于手机进行一对一的沟通。由于每一部手机及其使用者的身份都具有唯一对应的关系，并且可以利用技术手段进行识别，所以能与消费者建立确切的互动关系，能够确认消费者是谁、在哪里、需要怎样的信息等问题。

2．Instant Message（即时信息）

这种模式常用于酒店的某一类消费者，移动营销的方式是为该类客户传递即时性信息。这种模式为酒店企业获得动态反馈和互动跟踪提供了可能，以提供针对性的产品。当酒店对消费者的消费习惯或需求倾向有所觉察时，可以在消费者最有可能产生购买行为的时间发布恰当的营销信息。

3．Interactive Communication（互动沟通）

这种模式用于酒店的一些特殊客户，需要通过互动来解决服务问题。移动营销的这种一对一的互动特性，可以使酒店企业与消费者形成一种互动、互求、互需的关系，能增加销售的机会。这种互动沟通可以甄别关系营销的深度和层次，针对不同需求识别出不同的分众，使酒店服务的营销资源有的放矢。

4．I（我的个性化)

这种模式用于个性化要求非常强烈的关系客户。手机的属性是个性化、私人化、功能复合化和时尚化的，人们对于个性化的需求比以往任何时候都更加强烈。利用手机进行移动营销也具有强烈的个性化色彩，所传递的信息也具有鲜明的个性化。这种 I 模式是酒店关系营销的最有效方式，可以提高客户的满意度以及增加客户的脱离成本，培育更多的忠诚客户。

（三）微信——移动电子商务营销新潮流

微信（WeChat）①是腾讯公司于 2011 年初推出的一款快速发送文字和照片、支持多人语音对讲的手机聊天软件。用户可以通过手机或平板电脑快速发送语音、视频、图片和文字。微信还提供公众平台、朋友圈、消息推送等功能，用户可以通过"摇一摇""搜索号码""附近的人"、扫二维码方式添加好友和关注公众平台，同时微信将内容分享给好友以及将用户看到的精彩内容分享到微信朋友圈。现在微信用户已突破 5 亿，其用户量已经超过新浪微博。

微信作为时下最热门的社交信息平台，也是移动终端的一大入口，正在演变成为当今最大的商业交易平台，其对营销行业带来的颠覆性变化开始显现。微信商城的开发也随之兴起，微信商城是基于微信而研发的一款社会化电子商务系统，消费者只要通过微信平台，就可以享用商品查询、选购、体验、互动、订购与支付的线上线下等一体化服务模式。

在酒店的营销系统中，微信营销具有以下几个优势。

1. 获得微信订单

微信订酒店是指用户通过关注酒店微信公众号，在微信内部完成的酒店预订。微信用户首先在"我的银行卡"里点击"添加银行卡"，通过简单的设置开通微信支付。开通后，可向已关注的酒店公众账号发送个人地理位置信息，快速找到心仪的分店，点击进入即可选择想要入住的房间类别。输入个人姓名、手机号、身份证号，提交订单后，就可用微信支付完成预订、付款，全程都在酒店微信公众账号内完成，既简单又方便。碰到住宿问题还能直接和酒店在线实时客服沟通。利用微信订酒店可以省去一笔酒店的分销费用，把它让利优惠于客户，能使微信订房获得更好的竞争优势，顾客享受更多的优惠。

微信订单越来越受到酒店的关注。勇于使用新技术的 7 天连锁酒店就在微信上获得了丰厚的成果。2013 年 5 月底，7 天连锁酒店正式推出官方微信公众号"7 天会"。用户不仅可以通过"7 天会"这个微信公众账号直接预订 7 天酒店，并且可以通过微信支付直接付款。六个月时间，7 天连锁酒店公众号从 0 到 100 万粉丝，80%用户是 7 天的会员，日均微信订房超过 5000 单，

---

① 特别说明：微信其实是集聚了移动电子商务和社交媒体的特性，由于其终端——手机——是旅游者随身携带的移动性终端，故将其划分到移动电子商务内容中阐述。

大大高于 OTA 平台的订单，其中 2013 年最后一天订房数破万，日常二次订房人数比例超过七成，使用微信支付结账超过四成，noshow（退订）比例从 20%降到 4%。

2. 拉近与顾客间的距离

由于微信操作的便利性，因此其正在成为酒店移动营销的主要工具。微信的确拉近了酒店与顾客间的距离，让酒店可以更好地经营这些人脉，把住客培养成朋友，保障了客源的稳定性。在微信营销系统中可以加大促销力度，如推广一些特惠餐、发布各类优惠信息、举办促销活动、秒杀活动增加酒店粉丝参与度等。通过微信这个平台，酒店可以更好地与客户沟通，及时获得客户的反馈、想法、诉求，不断改善、提升酒店的服务。酒店还可以在自己公众号中融入父亲节、世界环境日、禁毒日"远离毒品·珍惜生命"等公益文化的宣传，或者在微信中融入特色项目如好书推荐、名人名言、美拍客房、幽默笑话等，使酒店的微信营销更具吸引性，通过微信互动培育酒店多层次的忠诚客户群体。

3. 有利于品牌传播

现在酒店已迈入"微时代"，酒店应把握先机在移动互联网方面做更多的探索和尝试，跟上时代的脚步，借助微信平台，为客户带来更多的服务体验。利用微信公众平台打造酒店的网络品牌也是一个很好的思路。微信公众平台不但可以展示品牌，还可以传播品牌、创造品牌，通过这一平台，酒店和客户都可以相互推送信息，并实现和特定群体的文字、图片、语音的全方位沟通、互动。酒店可以用微信创造事件，创造吸引物，以吸引更多的消费者成为关注酒店的粉丝，再通过内容和沟通将普通粉丝转化为忠实粉丝，当粉丝认可酒店的品牌，建立信任，他自然会成为酒店的顾客。

微信公众平台信息的到达率是 100%，还可以实现用户分组、地域控制在内的精准消息推送。所以，相比微博，微信公众平台上的粉丝质量要远远高于微博粉丝，只要控制好发送频次与发送的内容质量，微信用户很有可能转化成酒店的忠诚客户。

三、SNS 系统

SNS 系统的全称为 Social Networking Services，即社会性网络服务，专指旨在帮助人们建立社会性网络的互联网应用服务，也指社会现有已成熟普及的信息载体，如 QQ 聊天、短信 SMS 服务等。SNS 的另一种常用解释为：全称 Social Network Site，即"社交网站"或"社交网"。社会性网络（Social Networking）是指个人之间的关系网络，这种基于社会网络关系思想所建的网站就是社会性网络网站（SNS 网站）。SNS 也指 Social Network Software，即社会性网络软件，是一个采用分布式技术，通俗地说是采用 P2P 技术构建的下一代基于个人交互的网络软件。

随着社交媒体的普及化，消费者越来越被"互联网化"，酒店以往无法直接与客户互动的障碍正在逐步消除，社交网络为酒店和粉丝之间搭建了互动性很强的交流平台，以往被动等待客户的方式必将被主动寻找客户和推广自身品牌的方式所取代，这一切都要拜社交网络或社交媒体所赐。

在我国香港地区目前至少有 50%的酒店已经在利用社交媒体这样的渠道，五星级的酒店基本都有特定的人，或是专门的部门在运作这一块。酒店社交媒体的互动群体不单单是酒店常客，还有一些潜在客户。他们会像朋友一样和顾客聊天，在这种沟通中，无形稳固了顾客的向心力和忠诚度。在未来几年，酒店利用社交媒体推广这种趋势会越加明显，而且将是非常重要的酒店营销模式。酒店在提高经营效率的同时，一方面重新审视自己的客户资源管理策略，另一方面借助于社交媒体的开放性和互动性，进行免费推广，对那些与好友分享内容的粉丝提供奖励，从而实现自身品牌在社交平台的传播，进而搭建一个崭新的基于平等、互动基础之上的客户关系管理和营销方式，增强对客户服务的能力。

国外比较典型的社交网站平台主要包括 Facebook、Twitter、Linkedin 等，仅 Facebook 就有超过 10 亿的用户，一般社交媒体的用户都达到了全球互联网用户人数的 85%以上，洲际酒店仅在 Facebook 上就有超过 2000 页的营销内容。但是，酒店业并没能真正释放社交媒体的巨大潜力，社交媒体在酒店业的发展现在还处于起步阶段。毋庸置疑的是，未来 5～10 年，社交媒体将极大地改变旅游酒店业营销的发展模式。

很多酒店不希望错过这个机会，纷纷采取不同的方式进行互动式品牌营销。例如，洲际酒店在自己的 Facebook 主页专门建立了名为"顾客镜头下的洲际"相册，如图 6-1 所示，它们从其他社交网站中抓取内容，然后在自己的主页上发布。

又如国外的索尔维之家酒店每间客房的镜子上都印有一个"胡子"供客户拍照，附上酒店的名称、Twitter 图标，还附上一句："我的胡子照，不错吧"，鼓励客户在 Twitter 上分享自己的胡子照，以此加大酒店的曝光率。虽然这种推广酒店的方法看似愚笨，但却是免费宣传酒店的好方法。现在只要看到这个胡子就让人联想起酒店，大大提升了酒店的知名度。

受国外社交网络及电子商务发展的带动，中国社交媒体也开始兴起。从 BBS 到 IM，从博客到微博，基于这些社交化应用，酒店企业也获得了新的营销商机。据艾瑞咨询统计数据显示，2011 年中国社交网络的用户规模达到 3.7 亿，较 2010 年增长 17.6%。

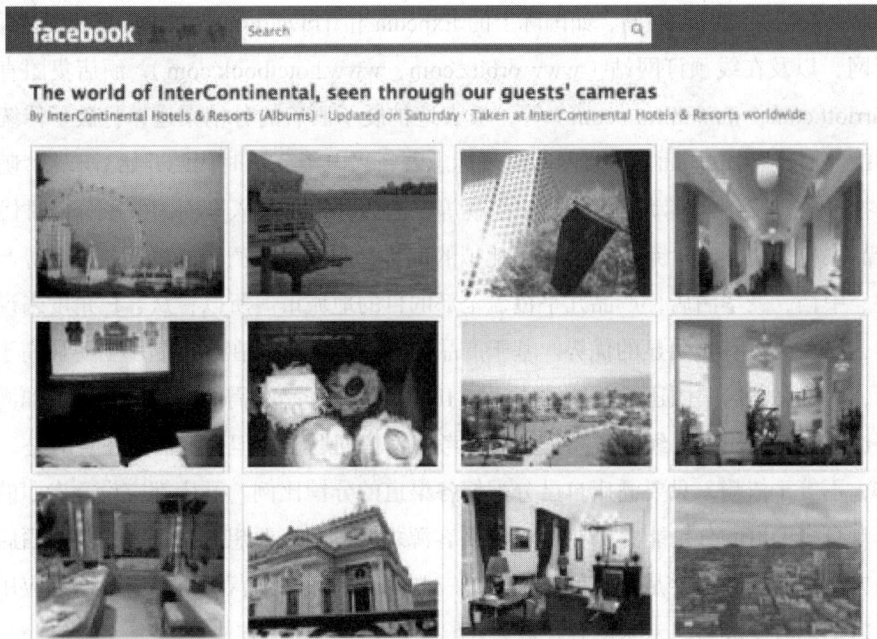

图 6-1　顾客镜头下的洲际

　　微博、微信营销是社交化营销中的最新趋势之一。作为 Web 2.0 时代的一个后来者，微博的影响力丝毫不亚于博客、Facebook 这些风行一时的社交化营销工具，而且越来越有后来居上的趋势。各地的旅游局、酒店、第三方预订中介纷纷开展微博、微信营销。其中，许多国内外五星级酒店通过微信平台与消费者、目标用户建立了直接的接触和互动，并通过互动话题、活动的策划提高自身品牌的知名度。一些星级酒店在微博上发布近期促销活动、酒店特色美食、酒店造访名人消息等，并配以精美的图片，得到了大量的转发数和评论数，获得了较好的微信营销效果。

四、互联网分销系统（IDS）

　　20 世纪 90 年代国际互联网的兴起极大地改变了酒店的分销格局，出现了众多的互联网分销系统（International Distribution System，IDS）。在传统分销和传统电子分销时代，酒店无法接触到终端消费者，必须依赖中间商和代理系统才能发布有限的信息。而互联网提供了一个 24 小时无间断的信息平台，酒店不仅能发布静态信息和图片，还能提供动态录像、虚拟旅行等，消费者仅需数秒点击，就能轻松获取信息和完成预订。更为重要的是，网络催生了新兴的在线旅游分销商，包括旅游门户网站，如国际上的 Expedia 和 Travelocity，国内的携程、艺龙、去哪儿等旅行网，以及在线预订网站（www.orbitz.com、www.hotelbook.com），酒店集团直销网站（www.marriott.com、www.hilton.com）等，极大地扩展了酒店的分销渠道，打破了传统电子分销时代 GDS 一枝独秀的局面。互联网的出现标志着新兴电子分销时代的开始。未来，随着更多新兴电子技术的普及，如移动通信、数字电视等，酒店分销将进入全面的电子分销时代。

从产品供应来说，IDS 系统有着不可比拟的优势，它能提供酒店、机票、度假等产品，涵盖经济型、中档、豪华酒店，产品几乎覆盖全部的目的地城市。所以，从客户角度来说，如果价格一样，IDS 无疑有着明显的优势。基于产品的丰富性，IDS 在客户黏度上明显高于酒店自身。所以，无论是酒店集团还是单体酒店，与 IDS 渠道合作是必需的，能大幅度增加酒店市场的分销渠道，除非出租率已经非常高，不需要考虑销售问题了。但是，需要注意的是，和 IDS 进行合作，不等于依赖，只要酒店自己分配好各渠道的分销比例。酒店都应设立专职的销售人员，培养自身多渠道的分销能力。在 IDS 带来客源之后，酒店要想办法把客户变成酒店自己的客户，一方面酒店服务提升是制胜的法宝，另一方面开展面对面营销，用二维码等应用获取客户的信任，把他转变成自己未来的客户。

五、OTA 系统

OTA（Online Travel Agency）意为在线旅行代理商或在线旅行社。进入互联网时代以来，酒店、机票和旅游业的预订及广告宣传活动都进入在线时代，因而在线旅行代理是目前最重要的分销渠道之一。从现阶段看，酒店进行现代营销体系构造时，绝对不能少了 OTA 系统。然而，对于 OTA 系统，酒店是既爱又恨。OTA 可以帮助酒店获得很多额外的预订，但是，在近几年，酒店直销渠道被 OTA 抢去了大部分市场份额，而 OTA 的客房预订量却迅猛增长。酒店以往直销渠道维持的客源比例逐步下降，而来自 OTA 渠道的散客既昂贵又不忠实，它们在各种网评和不同的价格体系中挑选着酒店，又随时在线发布愉快或不愉快的体验去左右其他顾客，酒店从未像今天这样对自己曾经熟知的营销渠道产生巨大困惑。

事实上，OTA 能够获得快速的成长是有其根本性原因的，因为它掌握了庞大的客户群。OTA 通过其在电子商务领域的专业营销技能来帮助酒店经营者销售更多客房，并促使它们触及更多顾客和市场，而酒店经营者很可能无法实现这一点。OTA 通过按效果付费的形式来为酒店提供顾客，且只有在它们成功吸引消费者进行预订和完成销售业务时，它们才会获得酒店所支付的佣金。尽管 OTA 被视为一个费用高昂的渠道，然而如果酒店希望通过直销渠道获得同等数量的业务，那它们就必须在搜索引擎排名、网站优化、预订引擎和信用卡费用等方面大力进行投资，与这些庞大的成本相比，酒店向 OTA 支付的 18%～25%的佣金简直就是微不足道。

所以，作为酒店在线分销策略中的一部分，OTA 本身并不是目前酒店业在分销领域所面临的挑战。实际上，在当今这个高度竞争的市场，酒店需要将 OTA 视作其分销流程中的一个重要的合作伙伴。只是酒店不能对 OTA 依赖太大，酒店需要制定一个覆盖面更广且包含更多渠道组合的分销策略，以将风险降到最低，并确保酒店能在长期内取得成功。

六、旅游目的地系统

旅游目的地系统也称目的地营销系统（Destination Marketing Systerm，DMS），是目的地主要的信息化系统，为目的地内的旅游企业开展营销服务，也为广大游客提供信息服务。2001 年初，作为国家信息网络系统的一个组成部分，我国旅游业信息化工程"金旅工程"开始启动，金旅工程的建设目标包括电子政务和电子商务。在电子商务方面，金旅工程建设公共商务网，提供一个中立的旅游电子商务交易平台。国内旅游企业可加入这个电子商务平台进行产品信息发布、网上促销、网上交易，开展 B2B 和 B2C 电子商务，也可以享受金旅工程为中小旅游企业信息化提供的专业技术支持和成套解决方案，建设与公共商务网相连接的企业网站。金旅工程还致力于标准化工作，建立旅游电子商务行业标准，与国际接轨。为了和国家金旅工程配套，各地都纷纷建立了自己的 DMS 系统。

我国旅游企业普遍存在小、散、弱、差的问题。采取政府主导的目的地系统发展形式，可以集中资源和力量进行旅游企业信息化解决方案的研究和开发，再向全行业推广，发挥技术上的专业化优势并形成规模效益。尤其是中小酒店借助行业电子商务平台实现信息化是一种集约利用资源的模式，避免了酒店独立开发建设网站所需的大量资金、技术和人力投入，将提高整个酒店行业实现信息化的效率和效益。目前，DMS 的发展基本以目的地门户网站为主导，全方位地推广目的地旅游资源，包括目的地酒店的营销。

七、CRM 系统

社会的快速发展对各行各业都提出了新的要求，酒店业同样如此。要想在激烈的竞争中提供个性化、特色化的服务进而取得核心竞争力，就必须重视顾客的兴趣和感受，时刻关注顾客需求的变化并迅速采取相应的市场行动，以满足不断变化的消费需求。所以，客户关系资源是现代酒店资源的重要组成部分，酒店必须要重视和研究客户关系资源的开发和管理，建立起真正的顾客观念和营销观念，使经营重点转移到以客户服务和提高客户满意度为中心的观念上来。酒店业只有充分利用各种互联网技术、信息通信技术，整合酒店资源，尤其是客户资源，不断地提高自身的服务能力来满足顾客的需求，才能获取市场竞争的核心能力。

客户关系管理（Customer Relationship Management，CRM）是一种"以客户为中心"的经营理念，它借助于信息技术在酒店的市场、销售、技术支持、客户服务等各个环节的应用，以改善和增进酒店与客户的关系，实现以更优质、更快捷、更富个性化的服务保持和吸引更多客户的目标，并通过全面优化面向客户的业务流程使保留老客户和获取新客户的成本达到最低化，最终使酒店的市场适应能力和竞争实力有一个质的提高。CRM 的核心功能就是在客户关系管理的基础上，开展自动化的销售和营销，因此营销是 CRM 非常重要的职能，尤其是关系营销。CMR 的出现和快速发展与现代网络信息技术是分不开的，它是现代旅游电子商务的一个重要组成部分。CRM 经营理念的核心是"客户"，基于互联网的客户关系管理是一个完整的收集、分析、开发和利用各种客户资源的技术系统。

CRM 系统带给酒店的主要优势可以概括为以下几点。

1．降低成本

客户关系管理使销售和营销过程自动化，大大降低了销售和营销费用，以及客户维系的成本。由于客户关系管理实现了酒店与客户之间的高度互动，可帮助酒店实现更准确的客户定位和销售，使酒店留住老客户、获得新客户的成本显著下降。

2．挖掘客户的潜在价值

客户关系管理系统具有对市场活动、销售活动的预测、分析能力，能更好地把握市场机会。同时，由于客户关系管理数据库中储存了大量的客户信息，可以通过数据挖掘技术，发现客户的潜在需求，带来额外收入。

3．提高客户忠诚度

CRM 中的数据库可以记录、分析客户的个性化需求，通过向每一位客户提供一对一的产品和服务，可以提高顾客满意度，更加密切地维系和客户的关系，减少客户流失，从而提升整体的客户忠诚度。

4．便捷的客户信息沟通

通常，CRM 设有呼叫中心。信息技术和呼叫中心的结合使酒店对客户的沟通非常便捷，如自动电话应答系统、在线自动服务系统、Web 网络服务系统等，使酒店沟通客户的成本大幅度降低，同时也使酒店处理客户数据更加迅速和准确。

拓 展 学 习

1. 酒店 CRS 的竞争优势
2. GDS 的分销优势及我国应用困境
3. 国内 IDS 的竞争概况
4. 国内 OTA 发展面临的问题
5. DMS 系统的发展及困惑

案例与习题

一、案例分析

案例 6-1：洲际酒店集团推出微信服务账号

2013 年 10 月 28 日，洲际酒店集团宣布与腾讯微信携手，在移动平台上合作推出微信服务账号"IHG 优悦会"，此举也使得洲际酒店集团成为国内首家与腾讯微信合作并建立微信服务账号的国际酒店集团。IHG 优悦会是全球第一个，也是规模最大的酒店忠诚客户奖励计划，目前在全球拥有超过 7400 万会员。会员可以通过入住洲际酒店集团旗下九大品牌（包括洲际酒店及度假村、皇冠假日酒店及度假村、英迪格酒店、假日酒店等）的酒店获得奖励积分，用于兑换洲际酒店集团旗下 4600 多家酒店的免费住宿。

"IHG 优悦会"微信服务账号为消费者量身定制了服务菜单，并通过实时互动系统，如酒店预订、点击显示内容、基于地理位置的服务以及回答"粉丝"促销相关问题等为用户提供各项多样化的增值服务。"IHG 优悦会"微信服务账号的主要构成及功能包括以下内容。

（1）洲际酒店集团优悦会介绍。

（2）优悦会会员积分查询。

（3）预订酒店房间/查询及预订附近酒店。

（4）最新活动及促销信息。

（5）洲际酒店集团旗下品牌概览及品牌介绍。

（6）旅行者贴士及洲际酒店集团目的地精选。

（7）酒店预订/会员注册/促销等互动功能。

"此次'IHG 优悦会'微信服务账号的推出，帮助我们在客人抵达酒店之前，就为他们开启一场舒适、难忘的完美旅程。客人可以通过微信轻松预订酒店房间，查询并预订附近的酒店，了解最新促销信息等。"洲际酒店集团大中华区首席商务官倪轩裕（Nick Barton）表示："'IHG 优悦会'微信服务账号的推出并不是一个单项举措，而是洲际酒店集团全面数字化战略中重要而坚实的一步。我们根据中国消费者的喜好，充分利用手机应用及网络的优势，达到在移动设备上建立一套绿色环保服务系统的终极目标。"

如今，社交媒体发展迅速并时刻影响着人们的生活。洲际酒店集团非常重视社交媒体及营销，并先后在微博和淘宝等社交媒体平台推出服务账号。

思考： 洲际酒店集团为什么要推出微信服务账号，你如何看待社交媒体在酒店的应用？

分析： 洲际酒店集团涉足微信平台，正是看重其作为当下主流社交媒体平台的巨大潜力，期望借此机会进一步提升消费者的互动体验并建立更为密切的客户关系网络。在未来几年，社交媒体还将更加深入到旅游者的方方面面，作为酒店，也需要抓住时机，拓展自己的社交网络营销渠道。

案例 6-2：基于移动互联网的酒店预订

到北京开会的王小姐刚刚走出 T3 航站楼，打开手机时间显示 23 点。航班再一次晚点，让她很着急，因为现在早已过了和酒店协商的最晚抵达时间。

排队等出租车期间，王小姐犹豫着去哪儿住，总得给自己和出租车司机一个方向。她打开了 iPhone4 上面的客户端，搜寻着合适的酒店。期间，她发现了一项新功能——"夜销"，上面有不少当晚的特价房，位置不错，价格也优惠。抱着尝试的心态，王小姐选了一家位于安定门附近的四合院酒店，输入姓名和手机号码后，顺利提交订单。很快，她便得到了反馈，已经成功预订。王小姐高兴地跳上出租车，奔向自己的新目标安定门"北京院子酒店"。

抵达酒店迫近午夜，王小姐有些后悔，因为来之前没有给这家酒店打电话，一张"夜销"订单是否管用，她也不确定。但当前台询问姓名的那一刻，她放心了，对方告诉她在 40 分钟前已经确认了她的房间，273 元的价格和"夜销"订单上面的标注一模一样。

"夜销"酒店伴随着去哪儿网客户端同时覆盖了 Android 和 iPhone 手机平台。去哪儿网无线产品总监杨昌乐表示，用户只要下载最新版的去哪儿网 Android 或 iPhone 手机客户端便能享用"夜销"，每日 18:00 至次日 6:00，准时供应。

思考："夜销"酒店的市场如何？"夜销"预订通过移动互联网有哪些好处？

分析：基于移动互联网的应用已经开始改变生活，在随时变化的环境下，人们更希望有一种工具可以帮助他们完成互联网上的各种功能体验。对因为飞机晚点而找到"夜销"的王小姐而言，订酒店已经不是那么让人操心的事，因为手机可以随时随地完成预订操作，过程更简单也更有趣。

二、习题

1. 什么是电脑预订系统？简述酒店电脑预订系统的作用。

2. 什么是中央预订系统？中央预订系统适合哪些类型的酒店应用？

3. 电脑预订系统和中央预订系统有哪些区别和相同点？

4. 通过查阅资料，了解 CRS 更多的发展历史。

5. CRS 的应用能帮助酒店获取怎样的竞争优势？

6. 什么是 GDS？它有哪些应用特点？

7. GDS 的分销优势是什么？我国发展 GDS 有怎样的困境？

8. 世界主流的 GDS 有哪些？我国自己研发的 GDS 有哪些？

9. 什么是 IDS？我国有哪些主要的 IDS 服务商？

10. 作为单体酒店，应怎样选择 IDS？

11. 什么是 OTA？作为连锁酒店应怎样选择 OTA？

12. 我国 OTA 发展中遇到了怎样的困境？OTA 应如何吸引连锁酒店或酒店集团？

13. 请列出我国主要的 OTA 服务商？比较它们的业务特点。

14. 什么是 DMS？DMS 有怎样的营销作用？

15. 什么是 CRM？CRM 的核心功能是什么？

16. 为什么说酒店的电子商务系统目前的核心功能还是营销？

17. 查阅网络资料，选择两家酒店集团的微信（微博）营销发展现状，进行客观分析。

18. 简述你所了解的移动电子商务营销系统，分析其潜在优势。

19. 作为一个单体酒店，应怎样规划和设计自己的移动电子商务营销系统？怎样才能形成适合自己的特色优势？

20. 作为一个酒店集团，应如何选择 GDS 及发展自己的中央预订系统？怎样才能创造自己的竞争优势？

第七章
酒店管理信息系统的运行管理

【引言】

　　酒店管理信息系统设计和开发完成之后，系统就进入实际的运行阶段，能否正常运行直接决定了系统最终的效果。而要保证酒店管理信息系统正常运转，在酒店经营中发挥作用，日常运行管理是必不可少的。其中，人的因素和制度的因素至关重要。此外，对酒店管理信息系统进行定期或不定期的维护决定了酒店管理信息系统运行的持久性和稳定性。合理的酒店管理信息系统维护管理，是酒店管理信息系统持久高效运转的保障。酒店管理信息系统也会经常遭受黑客等外界的骚扰，因此，加强酒店管理信息系统安全管理也是系统稳定运行的前提。最后，本章还对酒店管理信息系统的效果及决策支持作用进行了总结。

【学习目标】

　　通过本章的学习，要求学生：① 了解酒店管理信息系统日常运行管理的内容及要求；② 掌握酒店管理信息系统维护的内容；③ 了解酒店管理信息系统安全管理的意义；④ 掌握酒店管理信息系统的运行效果；⑤ 熟悉酒店管理信息系统对决策支持的作用。

第一节　酒店管理信息系统日常运行管理

　　酒店管理信息系统的日常运维是一项非常重要的工作，因为同样一个系统运行在不同的酒店，运维的工作不同，会产生不同的运行效果。作为一个酒店经营的支撑系统，对系统的日常运行管理显得尤为重要，其中人员和制度保障是日常运行管理的核心。

一、日常运行中的组织及人员保障

酒店管理信息系统日常运行管理的目标是使系统在某个预期的时间段内能正常地发挥相应的作用，取得相应的实际效果。因此，酒店相关运维人才的培养和相关组织结构的设置变得相当重要。

（一）酒店管理信息系统相关组织结构设置的重要性

从信息的角度管理酒店，信息很重要，信息系统运维更加重要，而保障系统运维工作的组织结构尤其重要。酒店管理信息系统的运维是一项比较复杂的工程，因此需要配套的组织结构和人员来保障。第一，管理信息系统应该考虑到高层、中层、基层管理人员和普通员工等不同岗位的需求。第二，酒店管理信息系统应该充分考虑到酒店各个部门的需求，以保证酒店整个流程和目标的实现，包括客房、餐饮、采购、营销、娱乐、财务、库存、工程、技术、人力资源部等，实现各个部门子系统的协调和统一。第三，从酒店管理信息系统的实物构成来看，主要由硬件、软件、数据、规程和人员等构成。硬件、软件的选择与配置，既和酒店外部因素有密切的联系，又和酒店内部许多因素有十分密切的联系。合理地配置一个酒店管理信息系统的硬件、软件和人员等，是一个酒店管理信息系统高效运转，满足管理需要的前提和保证。第四，从酒店管理信息系统的职能构成来看，它是由若干子系统组成的。因此，现代酒店在开展管理信息系统协同工作时，加强组织管理工作是十分必要的。

（二）酒店管理信息系统领导机构职责

信息系统的运行管理必须设置相应机构，这并不是指目前很多酒店设置的电脑室，而应该是命名为信息管理部或信息中心，其主要职责是负责信息资源与信息系统的管理。根据其所涉及的部门范围及信息的重要性，信息中心在酒店中的地位应高于其他职能部门。

信息中心除了负责系统的运行管理外，还要承担信息系统的长远发展建设、通过信息的开发与利用推动酒店各方面的变革等工作。具体来讲，其主要职责应该包括负责贯彻酒店信息化领导小组及首席信息官（CIO）的相关决定，负责酒店信息系统的开发、维护与运行管理，负责为各业务部门提供信息技术服务，包括制订、安排和执行信息化培训计划，负责对酒店内部重大信息化项目的检查考核，负责信息、知识的挖掘，负责制订和监督执行酒店自主知识产权的软件开发计划，负责对酒店信息化方面专家的聘任提名及业绩考核等。

为了稳步推进酒店信息化建设工作，并保障建设完成的酒店信息系统得到很好的应用，现代酒店应该成立酒店信息化建设领导小组。在酒店信息化建设领导小组中，应由酒店的"一把手"担任领导小组组长，以便体现"一把手工程"的原则，并体现出酒店领导对信息化工作的高度重视。各小组成员应该包括酒店决策层相关领导、酒店信息化领域知名专家、与酒店信息化有关的二级部门领导以及各主要职能部门的主要业务骨干。酒店信息化建设领导小组应从全局上权衡、协调、审定、决策及组织酒店信息化实施，保障实施酒店信息化系统所需的人力和物力，为整个酒店实施酒店信息化创造良好的氛围。其主要职责包括组织酒店信息化建设中、长期规划的审定；进行酒店信息化建设重大工程项目实施方案的决策；进行酒店信息化建设机构相关人员的考核、任免与奖惩等。

（三）酒店 CIO 及职责

信息作为独特的资源在酒店经营决策中的作用越来越大。网络信息时代的特点表现为一方面企业淹没在信息的海洋中，另一方面企业却难以找到有用的信息。如何在复杂的环境中发现机会，把握机会，利用机会，建立先发优势，是酒店在激烈的竞争态势下获取竞争优势的关键。因此，越来越多的酒店设立了首席信息官一职，尤其是酒店集团企业。CIO 往往是由组织的高层决策人士来担任，其地位如同公司的副总经理，有的甚至更高。CIO 并不是传统的信息中心主任，CIO 并不负责服务性、辅助性部门的工作，而是分管信息化这一重要职责。

信息主管的任务是在企业整体战略框架下，负责企业信息管理战略规划的制订，积极参与单位的预测、决策、控制等管理活动，领导指挥信息管理部门，管理多种形式的酒店运行信息、外部行业信息、国家性的经济政策，协助 CEO 有效利用信息技术所提供的信息确定企业战略目标和实施策略，当好领导的参谋，并且在实施当中及时获得反馈，迅速调整战略规划。在现代酒店中，以首席信息管 CIO 为首的信息系统部门有以下职责：（1）制定系统规划。加强实践应用研究，负责管理信息系统规划、实施和更新换代，管理、运行和维护系统，制订资金需求计划、人员安排和培训等。（2）负责信息的处理全过程。与企业领导和相关职能管理部门一起，确定合理、统一的信息流程，按照流程协调各个相关部门在信息处理方面的关系。（3）制定各项管理信息系统制度，同时负责对各个部门每时每刻产生的信息进行收集、整理、加工和存储，确保信息的准确性和一致性。（4）信息的综合开发。对各方面的信息进行综合处理和分析，得到对全局更为重要的信息，提供给各个管理部门，尤其是决策层，并由系统以适当的形式发布。（5）搞好信息标准化等基础管理。和有关管理部门一起，共同搞好系统运行中的基础管理工作，主要是信息编码等标准化、规范化工作。(6)负责系统的运行和维护。作为系统主要的日常技术性工作,包括系统硬件软件维护、数据库管理的检查数据录入情况、机房日常管理、用户服务等。其中软件维护是最主要的工作。

作为酒店企业的 CIO,一般应具有以下知识和能力:第一,有良好的管理素质,包括基本的管理能力、协调能力、人际沟通能力和酒店内部各个业务部门的信息分析和信息处理能力,了解现代酒店的运行规律。第二,有丰富的 IT 知识和能力。CIO 必须是信息技术和信息管理系统方面的行家,应具备最新信息技术的跟踪能力和有效运用能力。第三,有一定的商业知识和商业头脑。CIO 的工作必须围绕酒店的战略目标来确定技术方案,利用一切可利用的信息重构企业的商业行为,支撑企业的商业决策,以使管理信息系统对酒店经营发挥最大的作用。各个酒店的实际情况不同,机构设置不同,机构改革和整体的目标也不同,因此不能套用一种模式。设置信息管理机构是一个总的发展趋势,至于具体实现,可以在原有机构的基础上落实人员,抓好几项重点工作,然后逐步充实,不一定一步到位。

二、系统日常运行管理的内容

酒店信息系统日常运行的管理,包括对信息系统的运行进行控制,记录其运行状态,进行必要的日常维护,并做好系统的安全保密工作,其目的是使信息系统真正符合管理决策的需要,为经营服务,为管理决策服务,使酒店信息系统在一个预期的时间内能正常地发挥其应有的作用,产生其应有的效益。

酒店信息系统日常运行管理的内容通常包括如下几点。

第一,系统运行情况的记录。系统运行中,必须对系统软、硬件及数据等的运作情况进行记录。运行情况有正常、不正常和无法运行等,后两种情况应将所见的现象、发生的时间及可能的原因作尽量详细的记录。运行情况的记录对系统问题的分析与解决有重要的参考价值。严格地说,从每天工作站点计算机的打开、应用系统的进入、功能主页的选择与执行,到下班前的数据备份、存档、关机等,按要求都要就系统软硬件及数据等的运作情况作记录。由于该项工作较烦琐,在实际中往往会流于形式,因此一般应在系统中设置自动记录功能。但作为一种责任与制度,一些重要的运行情况及所遇到的问题,如多人共用或涉及敏感信息的计算机及功能项的使用等仍应作书面记录。系统运行情况的记录应事先制定尽可能详尽的规章制度,具体工作主要由使用人员完成。系统运行情况无论是自动记录还是由人工记录,都应作为基本的系统文档作长期保管,以备系统维护或更新时参考。

第二，系统运行的日常维护。在数据或信息方面，需日常加以维护的有备份、存档、整理及初始化等。大部分的日常维护应该由专门的软件来处理，但处理功能的选择与控制一般还是由人员来完成。为安全考虑，每天操作完毕后，都要对更改过的或新增加的数据做备份。一般来讲，工作站点上的或独享的数据由使用人员备份，服务器上的或多项功能共享的数据由专业人员备份。除正本数据外，至少要求有两个以上的备份，并以单双方式轮流制作，以防刚被损坏的正本数据冲掉上次的备份。数据正本与备份应分别存于不同的磁盘上或其他存储介质上。数据存档或归档是当工作数据积累到一定数量或经过一定时间间隔后转入档案数据库的处理，作为档案存储的数据成为历史数据。为防止万一，档案数据也应有两份以上。数据的整理是关于数据文件或数据表的索引、记录顺序的调整等，数据整理可使数据的查询与引用更为快捷、方便，对数据的完整性与正确性也很有好处。在系统正常运行后数据的初始化主要是指以月度或年度为时间单位的数据文件或数据表的切换与结转数等内容的预置。在硬件方面，日常维护主要有各种设备的保养与安全管理、简易故障的诊断与排除、易耗品的更换与安装等。硬件的维护应由专人负责。

第三，对信息系统运行中一些突发事件的处理。信息系统运行中的突发事件一般是由于操作不当、计算机病毒、突然停电等引起的。发生突发事件时，轻则影响系统功能的运行，重则破坏数据，甚至导致系统的瘫痪。突发事件应由信息管理机构的专业人员处理，有时要原系统开发人员或软硬件供应商来解决。对发生的现象、造成的损失、引起的原因及解决的方法等必须作详细的记录。

三、系统日常运行管理制度的构建

现代酒店使用各种计算机终端的管理信息系统，并逐步实现管理信息化后，其业务流程、工作方法、各职能部门之间以及酒店与外部环境之间的相互关系都将发生一定的变化。因此需要制定一系列新的管理规章制度，以确保系统运行的安全。这些规章制度应该包括以下几点。

第一，集团酒店一般设立中心机房，建立安全运行管理制度是中心机房可靠运行的保障。通常，设立中心机房主要有两个目的：一是给计算机设备创造一个良好的运行环境，保护计算机设备正常运行；二是防止各种非法人员进入机房，保护机房内的设备、机器内的程序和数据的安全。中心机房安全运行是通过制定与贯彻执行机房管理制度来实施的。

中心机房管理的主要内容包括：（1）有权进入机房人员的资格审查。一般来说，系统管理员、操作员、录入员、审核员以及其他系统管理员批准的有关人员可进入机房，系统维护员不能单独进入机房。（2）机房内的各种环境要求，如机房的卫生要求、防水要求、防火要求。

（3）机房内的各种环境设备的管理要求。机房中禁止的活动或行为，如严禁吸烟、喝水等。

（4）设备和材料进出机房的管理要求等。

第二，信息系统的其他管理制度。信息系统的运行制度，还表现为软件、数据、信息等其他要素必须处于监控之中。在现代酒店计算机信息管理的环境下，还需要制定一些其他的管理制度，包括如下项目：（1）必须有重要系统软件、应用软件的管理制度。（2）必须有数据管理制度，如重要输入数据的审核、输出数据备份保管等制度。（3）必须有权限管理制度，做到密码专管专用，定期更改并在失控后立即报告。（4）必须有网络通信安全管理制度。（5）必须有防病毒的管理制度，及时查杀病毒，并备有检测、清除的记录。（6）必须有人员调离的安全管理制度。人员调离的同时马上收回钥匙、移交工作、更换口令、取消账号，并向被调离的工作人员申明其保密义务，人员的录用调入必须经过人事组织技术部门的考核和接受相应的安全教育。除了以上项目之外，还必须有系统定期维护制度、系统运行操作规程、用户使用规程、系统信息的安全保密制度、系统修改规程以及系统运行日志及填写规定等规程。

四、系统日常运行管理的注意事项

按照酒店管理信息系统设计，系统运行的环境还需要配置相应的硬件和软件，并在系统运行过程中注意这些运行环境的变化。同时，正确使用酒店管理信息系统，还需要人员的配备，通过使用的人充分发挥系统的最大作用。因此，系统运行管理还需要解决以下问题。

（一）酒店各级员工都应重视管理信息系统的作用

在酒店管理信息系统运行之初，有许多操作人员，往往依赖传统的习惯与思维，总有一些使用人员认为还是老的一套记录方法更直接、更熟练，不太愿意接受新系统或新方法。这对用信息系统实现酒店的管理创新和服务创新是非常有害的，对充分发挥信息系统作用也是极为有害的。酒店各级员工应充分而灵活地使用酒店管理信息系统提供的各种功能进行酒店经营管理活动，虽然酒店管理信息系统提供的面向中、下层管理者的业务功能较强，而面向高层管理者的决策功能较弱，但不能据此认为它对高层管理者的决策管理活动没有裨益，酒店各级管理人员都应积极使用酒店管理信息系统提供的信息实现辅助管理决策。

（二）通过培训提升各级操作人员的素养

酒店管理信息系统涉及酒店多个部门且使用者水平参差不齐，因此必须在酒店员工中开展酒店管理信息系统的操作培训和应用技能培训，应从基本的电脑知识入手，使酒店员工掌握硬件、网络、工具软件、应用软件等使用技能和有关基本操作知识。在此基础上，了解酒店管理信息系统的功能结构和硬件配置，最后重点掌握所在岗位将要使用的子系统的各项功能及其操作方法。经过短期培训和一段时间的试运行，使各级酒店管理人员和服务人员可以熟练地操作酒店管理信息系统。岗前培训要重视培训一批骨干，上岗后还要定期考核。

（三）提升管理信息系统的安全性能

在酒店经营过程中，管理信息系统承担着多种角色。在基层，它是重要的业务管理系统；在中层，它又是经营的管控系统；而在高层，它又是一个重要的管理辅助决策角色。不同层次、不同部门的管理人员职权不同，但他们都依赖信息系统管理着自己的业务。为了提升系统的安全性能，任何使用人员都必须设定一定的使用权限，任何系统使用者不得超越自己的使用权限。特定岗位的管理者能使用本岗位的子系统进行本岗位责任范围的经营管理活动。例如，预订子系统可以查看客房子系统房价，但无权更改房价。因此，对系统使用人员进行分组，确定各组用户的使用权限，也是系统日常管理的重要内容。

（四）加强日常运行管理和维护管理

针对系统运行中的故障排除、功能扩充、性能改进等方面，酒店应配专职电脑工程师和知识工程师，负责排除各种故障，包括硬件维修和软件错误纠正。随着酒店规模的扩大和经营向多样化发展，酒店管理信息系统也需要进行相应的功能扩充维护，如增加会务子系统等，系统信息的维护和使用等，需要知识工程师。改造现有酒店管理信息系统的硬件和软件，提高其性能，则属于性能改进方面的维护。此外，还必须重适应性维护，如新的会计制度颁布后，就必须更新原有财务子系统，按新的会计制度设置新的财务账目等。只有不断加强维护和更新系统，才能发挥信息系统的最大作用，也才能延续信息系统的生命周期。

第二节　酒店管理信息系统维护管理

维护管理是信息系统运行中非常重要的内容，因为一个信息系统使用的环境都在不断地变化，维护的目的是促使信息系统适应变化的环境，让信息系统为酒店经营作出更好的贡献。本节将简要归纳一下酒店信息系统的维护内容、维护范围和维护的有关步骤。

一、酒店管理信息系统维护的内容

任何一个信息系统的运行都需要维护，酒店管理信息系统也不例外。通常维护的内容包括硬件和网络维护、系统功能性维护、数据文件维护和系统代码维护等。由于篇幅限制原因，本部分只能简单介绍这些维护的内容。

（一）硬件和网络的维护

硬件的维护是指对主机、工作 PC 机以及外设的维护和管理，主要包括突发性故障维护和定期预防性维护等，前者对于突发性的故障集中人力集中检修或更换；后者按照一定的设备维护理论，定期对系统设备进行检查和保养，如机器部件的清洗、润滑，易损部件的更换等。随着云技术的普及应用，酒店硬件维护的工作量已越来越小，大多数酒店已开始用 IaaS 的模式租用硬件系统。

网络维护主要包括使用性维护、网络带宽调整、无线网络设置等。酒店网络分两大块，一块是酒店经营管理的网络，另一块是客房使用的网络，它们必须区分开分别进行维护管理。网络维护的目的是使信息系统正常运行，数据无障碍交换，以满足酒店经营中管理与服务的需要。

（二）系统功能性维护

系统功能性维护主要针对应用程序的维护。程序维护是指根据酒店需求变化或硬件环境的变化对程序进行部分或全部的调整或修改。酒店业务处理过程是通过应用程序的运行实现的，而酒店业务一直在变化之中，或者管理需求也在不断地变化，一旦程序发生问题或者业务及需求发生变化，就必然会引起程序的修改和调整。因此，功能性维护的主要活动是对程序的处理流程、功能进行维护或扩充，以满足酒店经营管理的实际需要。大多数信息系统的功能性维护由软件开发者或服务商进行维护操作，酒店仅需提出具体需求即可。

（三）数据文件维护

数据文件维护包括数据备份和存储空间整理，前者要求经常或定期对重要数据进行备份，对重要数据实时备份；后者要求对系统运行过程中产生的各种临时文件等进行清理，减少存储空间的无谓占用，提高系统运行效率。数据文件维护还包括系统故障引起的数据不一致情况，如突然掉电、网络故障引起的数据文件不一致情况。

（四）系统代码维护

系统代码是科学管理的主要手段。随着系统应用范围的扩大、应用环境的变化，系统中各种代码都需要进行一定程度的增加、修改、删除或调整，甚至根据新业务的要求编写新的代码。

二、酒店管理信息系统维护的范围

酒店管理信息系统维护的主要工作是系统的软件维护工作，维护范围主要包括以下四种：第一，正确性维护。由于在系统测试阶段往往不能暴露出系统中的所有错误，因此，在系统投入实际运行后，就有可能暴露出系统内隐藏的错误，用户会发现这些错误并将其报告给维护人员，对这类问题的诊断和改正过程就是改正性维护。第二，适应性维护。软件运行环境的变化会影响系统的正常运行，如计算机技术发展迅速，操作系统的新版本不断推出，功能更加强大的硬件的出现，必然要求信息系统能够适应新的软硬件环境的变化，以提高系统的性能和运行效率。为了使系统适应环境（包括硬件环境和软件环境）的变化而进行的维护工作就是适应性维护。第三，完善性维护。在系统的使用过程中，用户往往会产生管理需求的变化，要求修改或增加原有系统的处理功能，提高其性能。为了满足这些要求而进行的系统维护工作就是完善性维护。完善性维护是系统维护工作最主要的部分。第四，预防性维护。预防性维护是为了提高软件未来的可维护性、可靠性，或为将来的修改与调整奠定更好的基础而修改软件的过程。目前这类维护活动相对较少。从多种维护工作的分布情况统计结果来看，一般改正性维护占全部维护活动的20%左右，适应性维护占25%左右，完善性维护达到60%左右，而预防性维护仅占4%左右。

三、酒店管理信息系统维护的步骤

在酒店管理信息系统的维护过程中，无论是程序、文件还是代码的修改，都会影响系统的其他部分。因此，系统的维护工作一定要特别慎重，必须做好合理的组织与管理。通常，对于一些重大的修改项目还要填写变更申请表，由审批人正式批准后才能进行维护工作。为了减少维护过程中的混乱，明确职责，非常有必要成立一个维护步骤的规程，该规程由维护管理员、系统管理员和修改负责人参与，明确他们的职责范围，使维护工作有规可循。在这种规程方式下，维护管理员负责接受维护申请，然后把维护申请交给某个系统管理员去评价。系统管理员是一名技术人员，他必须熟悉软件产品的某一部分和整体结构。系统管理员对申请做出评价，然后与修改负责人确定如何进行修改的方案。综上所述，从维护申请的提出到维护工作的执行有如下步骤。

第一，提出要求。由系统操作的各类人员或业务领导提出对某项业务工作的修改要求，申请形式可以是书面报告或填写专门申请表。

第二，领导批准。维护管理员接受维护申请。系统管理员对申请做出评价，由系统运维部门的领导负责审批各项申请。审批工作也要进行一定的调查研究，在取得比较充分的第一手资料后，对各种申请表作不同的批示。

第三，分配任务。修改负责人根据维护的内容向程序员或软件人员进行任务分配，并制定出完成期限和其他有关要求。

第四，验收成果。当有关人员完成维护修改任务后，由维护小组和用户人员验收成果，并将新的成果正式投入使用。同时，也要验收有关的文档资料。

第五，登记维护情况。登记所做的修改，作为新的版本通报有关用户和操作人员，指明系统新的功能和修改的地方。

在进行系统维护时，对于某些重大的修改，可以看作是一个小型信息系统的开发项目。因此，要严格按照系统开发的步骤规程进行。

第三节　酒店管理信息系统安全管理

信息系统的运行涉及许多安全隐患，尤其是新一代的开放型酒店信息系统更需注重信息安全。如果没有一套严格的系统运行安全管理制度，会对酒店经营产生重大的影响。本节将探讨信息系统安全管理的相关问题。

一、影响酒店管理信息系统安全的因素分析

涉及酒店信息系统的安全有许多因素，有网络的因素，也有系统本身的因素，还有系统环境的因素以及使用人员的因素，本部分将讨论这些因素。

（一）信息安全的维度

狭义的信息安全是指信息的机密性、完整性和不可否认性，主要研究加密和认证等方法。

从管理的角度看，还可实现"技术与管理并重"的目标要求，这样可以把信息安全管理属性归纳为目标性、执行性、效益性、时效性、适应性、整体性和符合性七个属性。按照这种目标要求，各种各样的管理措施或技术措施会对于达成信息安全管理的属性进行管理。但对于酒店信息系统的信息安全来说，通常，信息安全仅讨论三个方面的属性，即机密性（confidentiality）、完整性（integrity）以及可用性（availability）。

机密性是对抗对手的被动攻击，保证信息不泄露给未授权的人，或者即便数据被截获，所表达的信息也不被非授权者所理解；完整性是对抗对手的主动攻击，防止信息被未经授权的人所篡改；可用性是确保信息及信息系统能够为授权使用者正常使用。

（二）影响信息系统安全的因素

一个完整的酒店信息系统由计算机、通信网络设备、应用软件、数据资源和运行环境组成，对信息系统安全构成威胁的因素主要有恶意攻击、安全缺陷、软件漏洞、结构隐患和环境因素等。

1. 恶意攻击

恶意攻击是一种有目的性的破坏行为，可以分为主动攻击和被动攻击。主动攻击是指以各种方式有选择地破坏信息，如删除、修改、伪造、添加、乱序、冒充、重放等；被动攻击是指在不干扰网络系统正常工作的情况下，进行截获、窃取、破译等。恶意攻击有以下四个方面的特征：智能性，从事恶意攻击的人员大都具有相当高的专业技术和熟练的操作技能；隐蔽性，人为的恶意攻击隐蔽性强，不易引起怀疑，作案技术难度大；严重性，涉及金融资产的网络信息系统恶意攻击，往往使金融机构损失巨大，甚至破产；多样性，恶意攻击的技术手段多样，体现在数量、形态、传播手段等诸多技术方面。

2. 安全缺陷

一般的攻击能够得逞，主要是因为网络或信息系统本身具有安全缺陷，主要包括网络硬件的安全缺陷（可靠性差、电磁辐射、电磁泄漏等）、通信链路的安全缺陷（电磁辐射、电磁泄漏、搭线、串音、无链路加密等）、软件漏洞等。在我国，一些特殊的网络安全缺陷还包括技术被动引起的网络安全缺陷（芯片等关键设备都依赖于进口）、人员素质问题引起的安全缺陷（法律要人去执行、管理靠人去实现、技术靠人去掌握）、缺乏系统的安全标准引起的安全缺陷（网络安全标准还不完善）。

3. 软件漏洞

由于软件程序的复杂性和编程方法的多样性，软件系统中很容易有意无意留下一些不易被发现的安全漏洞，也就容易引起黑客的攻击。软件漏洞一般包括操作系统的安全漏洞（后门、I/O 非法访问、访问控制混乱等）、数据库及应用软件的安全漏洞（数据库文件格式、文件存放路径、口令加密机制等）、TCP/IP 协议的安全漏洞、网络软件和服务的安全漏洞（Finger 漏洞、匿名 FTP 漏洞、Telnet 漏洞和 E-mail 漏洞等）、口令设置的安全漏洞（口令长度设置、口令时间限制等）。

4. 结构隐患

结构隐患包括网络拓扑结构的安全隐患和网络硬件的安全隐患，网络拓扑结构包括总线型结构、星形结构、环形结构、树形结构，一般网络由这些网络结构组成的混合结构。网络硬件的安全隐患主要是相关的网络硬件、网桥、路由器，尤其是路由器，大量用于广域网络，而路由器受目前技术及性能方面的限制，本身的安全性较差。

5. 环境因素

除了上述因素之外，企业内部的行政管理、人员素质、职业道德及责任心等对系统的安全也有重大的影响。（1）安全意识不够。计算机信息管理系统在国内应用的普及深度不够，许多酒店的管理者仅将信息系统看作是企业所有经营管理系统的一个附加的系统，并未引起充分的重视，对信息系统的安全意识也不够。（2）自然及不可抗力因素。例如，地震、火灾、水灾、风暴及社会暴力等。（3）信息系统安全运行的管理制度不健全。目前酒店内关于信息系统的管理制度多数集中在保障计算机硬件设备的物理安全，但不能满足信息系统整体安全的需要。（4）计算机安全立法。计算机安全、计算机犯罪、计算机病毒的立法无疑是影响信息系统安全的因素，需要用法律的手段来加强对信息系统安全的保护。（5）工作人员素质。具体包括业务人员的素质、责任心、严密的行政管理制度和法律法规，以防范人为的主动因素直接对系统安全性的威胁。（6）信息系统的管理机构设置。信息系统是酒店经营管理体系的重要组成部分，必须为该系统设置具有相当权限和责任的机构，并配置足够的人员和资金，确保该机构正常地发挥作用。

二、酒店管理信息系统的安全策略和措施

信息系统的安全问题在设计阶段应该予以考虑了，主要包括物理实体安全设计、硬件系统和通信网络的安全设计、软件系统和数据的安全设计等内容，硬件和通信网络的安全主要依赖设备的选型和协议的选取，但其不属于本书的讨论范围。下面就网络安全设计、软件安全设计、系统数据安全设计进行讨论。

（一）网络安全设计

1. 网络安全防范体系的框架结构

为了能够有效了解用户的安全需求，选择各种安全产品和策略，有必要建立一些系统的方法来进行网络安全防范。网络安全防范体系的科学性、可行性是其可顺利实施的保障。基于DISSP扩展的一个三维安全防范技术体系框架结构，第一维是安全服务，给出了八种安全属性（ITU-T REC-X.800-199103-I）。第二维是系统单元，给出了信息网络系统的组成。第三维是结构层次，给出并扩展了国际标准化组织ISO的开放系统互联（OSI）模型。

框架结构中的每一个系统单元都对应于某一个协议层次，需要采取若干种安全服务才能保证该系统单元的安全。网络平台需要有网络节点之间的认证、访问控制，应用平台需要有针对用户的认证、访问控制，需要保证数据传输的完整性、保密性，需要有抗抵赖和审计的功能，需要保证应用系统的可用性和可靠性。针对一个信息网络系统，如果在各个系统单元都有相应的安全措施来满足其安全需求，则认为该信息网络是安全的。

2. 网络安全防范体系的层次

作为全方位的、整体的网络安全防范体系也是分层次的，不同层次反映了不同的安全问题，根据网络的应用现状情况和网络的结构，可将安全防范体系的层次划分为物理层安全、系统层安全、网络层安全、应用层安全和管理层安全。（1）物理环境的安全性（物理层安全）。该层次的安全包括通信线路的安全、物理设备的安全、机房的安全等。物理层安全主要体现在通信线路的可靠性（线路备份、网管软件、传输介质）、软硬件设备安全性（替换设备、拆卸设备、增加设备）、设备的备份、防灾害能力、防干扰能力、设备的运行环境（温度、湿度、烟尘）、不间断电源保障等。（2）操作系统的安全性（系统层安全）。该层次的安全问题来自网络内使用的操作系统的安全，如UNIX、Windows NT、Windows 2000等，具体表现在三个方面，一是操作系统本身的缺陷带来的不安全因素，主要包括身份认证、访问控制、系统漏洞等；二是对操作系统的安全配置问题；三是病毒对操作系统的威胁。（3）网络的安全性（网络层安全）。该层次的安全问题主要体现在网络方面的安全性，包括网络层身份认证，网络资源的访问控制，数据传输的保密与完整性，远程接入的安全，域名系统的安全，路由系统的安全，入侵检测的手段，网络设施防病毒等。（4）应用的安全性（应用层安全）。该层次的安全问题主要由提供服务所采用的应用软件和数据的安全性产生，包括Web服务、电子邮件系统、DNS等。此外，还包括病毒对系统的威胁。（5）管理的安全性（管理层安全）。安全管理包括安全技术和设备的管理、安全管理制度、部门与人员的组织规则等。管理的制度化极大程度地影响着整个网络的安全，严格的安全管理制度、明确的部门安全职责划分、合理的人员角色配置都可以在很大程度上降低其他层次的安全漏洞。

3. 网络安全防范体系设计准则

根据安全防范攻击的安全需求、需要达到的安全目标、对应安全机制所需的安全服务等因素，参照 SSE-CMM（系统安全工程能力成熟模型）和 ISO17799（信息安全管理标准）等国际标准，综合考虑可实施性、可管理性、可扩展性、综合完备性、系统均衡性等方面，网络安全防范体系在整体设计过程中应遵循以下九项原则：（1）网络信息安全的木桶原则。网络信息安全的木桶原则是指对信息均衡全面地进行保护。"木桶的最大容积取决于最短的一块木板"。网络信息系统是一个复杂的计算机系统，它本身在物理上、操作上和管理上的种种漏洞构成了系统的安全脆弱性，尤其是多用户网络系统自身的复杂性、资源共享性使单纯的技术保护防不胜防。（2）网络信息安全的整体性原则。要求在网络发生被攻击、破坏事件的情况下，必须尽可能地快速恢复网络信息中心的服务，减少损失。因此，信息安全系统应该包括安全防护机制、安全检测机制和安全恢复机制。（3）安全性评价与平衡原则。对任何网络，绝对安全难以达到，也不一定是必要的，所以需要建立合理的实用安全性与用户需求评价与平衡体系。（4）标准化与一致性原则。安全体系的设计必须遵循一系列的标准，这样才能确保各个分系统的一致性，使整个系统安全地互联互通、信息共享。（5）技术与管理相结合原则。安全体系是一个复杂的系统工程，涉及人、技术、操作等要素，单靠技术或单靠管理都不可能实现，因此必须将各种安全技术与运行管理机制、人员思想教育与技术培训、安全规章制度建设相结合。（6）统筹规划，分步实施原则。由于政策规定、服务需求的不明朗，环境、条件、时间的变化，攻击手段的隐蔽性，安全防护不可能一步到位，可在一个比较全面的安全规划下，根据网络的实际需要，先建立基本的安全体系，保证基本的、必需的安全性。（7）等级性原则。等级性原则包括安全层次和安全级别。良好的信息安全系统必然是分为不同等级的，包括对信息保密程度分级，对用户操作权限分级，对网络安全程度分级（安全子网和安全区域），对系统实现结构的分级（应用层、网络层、链路层等），从而针对不同级别的安全对象，提供全面、可选的安全算法和安全体制，以满足网络中不同层次的各种实际需求。（8）动态发展原则。要根据网络安全的变化不断调整安全措施，适应新的网络环境，满足新的网络安全需求。（9）易操作性原则。安全措施需要人为去完成，如果措施过于复杂，对人的要求过高，本身就降低了安全性；另外，措施的采用不能影响系统的正常运行。

（二）软件安全设计

酒店信息系统的软件包括系统软件和应用软件，系统要求这些软件在正常运行的同时，必须有一定抵抗错误的能力，具体的要求如下。

（1）选择、安装安全可靠的操作系统和数据库管理系统，这是酒店应用软件的基本构成。

（2）选择安全可靠的应用程序。可以采用的策略有设立安全保护子程序；对所有的程序都进行安全检查测试，并定期执行程序抽样检查；对应用程序进行加密处理，这是保护系统免受病毒破坏、免遭窃贼获取真实程序文本的一个好办法。

（3）尽量选择使用现有安全、可靠的软件。根据系统的需要，选用已经在实践中证明是可靠、安全的商业性应用软件。

（4）加强软件安全管理。经常性地对软件进行测试，并随时检查软件是否感染上病毒，尤其要经常性地对软磁盘进行病毒检查。

（5）重视软件安全保护技术的研究，如软件加密技术和软件固化技术等。

（6）提高软件开发过程和应用过程的标准化、工程化、系列化水平，加强版权保护。

（三）系统数据安全设计

系统数据的安全被认为是网络安全的核心，为了有效防止攻击和恶意篡改，要采用数字证书、CA 认证、动态口令、加密等手段，同时在存储方式上采用热备份、冷备份、远程存储等措施保存好数据，确保系统遭到攻击或瘫痪后能以最快的速度恢复。此外，可以采取措施对信息、数据的来源设置跟踪机制，一旦发现有攻击行为，系统应该能够及时报警，自动采取相应的对策，如关闭有关服务、切断物理线路的连接等，以保证数据、信息良好的可靠性。同时，建立安全的信息防护体系时，必须考虑到危及信息安全的各种因素，它包括信息系统自身存在的脆弱性和来自系统内、外部的各种各样的威胁。以计算机系统和网络为特征的信息系统存在着固有的弱点和脆弱性，如果利用这些弱点，信息系统中的具有重要价值的信息可以被不留痕迹地窃取，非法访问可以造成系统内信息受到侵害，其脆弱性主要表现在电磁辐射泄漏、存储媒质失控、数据可访问性、磁性介质的剩余磁效应、通信和网络的弱点等方面。

对于系统数据的安全性，可以考虑采取以下几种策略。

1. 环境安全策略

系统面临的安全威胁来自多方面，有信息的泄漏，如击键窥探、电磁泄漏窥探、内存空间窥探、磁盘缓存窥探等；有信息的伪造与篡改；有资源的窃取；有系统遭受蓄意破坏等。为保证信息系统安全必须首要考虑环境安全，采取有效措施，统筹兼顾，做到物理实体的选址考虑；应急措施与路径冗余；防电磁辐射泄漏；媒质的安全，如介质的保存、保护与备份等；防止线路截获，如线路的短路、断路，并联盗窃，感应窃取以及通信干扰等。

2．系统内部安全策略

信息系统内部常用的安全策略有信息系统容灾技术和安全操作系统及访问控制技术等。

3．系统备份与数据加密策略

备份技术与故障恢复技术是信息系统安全的重要组成部分，是确保信息系统在遇到各种不测事件、遭到破坏时能尽快投入再使用的保证。备份技术包括全系统备份技术和部分系统备份技术，备份方式有全量备份、增量备份和差分备份等，另外还应该对系统数据加密和加密数据备份，以确保数据的安全。

4．系统间的安全策略

由于自身的安全缺陷和网络的开放性，使得信息系统的安全面临极大的挑战，人们不断研发新的技术改善其弱点，在系统间也同样面临类似问题。在信息传输过程中，通信双方必须有身份验证机制才能保证彼此的信任，否则通信就失去了真实性。为了保证系统间的安全机制，实现信息传递过程中的机密性、完整性、抗否认性、可用性等，其系统的信息传输安全必须具备下列安全功能：身份及信息验证、网络的访问控制、通信信息的加密、鉴别技术、安全审计技术等。

目前酒店信息系统中的数据安全非常重要，除了制度上的保障外，技术保障是基础，信息系统中的数据安全策略着重研究信息系统间、信息系统内部以及数据链的诸多环节的容错、容灾、访问控制等问题。对于信息系统的设计必须考虑安全性原则、整体性原则、投资保护原则、实用性原则等，既要保证系统内部的稳定性、安全性，也要保证系统间的友善性和互联、互通、互操作性，避免有价值信息的泄漏，避免自身受到外界的恶意攻击。

三、酒店管理信息系统病毒防御方法

计算机病毒也是酒店信息系统很大的安全威胁，如果不加以防范，会严重影响信息系统的安全运行，尤其是网络病毒和数据库病毒。本部分将简要介绍计算机病毒的种类、病毒的特点以及病毒防御方法等内容。

（一）计算机病毒的种类

1．系统病毒

系统病毒的前缀为 Win32、PE、Win95、W32、W95 等。这些病毒的一般公有的特性是可以感染 Windows 操作系统的*.exe 和*.dll 文件，并通过这些文件进行传播，如 CIH 病毒，它们都属于网络型病毒。

2．蠕虫病毒

蠕虫病毒的前缀是 Worm，也属于网络型病毒。这种病毒的公有特性是通过网络或者系统漏洞进行传播，很大部分的蠕虫病毒都有向外发送带毒邮件、阻塞网络等破坏特性，如冲击波（阻塞网络）、小邮差（发带毒邮件）等。

3．木马病毒和黑客病毒

木马病毒的前缀是 Trojan，黑客病毒前缀一般为 Hack。木马病毒的公有特性是通过网络或者系统漏洞进入用户的系统并隐藏，然后向外界泄露用户的信息，而黑客病毒则有一个可视的界面，能对用户的电脑进行远程控制。木马、黑客病毒往往是成对出现的，即木马病毒负责侵入用户的电脑，而黑客病毒则会通过该木马病毒来控制电脑。现在这两种类型都越来越趋向于整合了。一般的木马病毒有 QQ 消息尾巴木马 Trojan.QQ3344，还有大家可能遇见比较多的针对网络游戏的木马病毒如 Trojan.LMir.PSW.60。

4．脚本病毒

脚本病毒的公有特性是使用脚本语言编写的病毒，它是通过网页进行传播的网络型病毒，如红色代码病毒（.Redlof）。脚本病毒还会有如下前缀：VBS、JS（表明是何种脚本编写的），如欢乐时光（VBS.Happytime）、十四日（Js.Fortnight.c.s）等。

5．宏病毒

其实宏病毒也是脚本病毒的一种，由于它具有特殊性，因此在这里单独算成一类。宏病毒的前缀是 Macro，第二前缀是 Word、Word 97、Excel、Excel 97 其中之一。感染 Word 97 及以前版本 Word 文档的病毒采用 Word 97 作为第二前缀，格式是 Macro.Word 97；感染 Word 97 以后版本 Word 文档的病毒采用 Word 作为第二前缀，格式是 Macro.Word；感染 Excel 97 及以前版本 Excel 文档的病毒采用 Excel 97 作为第二前缀，格式是 Macro.Excel 97；感染 Excel 97 以后版本 Excel 文档的病毒采用 Excel 作为第二前缀，格式是 Macro.Excel。

6. 后门病毒

后门病毒的前缀是 Backdoor，该类病毒的公有特性是通过网络传播，给系统开后门，便于黑客入侵，给用户电脑带来安全隐患。

7. 病毒种植程序病毒

这类病毒的公有特性是运行时会从体内释放出一个或几个新的病毒到系统目录下，由释放出来的新病毒产生破坏，如冰河播种者（Dropper.BingHe2.2C）、MSN 射手（Dropper.Worm.Smibag）等。

8. 破坏性程序病毒

破坏性程序病毒的前缀是 Harm。这类病毒的公有特性是本身具有好看的图标来诱惑用户点击，当用户点击这类病毒图标时，病毒便会直接对用户计算机产生直接破坏，如格式化 C 盘（Harm.formatC.f）、杀手命令（Harm.Command.Killer）等。

9. 玩笑病毒

玩笑病毒的前缀是 Joke，也称恶作剧病毒。这类病毒的公有特性是本身具有好看的图标来诱惑用户点击，当用户点击这类病毒时，病毒会做出各种破坏操作来吓唬用户，其实病毒并没有对用户计算机进行任何破坏，如女鬼（Joke.Girlghost）病毒。

10. 捆绑机病毒

捆绑机病毒的前缀是 Binder，这类病毒的公有特性是病毒作者会使用特定的捆绑程序将病毒与一些应用程序如 QQ、IE 捆绑起来，表面上看是一个正常的文件，当用户运行这些带捆绑病毒的程序时，会表面上运行这些应用程序，然后隐藏运行捆绑在一起的病毒，从而给用户造成危害，如捆绑 QQ（Binder.QQPass.QQBin）等。

（二）计算机病毒的特点

通常，任何计算机病毒都带有以下一些特点。

（1）寄生性。计算机病毒寄生在其他程序之中，当执行这个程序时，病毒就起破坏作用，而在未启动这个程序之前，它是不易被人发觉的。

（2）传染性。计算机病毒不但本身具有破坏性，更有害的是具有传染性，一旦病毒被复制或产生变种，其速度之快令人难以预防。传染性是病毒的基本特征。在生物界，病毒通过传染从一个生物体扩散到另一个生物体，在适当的条件下，病毒可得到大量繁殖，并使被感染的生物体表现出病症甚至死亡。计算机病毒也是这样。

（3）潜伏性。有些病毒像定时炸弹一样，让它什么时间发作是预先设计好的。例如，黑色星期五病毒，不到预定时间一点都觉察不出来，等到条件具备的时候一下子就爆炸开来，对系统进行破坏。一个编制精巧的计算机病毒程序，进入系统之后一般不会马上发作，可以在几周或者几个月内甚至几年内隐藏在合法文件中，对其他系统进行传染，而不被人发现，潜伏性越好，其在系统中的存在时间就会越长，病毒的传染范围就会越大。

（4）隐蔽性。计算机病毒具有很强的隐蔽性，有的可以通过扫毒软件检查出来，有的根本就查不出来，有的时隐时现、变化无常，这类病毒处理起来通常很困难。

（5）破坏性。计算机中毒后，可能会导致正常的程序无法运行，造成计算机内的文件被删除或受到不同程度的损坏。

（6）计算机病毒的可触发性。病毒因某个事件或数值的出现，诱使病毒实施感染或进行攻击的特性称为可触发性，为了隐蔽自己，病毒必须潜伏，少做动作。病毒既要隐蔽又要维持杀伤力，它必须具有可触发性，病毒的触发机制就是用来控制感染和破坏动作的频率的。病毒具有预定的触发条件，这些条件可能是时间、日期、文件类型或某些特定数据等。

（三）计算机病毒的防御方法

对于计算机病毒的预防，应该做到以下几点。

（1）提倡尊重知识产权的观念，支持使用合法原版的软件，拒绝使用盗版软件，只有这样才能确实降低使用者电脑发生中毒的机会。

（2）平日就要将重要的资料备份起来，毕竟解毒软件不能完全还原中毒的资料，只有靠自己的备份才是最重要的。

（3）建立一张紧急救援磁片，PC 计算机和服务器主机都有不同的救援磁片，应将 Windows 操作系统做成一张光盘，在紧急情况时使用。

（4）不要随便使用来历不明的档案或磁碟，就算要使用，先用扫毒软件扫一扫再用，同时将较长时间不用的程序文件关闭。

（5）准备一些好的防毒、扫毒、解毒软件，并且定期使用。

（6）合理使用防病毒工具软件，如 360 安全卫士等，也可以将两种防病毒软件工具交叉使用。

建立正确防病毒基本观念，了解病毒感染、发作的原理，也可以提高个人的警惕。总之，要做到以下六字口诀：关（关闭电源）；开（开机）；扫（用防毒软件扫描病毒）；除（若侦测有病毒，则立即删除）；救（若侦测硬碟分割区或启动区有病毒时，可用"硬碟紧急救援磁片"救

回资料); 防 (为了预防未来不再受到病毒的侵害, 建议经常更新防毒软件版本, 以建立完善而且坚固的病毒防疫系统)。

第四节 酒店管理信息系统的效果及决策支持

酒店信息系统投入运行后, 要在平时运行管理工作的基础上, 定期对其运行情况进行集中评价。进行这项工作的目的是通过对新系统运行过程和绩效的审查, 来检查新系统是否达到了预期目标, 是否充分利用了系统内的各种资源, 系统的管理工作是否完善, 以及指出系统改进和扩展的方向是什么等。

一、酒店管理信息系统效果评价

一个好的信息系统运行管理者, 经常会仔细观察信息系统运行的状况, 及时评价每个阶段系统运行效果, 从而记录相关的运行事件, 为系统的改进和提高系统运行效率提供数据依据。

（一）评价维度

酒店管理信息系统的评价, 主要是从技术与经济两方面进行。

技术上的评价内容主要是系统性能, 具体包括信息系统的总体水平, 如系统的总体结构、网络的规模、采用技术的先进性等。系统功能的范围与层次, 如功能的多少与难易程度或对应管理层次的高低等。信息资源利用情况, 如酒店内外部信息比例、外部信息的利用率等。系统的质量, 如系统的可使用性、正确性、可扩展性、可维护性、通用性等。系统安全与保密性、系统文档的完备性等。

经济上的评价内容主要是系统的效果和效益, 包括直接与间接两个方面。直接的评价内容有系统的投资额、系统运行费用、系统运行所带来的新增效益。间接的评价内容有对酒店形象的改观、对员工素质的提高、对酒店的管理体制与组织机构的改革、对业务管理流程的优化等, 对企业各部门间、人员间协作精神的加强。

（二）评价指标体系

除了上面提到的从技术上和经济上进行系统评价外, 还可以将系统评价体系分解为系统建设、系统性能、系统应用三个方面，这也是常用的一种信息系统评价体系。

1. 系统建设评价

系统建设评价包括以下几项：（1）系统规划目标的科学性。分析管理信息系统规划目标的科学性，并考虑经济上、技术上、管理上和法律上的可行性。（2）规划目标的实现程度。分析管理信息系统是否达到了规划阶段提出的规划目标。（3）先进性。满足用户的需求，充分利用资源，融合先进管理知识、先进管理模式，设计的科学性、适应性等。（4）经济性。资金投入与所实现的功能相适应的程度。（5）资源利用率。对计算机、外部设备、各种硬软件、系统资源的利用程度。（6）规范性。系统建设遵循相关的国际标准、国家标准和行业标准，有关文档资料的全面性和规范程度。

2. 系统性能评价

系统性能评价包括以下几项：（1）可靠性。系统所涉及的硬件系统和软件系统的可靠性。（2）系统效率。系统完成各项功能所需要的资源，通常以时间衡量，包括周转时间、响应时间、吞吐量等。（3）可维护性。确定系统中的错误、修改错误所需做出努力的大小，通常以系统的模块化程度、简明性及一致性衡量。（4）可扩充性。系统的处理能力和功能的可扩充程度。分为系统结构、硬件设备、软件功能的可扩充性等。（5）可移植性。系统移至其他硬件环境下所需做出努力的程度。（6）安全保密性。系统抵御硬件设备、软件系统和用户误操作、自然灾害及敌对者采取的窃取或破坏行为的能力，系统采取的安全保密措施等。

3. 系统应用评价

系统应用评价包括以下几项：（1）经济效益。系统所产生的经济效益，如降低成本、提高竞争力、改进服务质量、获得更多利润等。通常以货币形式衡量。（2）社会效益。系统对国家、地区和民众的公共利益所作出的贡献，不能用货币指标衡量的效益，如思想观念的转变、技术水平的提高、促进经济社会协调发展、决策科学化、生产力水平的提高、公共信息服务、合理利用资源、改变工作方式等。（3）用户满意程度。用户对系统的功能、性能、用户界面的满意程度。通常以人机界面友好、操作方便、容错性强、系统易用性、界面设计清晰合理、帮助系统完整等衡量。（4）系统功能应用程度。系统的目标和功能实现了多少，用户应用到什么程度，是否达到预期的企业目标和技术指标。

（三）经济效益评价指标

酒店企业的信息系统运行非常重视经济效益指标，经济效益指标通常分直接经济效益和间接经济效益两大类。

1. 直接经济效益指标

系统直接经济效益指标主要是分析系统投资额、系统运行费用与系统运行新增加的效益之间的综合比较。系统投资额包括系统硬件、系统软件的购置、安装费用，应用系统的开发或购置所投入的资金；企业内部投入的人力、材料费用，系统维护所投入的资金费用。系统运行费用包括存储介质、纸张与打印油墨等耗料费用，系统投资折旧费（由于信息系统的技术成分较高，更新换代快，一般折旧年限取 5～8 年），硬件日常维护费，系统所耗用的电费，系统管理人员费用等。系统运行新增加的效益包括成本的降低、库存积压的减少、流动资金周转的加快与占用额的减少、销售利润的增加及人力的减少等方面。新增效益可采用简单的在同等产出或服务水平下有无信息系统所致的年生产经营费用节约额来表示，也可分别计算上述各方面的效益，然后求和表示。由于引起企业效益增减的因素相互关联错综复杂，新增效益可能很难进行精确的计算。

2. 间接经济效益指标

间接经济效益是通过改进办公业务流程、组织结构、运作方式以及提高人员素质等途径，促使办公效率提高、审批手续精简而逐渐地获得的间接效益。由于成因关系复杂，计算困难，只能作定性的分析，因此间接经济效益也被称为定性效益，主要包括对组织为适应环境所作的结构、管理制度与管理模式等的变革会起巨大的推动作用，这种作用一般无法用其他方法实现。具体表现为：能显著地改善酒店形象，对外可提高客户对酒店的信任程度，对内可提高全体员工的自信心和自豪感；可使办公管理人员获得许多新知识、新技术与新方法，进而提高他们的技能素质，拓宽思路，进入学习与掌握新知识的良性循环；系统信息的共享与交互能够使部门之间、管理人员之间的联系更紧密，这可以加强他们的协作精神，提高酒店的凝聚力和协同能力；对酒店的规章制度、工作规范、办事流程等的基础管理产生很大的促进作用，为其他管理工作创造有利的条件。

二、酒店营销决策支持系统

实际上，每一个酒店在日常经营中都记录和保存了大量有关顾客的信息，如订房单、住宿登记表、餐厅点菜单、账单、宾客意见书、投诉及处理结果记录等。有些酒店已经利用这些资料，了解了顾客的出生年月、通信地址，与客人保持联系，向客人邮寄酒店的宣传资料、生日贺卡等，从而向顾客提供细微化、个性化服务。但是大多数酒店还没有将计算机技术与酒店涉及顾客的各个领域进行完美的集成，把收集到的顾客信息反馈到业务流程中，帮助酒店掌握市场脉搏，作出正确合理的决策。因此，在决策中快速获取各渠道的数据源是关键。

（一）决策支持系统的数据源

在酒店营销决策中，要获取各种信息来辅助决策，以提高酒店经营的决策效率。通常，一个决策支持系统的数据源包括酒店前台信息系统输出的信息，酒店后台系统产生的各种统计报表信息，还包括酒店门户网站收集的信息以及各种分销渠道产生的报表信息等。一个酒店的经营者，要善于利用这些渠道的数据源，快速汇总成能帮助酒店进行营销决策的有用资源。有智慧的酒店经营者会利用网络舆情，了解酒店在外界的声誉，从而调整酒店的营销策略，并利用自己的门户网站获取市场主动权。

（二）营销能采用的新媒体渠道

在信息时代，酒店的经营要善于使用新媒体渠道开展营销，目前可采用的新媒体渠道包括微博、微信、社交网络以及各类 APP 等。酒店应利用这些新媒体渠道构建自己的酒店服务圈，利用服务圈可以快速地为酒店营销提供决策支持。在服务圈中，有酒店的销售专员、客房专员、餐饮专员、娱乐专员，他们时时刻刻在线为顾客提供服务，包括咨询服务、预订服务、优惠转让服务等。消费者在服务圈中可以得到敏捷的服务、实实在在的优惠以及朋友圈的共享等。利用新媒体的营销及决策将是未来酒店经营的主战场。

（三）一个餐厅利用统计数据的决策管理

决策支持系统是一个酒店通过信息系统支持，通过网络协调数据收集，再利用信息系统输出的信息解释酒店内部和外部环境的经营变化，并把它转化为营销活动的具体内容。酒店是采用电子计算机系统较早的行业，如酒店采用餐饮管理软件就可将点菜单上的就餐人数、日期、时间、所点的热菜、冷菜、主食、酒水的品种数量、金额及台号、服务员号等数据进行汇总，让管理人员充分利用这些数据，反映餐厅的营业现状，有效地指导未来餐饮的经营管理。

1. 就餐人数

通过每张餐厅点菜单上的记录，就可以知道当天的就餐总人数和人均消费，这是进行经营分析的基础数据。其中可以分析就餐人数分布规律，也就是说 1 人单独就餐占总人数的比例，2 人就餐占总人数的比例等。根据以上数据，在经营中可采取相应的措施，如餐桌布局、菜系准备等。在人均消费低的日子里多准备价位低的菜，服务员适当推销高价菜，以防消费者的反感。在人均消费高的日子里，不但要备足高档菜，服务员也应大胆地推销高价菜，促进营业额的提升。人数分布规律是餐厅内餐台设计的基本依据，按就餐人数分布比例设置相应的 2 人台、4 人台、10 人台等。

2. 日期

不同的日期或气候对餐饮影响很大，通过电脑记录顾客就餐的日期，从中可以反映出天气状况、当日发生的大事件对餐饮的概率分布，也可统计出星期几及人气分布情况对餐饮的影响。通过统计分析每周营业额变化的趋势，能够清晰地反映出一周内每天营业变化的幅度，为购货、提前准备菜品等决策提供了依据。同时根据天气的变化，进行及时的调整，如当日天气不好，下雨或下雪，营业额将比正常值下降 10～20 个百分点，但第二天（天气好转），营业额会上升 15～25 个百分点。日期、气候、人气分布对餐饮采购决策会产生很大的影响。

3. 时间

信息系统可以按时间进行分类统计，通常服务员会记录顾客点完菜的时间，收银机上会反映结账的时间，从这个数据中可以知道顾客用餐时间的概率分布。结账时间减去点菜时间即为顾客用餐时间，从中可以计算出餐厅的服务接待能力及通常情况下顾客需要等候的时间。用餐概率分布，分析不同时间段，如以 10 分钟为时间间隔，结合就餐人数，可测定营业高峰来临时间，这个数据对提高上菜速度、减少等待时间是十分有效的。知道营业高峰期，厨房可以提前大量地备菜，前台可以聘用小时工，以缓解营业高峰期人力资源的不足和低谷时人员富裕的现象。通过绘制"进店人数与时间关系示意图"，显示一个餐厅中午的营业走势，餐厅经理充分利用这张图，以 15 分钟为单位调配人力，不仅降低了人力成本，同时也保证了服务员劳动强度的一致性，减少了服务员的劳动时间。

4. 点菜品种

信息系统通过消费者菜单的统计分析，可以了解各类菜系的销售情况。单品菜销售数量占总菜品销售数量的比例，为菜品点击率。它告诉我们，顾客对菜品的喜欢程度，应每周至少每月排一次。对经常光顾餐厅的顾客，服务员应重点介绍创新的菜品，这是因为那些经常光顾餐厅的顾客对点击率高的菜品非常熟悉，以至于感到餐厅没有创新菜。点击率低的菜品，营销人员、厨师长不仅要进行技术层面的研究，还应利用调查问卷或抽样调查的方法找出点击率低的原因，是菜的质量问题、季节问题，还是推销的问题，然后采取相应的措施提高点击率。这种分析对餐饮的销售决策和采购决策非常有帮助。

5. 台号

台号统计可以分析每日记录发放和使用的餐单总数，计算每张餐单的消费额（当日营业额除以餐单总数）、人数和人均消费，分析每个区域的消费额，以比较不同日期平均消费额，不同区域的消费特点。根据这些分析可以设计餐厅的餐桌台数以及分布，从而决策 2 人桌、4 人桌、8 人桌的台数分布。

6. 服务员号

统计每名服务员的人均劳动效率，客观地评价服务员的劳动态度和服务水平，调整服务员服务的区域，使劳动强度均匀，实现最佳的餐厅人力资源分布。

7. 报表数据

餐饮经营有两条主线，一是从采购、加工（配送）到餐厅、顾客手中的食品为正向物流系统；另一个是从顾客、餐厅、财务、采购反向流动的资金流系统。这两条主线流程都由信息系统管理，记录和反映物流和资金流流动情况的是单据表格和报表，这些报表分析是餐厅成本控制的基础，也是餐饮管理决策的依据。

第一，营业日报表。反映当日经营、销售情况的统计表，从中我们可以知道每日的销售额、人均劳效、当日能源用量等数据，及时与历史数据进行对比分析，以便调整第二天的营业。

第二，厨房日报表。反映厨房当日进货量、出货量、库存情况的统计表，从这些报表中可以知道原材料的出成率，对出成率低的原料及时查找原因，反馈信息，与供应商协调。针对库存量大的食品制定第二天重点推销的策略。

第三，汇总日报表。经理将各餐厅的营业数据进行汇总分析和横向比较，如人均销售额、百元营业额能源消耗量、菜品出成率，这些都可指导餐厅经理做相应的营业调整。

通过信息系统每日收集的销售数据是经理人员的眼睛和手，通过对它们的统计分析可以及早地发现问题，解决问题。管理者可以带着问题到餐厅进行实地考察，避免盲目性，最终会降低餐饮生产成本，提升餐厅的盈利水平。

　　酒店还可利用客户关系管理（CRM）系统，将客户基本信息统一管理，做到"信息集中共享、实时更新、科学管理"，有效避免客户信息的独享。另外，在销售和服务过程中，有许多信息变成员工个人的经验。例如，客户的特殊要求、个人爱好等，这些信息非常重要，只有掌握了这些信息才能做到对客户了如指掌的程度。CRM 系统通过对这些偏好信息的分析，可以实现个性化销售，个性化地关怀客户，从而提高客户对酒店服务的满意度和忠诚度。

拓　展　学　习

1. 管理信息系统维护的概念
2. 信息系统日常维护的工具
3. 信息系统网络维护的内容
4. 数据库管理系统及维护内容

案例分析与习题

一、案例分析

iHotel 平台的安全性设计

　　由于绿云 iHotel 平台基于互联网，就必须比传统的 PMS 酒店管理系统更加需要考虑安全性的问题。除了考虑传统 PMS 系统中各种有效的数据安全措施，如定时备份、异地备份、主从复制、双机高可用等以外，更需要从互联网安全方面下足工夫，这主要体现在服务器安全、网络安全和客户端安全三个方面，下面分别作简单介绍。

（一）服务器安全

　　服务器要安全，首先要保证所采用的服务器硬件及相关网络设备必须可靠。硬件不好，再好的软件也不能保证不出问题。为此在系统构建之初，就为客户推荐在业界有良好口碑的硬件设备，为之后的系统安全打下坚实的基础。

　　确定硬件之后再考虑系统软件和应用软件。iHotel 系统在选择系统软件时，不求最新，也不求最全，而是着重考虑软件的稳定性、可用性和安全性。服务器操作系统采用 CentOS

或 Red Hat，其中 CentOS 5.4、5.8、6.2、6.4 版本是 iHotel 系统服务器安装经常采用的稳定版本。服务器操作系统严格按照安装宝典进行安装，不安装不必要的模块，不启动不必要的服务，不开放不必要的端口，不采用不安全的协议，以保证操作系统安装完成时，系统是干净、安全、可靠的。

iHotel 服务器端应用层系统软件（Apache、Tomcat 和 MySQL 等），均采用久经考验的版本，以保证其安全又可靠。在安装的同时还将对服务器进行进一步的配置调整，包括操作系统重要内核参数的调整，操作系统及数据库系统中用户、用户密码和权限的分类分级重新设置，相关连接端口的更换，防火墙的特殊配置，以及当前 Linux 已知 bug 的修复等。除了配置应用层运行监控，周期性的不同级别数据备份外，还要对服务器 CPU 资源、内存资源、硬盘空间、网络情况、各种客户端登录情况及运行进程进行周期性的监测，确保各服务器内部不会被黑客入侵。

服务器部署完成后，除了发布更新 iHotel 程序外，一般不再下载安装新的模块。如需安装其他系统，必须走严格流程，得到相关人员的审核批准。未经审核批准对服务器进行操作，或虽已批准进行服务器操作但造成严重后果的，将对有关责任人进行严肃的处理和追究。

在系统部署方案上，保证数据库服务不直接对外，而是置于应用服务器后面，所有的数据均需通过应用服务器授权，保障数据库不直接暴露在公网；应用服务器配置了健全的授权安全机制。服务器建议托管在专业的 IDC 机房，充分利用专业机房抵御黑客攻击的能力；建议配备硬件防火墙；建议进行服务器端的集群或者热备，保障更高的可用性和安全性。对于一般的中小酒店集团或单体酒店，建议直接把数据服务托管在阿里云等专业云服务厂家，利用它们的专业服务提高服务器端的安全能力。

（二）网络安全

iHotel 的所有授权操作，均采用行业标准的 SSL 安全协议。目前移动商务的网上支付领域均采用该协议。

在网络通信方面，服务器或相关路由器可配置公网 IP，使电信、联通、移动等多线接入，避免单一网络故障而造成的弊病。有条件的用户，也可采用专网或 VPN 部署，并用公网做备用网络，进一步提高系统运行的安全性和稳定性。再一步，可配备 3G、4G 数据卡，作为系统断网后的应急处理。更可以采用绿云的手机 iPMS 系统，使用智能手机，除了进行日常的信息查询外，也能够处理一些酒店的日常事务，进一步消除网络故障带来的隐患。

如以上措施均无法见效，最后一招就是启用 iHotel 的应急处理系统，系统定时下传本酒店的当前在住客人清单、7 天内无预订的空房清单、今明两天预计到达的客人清单到酒店某台电脑，如遇中央机房、服务器、网络等故障，均可导出相关报表供酒店手工应急处理，尽量不影响酒店的日常运行，等系统修复后再补录相关数据。

（三）客户端安全

服务器既然提供服务给客户端，就必定要开放端口，供 iHotel 客户端访问。如何阻止非授权的客户访问服务器及相关信息，就是客户端安全的一项任务。

在常规登录控制（用户名加密码）的基础上，iHotel 还可以对客户端 MAC 地址进行注册控制，即对用户的接入设备进行物理认证。经过注册的 MAC 地址还可以与具体的用户名绑定，对系统登录做进一步的管理，避免用户名及密码泄露后造成的非法登录。对要求更高的客户，可像网上银行一样配备 U 盾，只有具有 U 盾、正确的用户名及密码才能正常使用系统。

客户端与服务器数据交换时，部分采用 https 协议，不怕被拦截；部分采用 http 协议，但用独立算法加密数据保证同样安全。客户端与服务器的重要文件传送，不采用 Ftp 传送，而采用 scp 或 pscp 传送，以增加安全性。

酒店员工在操作过程中，临时走开，可快速锁屏；客户端无活动到一定时间即自动锁屏，避免非当事人操作电脑；关键财务处理，可设置每次都需要输入密码。

iHotel 系统中的重要数据是加密的，有权限的人员在客户端可以看到某些解密后的数据。但客户端数据导出也有严格的权限控制，不但可以控制导出数据的人员，也能控制导出数据的多少。异常的数据导出甚至会触发服务器的熔断机制，来进一步保障数据的安全。例如，对每个客户档案，可分成六小类：基本信息、身份信息、联系方式、宾客喜好、类型信息、业绩信息等，赋予不同的查看、修改权限，以严格控制客人信息的安全保密；对每张报表，可按浏览、打印、导出等分别进行权限控制。

思考题

1. 结合案例材料和本章所学的知识，分析酒店管理信息系统的安全管理应该包括哪几个方面。

2. 分析本案例中给出的酒店管理信息系统安全做法的优点和不足。

3. 酒店管理信息系统运行的安全管理措施有哪些？应怎样落实？

4. iHotel 平台的安全性设计有怎样的特点？

二、习题

1. 什么是信息系统的维护？维护工作对信息系统有怎样的战略意义？
2. 试叙述酒店管理信息系统相关组织结构设置的重要性。
3. 试分析酒店管理信息系统领导机构职责。
4. 什么是 CIO？试叙述酒店 CIO 的作用。
5. 阐述酒店信息系统日常运行管理的内容。
6. 阐述酒店管理信息系统日常运行管理的制度。
7. 试叙述酒店管理信息系统日常运行管理的注意事项。
8. 简述酒店人力资源管理信息系统维护的内容。
9. 试分析酒店管理信息系统维护的范围。
10. 酒店管理信息系统维护需经历哪些步骤。
11. 试分析信息安全的维度有哪些。
12. 简述影响信息系统安全的主要因素。
13. 简述酒店管理信息系统的安全策略和措施。
14. 试分析酒店管理信息系统病毒防御方法。
15. 叙述计算机病毒的种类。
16. 请叙述计算机病毒的特点。
17. 简述酒店管理信息系统效果评价维度。
18. 试分析酒店管理信息系统效果评价的指标体系。
19. 阐述酒店管理信息系统效果具体的评价指标。
20. 简单介绍酒店营销决策支持系统。怎样有效利用新媒体渠道开展营销？
21. 作为一个单体酒店，应如何建立信息系统运行管理的制度和规程？

第八章
酒店管理信息系统新技术的应用

【引言】

本章结合现代酒店经营的新需求，从智能终端、移动互联网、物联网、智慧化等应用角度，探讨酒店管理信息系统新技术的应用。随着近几年智能终端、移动互联网和物联网的广泛应用，酒店管理信息系统又不断地与这些新技术融合，产生了一些新的系统和功能应用，并给顾客和酒店员工带来了新的体验。随着智慧旅游和智慧酒店的兴起，酒店管理信息系统与新技术的融合变得十分重要，它将使酒店服务的质量更加贴近顾客的心理需求。

【学习目标】

通过本章的学习，要求学生：① 了解新一代酒店经营的新需求；② 了解智能终端在酒店信息系统中的应用；③ 掌握移动互联网对酒店管理信息系统发展的影响；④ 了解酒店管理信息系统对物联网技术的应用；⑤ 熟悉酒店管理信息系统的智慧化发展趋势。

高速发展的信息时代，酒店的智慧转型以及服务数字化将成为一种必然趋势。智慧酒店的产生与发展给酒店带来了经营动力，包括管理精度的提升，包括工作效率的提升以及对客人需求更快速的反馈。智慧酒店的建设可以在最大程度上实现酒店资源的整合，提高酒店服务水平、经营扩张能力、应急管理能力等。当然，IT 新技术的发展速度之快让人眼花缭乱，酒店还需要有新技术的应用能力，包括移动互联网、物联网以及云计算等技术，都让酒店在未来变得更加智慧。目前在国内，也有不少酒店完成了智慧的转型。比较著名的就是杭州黄龙饭店，它们通过 IBM 提供的一套解决方案，包括全方位的酒店管理系统与 RFID 智能体系，实现了自助入住以及更多与住客互动的目标，不但提升了客户住店体验与满意度，而且还提高了员工的工作效率，可谓双赢。

第一节 现代酒店信息技术应用的新需求

　　信息时代新技术的发展给酒店消费者带来了巨大需求，也给酒店经营管理带来了新的需求，产生了新的业态。酒店的经营面临着淡季、旺季、政治因素影响以及节假日的突发游客量，需要面对自己产品的不可移动性和非储藏性等特性决策最大收益方案，这需要经营者借助信息技术获取智慧。因此，信息传播与利用对酒店经营而言至关重要，需要收集信息获取知识，最后产生智慧，其中技术应用是核心。在智慧酒店建设中，酒店经营者必须明确自己的新需求，哪些新技术可以为自己创造市场的竞争优势。实践表明，酒店业快速发展的趋势决定了其对信息化建设的新需求，因此智慧酒店建设先了解酒店自己经营的新需求才是关键。

一、酒店业的发展趋势

　　随着社会的发展和人民生活水平的提高，我国酒店业已经越来越大众化，发展成为一个庞大的服务产业。当前，旅游者的消费需求越来越个性化、多样化，旅游酒店也需要越来越多地提供"一站式"和综合化的酒店产品，这些都必须有强大的信息资讯服务平台和移动化的商务网络来支撑，而世界范围内旅游电子商务发展已成大势，低成本、高效率的电子商务已开始引领酒店产业的未来，如中介服务商 OTA 与酒店的深度融合，电子商务平台的旅游频道与酒店的深度融合，最近发生的阿里巴巴与石基信息的融资方案，杭州绿云科技的融资方案等，都充分说明了这一点。要实现我国酒店业从传统向现代，从粗放向连锁转变，实现由酒店业引领的旅游大国变为旅游强国的目标，利用信息化对传统旅游业加以全面改造提升、实现转型升级已经刻不容缓。

（一）我国酒店业发展的主趋势

　　随着人类的进步，社会经济的发展，我国酒店业还将继续发展。近年来，我国酒店行业发展速度之快，主要受益于酒店行业自身的服务不断提高以及旅游行业的发展，推动了酒店行业市场需求不断扩大。2012 年国内新开业的星级酒店数为 214 家，与 2011 年相比新开业星级酒店总数增加了 22 家，增幅 11%；2013 年继续增加。从星级来看，五星级酒店开业数量占据了主导地位。

2013 年，酒店业受政治因素的影响，涉及住宿、餐饮、会议的高星级酒店感到了前所未有的压力，而这也促使酒店业逐步回归理性。与此同时，2013 年也是民族品牌酒店不断涌现，外资奢华品牌相继进驻的一年，中国酒店业的发展也在外资与本土的竞争中渐渐走向成熟。这种调整和竞争的压力，迫使我国酒店业寻求技术支持的愿望更加升级。

2014 年第一季度，国内参与统计的酒店客房平均出租率为 48.90%，同比下降 5.38%。2014 年第二季度，全国 11 955 家星级酒店第二季度的营业收入总计为 522.77 亿元，其中餐饮收入为 216 亿元，占营业收入的 41.35%；客房收入为 241 亿元，占营业收入的 46.12%（摘自中投顾问发布的《2014—2018 年中国酒店业投资分析及前景预测报告》）。这些数据可以说明，在中国经济转型与消费升级的大背景下，未来几年仍将是酒店业加速发展的黄金时期。

在未来的一段时间里，受经济型连锁酒店快速发展和民宿发展的影响，我国中低档星级酒店的发展艰难，高星级酒店在商务领域还是具有一定的优势。因此，我国酒店业集团化发展成为必然趋势，截至 2013 年年底，我国已有 400 多家酒店集团企业，如如家酒店集团、华住酒店集团、锦江国际酒店集团、金陵酒店集团等，其中华住酒店集团到 2014 年 10 月止，已有 3600 家成员酒店，计划在未来 5 年内，将发展至 1 万家成员酒店，其中计划 4000 家是国内精选酒店，是目前国内发展最快的一个酒店集团。这些集团酒店基于移动互联网技术的应用将是未来的重点，结合物联网和云计算技术，全面构建酒店集团运行的私有云系统，进一步利用新技术以获取市场的竞争优势。

那么，高端酒店和经济型酒店已经成为品牌竞合的主战场，它们的新技术应用也走在了酒店业前列，而处于中端市场的中低档星级酒店，未来 10 年或将面临发展的黄金时期，因为它们存在市场的客户需求，也已经受到市场和投资方的重视，这种潜在态势或将引发酒店业态新一轮的变革。因此，抓住市场需求，我国中低档星级酒店在移动互联网、数据化营销、社交媒体、大数据挖掘和电子商务等新技术应用的推进下，必将成为新一轮酒店发展的新趋势。

（二）集团酒店拼技术

不管是经济型连锁酒店，还是高档酒店的集团化，这些集团化管理的酒店未来是否成功拼的是技术，如锦江国际 2010 年就成立了旅游电子商务公司，华住酒店集团、开元旅业集团等都早已成立了公司，专门为酒店的信息化工程开展服务，也为酒店的电子商务获取技术支持。对于中档酒店，连锁化发展也是大势所趋，它们同样要拼技术应用才会取胜。据中国旅游研究院的研究数据显示，2011 年中国相当于三、四星级档次的酒店超过 4 万家，而连锁化发展的中档酒店只有 800 家，仅占市场的 2%。中档商务连锁酒店将会成为中国酒店行业未来发展的重点，它们的新技术应用将是未来打拼能否取胜的关键。

（三）单体酒店拼特色

我国单体酒店数量非常庞大，它们未来的生存拼的是特色。单体酒店仅有服务特色还不够，还需要信息技术应用特色。例如，许多单体酒店利用 iPad 提供移动服务，如移动 check-in/out、移动点菜等，给顾客带来了许多便利。还有些单体酒店利用微信开展移动营销，建立自己的微信服务平台，构建服务圈，在服务圈里由专门的客服专员提供敏捷服务，如销售专员、客房专员等，为酒店呈现了非常个性化的特色服务，获得了一些顾客的偏爱。单体酒店本来是酒店业中的弱势群体，但只要有信息技术的应用理念，用新技术创造自己的服务特色，同样可以在未来市场竞争中立于不败之地。在杭州已经出现了这样一批基于新技术应用的特色服务酒店。

二、酒店业经营对信息化的新需求

快速发展的酒店产业，日新月异的新技术，使我国酒店业对信息化建设产生了新的需求，酒店业与信息技术出现了高度融合的现象，产生了一些新的业态。酒店利用信息技术并不是简单地为前台管理和后台管理，而是更好地为消费者提供服务。酒店业经营对信息化的新需求主要体现在以下几个方面。

（一）存在旅游电子商务和内部管理整合的需求

作为一个现代酒店，核心任务是创造市场的竞争优势，而目前的信息技术应用存在太多的应用系统，最明显的应用就是管理与服务都是相互独立的，这种技术系统没有竞争优势。因此，仅为酒店企业提供管理的软件还不够，还需要帮助酒店拓展经营，开展电子商务的软件，这就需要将电子商务与内部管理进行整合。旅游电子商务是旅游信息化的中高级阶段，在欧美发达国家，旅游电子商务在酒店的应用已经非常普遍，旅游电子商务所产生的价值占整个旅游市场总份额的 60% 以上。而电子商务是为顾客服务的，许多服务离不开酒店管理的相关信息，这种整合后的电子商务就是完全电子商务，是未来酒店应用信息化技术实现盈利的重要途径。因此，从顾客服务的角度来看，内部管理和电子商务集成整合，能更好地为酒店经营提供商务服务，对酒店的市场发展有更好的推进作用。这种整合需求不是一般的应用软件能胜任的，而是要结合物联网、云技术等应用才能实现。

（二）存在"一条龙"式的个性化服务需求

当前，许多酒店的信息化服务还缺乏特色与个性，信息服务缺乏吸引力。几乎所有的酒店网站都介绍着同样的内容、商务和版面等，信息内容雷同，缺乏酒店自身特色，个性化服务涉及的偏好、特色、价格、环境等信息很难找到。酒店门户网站和酒店信息系统严重隔离，顾客看不到实时信息，更无法体现酒店的个性化服务。目前，游客的自由行、定制旅游等需求，无法在酒店信息系统中体现，顾客有了智能手机，也无法获取个性化服务信息。酒店如何构建一条龙服务平台，如何利用游客的手机终端，为游客提供一条龙的个性化服务，将是未来酒店信息化面临的主要课题。从顾客的角度，手机是获取信息最便利的工具，酒店必须适应这种变化。电子地图查询、移动导览、移动服务等都是目前游客的最大需求，这种需求同样需要新技术的整合应用才能满足。

（三）存在需要通过新的技术手段整合新媒体营销的需求

酒店网络营销的渠道主要有搜索引擎、在线社区、门户类网站、专业旅游网站以及微博、微信等。近年来，新媒体的不断涌现，使酒店对如何利用这些新媒体不知所措，如微博营销没有使用成熟就出现微信营销，其他的社交网络媒体还在不断出现。如何整合这些新媒体，让酒店实现统一信息发布、统一促销、统一管理已成为酒店新媒体营销的新需求。作为酒店企业，虽然知道目前有那么多网络营销的方法和渠道，但如何整合这些方法，如何评价营销的效果，营销信息如何接驳和传播，有否其他新的营销方法等，都是酒店营销过程中面临的新问题，它们需要一种简便的新技术，能整合多种营销模式。新媒体营销的整合需求同样需要新技术的应用才能实现。

（四）存在需要用信息化提升顾客体验性和互动性的需求

未来的酒店不仅是住宿、用餐，而且还是休闲体验和互动，即休闲旅游服务。人类社会正进入到体验经济、智慧经济时代，利用酒店度假是一种天然的体验活动，酒店可以为消费者创造一次难忘的经历，从这个意义上来说，酒店的本质就是消费体验，就是一次离开家门到酒店体验后再回去的完整经历，如利用 APP 可以增加顾客的互动体验；利用客房 APP 可以提升顾客的客房体验，即通过 APP 互动达到营销的效果，甚至把 OTA 客户转为酒店自己的客户。作为一名自助游游客，完全可以通过移动互联网平台安排自己的全部行程，完成从设计旅游行程、获取详细的住宿资讯、享受线上预订服务、电子地图查询、虚拟现实（客房）体验、实地 GPS 导游到酒店住宿，全部行程的住宿都由顾客自己搞定。通过博客、贴吧、各种社交网站等分享旅游经历的完整过程，实现全程的数字旅游新体验。所有这些需求，都需要新技术系统的支持才能提升酒店的体验和互动性，消费者的这种体验性需求是未来酒店服务的必然趋势。

（五）存在需要用智慧服务平台整合资源的需求

所谓智慧酒店，就是要让酒店服务信息能够通过智能技术广泛共享，无线传递，让消费者在移动中获得全面的、电子化的服务，这些智慧服务需要有一个平台来整合酒店资源，酒店要创造竞争优势，整合资源的需求越来越强烈，这同样需要新技术的支持。这些新技术通常指用虚拟现实、GPS、移动通信、物联网、云计算、精准定位技术等打造的酒店智能综合服务平台。该平台集旅游咨询、电子商务、管理、服务等功能于一体，由酒店 CIO 进行战略部署，酒店各部门进行密切配合，充分发挥信息技术和移动互联网的强大优势，整合酒店的各种信息资源，打造智慧服务综合平台，把产品资源、客户资源、旅游资源、服务资源整合在一起，为酒店服务的管理创新、服务创新和市场创新探索出一条智慧酒店发展之路。

第二节 酒店管理信息系统与移动互联网

移动互联网等新媒体技术等不断兴起，已颠覆了酒店的营销渠道和营销商业模式[①]。由于移动互联网的出现，"酒香不怕巷子深"已不属于这个全球范围内"抢夺客户"并用会员制度制造"忠诚客户"的新营销时代。也就是说，如果一个酒店不利用基于移动互联网的新媒体开展营销，即使酒店的"酒再香"也无济于事。所以，未来的发展趋势肯定是移动互联网酒店服务比重加大，使传统的酒店服务业态转型，不再是单一化经营服务，而是既有传统的酒店服务，又有方便快捷的移动酒店服务。

一、酒店融入移动互联网的必然性

近几年来，移动互联网已逐步渗入到酒店业，成为酒店业界关注的焦点和追捧的对象，如

---

① 酒店进入移动互联网营销时代. http://www.traveldaily.cn/article/71646.html.

酒店微信平台、酒店服务圈、酒店 APP 等都是移动互联网的具体应用。展望未来几年，新一代移动互联技术有望与酒店行业加速融合，并正式拉开酒店市场进入"移动互联"时代的序幕，基于移动互联网的连锁经营正在展开。从目前看，移动互联网的驱动因素有以下三个方面。

（一）酒店盈利模式需要创新的驱动

在互联网时代，酒店传统的盈利模式面临巨大的压力，如果酒店没有吸引消费者的渠道，那么酒店设备再好也没有消费者光顾。因此，这对酒店服务商来说是最大的挑战，因为他们已经习惯了向最终客户提供服务的方式，其他盈利模式对酒店来说实在太陌生，也不习惯。那么，移动互联网时代的盈利模式怎样？那就是提供服务，通过免费的基础服务，吸引客户，留住客户，聚集人气，如酒店服务圈、微信圈、微博圈等。然后基于对客户的了解，针对性地推出一些增值服务和商务服务，并与基础的免费服务结合起来，就可以形成酒店自己的特色盈利模式。酒店必须有自己的服务圈，如果完全依赖第三方 OTA，对来住店的客人，酒店不闻不问，那么酒店永远没有自己的客户，OTA 客户还是 OTA 客户。所以酒店服务圈可以有自己的客户群，也可以把 OTA 客户转变为自己的客户，这就是移动互联网的魅力，它可以改变传统的酒店盈利模式，创造新的不受制于 OTA 的自己的盈利模式。这就是目前酒店热心于移动互联网的驱动力所在。

（二）消费者移动服务需求的驱动

随着消费者智能手机的普及，其移动获取酒店服务的信息需求与日俱增。移动互联网的发展主要基于网络技术的发展以及智能手机用户数量的增加。中国互联网络信息中心的相关数据显示，国内手机上网人数已从 2006 年的 1700 万人增长到 2013 年的 5.15 亿人，手机上网人数占整个网民的比例已从 2006 年的 12.41%上升到 2013 年的接近 80%。据工信部相关数据显示，2011 年前 10 个月，3G 用户净增 6346 万户，达到 1.1 亿户。而目前，我国已成为世界上第三大入境旅游接待国、第三大出境旅游消费国和全球最大的国内旅游市场。预计到 2015 年，我国国内旅游将达 33 亿人次，入境旅游达到 1.5 亿人次，出境旅游达到 8 800 万人次[①]。这样的手机用户上网基础群，给酒店带来了巨大的移动服务需求。在此背景下，酒店业与新一代移动互联网技术相互结合、并驾齐驱，就成为酒店发展进程中的巨大驱动力。

---

① 中国互联网络信息中心 2011 年度我国网民行为统计报告。

（三）酒店服务平台创新建设的需求驱动

酒店要在未来市场中取胜，平台的创新建设刻不容缓。目前许多酒店集团已开始建设服务平台，如华住酒店集团等。在平台层面，移动互联网更多地继承了互联网的特点——开放式平台的主要特征。相对来说，移动网络和互联网是完全不同的两个网络，一个是相对封闭的，讲究的是稳定、保障；另一个是相对开放的，讲究的是服务、分享、创新。移动互联是二者的融合，没有理由再来"闭关锁国"，当然应该是开放的，酒店必须有自己的开放平台，尤其是连锁酒店集团。通过酒店自己的服务平台，可以为消费者提供直接的信息服务、客房服务、关怀服务，从而有自己的忠诚客户群，为市场竞争创造竞争优势。总之，移动互联网将实现移动和互联网的完美融合，开放式的服务平台依赖移动互联网的便捷性，给酒店的市场竞争和扩展带来了巨大的驱动力。

二、基于移动互联网的酒店营销

酒店利用移动互联网是为了电子商务，移动电子商务将成为酒店未来发展的主趋势，而目前电子商务中的主要业务还是酒店营销。

（一）移动互联网思维下的酒店营销策略

在新媒体环境下，基于移动互联网的酒店营销主要采用以下几种策略。

1. 自媒体营销策略

所谓自媒体营销就是酒店建立自己的微网站、微信、微博等平台，由自己管理的一种营销策略，如酒店的信息发布、客户分析、营销绩效分析都是在自己的平台完成。这种自媒体营销的优势就是直接、快捷，有利于培育自己的客户群，不足的地方就是市场受众面小，信息覆盖面有限。但酒店可以有自己的主动权，可以利用自己的媒体平台，监测网络舆情，了解更多的消费者诉求。

2. 与"有影响力的公司"建立战略合作

站在巨人的肩膀上必定看得更远。酒店在专心经营自己的营销平台时，不可错过可以借力的影响力联盟。加入酒店联盟与其他酒店共同推广，与酒店业门户网站合作共同博得行业口碑，与淘宝等兴起的电商合作博得大众口碑等都值得细细去琢磨思考。另外，在增加搜索和曝光量方面，除了加强 SEO 优化、提高关键词排名以外，还可以输入关键词，和排名前 20 位的网站合作。例如，在百度输入"酒店"，对排名前 20 的网站一一致电拜访，争取置换广告链接软文等。酒店预订、旅游、携程、去哪儿、艺龙等关键词都可按照上述方法长期合作。没有永远的敌人，只有永远的利益。放宽思路，新营销必定随着你的观念而"新"。

3. 及时赶上"新社交媒体浪潮"

目前，酒店公关最怕的不是负面新闻，而是错过新媒体浪潮。博客崛起不久就被微博迅速超越；微博正火热，又杀出使用率扶摇直上的微信。酒店业也是如此，OTA 还未坐稳就迎来了APP 手机预订时代，过后又有更便捷低价的 MSS。目前，区别于传统营销模式的电子商务营销渠道层出不穷，如各类电商平台、垂直电商、团购平台、限时特卖、EDM、SEO/SEM、网站联盟、SNS、微博、微信等。面对不断横空出世的新媒体渠道，酒店需要做的就是不要错过这一波又一波的营销好机会。浪潮不是用来追赶的，而是用来驾驭的，酒店需要发挥"敢于第一个吃螃蟹"的精神。在微营销时代，酒店就要实施"微战略"。以廉价为宗旨，始终保持对新鲜事物好奇学习的心态，掌握新技术的运用规律，将新技术合理进行运用。这样即使微信过时了，出现了更多新媒体，酒店也能抢先以低价挖掘到新渠道。

（二）移动互联网思维下酒店营销系统的种类

随着互联网时代，尤其是移动互联网时代的到来，酒店营销方式层出不穷，甚至让很多保守老板们大跌眼镜。可是现实就是这样，跟不上时代的脚步就会被时代甩到后面。如何在移动互联网时代玩好营销新花样，需要酒店相关人士进行创新和探讨。互联网时代，让携程、艺龙、去哪儿等 OTA 兴起，酒店预订在分销网站上的比例越来越大。而随着移动互联网的到来，微信、微博、手机客户端等占据了大部分人的空闲时间，如何把营销做到手机里，才是占领市场的唯一命脉，需要酒店深思和重视。

1. 微信营销

2013 年 10 月 24 日，腾讯微信的用户数量已经超过了 6 亿，每日活跃用户 1 亿。微信庞大的用户数量，是酒店营销的理想"战场"。目前，各酒店 PMS 厂商已经开发了微信订房的功能，很多营销公司也提出了多种微信营销方案，酒店应该趁此机会大做微信营销的文章，不仅可以推广酒店品牌，同时利用微信订房可以增加酒店订单，微信支付又可以让酒店的资金运转更加自如，这也能印证 7 天、如家等大型连锁酒店集团早早开通了微信订房是如何的明智！

2. 微博营销+粉丝营销

小米手机用三年时间的疯狂增长，让所有人看到了粉丝营销这一新形态营销方式的神奇，粉丝营销一下子成了互联网思维方式一种不可小觑的手段。从微博到微信，从 PC 端到手机端，从线上活动到线下活动，小米成功的营销方式让所有行业在营销思路上大开眼界，酒店行业更应从中借鉴经验。虽然目前并没有哪个酒店用此方式一夜成名，但是对于精品、特色酒店来说，粉丝营销的方式，加上微博订房的功能，说不准谁就是下一个酒店业的"小米手机"！

3. 移动营销

移动营销是指面向移动终端（手机或平板电脑）用户，在移动终端上直接向目标受众定向和精确地传递个性化即时信息，通过与消费者的信息互动达到市场营销目标的行为。面向移动终端，移动互联网广告更加精准且更加有效地占有了受众的碎片时间，增强了营销的效果。另外，手机 APP 的品牌宣传也成为营销的主打形态。各行各业都有了自己的手机 APP，滴滴打车、携程、7 天酒店的手机 APP 不仅宣传了品牌，更增加了营业收入；华住酒店集团计划做 1 万个 APP，用 APP 大面积推行移动营销。因此，移动营销在酒店业的应用，也是未来的一种趋势。互联网时代，行业发展也需要有互联网思维，新形态的产品和营销也该"与时俱进"，酒店行业更该如此。只有走在行业与科技发展的前列，才能第一时间创造竞争优势。

三、酒店预订系统与移动互联网

"新预订"让酒店"枯木逢春"，目前，中国的手机用户已达 11 亿，移动网民已接近 5 亿。传统的预订方式以及 OTA 线上预订已不能完全满足消费者的需求。睡觉前躺在床上预订明天旅行的酒店和机票，已成为越来越多人的需求。如今，谁能运用新技术让大众"懒懒地预订"，谁就能如"枯木逢春"般迅猛发展。

（一）微预订

2012 年 8 月 13 日，北京开元名都大酒店和北京歌华开元大酒店在其新浪官方微博上正式试水"微订房"。据悉，开元集团两家成员酒店"微订房"上线后，已陆续产生了订单，这是对此次社会化媒体上的营销新尝试的充分肯定。社会媒体酒店预订平台天生具有社交基因，更加贴近客户，也更有亲和力，实名注册的客户几乎可以实现"一键预订"，大大缩短了预订时间。客户留下了丰富的个人喜好和交易历史信息，将逐步充实酒店现有的客户数据，有利于酒店进行更精细化的营销管理。同时，基于微博用户的社交关系网，可以促使酒店更注重面向用户的传播效果，更全面、精准地满足酒店的品牌诉求和营销需求。

（二）MSS 预订

与微博一样，微信是目前最为流行的拥有大量客户资源的公共平台。如何通过微信吸引用户，并用手机直接预订是众多酒店正在思考的问题。2013 年 4 月 17 日，中国酒店业门户网站迈点网正式推出"迈点酒店移动互联网营销系"（下文简称 MSS），成功实现微信与手机官网无缝对接。MSS 涵盖了"快速预订""地图导航""订单管理""促销活动""数据统计"等核心功能，近期还将推出"客户管理""会员管理""餐饮康体预订""集团版"等功能，用户可以通过浏览"酒店介绍""促销活动""酒店服务预订"三大板块，方便、快捷地在手机上实现在线预订，并与酒店进行即时互动。如今使用 MSS 的酒店案例已不在少数，随着酒店人的不断认可，MSS 或将成为更加低价而便捷的手机预订营销系统。

（三）OTA 无线预订

2013 年初，携程等大型 OTA 已相继推出无线预订功能，结合安卓、苹果等系统，利用无线网络传输的方式，打破了以往传统的预订模式，开辟了新的路径。携程等大型 OTA 基于庞大的客户体系，开发无线预订功能无疑是水到渠成。然而，对于酒店推广来说，还需以低折扣、竞价等活动来博得关注。大型 OTA 如果是一个超级市场，单个酒店也不过是其中的一个商品而已。加上大量的佣金，酒店与大型 OTA 的合作必不可少，却也只能是一个长期的分销渠道而已。

（四）APP 预订

对于资金和人力充足的大型酒店集团来说，开发属于集团自己的 APP 是必然的。安装 APP 后即埋下了一颗与客户持续保持互动和精准营销的"种子"，有利于客源的开发和维护，提高客户的黏合度和忠诚度。业务由 PC 逐步延伸至移动端，有利于酒店的业绩低成本快速增长，实现更高的 ROI。然而，对于许多正在经受媒体快速发展而带来阵痛的中小型酒店来说，急于开发酒店 APP 着实不够理智。3B 酒店集团品牌运营兼市场营销总监张志辉认为，目前许多酒店（包括品牌连锁及单体酒店）纷纷自主开发 APP 官网的现象，是对"移动互联网"时代到来出现的"焦急"而又"盲动"的情绪反应。从目前现状观察，自主 APP 官网作为电子商务直销平台 B2C 模式的应用，除少部分品牌连锁酒店运营的效果尚可之外，但大部分酒店所开发的 APP 下载量极少，效果甚微，加之较高的开发成本和后期维护升级乏力，用户体验较差，大多处于进退两难的停滞地步。但经过一定的深思以后，酒店 APP 的预订还是会有较大的发展的。

四、住哲酒店管理系统中新媒体应用案例

（一）住哲酒店管理系统介绍

住哲酒店管理系统是将住哲中央预订系统 CRS、分店管理系统 PMS、连锁酒店官网预订、手机 APP 客户端订房、手机 WAP 网站订房、微博订房应用、手机微订房、微信订房应用等多套管理系统融为一体的酒店管理系统大平台，真正为酒店多种营销做好服务，带来更多的客源和订单，为酒店带来利润和现金，成为连锁酒店赚钱的工具，为提高连锁酒店竞争实力保驾护航，实现连锁酒店集团线上线下多种渠道的预订并实时无缝对接。该系统所有订单一秒钟下达到总部和各个分店并自动分配完成，完全不用人员手动参与录入，不会出现市面上传统酒店管理软件订单延迟和订单丢失现象。系统实现了连锁酒店集团自动完成多种渠道的营销支持，集中统一管理集团各分店的会员积分统一管理、统一兑换，支持网上订单在线支付，支持仓库统一管理、统一采购、统一调配，支持短信营销和酒店内部沟通平台，使酒店线上与线下多种促销活动能自动完成，完全不用人工参与；适合中小型连锁酒店，本方案具有技术领先；能适应 Windows 和 UNIX 等多种操作平台和 MySQL 数据库；为酒店节省几万甚至几十万元的正版操作系统和数据库的采购成本，同时也可避免商业风险；功能强大、部署简单、升级维护方便、节省硬件采购成本和运行成本等诸多优点。系统构建的核心技术就是移动互联网。

住哲连锁酒店管理系统采用跨平台的 Java 语言开发，选择与互联网时代适应的纯 B/S 架构。第一，连锁酒店可将该系统托管到住哲公司专业的电信机房，该机房采用多线网络环境和双电源，机房一年四季恒温恒湿，保证连锁酒店总部服务器稳定运行，同时有高效的硬件防火墙，保证网络环境不受病毒和木马的攻击；能保证全国各地任何地方访问速度都相当快，为连锁酒店节省大量的硬件成本和运行电费，酒店运行费用极低，后续酒店可以自由移植到自有服务器中。第二，也可将总部服务器托管到专业的服务器托管商，专业托管商机房采用多线网络环境和双电源，机房一年四季恒温恒湿，保证酒店集团服务器稳定运行，同时有高效的硬件防火墙，保证网络环境不受病毒和木马的攻击。第三，如连锁酒店自己托管服务器，总部服务器需搭建双线网络专线和备用电源，安装杀毒软件或硬件防火墙组成安全可靠的网络环境，采用先进的多服务器同步技术，保证连锁酒店集团中央预订系统 CRS 和分店酒店管理系统 PMS 等在网络不通畅的情况下仍能自由切换总部服务器，保证连锁酒店管理系统的正常可靠运行，具体如图 8-1 所示。

图 8-1　住哲酒店管理系统

（二）住哲酒店管理系统与艺龙的合作

2014 年，艺龙旅行网（以下简称艺龙）与北京住哲信息技术有限公司（下称住哲）联合发布推出首家终身免费的专业酒店管理系统。住哲酒店管理系统经过半年时间的运作，已有 3 000 家酒店成功安装并免费使用[①]。

根据艺龙 CEO 崔光福介绍，目前大部分酒店的信息化程度较低。就拿艺龙为例，艺龙的签约酒店有 10 万多家，然而仅有 20% 的酒店的管理系统能与艺龙实现无缝对接，更多的酒店如预订酒店的房间，需要通过电话或传真与酒店确认。酒店与酒店之间，酒店与艺龙之间的信息确认耗时过长，信息达不到无缝无时地互通。此外，酒店管理者必须在酒店才能管理和查看酒店预订、价格等信息。目前市场上大部分的酒店管理系统普遍存在两个问题：一个是单机版，难以升级；二是购买价格昂贵，升级费用更是昂贵，通常五星级酒店的一个管理信息系统购买成本都在百万级别。

基于当下的市场现状，由艺龙投资的住哲团队开始研发免费的酒店管理系统，改变以往的纯收费商业模式为"收费+增值服务"的模式。该系统融合了微信订房、微博订房、APP 订房

---

① 住哲酒店管理系统．http://net.chinabyte.com/318/12949818.shtml．

等营销工具，并在 2013 年底与艺龙系统实现直连。据官方介绍，一套酒店管理系统从几十万到上百万不等，住哲的免费模式实施之后，不仅可以解决酒店如何选择系统的困扰，还免去了升级带来的高昂费用，更重要的是，酒店管理者可以脱离酒店实现随时随地对住房价格以及订单、房源等信息的查看和管理。据悉，住哲为酒店提供终身免费管理系统将为行业带来 400 亿市场价值。崔广福称，如今，艺龙每次订单过去之后，酒店不需要人工确认，而是系统直接确认，真正实现了酒店的"最后一公里"。

住哲创始人兼 CEO 彭金辉谈道："2006 年一次硅谷的会议使我萌生了改变国内酒店行业的想法。在美国硅谷的一家酒店里，娱乐、用餐、订房、旅游等信息全部一体化的推广到每个消费者身边，操作上也很简单。这家酒店规模类似于国内普通的经济型连锁酒店，全店就只有一个前台、一个客房服务人员，在管理上非常便捷和高效率。这就是酒店全面信息化管理的优势，包括中央预订系统、中央管理系统、前台管理系统、会员自助服务系统等多系统整合，用信息化节省了密集人工服务的烦恼。回国后我们公司的 3 位创始人便开始研究并落实此项目，潜心研究国内酒店管理信息化与国外的差异，制定出了一整套酒店管理信息化解决方案。我们 3 个人从一间办公室、一台服务器、一个酒店用户、一次次的修改再尝试，开启了中国连锁酒店的信息化时代。用 7 年时间，将酒店管理系统做到了终身免费，让更多的中小酒店和连锁酒店都能从中受益并分享快乐。住哲在营销工具方面研发出了网上预订引擎和移动端订房产品，目前能做到 CRS、官网在线预订、微信订房、微博订房、APP 订房、WAP 订房，通过 PC 与移动端的数据无缝整合，把酒店内部管理与外部营销合而为一，真正实现信息化带动酒店行业发展的局面。"

艺龙 CEO 崔广福就住哲在经营链条上的作用提到："我希望艺龙对住哲的注资不仅能帮助酒店走向信息化，也能让消费者订酒店更轻松、更容易。带领酒店群体实现酒店管理信息一体化是艺龙的使命，也是在纵向上的市场细化，住哲的产品就是我们专注、沉淀、深扎、升华的后续力量。"据悉，住哲系统也是目前唯一一款能做到管理连锁酒店能力的系统。彭金辉称，目前住哲已经有近 4000 家酒店客户接入了这套系统，预计未来会达到 20 万家。

第三节　酒店管理信息系统与物联网

物联网技术在酒店经营中的应用，实现了酒店人、财、物的一体化管理，并真正实现了管理与服务平台的整合和统一。在酒店服务和顾客之间，利用物联网技术将从感知、互动与个性服务等方面对酒店服务产生了系列性的提升作用，推进的主线仍在信息服务、体验改善、服务扩展与智能化管理等方面。

一、物联网在酒店应用中的主要作用

物联网技术应用在酒店经营中产生的积极作用是多方面的，这已经被实践所证明。下面就简单地在三个方面说明它的主要作用。

（一）管理与服务的整合

物联网通过红外感应器、GPS（全球定位系统）、RFID、移动终端等信息设备将消费者与酒店信息系统互联起来，实现智能化识别、定位、管理和信息通信及交换，从而为顾客提供个性化的服务。物联网真正将手机等移动终端作为信息交互平台，有效提升移动管理中的服务水平，如旅客出行的目的就是要亲身经历、亲身感知、亲身体验住店环境，此时，RFID感应技术提供了情景感应查询服务和互动服务，当顾客到达酒店的大堂时，可能并不会发现一件普通器物或普通大堂后隐藏的一些感应物背景，而信息系统可感应到到达大堂顾客的身份，这时系统就能自动提示服务员主动迎接，这就是智慧管理与服务的整合。

（二）提高住店客人获取信息的便利性

物联网技术使消费者获取服务变得更加便利，从出门前的选择和预订，到酒店的接待，消费者的服务信息均将全方位纳入物联网信息体系。而且，物联网技术有利于酒店资源的整合，包括信息资源，特别方便住店客人的获取。应用物联网技术可有效实现酒店信息、环境信息、旅游信息的集成共享，并为不同的消费者提供不同的信息支持和服务。

物联网有助于提高酒店接待中的诸多便利，借助于物联网可帮助住店客人便捷地找到电梯、客房位置，方便地寄存自己的物品，并可快速地确认VIP客人级别。物联网还可解决客人陌生环境中语言沟通障碍，智能解答客人的咨询需求，如洲际酒店发布了首个手机房卡方案，旗下两家分别位于芝加哥和休斯顿的酒店将进行该方案的试运行，已解决越来越多的年轻人和商务旅行者希望以更简单、高效的办理入住手续和领取房卡的需求。在多样化服务上，系统可通过对客户的识别和定位，提供即时导航与安全保障，这些都能改善客户住店体验，还能为经营者增加收入。

（三）提高酒店智能化管理水平

从目前各国的实践进展来看，利用物联网技术发展智慧酒店的领域十分广泛。在智慧管理方面主要涉及客房管理、固定资产管理、员工管理、能耗管理等方面，如通过 RFID 智能标签系统，就可以有效地实现这些智能管理。一个智慧酒店管理系统，可以通过 RFID 技术随时随地交换信息，如杭州的黄龙饭店利用物联网、无线网络在 2010 年构建了全球首家智慧酒店，在酒店的节能管理、接待管理、会议管理、服务流程管理中全部实现智慧化管理，使酒店真正实现了精细化管理和敏捷管理。实践表明，通过物联网应用，许多酒店出现了智慧客房、智慧会议室、智慧的人力资源管理，极大地提高了酒店经营的智能化管理水平。

二、物联网在酒店应用中的主要服务系统

物联网技术在酒店服务系统中主要应用于：第一，实时信息交换。基于无线宽带网、RFID 与红外感应技术、二维码等，为住店客人提供场景与物件定位感应的信息播送，也可以是手机页面形式，通过不同物件点的传感器触发播送。第二，移动商务服务。消费者可在客房中购买一些纪念品、日常用品，可通过手机在线扫描或碰一碰的方式，进行在线交易和后续服务。第三，其他服务。如娱乐中的一些特殊服务等，可以通过 RFID 或其他娱乐活动中标记物触发获取等。

（一）RFID 贵宾提示系统

贵宾提示系统可以在大堂、餐厅、会议室、商务楼层等服务点使用，当 VIP 客人携带 VIP 卡进入酒店大门或餐厅时，RFID 读写器就可以读到客人的基本信息。系统在远程探测到 VIP 客人到店时，在相应的电脑上提醒工作人员 VIP 客人的到达，并提示前台大堂经理或客服人员马上前往接待。餐厅也可以提前做好服务准备，或迎接他到指定的位置。

（二）RFID 电梯远距离呼梯系统

这种远距离呼梯系统可以感应到客人的来临，通过在电梯厅安装布设 RFID 远距离读头及天线，可以感应到住房客人在前台登记取卡后来到首层单元门口（电梯厅门口），电梯自动感应远距离 RFID 卡后联动控制电梯到达一层。它和楼层客房导航服务系统结合，可以智慧引导客人到指定楼号和指定电梯号。

（三）电梯楼层控制系统

电梯楼层控制系统可以识别 VIP 客人的房卡，住哪一层，通过在电梯轿厢顶装饰板上方安装布设 RFID 远距离读头及天线，当 VIP 客人持卡进入电梯后自动识别楼层（客人无须按键），并启动相应楼层灯按钮，直接将 VIP 客人送往该楼层。该楼层控制系统可分单层、多层、开放层，客房一般为受控层，通过物联网的自动识别，为 VIP 客人增加了新的体验。当客人手提行李，或在打电话，这些功能无疑可以给予方便。就算客人两手空空，也可以免去其举手之劳。

（四）楼层客房导航系统

楼层客房导航系统，在使用 RFID 技术后成为体现高科技支撑的一个服务系统。该系统旨在为宾客快速而人性化地找到所需入住或访问的房间。其原理是当宾客走出电梯轿厢后被电梯厅内的读卡设备正确识别该楼层房号信息，即在前方视线等高的墙体上通过显示屏以电子地图方式显示所去客房的方位，同时跳闪指示编号，达到位置引导的功能，同时对目标客房外面的欢迎灯保持闪动，达到醒目导航的目的。

三、物联网在智慧酒店中的实践

智慧酒店建设，物联网是核心的关键技术，它对酒店服务流程的再设计是颠覆性的。目前，物联网在智慧酒店建设中的实践主要有以下几个方面。

（一）颠覆传统的迎宾方式

在一家酒店，迎宾无非是门童给开个门，笑脸相迎。重要的客人可能是经理、总经理亲自在门口迎接。这样的礼遇不是一般人可以得到的。试想一下，如果让每一个客人享受到高规格迎宾的待遇，是什么样的情况？对酒店是什么样的提升？客人进入酒店登记入住，取得房卡。每次进入大堂，欢迎屏会显示针对性的欢迎词。如果是重要的客人，经理等会主动迎上去，哪怕这个经理与客人从来没有见过面，但是能准确地叫出客人的尊称。试想一下，如果你就是那位客人，感受如何？对于这个经理来说，他没有特别的能力，只是手中的手机帮了他的忙。准确地说，是 RFID 技术在这家酒店的应用，才让他在客人面前显示了良好的服务特性。

（二）客房节能的自动控制

酒店能耗的控制最大变数是在客房，因为公共区域、餐厅等都有相应的服务员监管。一个客房的照明、空调以及其他用电设备，不同的住客，损耗的电能相差很大。另外，客房门窗的关闭程度也对客房用能产生较大的影响。利用物联网技术可以智能控制客房的门窗、控制客房空调的合理使用，以及控制客房照明不必要的浪费。客房节能控制系统可以监测客房是有客人在，还是外出了，监测门窗是否关闭，检测空调是否在合理使用（无人状态是否也开着），检测照明是否合理性，从而达到客房最低电能的使用状态，又不影响对客服务。

（三）资产设备的智能管理

酒店有非常庞大的固定资产和可移动资产，资产的管理一直是酒店经营中的弱项，如大型设备的管理，管理人员必须清楚这些设备什么时候检修，什么时候保养，什么时候润滑，如果管理不到位，就会影响设备的使用寿命，也会增大设备的维修成本。有了物联网的资产管理，工程部办公室就可以对设备的维护工作一目了然，提高设备管理的精度。对于可移动的资产设备，通过物联网技术可以对设备使用的地点、使用部门和使用人实现可视化管理，有效地保护了酒店移动资产可能产生的损失。

（四）突出个性的 VIP 服务

VIP 服务系统主要安装在前台的各服务点，专门为 VIP 客人提供个性化的服务。例如，在酒店的餐厅安装专门的 VIP 服务系统。当客人接近餐厅时，服务人员就会感知到客人的消息，知道客人在这里的消费习惯（吃什么菜系，喝什么酒，坐什么位子等）。这样就可以为客人提供更周到、更贴心的温馨服务。举行大型活动时，采用这样的 VIP 系统，迎宾人员可以从事先录入的贵宾资料中取得眼前这位刚到达的贵宾情况，可以有针对性地提供迎宾服务（准确的称呼、导引到座位、通知相关人员等）。

（五）科学高效的员工工服管理

RFID 在酒店中的应用，除了可以为客人提供高科技的体验外，还可以应用在酒店内部员工的管理上，为提高酒店的管理水平提供保障。例如，员工工作服管理。RFID 工服管理系统可以提供工服换洗周期→送洗→清洗→整理→交付等一系列的服务。当员工的工服到周期没有送洗，就会有短信提醒。整理时，通过扫描工服上的标签可以提高效率，交付时应用扫描也不会出差错。与对员工的工服管理类似，对其他需要换洗管理的材料，如床单、被套、毛巾等，也可以实现同样的智能管理，这里不再一一叙述。

第四节 酒店管理信息系统与智慧酒店

自从 2010 年在杭州诞生第一个智慧酒店以来，各地对智慧酒店建设的热情不断涌现，出现了一些具有智慧特色的智慧客房、智慧餐厅、智慧会议室等。例如，青岛快乐视界的"智慧 e 房"系统，可以搭载在酒店的客房电视上，把传统的客房电视变成具备客房 WiFi、电视、电脑、信息发布、智能客房服务和智能客房控制等功能的酒店专用智能电视。现在，酒店宾客越来越重视智能化、科技化的入住体验，整合性强、服务体验好的酒店智能系统也受到酒店业主的青睐。

一、智慧酒店的定义与构成

智慧酒店是在酒店竞争日趋激烈的环境中形成的，目的是为经营者创造竞争优势。那么，我们为什么要倡导智慧酒店？大家知道，在信息时代，对酒店服务的要求越来越高，网络越来越发达，生意也越来越难做。智慧酒店给酒店业带来了机遇，因为借助于网络智慧，酒店经营者可以知道客户在哪里，在什么时候需要服务，需要怎样的服务，从而帮助酒店获取市场的竞争优势。在酒店市场，大家都很清楚，利用网络可聚集人气，利用智慧可聚集名气，优质服务可聚集财气。智慧酒店给经营者带来的就是优质服务。

（一）智慧酒店的定义

智慧酒店有多种定义形式，有技术角度的定义，有应用角度的定义，也有方法论角度的定义。由于目前还没有严格的科学定义，这里就以应用的角度给出智慧酒店的简单定义：所谓智慧酒店就是利用精准定位技术、移动互联网技术、物联网相关技术、数据分析技术等手段，实现酒店的精准管理、敏捷服务和有序经营，形成酒店与客户之间相互可感知、信息播送的生态系统，从而提升酒店的市场竞争优势。智慧酒店通常包括智慧酒店管理、智慧酒店服务和智慧酒店营销。

（二）智慧酒店的构成

在智慧酒店建设中，有各种各样的智慧型系统，它们形成了酒店的智慧前厅、智慧客房、智慧销售、智慧餐厅、智慧财务、智慧工程、智慧人力资源管理、智慧安保等智慧系统。通过采用新一代的无线网络技术、物联网技术、移动互联网、精准定位技术以及计算技术，通过智能服务终端，形成了一个集成的，满足酒店管理与服务的综合平台，具体构成如图 8-2 所示。

图 8-2　智慧酒店概念框架构成示意图

在图 8-2 中，智慧酒店的建设是建立在酒店管理模式和员工结构模式的基础之上的，并有基于云技术的集中机房。它把酒店的 PMS 系统、内部网络（Intranet）、融合网络、监控中心、营销中心、数据中心、预订中心、维修中心以及开放型 CRM 和微门户等整合在一起，所有操作都在桌面云的基础上，都可以实现个性化的配置和统一管理。其中 PMS 是整合平台的关键系统，它必须是开放型的 PMS 系统而且具有完整的智慧管理和智慧服务功能。图 8-2 的构成可满足于酒店集团的智慧建设，对于成员酒店就不需要集中机房了，所有成员酒店的使用都在集团的统一平台上操作，各自处理自己的业务，业务数据也由集团统一管理。

二、智慧酒店的三个层面

在智慧酒店的应用中，通常包括三个层面的智慧系统，即客户体验层、客户互动层、内部管理层。它们对管理与服务都有非常独特的提升作用。下面以杭州黄龙饭店的智慧建设为例作简单介绍。

（一）客户的智慧体验

酒店首先是为顾客提供服务的载体，因此顾客体验的智能化是智慧酒店的第一要义。伴随信息科技的日新月异，顾客对酒店体验的智能化有着越来越高的要求。在十年前，客房的网线配备还不普及。而今再看，无线网络基本上成为高星级酒店的必备。顾客，尤其是高星级酒店的客人，对现代科技有着高出常人的接受能力和热爱程度。酒店设备如果不能与时俱进，顾客只能压抑自己的需求。一旦酒店能够提供这种需求，顾客对其消费的热情将得以充分释放。更有甚者，顾客体验具有消费的"棘轮效应"，简单地说就是"由俭入奢易，由奢入俭难"。一旦体验到最新的科技，次新的体验将不再具有吸引力。举一个简单的例子，苹果公司推出 iPad2后，老版的 iPad 市场价格一日跌幅接近 30%。

黄龙饭店给顾客的多重智能体验，第一次住店往往令客人耳目一新，再次住店则得心应手，对其智慧体验欲罢不能。这就是黄龙饭店的核心竞争力，其所提供的体验是最高端的，是唯一的，具体表现为以下几点。

第一，客房智慧导航系统。所有入住黄龙饭店的客人都可以拿到一张独一无二的房卡，进电梯只需刷卡即可到达所住楼层，出电梯后系统会自动感应客人的房卡信息，走廊内三道指示牌指引直至自己的房间。这轻松解决了客人在酒店里找不到房间的困境。第二，VIP 快速通道。VIP 客人开车入车库的同时完成登记入住和房卡制作，非常便于保护高端客人的隐私。第三，全世界第一套电子门禁系统。大多数酒店门禁就是猫眼，黄龙饭店则有巨大改进。门铃一响，不必看猫眼，门外的图像会主动跳到电视屏幕上，方便客人判断以什么形象去开门。第四，客房智能手机。每间商务客房配备一台智能手机，号码就是客房电话，可实现全球漫游，免费拨打，免费接听。这极大地方便了出差在外的异地客人，尤其是外国客人。第五，互动服务电视系统。黄龙饭店将电视的功能用到极致，内设八国语言系统，系统会自动选择以母语欢迎客人入住，自动弹出客人上次入住时常看的频道；能显示客人祖国气候及杭州气候；显示机场航班动态方便客人合理安排时间，甚至可以在酒店商务中心打印登机牌；为客人提供点餐服务；为客人提供杭州各类信息等。第六，苹果 iPad 点菜系统。黄龙饭店是全球酒店业第一家采用 iPad点菜的酒店，并且自己研发出一套点菜系统 I-MENU，所有菜品均可清晰显示，除了形象的画面，各种食物的成分也清楚标示，方便搭配。诸多创新体验令客人目不暇接，流连忘返。新奇的体验，舒适的住宿，黄龙饭店用全方位的智能系统"俘虏"了一批又一批客人的芳心。系统化的智能体验客房完全超越数字客房的狭隘范畴，实现了顾客体验的全面覆盖，为酒店在高端客源市场开辟出前景光明的蓝海之路。

（二）对客的智慧互动

现代酒店服务涉及的信息稍纵即逝，服务环节增多更会导致信息传递过程中的损失，进而直接导致服务失败。因此对客交互的智能化是提升服务品质的关键，但是很少有成功的案例。黄龙饭店则很好地破解了这一难题，利用智能系统实现对客交互的智能化，极大地提升服务品质。下面以酒店常见服务作为切入点阐述黄龙饭店对客交互的智慧互动。

第一，客人识别。服务员见到客人要问好，但存在的问题是酒店客房规模大，再好的服务员也难以记清楚每位客人的姓名，叫错了姓名更是尴尬。如果对客人不加区别地问好，客人也会因为不被尊重而心生反感。在黄龙饭店这种情况不会发生，因为每位客人都有一张独一无二的房卡，当客人走进黄龙饭店这张房卡就会被感应，服务员就能收到相关信息，上前问好并提供服务。第二，对客服务。客人住店期间有服务需求，这种信息在很多饭店往往经过多次传递而无法及时完成，甚至因此而招来投诉。在黄龙饭店这种情况不会发生，因为每个当班员工都配备一台 HTC 手机。客人将服务需求信息告知服务中心，服务中心立即将服务信息发给当班员工。如果员工有时间有能力完成则确认，有事难以抽身则可以转给其他员工。服务完成后员工会向服务中心确认完成，而服务中心则会征询客人的意见。这样的一个服务过程不存在信息损耗，可以说实现了顾客——信息中心——职能部门之间的完美对接。第三，点菜系统。客人用 iPad 点菜，服务员则用 I-TOUCH 确认。客人的需求通过信息系统直接传到厨房间，厨师与服务员实现无缝对接。第四，会议系统。会议自动签到系统无须与会的宾客一一签到就能统计已到和未到的人数，还能分析各类数据，并能将参会人员的具体信息汇总成报表，让每次会议的结果均可见可查。例如，智能会议管理系统会自动统计客人在不同的展区停留的时间、每个展区参观的人次等，展会主办方就能轻松地分析出哪些产品更加有市场吸引力。如此种种，基于智能系统的对客交互实现了服务的高效率，实现了传统人力所不能达到的新型服务，这也是杭州黄龙饭店核心竞争力的重要方面。

（三）酒店内部的智慧管理

智慧管理是提升管理绩效的最有效手段，也是目前智慧酒店建设的重要方面。目前大多数酒店采用的智能化系统主要针对物流和资金流，用于成本控制，对于员工服务的考核管理仍主要靠逐级负责人考核的办法，其中人的主观因素占了很大比重。酒店经营得好则所有人都忙于接待服务，管理力度就会减弱，长此以往就形成了"经营和管理不能兼得"的悖论。而服务是服务员对客人的不可储存的劳动，很难精准计件计量，忙起来就是一笔糊涂账。在黄龙饭店不会发生这种情况，员工的付出有着精确的统计，因此才能真正有效地激励员工。

第一，员工管理。当班员工的制服内有专业专用标签，在各个工作区都有读写器，显示员工定位。员工通过随身携带的 HTC 手机接收任务并汇报完成情况，所有的服务都会在中央系统留下"痕迹"，便于统计员工的工作量。第二，资产管理。在贵重物品上粘贴专用标签，当资产非法移动，系统自动报警，这直接解决了酒店贵重物品的资产管理难题。第三，流程管理。无论是客房服务还是餐饮服务，整个流程都是无纸化办公，所有的流程都经过中央系统，流程控制一目了然，信息通畅，管理高效。正是由于采用智能化管理，酒店员工考核成为激励的有效工具，有凭有据的奖惩让员工心服，从而激励员工以更大的热情投入工作。

其他的还有报修管理、能耗管理、财务管理等都有相应的智慧系统，它们对酒店内部的整体管理智慧化都起着非常重要的作用。限于篇幅就不再详述了。

三、酒店如何从智能化到智慧化

根据以上提到的智慧酒店的三个层面，酒店可以根据自己的情况有选择地开展智慧建设，任何酒店的智慧建设都必须循序渐进。那么，酒店如何从现有智能化发展到未来的智慧化呢？首先分析自己的竞争优劣势，并从规划开始。

（一）统筹与规划

酒店信息化建设涉及的事务千头万绪，智慧建设更是一头雾水，没有统筹无法有序推进。智慧酒店建设涉及的弱电工程宛如酒店的神经系统，需要融合网络统筹规划。就拿杭州黄龙饭店来说，智慧建设由杜宏新总经理亲自主抓，并且与多领域多产品的经销商进行交流，按照酒店所需的规格进行规划设计，这在一般的智慧酒店建设中是很难见到的，最多是工程部经理负责弱电项目。正是这位有酒店管理和计算机两个学位的总经理的开拓性思维，才建成布局合理而行之有效的黄龙饭店的神经系统，才奠定了智慧酒店的基础。这种统筹与规划既需要对酒店行业有深刻的认知，对酒店客人需求有精准把握，更要对最高端的信息技术的应用熟练自如，因此两个专业领域知识的整合是智慧酒店的关键。在节能的智慧建设方面，同样需要统筹规划，涉及大堂、公共服务区、会议室、客房、餐厅等节能的整体规划设计。

（二）嵌入与延伸

嵌入是将新的功能模块加入原有设备或系统。高端电器价格昂贵，但一般人使用起来与一般品牌电器差异并不大，那是因为一般人没有将电器的使用价值开发出来。就以电视为例，黄龙饭店的电视不仅可以收看电视节目，还能查看包括航班信息在内的综合服务信息，能够提供娱乐服务，能够提供信息支撑。电视、电话这样的酒店常用设备成为智慧酒店的核心功能载体，关键在于在其中嵌入新的功能模块，充分挖掘设备的使用价值。延伸是将对设备进行升级改造，使其具备原来不具有的功能。iPad 在黄龙饭店成了菜单，HTC 手机成了客房电话，电视成了猫眼，如此等等都是对这些常见设备设施进行改造升级，使其具备新的智慧功能。同样，在大堂的玻璃屏、卫生间的玻璃屏或隔离屏，都可以嵌入电视屏，为客人提供需要的信息服务或娱乐服务，而平时它们看上去都是玻璃装饰品。

（三）研发与创新

嵌入与延伸是对常规设备潜能的充分挖掘，研发与创新则是全新的发明与应用。黄龙饭店与 IBM 建立合作关系，充分利用 IBM 在信息科技领域的专业研发能力和黄龙饭店在酒店管理领域的高科技应用能力，研发出全方位的酒店管理系统与 RFID（射频无线识别技术）等智能体系，双方共同拥有知识产权。酒店管理信息系统使得酒店运转完全纳于智慧系统之下，实现高品质服务和高效率管理。射频识别技术则使得酒店在顾客识别、会议服务和员工管理等领域取得开拓性创新，更彰显智慧酒店的真谛。这里智慧型的酒店管理信息系统研发是关键，必须成立研发的需求开发组，围绕酒店的管理与服务创新，全面提升酒店管理信息系统的智慧功能，包括酒店的电子商务处理、住店客人的互动服务、移动接待服务以及 APP 应用服务等。

（四）成本与收益

智慧建设酒店业主关心的是成本与收益，如何全盘考虑需要一定的智慧。从老酒店一跃成为智慧酒店，外人一定认为其弱电系统改造成本一定不菲，但事实上却并没有大幅提升。通常，弱电系统大约占酒店整体改造总成本的 5%～8%，黄龙饭店则只用了 6.8%。关键是黄龙饭店充分发挥常用设备的潜在价值，通过开发软件嵌入扩充其功能，所投入的成本并不高。通盘考虑后做整合开发，黄龙酒店节约了不少成本。例如，原来引进酒店的六根线，包括电信、电视、电话等，整合之后只需要一根线，为运营商省下大量成本，也因此受到工信部的表彰。而采用

iPad 等先进设备，认真算一笔账要比不采用更节省。以菜单为例，iPad 用作点菜不仅给客人更多信息，且菜单更新只需要改变程序即可完成，而纸质菜单则需要重新印刷，成本颇高，因此整体成本控制得非常好。再看收益。由于采用最新的技术给客人以独一无二的数字科技体验，黄龙饭店已经成为杭州顶级奢华酒店，摆脱原来无休止价格竞争的红海，在高端市场上竖起民族酒店品牌。由于采用全覆盖的管理系统，酒店用工较之同星级酒店大幅下降，它拥有 598 间客房却仅有 780 个员工，而高品质服务在管理系统的支撑下更显卓越。在酒店信息系统方面，通过研发新一代的信息系统，硬件环境利用云技术可以租用，PMS 软件的运行更加便宜，整体上新一代的系统使用成本也比原来低很多，而开放型的系统更显示出其对客服务的智慧。

　　因此，智慧酒店的建设通盘规划（围绕管理与服务核心点）是关键，业主和酒店管理团队的新技术应用能力也是关键，而技术目前都不是问题，只要酒店经营需要，只要酒店能提出智慧的需求，都可以通过现在的新技术实现新一代的智慧酒店解决方案。

四、IBM 智慧酒店的解决方案案例

　　美国 IBM 公司是最早提出"智慧地球"概念的公司之一，又在"智慧酒店"方面开拓了新的应用领域，是最早出现智慧酒店技术方案的引领者。

（一）IBM "智慧的酒店" 背景分析

　　2010 年，IBM 全球信息科技服务部（Global Technology Service）发布了 IBM "智慧的酒店"四个系列解决方案，即机房集中管理、桌面云、自助入住登记和退房/无线入住登记和融合网络。其中，机房集中管理是 IBM 针对中国酒店不断扩大规模的 IT 整合外包方案，桌面云是酒店客户终端的虚拟化方案，自助入住登记、退房和无线入住登记是针对用户体验的全新数字化服务，融合网络是 IBM 对新型酒店网络布设的架构规划。该四大解决方案的发布，不仅体现了 IBM 对中国酒店行业的深刻洞察以及在酒店行业最新科技的应用，更为中国酒店业信息化建设树立了新的标杆，通过 IBM 对中国酒店行业信息化建设的不懈努力与深耕，进一步巩固了 IBM "智慧的酒店"解决方案对中国酒店行业的领导地位。IBM "智慧的酒店"解决方案将大幅提高酒店客人的体验，极大地优化酒店管理流程，提高工作效率并降低管理与运营成本，从而显著提升酒店的综合竞争力，帮助酒店业客户达到了经营、能效、用户体验的多重目标。IBM 在中国已拥有大量的成功合作案例，希望未来能借助 IBM "智慧的酒店"解决方案，为更多中国酒店客户提供全面、整合、创新的信息化建设服务，发挥产品、技术和服务上的优势，帮助中国酒店在新的商业背景下获得全面成功。

　　酒店业面临智能化、个性化、信息化三大趋势。作为国民经济发展支柱产业之一，旅游业的不断快速增长为中国酒店业带来巨大需求，酒店业市场开放和外资控股也为中国酒店带来巨大挑战。而中国酒店业正处于调整、转型的关键时期，在经历了汶川地震、全球金融危机、北京奥运盛会、上海世博会、经济转型等一系列重大事件之后，经营状况有所分化。虽然自 2009年以来中国酒店业入住率处上升趋势，但同时全国每年至少有 50 家五星级酒店在建设中，行业竞争日益激烈，导致 2013 年因经济转型而全面下滑。面对以上诸多挑战，中国酒店逐渐意识到规模化、信息化、国际化和节能化是中国酒店发展的必然趋势。IBM 指出，酒店智能化将成为酒店业顺应趋势、接受挑战的制胜武器。及时共享客人的信息，给客人提供人性化的服务已成为酒店管理的目标与方向，而酒店装潢、客房数量、房间设施等质量竞争将退居二线。未来酒店的竞争将主要在智能化、个性化、信息化这三个方面展开，即所谓的"智慧的酒店"。IBM 多年来致力于协助中国酒店业客户进行智能化、个性化和信息化改造。为实现这一愿景，IBM 利用系统集成方法，通过现代计算机技术，融合统一的通信技术、现代控制技术以及现代建筑艺术并有机地优化组合，向客户提供一个投资合理、安全节能、高效舒适、便利灵活并且人性化的新一代智慧酒店技术方案。

（二）IBM 智慧酒店的解决方案

　　IBM 深悉中国酒店所面临的局势，并在酒店顾客体验和酒店管理运维方面作出大胆创新，通过先进的技术和快速部署能力，向酒店业客户提交了四大极具创新的解决方案，为中国酒店业信息化建设树立了新的标杆。这四大解决方案包括机房集中管理、桌面云、自助入住登记和退房/无线入住登记和融合网络，针对酒店行业从运维、管理、客户服务到客户体验的具体需求，提供全方位的策略咨询、设计、集成和实施等一系列整合解决方案，为下一代酒店信息化建设提出新的标准和愿景。

1. 机房集中管理

　　连锁型酒店逐渐在中国成为酒店业主流，而通常每个酒店都拥有自己独立的 IT 机房、服务器和管理软件，也需配备一个 IT 团队来支持 IT 运维。随着酒店规模的不断扩大以及人力成本的不断提高，连锁型酒店所承担的 IT 运维成本将不断增大酒店盈利的负担。针对这一现象，机房集中管理和 IT 整合外包将成为酒店 IT 解决方案的新趋势。在 IBM 的机房集中管理解决方案中，IBM 建议未来的连锁酒店应建设集中的 IT 机房，以取代分散在各个酒店的独立机房，进而各个酒店不再设置服务器及软件，只需通过网络连接到集中 IT 机房，即可使用大机房的服务器以及软件，进行正常的酒店业务管理。此外，IBM 建议酒店客户充分利用 IT 外包服务，减少酒店公司内部的 IT 人力成本和设备维护成本，并使用 IT 服务商所提供的设备租赁服务，直接获得更大的 IT 机房，在 IT 服务商专业人员的辅助下轻松实现智能化的酒店管理。

2. 桌面云

酒店 IT 的传统架构覆盖数量众多并且极度分散的 PC 客户端，面临着难以管理，总体拥有成本高，难以实现数据保护与保密，以及资源利用效率不高等诸多问题。IBM 针对以上难题设计了创新的云计算集成 IT 解决方案——桌面云，帮助酒店客户增强其竞争力，通过提高管理效率、减小运行和维护负担以及降低人力需求等，最终实现总体拥有成本的降低。通过"桌面云"的部署，酒店管理方可大大提升酒店网络的管理性，实现桌面环境设立、配置、资源管理和工作负荷管理的集中化与简单化，有效地将硬件资源归集和共享，并且灵活地实现计算资源的重用以及桌面环境计算资源的动态分配。"桌面云"的运用更实现了用户端的零维护，降低了故障率和管理成本，免除升级的烦琐并最大化了使用周期，在有效控制使用权限的同时提高工作效率。此外"桌面云"还带来了高度的系统安全性，数据输出的集中管理使客户端避免了病毒感染，实现了数据保护与保密。考虑到酒店及计算环境的规模性和复杂性，"桌面云"解决方案更从酒店客户实际需要出发，提供端到端的安全性，简化验证和增强登录的安全性。

3. 自助入住登记和退房/无线入住登记

在高峰时段，酒店的客人经常会需要排队等候。IBM 设计的"自助入住登记和退房"以及"无线入住登记"解决方案，能够提供人性化、省时、便捷的服务，为客人省去不必要的排队时间，给客人带来更为出色的入住体验。另外，此解决方案，无线无纸、节能环保，在为客户提供简单省时的服务体验的同时，更帮助酒店细分客流，进一步提升效率。

自助入住登记服务可以让客人在大堂或电梯厅的自助登记设备上直接办理入住登记和退房手续。即使有 VIP 客人驱车入住，车库的自助入住登记设备也可在汽车进入车库的入口处同时完成入住登记和房卡制作。而无线入住登记服务为在 VIP 休息室沙发上休息的客人提供无线联网的触摸式电脑，通过电子入住登记表进行登记。客人只需要在触摸屏上显示的入住登记表上签字就可以完成入住手续，USB 接口的小型制卡机可以立刻完成房卡的制作。

4. 融合网络

IBM"智慧的酒店"解决方案提供基于 IP 技术的融合网络，集成电话、办公无线网络、客房上网、客用无线网络、电视系统、办公网络和安保系统。融合网络的实施，可最大限度地提高员工的工作效率，减少系统故障和降低各系统的运维成本，有效降低酒店管理、运行和维护的成本，实现了高级 Internet 上网服务、会议网络服务等增值服务，并通过便捷的无线网络和可靠的网络接入使员工可以使用任何端口连接办公网，实现有线网络和无线网络一体化服务，较传统网络显著提升了使用效率、可靠性和便捷性，节省投资的同时易于维护和管理。

在传统的酒店网络架构中，酒店往往分别建设独立的电话网、客房上网、管理办公网、视频网等网络。而采用了 IBM 提供的融合网络技术后，酒店客户可以建设一个 IP 网络并同时覆盖以上各网络，避免建多个线路网络设施和重复建设。对于酒店的建设方和管理方来说，IBM 的解决方案以实在的实施费用和具有竞争力的价格为他们提供先进的技术和服务。而对于客人和员工来说，IBM 的解决方案为他们提供了高性能的网上浏览服务和全新的入住体验。在酒店机房集中管理、桌面云、自助入住登记和退房/无线入住登记和融合网络这四大最新解决方案之外，IBM "智慧的酒店" 还提供多种服务，以满足酒店客户智能化、个性化和信息化的需求，包括楼层导航、互动服务电视系统、智慧电话、IP 电话、互动服务电视系统、电子猫眼、互动虚拟酒店展示和会议管理等高级功能[①]。

第五节　酒店管理信息系统与智能终端

新一代的酒店管理信息系统，必然是基于 Web 的开放型信息系统，它可以接入各种形式的智能终端，为酒店服务员和住店客人服务。通常，智能终端在酒店的一些业务环节使用，可给酒店和顾客带来便利，并能够实现酒店管理信息系统的拓展和延伸。

一、自助入住登记/退房

随着信息时代的来临，当你入住酒店时，只需在酒店自助入住机器上插入身份证，自行进行登记就可以完成入住手续并获取房卡，最新技术的酒店自助入住系统就实现了这个愿望，为酒店添加了接待服务的职能终端。到酒店开房，每个人都会经过复杂的开房流程，包括前台接待、人员确认、身份证扫描、预付开房押金、门卡发放、打印凭证等，酒店前台因为烦琐的操作，以及硬件设备多种多样也经常出现错误。如果只有一个人办理入住可能时间方面还可以接受，但遇到早晨高峰可能就难以承受了。自助入住登记的智能设备可以为客人节省很多时间，

---

① 引自 http://www.jifang360.com/news/2011111/n059414709.html（有修改）。

而且有较好的私密性。

搭载最新技术酒店入住系统的自助终端机如同 ATM 机可摆于酒店的一层大厅，用户在自助服务机上办理住宿手续。当客人进入酒店后，插入身份证，机器就会进行人脸识别，确认信息是否正确。信息确认后，便会出现自动选房和个性化选房两个选项。如果选择自动选房，系统便会随机挑选一间房间给你。而当客人选择个性化选房之后，便可按照客人的喜好，选择房间。选定后首先出现的是房型界面，可选择房型和价格，之后便会出现酒店的楼层界面，以及可选择的空房间。客人在选择房间后，会跳出室内照片、360 度全景图以及视频。当全部选定后，界面就进入了登记信息和附加服务项目页面，之后机器便会自动制作房卡和打印出房间信息纸条。当客人结账时，只需将银行卡或会员卡插入到机器中，系统便会自动结账，同时打印发票。酒店不断推陈出新，提供"有价值"的"自主便捷"服务，势必能赢得消费者的更多好感与青睐。酒店自助入住系统大大减轻了酒店前台的工作量，方便住店客人，提高了入住手续的效率，同时也能为酒店降低人力成本。

二、客房智能控制器

只要客人一进入客房，安插好房卡，所有的空调系统、电视系统、灯光系统等全部都自动到位了，电视自动播放在酒店总经理的欢迎致辞，空调也开始运作。因为整个酒店都是控制在舒适的恒温状态，整个酒店温度一样。所以在插好房卡开启空调之前，客房也不会太冷。以 PAD 为客房控制终端的数字酒店智能客房整体解决方案，涵盖客房智能控制系统、数字酒店多媒体系统和酒店通信系统，且可以无缝对接与互动，完美演绎数字酒店智能客房新潮流，将引领全球下一代酒店数字客房的发展趋势。智慧客房方案运营商 COTELL 肯特致力于为酒店客房提供数字酒店智能客房综合解决方案及研发、生产、销售数字通信终端设备，产品方案涵盖数字客房整体解决方案、智能客房控制系统、酒店数字多媒体系统、电话机及通信终端产品，先进的信息化技术不仅使客人享受到更便捷和人性化的服务，也提升了现代化酒店的服务与管理水平，为酒店带来了更大的收益。客房智能控制器方案主要有如下特色。

（一）营造客房新体验

注入科技元素，客人从预订房间到退房，智能系统全程陪伴，登记入住和退房结账方便快捷，客人的服务要求能得到快速的传达和反应，让客人感觉到时刻被"关注"，同时客人的私人空间会得到充分的保护，不会受到一切不必要的打扰。贴心服务无处不在，照明服务、舒适度

（空调）、无线服务等，大大增加了客人入住的舒适体验，完美呈现酒店宾至如归的特色，提升了酒店的竞争力。

（二）人性化的节能体验

融入低碳环保节能理念，根据不同人员设置不同的取电模式，通过智能身份识别取电开关，识别进入客房人员身份，设置相应的电源使用权限；采用智能调节空调模式，在室温达到适宜状态时，自动将空调设置为适宜温度；运用红外控制器对卫生间和排气扇进行控制，当客人离开卫生间后，延迟一段时间自动关闭卫生间内的灯光和排气扇，有效降低酒店电能消耗，既能做到真正意义上的节能又不降低服务水准。

（三）高效管理的智能体验

数字智能客房系统能处理客人的各种需求及提供各种服务，节省了楼层巡查人员，降低了工作强度，大大提高了工作效率，且系统本身能自动生成入住率、能源消耗、客户使用信息等相应报表，节省酒店人员的工作量。在提高服务水平的同时达到提高经济效益的目的。

（四）自助服务的盈利工具

系统通过电视机、遥控器、PAD 组合，营造全天候自助服务，形成全时立体化沟通及视频语音文字互动平台，展现极具震撼的娱乐影音效果，灵活方便的信息发布，快速方便的网络购物，以全新的多媒体方式引导客人消费，提升酒店品牌影响力，开创酒店增加收益新模式。

智能客房控制器将成为客房管理与服务的综合智能终端。

三、移动远程登记设备（TABLET PC）

该设备主要为 VIP 或常客进行服务。VIP 客户可通过手持登记设备（TABLET PC）进行远程登记，在房内、车库内或是店外就能完成登记、身份辨识及信用卡付款等手续，节约了在前厅排队等候的时间。通常，手持登记设备是放置在前厅的，在服务员收到 VIP 到来提示短信后即可做接待准备。因为 VIP 客户，或者入住酒店多次的客户，信息都已经在电脑系统中，所以宾客经理在 VIP 接待之后，第一时间带领客户进房，然后用手持登记设备让客户签名即可。Check in 和 Check out 都可远程进行。

四、智能门禁器

若你在客房不便应答的时候有人按门铃，门外的图像会主动跳到电视屏幕上，方便你判断以什么形象去开门。打个幽默的比方，如果领导来了，你可要衣冠整齐、面带笑容地去开门；而朋友来了，衣衫不整或许也不错哦。然而，需要注意的是，由于楼层走廊灯光较为昏暗，楼层服务员最好走到光源下方，方便客人辨认。智能门禁器的画像信息也可以保存在系统中，以便酒店安保系统的存档与查询，这也是智能安保的要求。

五、智能电视设备

住酒店偷个懒，想在客房点菜是一件常事儿。然而在很多酒店，客房点菜总是翻着酒店指南，翻半天找到一些信息，然后拨打服务电话点菜。如今，想要躺在床上像看电视一样点个菜已经不是难事儿了，图文并茂，价格明细，看会儿电视之后餐点可直接送到客房。智能电视包括航班信息、地理信息、旅游信息、商场信息以及酒店信息，如航班信息系统以当地机场的出发、到达两方面展示信息。整个信息 15 分钟更新一次，并提供机场的电话号码方便致电询问。客人住酒店不用担心航班延误或者因天气取消怎么办，只要打开电视查询航班状态即可，若航班延误就可多住一天酒店，不需要去机场苦苦等候。当然，15 分钟更新一次信息，也可以让客人实时了解航班的延误状况。另外，只需将电脑和客房内的四合一多功能一体机连接，即可打印路线图和机票登机牌等内容。智能电视设备是酒店管理信息系统中的一个智能设备，也是一个网络设备，可以显示酒店外网的任何信息，如电子杂志，客人可以在客房通过电视看喜欢的杂志内容（如《中国地理》）。

六、智能考核终端

酒店每一个楼层的服务员，以及餐厅的员工都有一个 I-TOUCH。在员工管理方面，以短信的形式接收楼层服务或者餐厅点菜服务，不仅能够减少服务出错率，还能根据服务时间来对员工进行工作考核，发送在 I-TOUCH 上的任务时间即时开始。这种智能考核终端的主要任务是接收任务、计时、考核和统计，酒店员工手持 I-TOUCH 上岗，不仅是给酒店员工心理上的一个惊喜感，更重要的是加快服务速度，减少服务出错率，以及对员工进行智能考核。对于楼层服务员来说，当客户拨打 0，0 接收任务并分配给这个楼层的服务员，那么他的 I-TOUCH 就会收到服务信息。对于餐厅的服务员来说，每一个点菜的 iPad 相对应地配对一个 I-TOUCH。每个包厢一个 iPad，在客人点好菜之后，由酒店的服务员确认信息，确认无误后发送给相应的 I-TOUCH。那么接收到信息的服务员就马上开始准备这个包厢的菜品。智能考核终端的使用，极大地提高了酒店的服务效率，也提高了管理效益。

七、平板电脑设备

平板电脑设备是最常见的智能终端，在酒店使用非常普遍，也是和酒店管理信息系统最方便互联的智能设备，目前酒店的移动管理、移动服务都使用平板电脑，如移动接待、移动退房、客房的酒店服务指南等，基本都是使用平板电脑设备。在餐厅，用平板电脑无线点菜，也极大地提高了餐饮的服务质量和管理效率，提高了出菜率。在未来，酒店的人力资源管理、工程设备管理以及会议服务管理等都会使用平板电脑，它的使用是酒店管理信息系统范围的延伸，是智慧酒店的重要标志之一。

拓 展 学 习

1. 移动互联网的应用原理
2. 云计算技术概念及在酒店的应用
3. 大数据的概念及应用
4. 酒店管理信息系统平台化的概念
5. 智慧酒店及相关新业态的概念

案例分析与习题

一、案例分析

IBM 对洲际酒店智慧管理系统的服务器规划设计

（一）实施背景

未来的酒店竞争，不是比酒店的设施与装潢，而是比酒店智能化系统的完善与发展，拥有一个完善的智能化系统的酒店，才是制胜的关键。人们追求的是更为细致的服务，悉心到位的照料，只有这样才能感受到酒店的高品质。因此，不论国内还是国际，酒店已然逐渐向智能化全面进军，争相获得市场的一席之地。如今，IBM 智慧酒店在国际上的成绩仍值得我们回顾，如针对英国洲际酒店的智能规划。以酒店会所服务为本的行业对信息的要求越来越强烈，丰富的信息不但为酒店会所带来了解同行业情况的平台，更为酒店的宣传带来更好的方式，特别是当下的酒店会所等都广泛地开发连锁店，酒店会所内的宽带、电脑配备已经正常化，酒店部门之间的沟通交流也进入即时化。此外，一些高端的商务酒店和会所还会配备多功能厅、视频会议厅、电子化休闲娱乐中心等。面对酒店会所的这些要求，服务器设备成了酒店会所等场所的必要之物。

（二）措施

首先，要考察服务器工作的稳定性，尽量选择品牌机型，特别是在质量和厂商的前后期服务能力上有一定实力的品牌，可为服务器的工作带来最大的兼容和稳定性，也可以减少很多不必要的麻烦。

其次，扩展性也是一个重要方面，用户需要优先考虑有一定扩展性的产品，鉴于酒店会所管理的发展和变化，大家在选购时要将服务器的扩展性做一详细了解，强大的扩展性能节省后期使用的成本和服务器工作的效率。

再次，鉴于酒店会所管理的复杂性，用户在选购时要了解服务器的管理性能，要求管理服务器，包括 CPU、内存、风扇转速、硬盘使用率、操作系统、网络卡、FRU 以及其他运作状态，这些方面的管理智能为后期的使用带来便捷，更为酒店会所后期使用中节省了人员的开支。

最后，服务器是否有良好的嵌入性也是一个重要的因素，所购买的服务器是否有软硬件技术的良好结合，能否监管办公上网行为等将软件技术和硬件技术良好结合，可对办公上网行为进行监管。

（三）方案实施

英国洲际酒店集团是一个全球化的酒店集团，在全球 100 多个国家和地区经营和特许经营着超过 4400 家酒店，超过 660 000 间客房。而庞大的公司体系对管理提出了全新的需求。而 IBM System x3650 M3 系列服务器正是能够满足这些需求的产品，实际上洲际酒店集团也在全球采购了大量 IBM 服务器来对旗下酒店进行数字化管理。IBM System x3650 M3（7945O01）可为酒店会所等用户关键型应用程序提供出色的性能，为这些用户的客户管理、自身管理带来上佳平台。而它的易于维护和管理的可扩展、内存和数据容量等更是此服务器性能突出的细节。作为一款双路的四核机架式服务器，IBM 的这款产品所具有的外观特征与同类产品差别不大，并且具有较大的体重，机身重量为 30kg。虽然此服务器的体重较大，但更说明此产品性能的上佳表现。

　　硬件配置上，此机最多支持两个采用 Quick Path Interconnect 技术的 3.46GHz 六核，即 3.60GHz 四核英特尔至强 5600 系列处理器，用户可感受到的内存容量高达 192GB。值得一提的是，此机采用新一代高性能 DDR-3 内存，在硬盘表现上，此服务器支持多达 16 个 2.5" 热插拔 SAS/SATA 硬盘驱动器或固态驱动器，硬盘容量非常大。此外，System x3650 M3 采用低功率的 675W 设计，并具有 94% 的高效电源以及 6 个散热风扇模块，为服务器的节电能力做了有力保障。System x3650 M3 的网络控制器采用集成双端口千兆网卡，具有高效的系统管理方式，支持 IBMIMM、Virtual MediaKey 用于可选的远程呈现支持、预测故障分析、服务器自动重启，可为用户使用带来很大便捷。IBM 的这款双路四核机架式服务器有 4×PCI-Ex8（二代插槽），可最大支持 16 块 2.5 英寸热插拔 SAS/SATA 硬盘，用户可根据使用过程和环境变化进行扩展，增强服务器的工作性能。

　　整体来看，IBM 的这款服务器通过更高的性能功耗比提高成本效益，并通过灵活的设计简化管理和易维护性，而弹性架构和虚拟化环境为管理降低了风险，是一款整体表现值得期待的高性能服务器。而在洲际酒店的实际应用中，IBM System x3650 M3 也凭借自身优秀的性能和可用性设计达到了令人满意的效果。

　　思考题

　　1. 结合案例材料和本章所学的知识，分析智慧酒店管理系统应该包括哪些功能模块，实现哪些功能。

　　2. 本案例中给出的智慧酒店服务器选择中有哪些措施？应该还要做哪方面的工作？

　　3. 思考一下，IBM 提出的智慧酒店管理系统还有哪些地方可以完善？

二、习题

　　1. 什么是现代酒店的新需求？酒店信息技术应用的新需求还有哪些？

　　2. 智慧酒店的定义说明了什么？如何构建有特色的智慧酒店？

　　3. 新一代的酒店管理信息系统通常有哪些智能终端设备？

　　4. 试叙述自助入住登记系统的作用。

　　5. 你所了解的客房智能控制器的特点和作用有哪些？

6. 请阐述移动远程登记设备的核心功能。

7. 请阐述智能门禁器的作用。

8. 请说明智能电视设备的作用，它需要哪些技术支持？

9. 简单介绍智能考核终端的功能，它的作用是什么？

10. 简述物联网的作用，它在酒店管理信息系统中有哪些应用？

11. 简述 RFID 贵宾提示系统的工作原理。

12. 简述 RFID 电梯远距离呼梯系统的工作原理。

13. 什么是电梯楼层控制系统？它能带来怎样的服务体验？

14. 什么是楼层客房导航系统？简要叙述它的工作原理。

15. 简述 RFID 技术在智慧酒店中的作用。

16. 请简述移动互联网思维下酒店营销系统的主要策略。

17. 什么是"病毒性"群发营销？具体有哪些应用？

18. 简述移动互联网思维下酒店营销系统的主要种类。

19. 什么是微信营销？酒店应如何开展微信营销？

20. 试论述微博营销+粉丝营销的工作机理。

21. 什么是移动营销？酒店应如何开展移动营销？

22. 简述基于移动互联网的酒店预订系统及工作原理。

23. 什么是微预订？它由哪些技术支持？

24. 什么是 MSS？它有哪些技术应用？

25. 简述 OTA 无线预订与酒店自己的无线预订各自的优劣势。

26. 什么是 APP？目前酒店有哪些 APP 应用？

27. 简述住哲酒店管理信息系统的主要特点。

28. 什么是智慧酒店？简述智慧酒店的三个层面。

29. 简述酒店如何从智能化到智慧化。

30. 简述 IBM 智慧酒店的解决方案，它的解决方案有哪些技术优势？

31. 作为一个单体酒店，应如何开展智慧酒店建设来提升自己的市场竞争优势？

第九章
新一代酒店管理信息系统应用实例

【引言】

　　作为本书新一代酒店管理系统的应用实例一章，将介绍一款国内有代表性的酒店信息化服务产品——绿云酒店信息化平台 iHotel。本章主要介绍 iHotel 酒店信息系统的设计新理念和新框架，以及创新点和主要模块，从而让学生了解新一代酒店系统 iHotel 是如何实现将酒店营销、管理、服务、控制等多方面软件应用整合成平台的解决方案。通过学习本章内容，让学生了解酒店信息化服务平台的作用、功能和发展方向；通过 iHotel 平台的相关概念、功能和操作说明介绍，了解使用者如何灵活地设置系统的各种代码和各项参数，从而实现酒店自己的管理模式，使系统成为酒店今后进行营销、管理和服务的电子商务平台。本章将从 iHotel 概述、客房管理、餐饮管理、集团管理、移动应用、电子商务与网络营销、云部署和云服务等多个角度，介绍绿云 iHotel 酒店信息化平台在满足和推动现代化单体酒店和连锁酒店信息化需求和发展时所发挥的作用。

【学习目标】

　　通过本章的学习，要求学生：① 了解绿云 iHotel 酒店信息化平台的概念、架构、组成和科技创新点；② 了解绿云 iHotel 酒店信息化平台在集团管理方面所能发挥的基本作用；③ 了解绿云 iHotel 酒店信息化平台的客房系统的主要功能、优点与操作流程；④ 了解绿云 iHotel 酒店信息化平台在移动应用方面的作用和模块；⑤ 了解绿云 iHotel 酒店信息化平台在电子商务和网络营销方面的作用和模块；⑥ 了解绿云 iHotel 酒店信息化平台在云计算下的部署方法和服务方式。

第一节　iHotel 酒店信息化平台概述

自 20 世纪 70 年代起，酒店信息化系统随着计算机技术的发展，从计算机技术体系而言，共经历了四代产品：小型机多用户系统时代、文件服务器系统时代、客户机/服务器（C/S）架构时代，以及目前正在迅速发展的基于互联网、浏览器/服务器（B/S）架构的云计算服务时代。从酒店经营管理的角度而言，计算机应用系统也经历了四代产品（从一个软件向一个平台转变）。

（1）事务型酒店管理软件。基本是对酒店手工操作的简单模仿，实现最简单的排房管理、房态管理、账务处理功能，代表了 20 世纪 80 年代的酒店计算机应用水平。

（2）管理型酒店管理软件。主要在前述事务型基础上，加强了对客房管理、财务核算方面的管理功能，代表了国内 20 世纪 90 年代中后期及 21 世纪初的酒店计算机应用水平。

（3）对客服务型酒店管理软件。在强调酒店管理的基础上，更加侧重于加强对客服务的理念，这类软件最明显的特征是，如果一房间住有多人，账务不仅各人分开，档案也各自分开，强调对客人的个性化服务及处理。这类软件最典型的代表是西软 X5 系列、Fidelio 和 Opera 系统。该类软件于 2003 年后引入我国。

（4）平台型酒店信息化软件。它的使用范围不再局限于酒店内部的管理，而是拓展到整个集团，甚至是社会外部。设计理念上主要以服务（含营销）为主线，以依托互联网实现酒店管理、财务核算、对客服务为辅线，是适应新形势下酒店经营管理和电子商务的新需要。平台化的基础架构可以用 IaaS（Infrastructure-as-a-Service，基础设施即服务），软件使用可以用 SaaS（Software-as-a-Service，软件即服务）或 PaaS（Platform-as-a-Service，平台即服务），采用的是云计算服务方式，典型地把管理与服务集成在一起。

绿云 iHotel 酒店信息化平台系统不论在计算机技术体系上，还是在酒店管理理念上，都是最新一代（第四代）平台型的酒店信息化产品，软件开始研发于 2009 年，总结了国内外 B/S 架构酒店系统的成败经验，充分研究了传统酒店软件的优缺点，于 2010 年 7 月正式注册公司，2011年 7 月首次推出 iHotel 原型系统，2012 年 6 月发布 iHotel 1.0 版本，是目前国内发展最迅速的酒店信息化服务平台软件产品。

一、iHotel 平台技术架构

iHotel 系统是一套完全基于云计算的酒店信息化平台，不仅适合连锁酒店集团使用，也适合单体酒店及经济型酒店使用。该系统目前有标准版、快捷版、农家乐版等多种应用架构。

在数据存储上，一个数据库（业务库）内可存放多个酒店数据，以提高服务器使用效率；一个酒店的数据也可分为运行库和历史及报表数据库，以保证随着使用时间的增长而不明显影响系统的使用性能；集团信息可分为主数据库、用户及配置数据库、会员数据库、CRS 数据库、历史及报表数据库等，以达到分布式处理、提高系统性能的目的；成员酒店对应的运行数据库可放在集团总部，也可按照酒店要求布置在成员店本地，以减轻成员店的网络压力和心理负担。因此，这种可水平扩充的构架，能有效地节省连锁酒店集团或单体酒店的整体经济成本，并提升强大的系统拓展性能和计算能力，同时整个体系的规模也可以按照经营总量的拓展而灵活部署。

在用户体验上，无论是针对终端消费者和系统用户，还是针对酒店的管理者，iHotel 都致力于提供最佳的用户体验，让相关的人喜欢用、方便用，尽量降低培训成本，提升系统应用效率。为此，采用富互联网应用（Rich Internet Applications，RIA）技术，让用户感受 C/S 模式下的用户体验，而避免了纯浏览器方式的使用不便，是 B/S 架构和 C/S 架构的完美结合。另外，还增加对移动平台（iOS 苹果设备、Android 移动设备等）的支持，只要在有 WiFi 或 3G 信号的地方，就可随时随地使用相关功能；还特别增加对门户网站、手机网站的一体化支持，使客户能非常方便地得到信息支持和使用。

在技术使用上，所有产品都将尽量构建于开源框架的技术体系下面，以便提供更加开放的技术能力和强健的性能，同时还可以有效地节省成本，降低整个系统的总体成本。具体实现上，iHotel 开发平台采用了先进且稳定成熟的技术框架，即 Linux 技术、Java-SSH 技术框架、开源数据库 MySQL 和大型数据库 Oracle、富互联网应用 RIA 技术 Flex（Flash Builder）等。

系统完全可以在公网 Internet 上运行，也可为了增加安全性和稳定性，在 VPN 虚拟网络上运行。

酒店用户可以采用传统方式：一次性地购买软件使用权的方式使用；也可采用 SaaS 软件服务模式，即按需采用每年或每月支付使用费的方式；对一些超大型的连锁酒店集团，也可采用委托定制、一次性支付版权费的方式，如上海锦江都城（锦江之星）酒店管理有限公司。iHotel 的具体技术架构如图 9-1 所示。

iHotel 基础技术架构

集团层面

集团数据库

集团主数据库
用户、配置等

历史数据
报表等

业务库1 业务库2 业务库n

应用服务器、负载均衡

1 集团主数据库唯一
2 各种业务库和历史报表库分开存放
  比如CRS业务、PMS业务、会员业务等
3 可以分布式部署
4 健全安全机制：RAID5、双机热备、异地备份等

互联网
局域网

集团接口
网站、ERP（SAP）
GDS、IDS、财务等

集团应用
集团控制、分析、
CRM、CRS、
会员、销售等

互联网
局域网

广域网络环境建议架设VPN，增强安全

酒店层面

本地数据库

本地备份
离线服务

Interface
接口数据

其他系统，如餐饮POS

本地业务库

营业数据
本地查询与分析

本地接口
电话，门卡、公安
VOD、宽带等

酒店应用
PMS、AR、会员等

1 iHotel 酒店本地没有服务器和数据库
2 为增强安全，本地部署一个离线服务，
  但是不需要服务器
3 酒店其他系统可能需部署本地服务器，
  比如餐饮POS，门锁系统等

图 9-1　iHotel 平台技术架构示意图

二、iHotel 系统组成

iHotel 是一个开放式的酒店信息化平台系统，可包含所有有关酒店信息化的系统。对于一般的酒店而言，基本系统包含集团和成员酒店（单体酒店）两部分。

有别于传统的酒店 PMS 软件，iHotel 系统首先基于集团管理设计，是先集团后个体酒店的设计，突破了以前系统先有酒店 PMS，之后通过系统接口再加集团帽子的弥补设计方法，因此在集团管理方面具有非常明显的优势。iHotel 系统集团部分的具体架构如图 9-2 所示。

图 9-2　iHotel 集团系统架构示意图

从图 9-2 可以看出，总部（集团）系统是在一个集中的云服务器群上面的集成系统，主要负责四大部分的系统功能。

1. 云（SaaS）服务器群

这里的服务器由多组构成并且相互连接，进而形成一个完整的云计算体系。为什么不是部署一个唯一的一组服务器呢？这是因为连锁酒店的经营规模会不断发展变化，在采用单一服务器组的情况下，永远无法满足酒店动态拓展的需求，在初期会产生极大的浪费，到后期又出现计算能力的捉襟见肘。而采用灵活、动态的服务器群组策略，可以非常有效地实时部署和拓展，既经济又有效。

2. 总部（集团）业务处理

这里主要是一些常规的业务处理，如中央预订系统（CRS）、客户关系系统（CRM）、会员管理系统（LPS）、商业智能系统（BI）等，这些系统包含了会员管理、收益控制、经营分析、营销管理等，还可增加集团采购等供应链环节，人力资源、办公自动化、财务管理等信息化项目。

3. 总部（集团）控制

针对连锁酒店集团，总部对成员酒店的控制尤其重要。通过绿云 iHotel 的集团控制，总部可以非常简便地进行酒店各项系统的可用性控制，包括 PMS 系统控制、代码体系控制、指标体系控制、权限管理控制、系统性能分析、系统日志分析等。

4. 电子商务

该部分涉及酒店总部的网站建设、手机网站、微信平台、短信平台、渠道管理、电子商务服务、各类 OTA 接口等。更进一步，还可包含酒店集团会员联盟、异业会员联盟、网上商城等外延电子商务体系。这部分主要解决酒店集团的电子商务业务，使传统业务与电子商务业务有效地整合在一起。

对成员酒店（如没有总部系统，就是单体酒店系统，此时总部系统可是一个空系统或虚拟集团），其构成与传统酒店管理系统类似，如图 9-3 所示。

图 9-3　iHotel 个体酒店系统架构示意图

成员酒店系统，是直接通过 VPN、企业内网或者公共网络直连总部的中央服务器。成员酒店自身可以不设任何服务器，这样可以有效降低系统的运行成本。

在业务系统方面，主要是前台系统（PMS）、会员系统和各类接口系统，如身份证扫描、公安局系统接口、门卡接口等。针对星级酒店，还可有餐饮娱乐 POS、供应链、人力资源等子系统。

此外，某些单体酒店可以开展独立的电子商务和网站服务，也可以单独设立独立的会员体系。

三、iHotel 软件功能结构

iHotel 是一个既适合酒店集团，又适合单体酒店运作的集成开放型平台，完整平台的软件功能结构共分五大部分，即集团管理、酒店管理、电子商务、辅助系统和移动平台，具体如图 9-4 所示。

图 9-4　iHotel 平台系统结构示意图

iHotel 是一个有关酒店信息化应用的智能化、网络化、个性化平台，集成和综合了酒店信息化相关的各项功能，给酒店集团或单体酒店提供一揽子的信息化解决方案。下面对其中的几个主要功能作简单介绍。

1. 集团控制系统（GMS）

❑　集团可以自由查看、控制每个成员酒店各应用模块运行状态。

❑　所有代码可以自由界定控制深度与广度。

❑　全集团可统一管理所有用户，支持用户横跨多个酒店，同时赋予不同权限。

❑　经营指标体系统一管理。

❑　客户档案、协议公司集中管理，可自由控制共享层次。

❑　房价、房量、配额等可由集团自由控制。

2. 中央预订系统（CRS）

❑　多功能中央预订引擎——客房、会议室、餐饮。

❑　渠道管理——分类与控制、房量与价格控制、促销策略控制、渠道分析、佣金管理、
收益控制等。

❑　良好的客房存量管理和价格管理。

❑　与PMS无缝直连。

❑　登记单详情与业绩回传。

❑　综合分析报告。

❑　支持CTI接口及来电通。

❑　支持网站与其他预订渠道接口的一体化控制。

3. 客户关系（CRM）及会员管理（LPS）

❑　集中客史、协议公司、大客户管理。

❑　客户个性化信息服务：特征、喜好等。

❑　实时信息同步。

❑　支持多种会员计划。

❑　支持积分卡、折扣卡、储值卡。

❑　支持个人卡、公司卡、附属卡。

❑　支持一人多卡、一卡多账户。

❑　支持计次管理。

❑　支持一卡通。

❑　连接短信平台、邮件平台。

❑　连接网上会员社区。

4. 网站门户与电子商务（EIP）

❑　企业门户及信息发布。

❑　网上预订。

❑　网上会员自助服务——注册、预订、积分兑换、消费查询、充值。

❑　网上支付。

- 网上促销管理。
- 签到管理。
- 电子券管理。
- 客户社区。
- 在线咨询与服务。

5. 酒店客房管理系统（PMS）

- 用户权限及代码体系管理。
- 客户管理。
- 协议单位管理。
- 会员管理。
- 销售员管理。
- 房价及佣金体系管理。
- 预订管理（含长包房管理、钟点房管理等）。
- 接待管理。
- 客房中心管理。
- 前台收银管理。
- 应收账管理。
- 夜审处理。
- 报表及信息查询。

6. 酒店餐饮娱乐管理系统（POS）

- 宾客预订管理。
- 餐位资源管理。
- 支持拼音助记码、菜码、按类查询等多种电脑点菜方式。
- 支持点菜宝、触摸屏、iPad等多种点菜方式。
- 支持早点、套菜、临时菜等多种菜品方式。
- 支持厨房出菜打印管理。
- 收银及结账管理——单菜赠送或折扣、菜单折扣、服务费、单菜款待等，账单合并及分拆，预结账单。
- 出菜估清管理。

❑ 早餐管理——早餐内含与外加、早餐勾兑、成本核销。

❑ 系统设置——桌号、站点、菜谱、烹饪要求、销售模式、厨房打印、菜谱按季节变价。

❑ 交接班报表及统计分析报表。

7. 酒店接口及外联平台

❑ 接口管理：电话计费与等级控制、房卡接口（宾客门卡）、数字电视及VOD接口、后台财务系统接口、公安户籍接口、身份证扫描接口、短信接口、邮件接口、电梯控制接口、公共电脑控制等。

❑ 短信平台——预订确认和取消、会员身份确认、结账提醒、经营信息动态发送、生日祝福、节日问候、预订提醒等。

❑ 银行卡支付平台——与第三方支付公司联合研发，降低银行卡收单费率，方便酒店结算和对账；网站预订预付保证；手机认证支付，享受网上交易费率；前台POS刷卡支付，客人传统支付。

❑ 一卡通系统平台——集成各种卡的功能：如身份识别、积分与储值、门卡控制、自助服务等为一体，方便客人使用和携带。

8. 移动应用平台

❑ 针对酒店管理层：实时经营查询、房态查询、审核处理、指令下达、投诉处理等。

❑ 针对客户的网上服务：自助下载安装、自助注册、网上预订、网上会员服务、网上会员社区等。

❑ 针对客户的网下自助服务：银行卡自助支付、自助选房、自助登记、快速退房、自助费用录入。

❑ 针对酒店内部：信息查询、客户关怀、房态管理、小酒吧销售、工程保修、销售跟踪、移动POS。

❑ 微信平台：自助预订、选房、登记、结账等；店内服务（呼叫、账单、房间温度等）；会员服务（订单、积分兑换、点评、电子券等）；信息发布（新闻、促销）；互动服务等。

❑ 支持苹果iOS、Andriod等各个移动平台。

9. 商业智能 BI

❑ 商业智能——聚合、抽取、转换、装载、分析。

❑ 跟踪酒店制定的经营核心KPI。

□ 自动累计并创造知识库。

□ 快速、高效、多维、丰富的分析呈现。

□ 仪表盘、警示灯、运营监视、雷达等。

□ 客户分析、产品分析、财务分析、营销分析、预算决策等。

第二节　iHotel 的前台管理

前台系统通常指 PMS（Property Management System），直译为物业管理系统，在酒店领域一般指酒店客房计算机管理系统，也有称酒店前台管理系统的。iHotel 的 PMS 系统功能非常丰富，既有适合中高端星级酒店使用的 iHotel 标准版系统，又有适合中小型酒店使用的 iHotel 快捷版系统，内容涉及客房、会议室以及新型娱乐项目等管理。iHotel 前台管理的部分功能如图 9-5 所示，这里给出的仅是常用的前台管理功能。下面选择几个核心的管理功能作简要介绍。

图 9-5　iHotel 部分前台管理功能界面图

一、预订管理

预订是客人感受酒店服务的起点，预订模块从数据流转上来说，是与客人接洽后将客人预订信息输入系统的过程，从酒店销售角度来说是向客户推销产品，吸引客户购买产品，并最终完成销售的过程。作为一个服务平台，预订模块同时还负有搜集客户购买产品的需求、征询客户对酒店及其产品的评价、了解客户的选择因素的职责。预订管理面对的客户不仅仅是散客，还有协议公司、旅行社、订房中心等各个分销渠道。针对不同类型的客人和不同的订房需求，预订管理需要整合酒店营销的理念，结合收益管理的观点，推出适合客户需要的产品或者是有差异化的产品，尽可能地吸引客户，使预订效益向酒店收益最大化靠拢。图 9-6 所示是预订管理信息输入的界面图。

图 9-6　iHotel 预订管理操作界面图

传统的散客预订和团队预订的操作过程这里不再介绍，下面简要介绍关于预订类型、开放式预订接口以及房价查询等功能及应用。

（一）预订类型

iHotel 预订的方式多样，除了常规的散客预订和团队预订类型以外，还分为担保预订和非担保预订两种类型，具体说明如下。

1. 担保预订

担保预订属于保证的确认预订，对于担保预订已到预订时间而客人未到时酒店要根据规定进行费用的收取或为客人继续保留房间的直至某个时间点为止，具体以酒店业务流程为准。有担保的预订确保了酒店的营业收入，防止客人没取消预订而未抵店给酒店带来的损失。对于有担保的预订客人一般会在未能到达前通知酒店取消预订，否则将会损失自己的担保金。

2. 无担保预订

这种预订一般指酒店同意为客人将房间保留到某个规定的时间（通常为 18:00），规定时间客人未到达，酒店有权单方面取消客人的预订，以保证酒店的利益。

（二）开放式预订接口

随着社会信息化程度的提高，电子分销已经成为降低销售成本、提高销售效率的有效手段。无论是传统的 GDS，还是后来的 IDS，或是酒店自有网站预订，都开始注重与 PMS 的实时双向无缝链接，保证信息的实时传递，降低在线预订、操作环节中的人工成本，给客户提供更好的购买体验。绿云 iHotel 系统的预订管理根据现代化发展需求，也内置了符合 OTA 标准的开放式预订接口，可以与 GDS 供应商、IDS 供应商、酒店或集团网站、酒店集团的 Call Center 进行无缝对接，在为酒店拓宽销售渠道的同时也降低了分销商的销售成本，并实现针对各个渠道设置房价计划、房量配额等具体业务操作。

（三）房价查询

在 iHotel 的预订过程中，可以随时查询系统的房类和房价，也可以利用房价查询直接选房预订。用房价查询的方法进行房间预订比较快捷，它集中了客房预订时需要与客人核对的重要信息，如入住日期、房晚、预订姓名、是否有协议等，且可以根据不同的客户类型、客户不同的预订方式、不同的预订需求智能地筛选出可以提供给客户的房类产品，达到既符合客户利益又满足酒店最大利润要求的效果，同时也起到了内部房价控制的作用。

二、接待管理

大多酒店管理系统的预订单与登记单为同一张，当预订客人到达后，预订单自动转化为登记单，预订单不做保留，这种方法越来越不能满足酒店不同的业务需求，不利于预订信息的查找与统计。例如，三亚很多酒店有长期的个人进行房晚购买预订，然后再将这些预订委托酒店进行二手售卖，与酒店进行月度或者季度的结算，一般的软件在预订单转化为登记单后的预订信息不做保留，仅能依靠人工统计。绿云 iHotel 系统结合酒店多方位的业务需求，将预订单与登记单分开进行处理，多方位地满足各种酒店经营的需求。iHotel 的散客接待登记界面如图 9-7 所示。

图 9-7　散客接待管理的登记操作界面图

（一）联房操作

对于一张预订单中的多个房间，在产生登记单后会自动进行联房。若几个散客为同行客人，为了方便查询和结账，账务处理可以使用联房的方式，将客人的房间进行关联，关联后在其中一个登记单或结账界面就可以看到所有联房的客人。

（二）批量处理

针对一起同住客人、预订多间房或者团队预订，往往再进行信息变更是多人或者多间同时进行变更。为方便处理，在产生登记单后，可以使用批量处理的方式进行处理，选择需要一同更改信息的客人，批量进行更改，使接待管理方便快捷。

（三）房态图查询

在接待管理中，可以随时查询系统的房态图，选择需要的房间类型，也可以直接在房态图上完成接待的登记工作。系统的房态图形式之一如图 9-8 所示。

图 9-8　接待过程中的房态图操作界面

（四）客房智能化设备的选择

随着酒店客房信息化程度日益提高，在原有传统设备之外，又增添了许多数字化设备，例如数字点播系统、房控系统、数字电话系统、语音留言系统，iHotel 系统内置了各类标准化接口，可以与这些数字化设备做链接。酒店根据实际需要可选择设置哪些设备的接口。如系统与房控系统接口，可以在客人入住时自动进行空调温度、灯光效果的设置，还可以根据客人对房间灯光和温度的特殊喜好记录为客人设定他喜欢的温度和灯光效果；另外，客房中心还可以通过房控系统了解到客人是否在房间，是否可以打扫房间；打扫完了通过房控系统可以报干净房；客人退房时还可以通过电话直接进行 Minibar 消费抛账等。

三、前台收银

前台收银功能包括统计、核对客人消费、账务调整、预付押金管理、费用结算、退房结账及账单打印等业务处理的过程。绿云 iHotel 系统设计了多项酒店账务管理的功能，如结账提示、自定义账务分类管理、电脑报房查房、签单&照片控制等；系统还设有专业的第三方支付通道，方便快捷且为酒店节省信用卡结算手续费，实现精细管理。该系统的收银功能既可以满足酒店业务中多种客户类型、多种支付方式的处理，又可以满足多种优惠模式的业务处理要求。

（一）签单挂账

客人在酒店消费期间，经常出现签单挂房账或者挂应收款项的情况，住店客人能否签单挂房账，协议单位哪些指定人员可以签单挂应收账款是工作人员必须把握的。本系统对于普通住店客人签单挂房账的控制，主要根据客人的信用等级、预付押金状况进行判断；对于挂应收款项的客人，可通过系统的签单控制功能，根据扫描到系统中签单挂账客人的照片、签名图像进行核对，以避免风险。

（二）账单管理

iHotel 系统具有便捷灵活的账单管理功能。"账单打印"功能支持多种语言，如中文、英文、日语等；支持 Word、Excel、PDF 三种格式的导出；账单风格丰富，能适应客户多变的需求，可按费用明细（显示宾客所有的明细费用）、费用分类（以费用大类的形式显示）、日期分类（以费用大类的形式按照入账日期进行排列显示）、房间费用分类（以费用大类的形式按照入账的房号进行排列显示）的方式进行打印等。

（三）银行卡支付管理

银行卡消费在酒店中非常频繁，传统的酒店管理系统需要先在银联 POS 机上完成相应的信用卡预授权限额、撤销、完成、银行卡消费等操作后再将该记录输入到酒店管理系统中,便于账户余额核查,操作比较烦琐,且与银行回款时间较长、刷卡手续费高。针对这些情况,绿云 iHotel 系统可以与支付平台系统直接对接,对接后客人在 POS 刷卡机上的操作直接计入绿云 iHotle 系统不用重复操作,并生成相应的报表记录刷卡款项,便于与银行进行回款的核对,具有实时性和手续费低廉的特点。

四、客房中心管理

客房中心是进行酒店房态控制的重要部门,并且担负预订、在住客人的客房相关服务信息的传达及客房消费入账的任务。针对这些工作需求,绿云 iHotel 系统提供了全面的客房中心管理功能,能有效地识别并监督房态,及时进行客房入账,可以在房间排队的情况下有效地协调前台和客房间的房间清洁工作,针对已分配给客人的房间,通过系统通知,安排优先打扫,并有完善的遗留物品管理等功能,提高了管理效率,明确了部门间的责任,降低了管理难度。

(一)房态多样性管理

保证酒店管理系统房态与实际房态一致,是客房中心工作中非常重要的一项,为方便酒店对不同的房间状态进行细分且能高效、准确地进行房间状态的更改,保证酒店相关部门能顺利销售房间,系统具有多种形式的房态管理,并设计了多状态分时段的房态管理功能,使房态既可以列表查询,也可以图形排列查询,更可以按不同时间段来查询。

(二)报房查房管理

报房查房是客房部为前台销售所做的基本保障工作,客房部与前台针对客人的入住、退房会有很多对接的工作。例如,在酒店出租率比较高或者酒店某种房型房量少但预订量大的情况下,经常会出现房间资源紧张,当预订客人到店时,为客人安排的房间仍未被打扫,前台需要通知客房尽快清理;当客人结账退房时,前台需要客房部查看客人房间是否有消费或者客损;针对这些工作,iHotel 系统的报房查房功能可以满足两个部门间信息的及时传递,并且有实时的系统提醒、操作记录功能,使信息实时且责任明确。

(三)客房的消费入账管理

不同的酒店有不同的业务流程,对于客房 Minibar 消费的录入,前台与客房均可进行,但客房中心也具备入账窗口，通过客房中心管理模块，实现客房消费的实时入账。

五、市场营销

市场营销是酒店经营活动的重要组成部分，它始于酒店提供产品和服务之前，它的主要任务是研究宾客的需要，促进酒店客源的增长，开发酒店市场的潜力，增进酒店的收益。市场营销涉及满足宾客需求的产品从酒店流通到宾客的一切业务活动，最终使酒店实现其预设的经营目标。市场营销不仅仅是单一的推销模式，它涉及的面广而深，包含了市场营销的调查，酒店产品的设计、开发和定价，产品推销，产品流通等方面的内容。iHotel 系统为酒店的市场营销活动提供全方位的技术支持，包括销售员管理及业绩考核、房价体系、佣金体系、宾客档案、协议单位、会员管理、促销管理等。下面节选部分内容作简单介绍。

（一）房价体系

每个酒店都会有一套基本的房间定价方案，这就是根据客源制定出的相应的房价体系。客源的分类可粗可细，一种客源都会匹配一套独有的房价计算方法，在系统里称为房价码。例如，酒店将客源分为散客、公司客户、团队客户等，则需要设置相匹配的房价码，即散客价、公司协议价、团队价等。如果公司客户又细分成普通公司客户、政府客户、订房中心客户等，则房价码就对应为公司价、政府价、订房中心价，依此类推。设置后在操作过程中只要选择相应的房价码，系统就会自动生成对应的具体房价，以及该房价码所包含的一些附加信息，如包价（房包早、服务费等）、市场码、来源码等，为市场分析数据的统计起到铺垫作用。为了更好地提高酒店效益，针对不同的客户群，在不同的时间段，可为迎合市场的多种需求而制定出一系列的价格体系，如提前几天预订的不同价、连住价、打包产品价、预付价等。

与房价体系类似，可为各种介绍单位（如订房中心、OTA 等）建立佣金体系，实现返佣自动计算。iHotel 支持阶梯返佣功能。

（二）宾客档案

对于酒店来说，宾客档案是酒店的重要数据，良好的宾客档案管理对于客户走向比例分析、酒店服务分析、个性化服务提供、客户忠诚度维护、酒店竞争纵横向分析等有着重要作用。

绿云 iHotel 系统的客户管理功能吸取了高星级酒店对客服务理念，提供了全面的创新管理内容，设计了一系列人性化、个性化的项目，可以对客人的特征和历史消费情况进行量化分析，从而确保酒店更好地了解客人的消费情况，以便有的放矢地开展酒店的对客服务和营销工作，便于管理层从客户的消费行为进行各方面分析，使客户流失、价值下降等情况减少，为管理者提供有利的管理决策依据。宾客档案包括宾客照片、签名图片关联存储、地址、电话、会员信息、会员发展、客户喜好、住店历史信息及收入详情分析等信息记录。绿云 iHotel 系统仅对有证件号码的宾客信息进行档案生成，否则不生成档案，这样大大减少了酒店档案库中垃圾客史的数量，并且在为客人进行预订时不必在庞大的档案库中进行对应档案的筛选，既加快了预订的速度又减少了后期对于档案库中档案进行维护的费用。

1. 档案管理

绿云 iHotel 系统的宾客档案主要由基本信息、身份信息、联系方式、宾客喜好、类型信息、业绩信息六大模块组成，模块分类清晰，利于查看及录入。绿云 iHotel 系统的客户档案可以根据六大模块进行相应的权限设定，保证了客人的信息隐私。iHotel 系统的具体档案管理界面如图 9-9 所示。

图 9-9　客户管理中的档案界面图

2. 客户关怀

酒店重视服务细节，希望能为客人提供满意加惊喜的服务，针对酒店的这种需求，绿云 iHotel 系统在各部门工作流程中都设计了便利的客户识别功能，做到从细节上关注客人，下面举几个常用的例子。

（1）接受预订时，在根据客人提供的信息与档案库中相关档案进行匹配后，弹出该客人的个性化服务信息，如是否为 VIP、客房偏好、排房要求、特殊要求、喜好等，预订时将该信息记入预订单，相关部门可以根据这些需求提前进行布置，以便为客人提供更贴心的服务。

（2）前台登记时，客人只需报姓名，操作员即可在预订单上看到客人丰富的个人信息和个性化服务信息，如排房要求、客房布置等，若该客人生日将至，系统还会主动弹出生日提醒。

（3）前台收银时，客人报房号或姓名，系统能快速查找到账务主单，通过系统通知客房进行查房。结账时，系统会主动弹出结账提示信息，如转账信息、租赁未还等。

（三）协议单位

客户是酒店的财富，除了前面讲述的宾客档案管理外，客户关系的另一核心就是协议单位的管理，协议单位也是酒店的重要客户群。协议客户的消费通常占酒店销售额的很大一部分，因此本系统非常重视协议单位的资料收集、统计、管理等内容，并贯穿于各模块的各大业务中。协议单位共分为公司、旅行社、订房中心三类。

协议单位档案管理界面如图 9-10 所示，项目分类与宾客档案一致，同样也具备不同的权限控制。

针对宾客或协议单位，除档案外的另一核心内容是服务价格的设置，即享受的各种价格体系。本系统允许一个档案可关联多个房价码、餐饮码（用餐折扣率）等优惠包。当消费发生时，系统会自动让协议客户享受相应的优惠比例，并自动累计消费。

（四）会员管理

为了更多地争取客源，丰富酒店的市场组成结构，酒店多推出常客奖励计划，常客奖励计划是酒店为培养客户忠诚度，吸引新客户，回报老客户的一种营销手段，尤其对于连锁型酒店，常客计划是酒店集团笼络客户的一种常见方式。一般采用会员特殊礼遇、消费折扣、积分奖励等方法来体现酒店对常客的重视和关怀。iHotel 对客信息包括住店历史、宾客档案、会员管理三级，其中会员管理是最高一级的宾客管理方式，将在第三节介绍 LPS 会员管理时再进行补充。

图 9-10　协议单位操作界面图

绿云 iHotel 会员系统，一般会根据会员的贡献程度进行等级的升降，或者由储值、现金购买的方式确定首次等级。每个等级可以根据酒店的计划设定不同的礼遇，会员的消费可产生积分，积分可用于兑换房间或礼品。酒店针对会员也会经常性地做些问候、拜访、促销等活动，以与客户经常保持联系，让客户感受到酒店的尊重。会员系统往往由一张卡片来作为载体，按照制作工艺来分，有普通纸卡、PVC 卡、金属卡、磁卡、IC 卡和射频卡等（相应的读写设备有磁卡读写器、IC 卡读写器、射频卡读写器等）；按照功能来分，有积分卡、储值卡等；按照使用对象来分，有个人卡、单位卡、附属卡等；按照隐私程度来分，有记名卡、不记名卡之分；按照等级来分，有铂金卡、金卡、银卡、普通卡等。

六、夜审处理

夜审的目的是在当日结束时完成酒店内部账务的整理，包括完成账务核对、数据确认、清理文件及更新内部数据库。在夜审的处理中，一天中所需要收取的房费等费用在入账时被自动生成和控制，日常统计被计算和打印出来，旧的数据被累计叠加，并且更新日期。酒店管理系统有自己的系统日期，这个日期不是在午夜的时候进行自动变更，而是在夜审完成后才进行变更。如果夜审推迟时间较长，必须考虑属于旧日期的相关费用，如房费等费用尚未入固定费用，防止费用漏收且系统在夜审后才能产生相应的分析报表，因此系统夜审时间推迟得太晚对于正常的系统操作及分析有直接的影响。

（一）夜审准备工作

在运行夜审之前，需要对相关的数据进行核对，以保证数据的准确性，系统中标记为"T"的必须将该列中的数据处理为 0，否则不能进行夜审处理，如应离未离客人列表，缺失市场码来源码主单等。夜审中需要确认的部分可以根据酒店对相关数据的重视程度不同在后台夜审设置中进行选择设置，设置完成后开始夜审工作。

（二）运行夜审

在将夜审中所有必须处理的数据处理完成后，需要对房价、包价等系统自动进行入账的项目进行核对，核对完成后，可点击统计报表及数据更新，系统自动进行夜审。在系统弹出"成功完成夜审处理"提示框后，就代表夜审已完成。

前台系统的另外部分内容，如用户权限、代码体系、会员系统、报表体系、经营分析等，与集团操作基本相同，将在第三节的集团管理中补充描述。限于篇幅，其他的前台功能就不一一列举了，读者可以通过 iHotel 的门户网站 www.ipms.cn 或者通过学校开通的 iHotel 教学系统进行进一步的详细了解。

第三节　iHotel 的集团管理

集团管理主要针对连锁经营类酒店和集团所属的会员酒店，通过中央服务器可以为酒店提供统一预订，酒店会员的统一管理，同时针对具体的需要汇总各类经营报表。酒店管理层可以通过系统及时了解到各个酒店的运营情况，更有效地对数据进行分析，找出相关的应对策略；也可以有效地对下属酒店进行评估、实时监控和策略调整，为分布在不同地点或是不同品牌的酒店提供一体化信息系统解决方案。集团管理主要分为集团控制系统（GMS）、中央预订系统（CRS）、客户关系管理系统（CRM）、会员管理系统（LPS）以及经营分析及商业智能系统（BI）五部分功能，下面将逐一进行介绍。

一、集团控制系统（GMS）

所谓集团控制系统就是集团总部用于控制成员酒店经营的一些核心模块，包括这些模块的运行设置、运行过程和运行数据等，实现对成员酒店核心系统运行的可视化管理，电子商务的营销、预订和促销等模块都由集团总部控制运行。针对连锁酒店企业，总部对于成员酒店的控制与管理尤其重要。通过绿云 iHotel，集团总部可以非常简便地进行酒店各项系统的代码体系控制、权限管理控制、经营监督控制等。

（一）代码配置

系统代码是软件运行的重要组成部分，它为后期的数据统计以及报表分析奠定基础。集团要想实时了解与查看酒店的各项经营数据，完善统一管理模式，必须从代码配置着手规范化，如客户代码配置、房类代码配置、房价代码配置、账务代码配置、协作单位代码配置、餐饮菜单代码配置等。

（二）用户权限管理

系统操作中，所有使用电脑系统的部门、班组均需在用户管理模块设置对应的用户名及权限，以此控制操作区域，实行责任制管理。由集团下发的角色权限，成员酒店不得修改。用户权限管理分角色管理和权限管理两部分，角色管理又分为角色组别与角色两部分，首先建立角色组别（指酒店对应的岗位组别），选择"新增"选项，打开新增角色组别窗口，如图 9-11 所示。设置时角色类别若选择为集团角色，则不会下发至成员酒店；若要将该组别下发至成员酒店，此项须选择为成员店角色。确认好角色组别，再进行角色添加，角色是指酒店对应的岗位（如客服中心分为总机接线员、客房中心文员等岗位），在角色管理窗口下选中目标角色组别（即图 9-11 所设置的 SC 组别），选择"新增"进行角色添加，如图 9-12 所示。

权限管理分为系统权限与报表权限两项，可以根据酒店操作员的不同岗位赋予相应的系统操作权限，以及报表查看和使用的权限。如图 9-13 所示，"已选"表示该角色现有的系统权限，集团可以根据管理需要为角色配置对应权限。报表权限又分为浏览、打印、导出三项，更加细致地体现集团管理的严谨化。用户管理界面可以建立好操作员的姓名及代码，选择下发酒店，同时赋予对应的用户角色，成员酒店角色及权限就设置成功了。

图 9-11　角色组别增加操作界面图　　　　图 9-12　角色增加操作界面

图 9-13　角色权限配置操作界面图

（三）参数设置管理

集团可以自由查看、控制成员酒店的系统功能应用情况，充分利用系统的灵活性，根据不同品牌酒店的运营需要合理管控，以达到集团规范化的管理要求。系统参数配置如图 9-14 所示，集团可以通过参数设置实现对成员酒店的管控，如集团启用"每日房价"功能，并更新至相应成员酒店，可以自由控制成员酒店客房的销售价格，并可设定成员酒店能否修改该配置。

图 9-14　系统参数配置操作界面图

二、中央预订系统（CRS）

中央预订系统（Central Reservation System，CRS）主要是指酒店集团所采用的，由各成员店共用的预订网络。它帮助酒店集团利用中央数据库管理旗下酒店的房源、房价、促销等信息，并通过与其他各旅游分销系统连接，使成员酒店能在全球范围实现即时预订。目前，中央预订系统主要由三大渠道组成，即 GDS 全球分销系统（覆盖旅行社）、IDS 互联网分销商（如国际上的 Expedia 和 Travelocity、国内的携程和艺龙等）、酒店集团自身的网站和呼叫中心，在国际市场上，这是一个非常成熟的产业链。CRS 同时为酒店集团其他营销及管理活动提供资料平台（如常客计划、动态促销、企业销售、电子营销等），可以说 CRS 是集团总部控制其成员酒店的有效工具之一。

（一）渠道控制

酒店分销渠道是产品与消费者沟通最有效的场所。中央预订系统与酒店 iPMS 管理系统之间无缝对接，有效共享各方的服务资源和客户资源，同时支持酒店门户网站的预订服务，全面实现多渠道在线预订及预留房的集中有效管理，降低酒店收益经理/渠道经理的工作量，大幅度降低酒店渠道销售过程中的管理成本。

渠道控制就是对各种渠道在酒店所能预订房量、房价等信息的管控，并且可以根据实时客情灵活配置，有效地促进营销策略的可行性实施，进一步提高酒店经营目标。集团可以为不同渠道分别建立方案进行房量配置，如图 9-15 所示。

图 9-15　渠道控制操作界面图

图 9-15 中选中目标渠道代码单击右列的"配置"按钮，可以进行房型、房价、房量的详细设置。系统支持一键打开或关闭对应渠道，以及每星期不同日期房量的分别配置。在该页面下半部分还可以根据需要查看某一时间段的渠道分配情况，显示直观，方便了操作员的统计与分析。

（二）房价查询及中央预订

中央预订系统的房价查询集中了成员酒店可以出售的所有客房信息，且可以根据不同的客户类型、客户不同的预订方式、不同的预订需求智能地筛选出可以提供给客户的房间产品，达到既符合客户利益又满足酒店最大利润要求的效果。

如图 9-16 CRS 查询界面所示，预订员根据客户需求在左边列表中选择需要预订的酒店（按照城市、区域、房类等查询），即可显示对应酒店的房价、房量明细（此处所看到的房价均来自于渠道配置中的设置详情），并针对不同的客户群体（如协议公司、会员等）关联不同的房价优惠策略，以使酒店有限的房间资源得到更好的利用。此图中，显示了周一至周日 7 天每日的房价。预订员在得到客户确认后，双击目标价格就直接进入预订主单页面，通过简单的信息输入即可完成预订工作，并把订单实时传送到成员酒店。

图 9-16　CRS 房价查询界面

（三）客情查询

系统提供丰富的客情查询、客情预测分析功能，集团可以自由查看各成员店的实时数据，便于管理层实时监控，销售部门预测分析市场走向，操作员及时把握客房预订情况。

功能包括客房可用，用于当前或将来客房可用与占用资源的查询，预订部门可以了解各个房型的状态、占用情况，这对于统筹安排会议、团队的预订非常有用。实时房情实际上类似于一个实时监控中心，可以将酒店的各类关键数据一目了然地实时反映出来，让管理人员方便地知道酒店即时的经营情况，如图 9-17 所示。

CRS 系统的其他一些功能及分析报表等内容限于篇幅这里就不作详细介绍了，有兴趣的读者可以通过申请用户的上机操作来了解。

图 9-17　实时房情操作界面图

三、客户关系管理系统（CRM）

　　客户关系管理（Customer Relationship Management，CRM）是酒店经营活动面向长期的客户关系的一个信息系统，具有关系维系、自动营销、自动销售、呼叫中心等功能，以求提升酒店信息化管理与服务的全面创新，其目的之一是要协助酒店管理销售的稳定、新客户的招揽、保留老客户、提供客户服务及进一步提升酒店和客户的关系。客户管理主要用于快速及时地获得问题客户的信息及客户历史问题记录等（如宾客档案、协议单位），这样可以有针对性并且高效地为客户解决问题，提高客户满意度。系统站在顾客的立场上进行思考，充分理解顾客的需求，为顾客提升收益，从而实现顾客数量的提高，能够更好地留住客户以及提高客户忠诚度。

（一）销售管理

　　客户是酒店的财富，销售管理的核心是协议单位的管理，这是酒店的重要客户群。协议客户通常占酒店销售额的很大一部分，因此本系统也非常重视客户资料的收集、管理等内容，并提供精准的数据统计。

系统中档案贯穿各个模块各大业务。协议单位分为公司、旅行社、订房中心三类。对于销售部来说，除了维护宾客档案外，最重要的一个工作便是对协议单位档案进行有效管理，完善协议单位信息，更好地提供服务，留住客户，提高酒店在业内的口碑。

协议公司档案界面如图 9-18 所示，项目分类与宾客档案一致，同时也具备权限控制。

图 9-18　销售管理中的协议公司操作界面图

协议管理中的核心内容是服务价格设置，即享受的优惠措施，针对宾客或者协议单位客户的优惠措施，本系统支持一个档案关联多个房价码（住房优惠率）、餐饮码（用餐折扣率）等优惠包，当消费发生时，系统会自动让协议客户享受相应的优惠比例，并自动累计消费。

（二）房价体系管理

每个酒店都有一套最基本的房价方案，就是根据客源制定出的房价体系。客源的分类可粗可细，一种客源都会匹配一套独有的房价体系，在系统里称为房价码。为了更好地提高酒店效益，需要针对不同的客户群，在不同的时间段，为迎合市场的变动而制定出一系列的价格体系。

iHotel 系统可以实现由集团统一下发房价码，并绑定对应的市场码、来源码等信息，这样集团能够更精准地收集数据，以及对客源结构做出分析，从中获取市场趋势变化，制定合适的销售方案，为酒店未来的发展动向及时做出评估，从而提高酒店集团的经营创收。

（三）销售与营销分析

作为酒店经营"龙头"的市场营销部（销售部），酒店的销售与营销环境是影响酒店市场营销管理效益的关键，必须时刻掌握环境的变化。营销环境的分析是酒店开展营销活动的前提条件，对市场环境的正确分析与把握，能指导酒店管理人员正确制定出合理的市场营销战略。在 CRM 中，系统销售与营销分析模块具体分为经营业绩分析、销售分析、CRS 分析、协议单位分析等项目，并可以针对日期、月度分别统计与分析经营的情况。

（1）销售分析，即客源结构分析，可以从市场码、来源码、渠道等方面进行详细分析，为酒店针对性地提供宾客服务起到重要的指引和辅助作用，也为实现客房收益最大化提供资料平台。

（2）经营业绩分析，主要分析各项数据，通常采用饼图与曲线图的方式呈现，让管理者更加直观地掌握运营走向，帮助他们及时做出下一步的预算方案。

（3）CRS 分析，主要分析集团预订的总体情况和未来趋势，近期存在怎样的问题，分析相关原因以及为下一步提供促销方案，并提供一系列的预订（包括成员酒店）分析报表。

（4）协议单位分析，主要分析协议单位的消费情况以及消费趋势，为下一步关系维系制定更好的预算方案。

四、会员管理系统（LPS）

会员管理是酒店为吸引顾客，增加盈利而采取的一种手段，其管理目标是鼓励顾客提前购买消费权，让顾客有一种归属感，同时享受会员制的各种综合服务项目和会员专用项目。会员卡由集团总部统一管理，成员酒店发放，每张卡有其唯一的卡号，会员卡的类别与性质可以根据需要由酒店自由定义。会员凭卡消费时可以获得优惠，一方面刺激了顾客的消费，另一方面也增加了酒店的稳定收入。

（一）会员计划

集团为了统一管理成员酒店会员卡的种类及其属性（如储值卡分金卡、银卡，积分卡又分普卡、折扣卡等），可以设置多项会员计划，以及对应的优惠比例、办卡条件等，促使成员酒店对会员信息的管理规范化，保证会员各类报表数据统计的唯一性。在系统中有"代码配置"的会员卡项，可以设置不同的会员计划及其会员卡等级（其中包括卡类属性、卡号规则、优惠比例、适用范围等项目），以此满足各个成员酒店不同的会员制度需求，形成酒店自己的会员计划。

（二）积分规则设置

积分是酒店给予会员的奖励回馈，可用于兑换奖品。积分越高，可兑换的奖品也越丰厚。酒店为了刺激会员消费的积极性，往往会以不同的会员卡等级，匹配不同的积分生成规则，提升会员消费频次及单次消费额度。在系统中集团所设置的积分规则可以选择下发至某一个或多个成员酒店，并且系统支持按照消费类别设置不同的积分比例。通常不允许成员酒店自己设置积分规则，而是由集团统一设置。

（三）集团预发卡

预发卡是指会员卡预先在系统中发行并生成卡号，酒店在成功售卡后，再完善会员资料等对应信息。预发卡由集团统一操作，指定某一区间卡号段至相应成员酒店，其目的是控制卡号范围，杜绝空卡浪费，降低成本，防止假冒。此外，预发卡还可以作为集团下达给成员酒店的指标任务，适时调度酒店全员销售的积极性，促使会员发展数量迅速增长，如图 9-19 所示。酒店成功售卡后，只需在注册会员页面的"卡号"处输入该预发卡号，则系统自动带出会员计划和会员卡等级等相关信息。

图 9-19　集团预发卡操作界面图

五、经营分析及商业智能系统（BI）

实践表明，数据管理是管理学中最直接、最有效，具有绝对说服力的手段之一，充分利用好数据并进行分析，能从中了解到市场环境的趋势变化，为管理层下一步的决策提供坚强后盾。iHotel 系统对于数据的收集渗透到各项流水业务中，不仅具备各种各样的报表呈现功能，还设计了一套丰富多彩、项目集中的经营分析视图，让管理层对于酒店的运营情况了如指掌，同时可以从多角度展开对比分析，帮助他们合理做出下阶段经营的战略部署。系统分析模块具体分为经营业绩分析、销售分析、CRS 分析、协议单位分析等项目，并可以针对日期、月度分别统计与分析。

（一）经营业绩分析

系统通过集团及成员酒店关键指标监控、收入分析、RevPar 分析、出租率分析、平均房价分析等各项数据对比，采用饼图与曲线图的方式分别呈现，让管理者更加直观地掌握运营走向，从而及时做出下一步的经营决策方案。图 9-20 所示是某集团的营业收入分析示意图。

图 9-20　某集团营业收入分析示意图

（二）销售分析

作为酒店经营"龙头"的市场营销部，酒店的销售与营销环境是影响酒店市场营销管理效益的关键，必须时刻掌握环境的变化。营销环境的分析是酒店开展营销活动的前提条件，对市场环境的正确分析与把握，能指导酒店管理人员正确制定出合理的市场营销战略。销售分析主要是客源结构的分析，可以从市场码、来源码、渠道、房价码、预订类型等方面进行详细分析，为酒店针对性地提供宾客服务起到重要的指引和辅助作用。

（三）CRS 分析

主要分析集团预订的总体情况和未来趋势，近期存在怎样的问题，分析相关原因以及为下一步提供促销方案提供依据，并提供一系列的预订（包括成员酒店）分析报表。

（四）协议单位分析

主要分析协议单位的消费情况以及消费趋势，包括权重设置、价值评估、动态监控、特别关注等，为更好地维系相关协议单位关系而制定相应的服务方案。

第四节　iHotel 的电子商务

酒店电子商务是指通过先进的信息通信技术手段实现酒店商务活动各环节的电子化。绿云 iHotel 酒店信息化平台本身就是基于电子商务服务的平台，帮助酒店通过建立官网、手机网站、微信、微店等平台向客户声情并茂地展示自己的产品、特色、风貌，及时发布各类促销信息，提供网上预订、网上会员管理、网上支付、网上点评、在线咨询等服务，并向客户提供定制的信息服务。在此基础上，iHotel 酒店信息化平台还提供酒店 PMS 系统与各类 OTA 的直联接口及渠道管理功能，为酒店方便快捷地接入和管理各类渠道。

一、iHotel 酒店官网

绿云 iHotel 酒店信息化平台可为酒店建立和生成官网，该官网与酒店前台整个系统自动对接，形成酒店自己的官网平台。酒店集团官网除了能分别实现各单店官网的功能外，还可配合

iHotel 酒店信息化平台集团端的中央预订系统（CRS）和客户关系管理系统（CRM）集团卡管理等需求，使客户方便地通过集团官网进行各成员店的预订、集团卡的自我管理等，同时酒店集团通过官网展示集团层面的经营服务形象，并发布酒店新闻、促销优惠措施等活动信息。

酒店官网是一套专业的酒店商务网站解决方案，为酒店提供成熟的自主网站直销模式。

（一）iHotel 酒店官网的优势和特点

（1）无缝链接绿云 iHotel 酒店信息化平台系统，打造酒店直销平台，提供实时数据查询。

（2）优秀的 VI 设计能力和经验。

（3）支持灵活的房量与价格配置。

（4）支持 e 会员管理与服务。

（5）支持在线支付和担保。

（6）支持全面的会员服务体系，包括点评、社区、投诉、站内信、积分管理、积分商城等。

（7）内嵌短信服务和邮件服务平台。

（8）同步配套手机网站服务。

（9）采用 CSS 架构，支持 Web 2.0/3.0，符合 W3C 标准，地图数据支持，MVC+Wedgit 插件。

（二）酒店预订

酒店预订是官网的核心业务，是酒店直销的主渠道。本系统的酒店预订分为会员预订和非会员预订，各自享受个性化或差异化的服务。消费者在官网上可通过查询预订、目录预订、地图预订等方式进行客房预订，并可方便地进行订单查询、确认和取消；另外还可对酒店的餐饮、会议室以及其他设施如车辆、商品等进行在线预订。对于集团或连锁酒店，官网的酒店预订纳入中央预订系统（CRS）的统一管理，共享系统的数据库。

（三）营销管理

酒店通过官网可以开展多种形式的网络营销，尤其可针对会员开展一系列的关系营销，有非常好的直销效果。成员酒店可以在官网上用各种方式展示优惠促销活动，如电子券管理（可包含现金券、免房券、折扣券等）；支持团购活动；支持各类优惠套餐的发布和管理；各类包价促销（如含早、接送机服务、景区门票、洗涤用品等）；支持点评管理以及各类第三方社交渠道的嵌入（如微博、QQ 在线客服、驴评网、到到网等）。酒店通过自己的官网可向第三方渠道或其他 OTA 服务商发布营销信息，与分销服务商同步开展酒店的促销活动，并可了解网络舆情，随时调整自己的营销策略。

二、iHotel 手机网站

当今的信息时代，已经快速进入了移动互联网时代，在旅游酒店领域，通过手机订房已经越来越普遍。有关权威机构预测，手机预订业务将很快超过电脑预订业务，成为电子商务的主力军。因此，酒店集团和单体酒店对建立自己的移动互联网营销能力的需求越来越迫切，手机网站应势而生。绿云 iHotel 平台的手机网站已成为酒店电子商务的主要窗口（见图 9-21）。

（一）iHotel 手机网站的优势和特点

手机网站的优势主要表现为随时、随地、随身可提供服务，具体表现在以下几个方面。

（1）专业的手机网站解决方案，成熟的酒店自主网站直销模式。

（2）无缝链接绿云 iHotel 酒店信息化平台系统，打造酒店移动直销平台，实时数据查询。

图 9-21　手机网站示意图

（3）优秀的 VI 设计能力和经验。

（4）支持灵活的房量与价格配置。

（5）支持在线支付和担保。

（6）支持全面的会员服务体系，包括点评、社区、投诉、站内信、积分管理、积分商城等。

（7）内嵌短信服务和邮件服务平台。

（8）无缝链接酒店官网。

（二）主要功能

手机网站的功能包括对客的一些商务服务和信息互动，主要表现为以下一些功能。

（1）首页展示。主要是酒店 LOGO 展示，及各项可实现功能导航，如预订、优惠、积分商城、设置等。

（2）酒店展示。该页面里可以选择性地放置酒店介绍、优惠推广、设施一览、服务展示、图片展示、地理位置等信息，提供电子地图，以确认酒店方位。

（3）客房预订。在该页面下可实现客房预订全过程，即日期选择、实时可用房查询、各类客房房型、客房促销活动，并可实现房费的在线预付。

（4）会员管理。可方便地进行会员注册、网上购卡充值、持卡激活、会员信息管理、订单管理等会员自助服务，还有会员积分、会员升级、我的社区、会员计划及会员公告等管理功能。

（5）渠道对接。可实现各类渠道对接接口、微信公众号对接、二维码对接以及各类网银支付的对接。

（6）后台功能。可方便地进行后台管理，如数据同步、酒店信息编辑、价格控制、房量控制、促销编辑、订单查询统计等。

三、iHotel 微信营销

随着移动互联网的快速发展和微信应用的普及，越来越多的酒店用户希望利用微信、微店等平台来吸引更多更有活力的客户，开展实时的网络营销。在深入研究了目前的技术和用户需求的基础上，顺应市场需求，iHotel 快速推出了微信营销产品，为酒店建立微信服务圈，开展微信营销。目前该系统已和酒店的电子商务系统对接，在不远的将来，酒店可利用微信开展营销、直销，微信服务将会成为酒店经营的新业态。图 9-22 所示是微信订房主界面示意图，形式与手机网站类似。iHotel 微信平台就其实质，是嵌入了许多微信接口功能的微网站系统，因为通过微信接口，可与使用者身份、酒店公众号相关联，就可为用户提供更加丰富的系统服务功能。

图 9-22　微信订房示意图

（一）微信自助系统

（1）自助登记。客户通过扫描二维码等方式关注了酒店的公众微信号，即可通过该平台进行自选房型、预付、自选房号、Check in 等操作，再到总台用身份证换房卡，实现自助酒店入住的完整过程。

（2）在店期间自助服务。可随时点评酒店服务、查看当前客房账单、查看店内服务指南以及进行各类智能客房控制，如空调控制、VOD点播、相关咨询等。

（3）在店期间交互式服务。可通过微信平台进行呼叫服务、点餐、店内在线客服、客内微信用户相互推荐等。

（4）自助结账。客人可通过微信平台呼叫查房、查看账单/积分、结账（移动支付）、总台取发票等。

（5）开门服务。客人通过微信，向有线联网的酒店门锁系统发送开门指令，从而达到微信开门的效果。

（二）会员微信服务

微信平台中的会员系统可实现以下功能：关注即成为会员，即微信号码与会员绑定，实现线上线下会员一体化；会员信息查询；积分兑换、消费信息查询；电子券的金额、使用范围、有效期查询；会员点评等。

（三）微信预订

微信预订系统除可方便地进行客房预订操作（含地图预订）、地图导航、订单管理等功能外，还可根据酒店需求进行其他预订服务，如餐饮、会议室、车辆、票务等预订。

（四）微信促销

通过微信营销平台，可直观、直接、及时地把各类促销信息送达目标客户。促销信息可以在公众号群发，也可在朋友圈中发布。大量的案例证明，微信朋友圈的转发推广比公众号群发效果更好。酒店可以在后台定期发布优惠活动。每个优惠活动都可附带一个二维码和12位序列号的电子券。客人看到活动后，动动手指就可以领取电子券，然后到酒店向工作人员出示使用。酒店客人或微信用户也可转发优惠活动页面到自己的朋友圈，转发时系统会自动绑定转发者的微信号。其他用户通过转发的链接领取了优惠码，最终到店使用，相关的业绩会记录在转发者名下。酒店可以根据效果给转发用户相应奖励，从而达到全员营销的目的。

（五）微店系统

希望开微店的会员可单击"我要开店"按钮，填写自己的基本信息和申请信息后，系统将自动为用户开设虚拟微店。微店的首页可以进行个性化的装饰，其余内容与官方微网站保持一致。微店店长将自己的分店链接分享到朋友圈或者发送给微信好友，其他用户通过链接进入酒店微网站预订，最终成交后的业绩计入该店长名下，酒店根据规则给予店长佣金奖励。微店系统依赖于酒店微信服务号存在，需要借助微信本身的账号系统，所以它无法独立生存，是酒店整个微信公众账号的一部分，主要起到扩充增强的作用。微店店长需要每天签到，保持与微信系统的联系。如果有客人在微店上预订或者咨询，自动推送到微店店长的微信中，然后他们就可以与自己的客人进行互动。

（六）其他功能

（1）微信点评。为增进客户体验，iHotel 微信营销平台还提供了多维度的点评服务：抓取显示第三方（如驴评、到到、慧评等）的点评；提供平台供客人对酒店服务进行随时点评，并可设奖励积分；服务员点评等。

（2）微信互动。平台还提供了各类社交化的互动服务，如游戏互动（刮刮卡、大转盘、老虎机、砸金蛋、一站到底等）、投票活动、微留言、微调研、朋友圈分享有礼等。

（3）微信商城。可进行积分换实物、积分升级、积分换服务、网银直接购买商品、为朋友购买商品等操作。

（4）后台管理。平台可方便地进行数据同步、酒店信息编辑、价格控制、房量控制、促销编辑等后台管理。

四、OTA 直连平台

酒店除了自己的直销电子商务系统，目前更多的是利用各种 OTA 渠道开展间接电子商务。绿云 iHotel 平台为酒店提供了全面的电子商务解决方案，在为酒店建立直销平台（如上述的官网、手机网站、微信、微店）的同时，还与各大分销渠道（如携程、去哪儿、艺龙、淘宝等）建立了 OTA 直连对接。

虽然携程、艺龙等 OTA 采用预留房和 Ebooking 方式在一定程度上解决了实时预订和确认的问题，但依然无法克服库存、价格以及客人预订信息实时传递的软肋，系统直连才是提升预订转化率、运营效率和用户体验的最终解决之道。直连技术也是各大 OTA 今后发展的目标。

通过直连技术，客人通过各种搜索引擎、订房 APP、订房网站、订房微信可以与酒店 PMS 系统或者中央预订系统进行实时数据交互，客人可以直接或者间接获得酒店的最优价和实时房间确认，其订单可以直接进入 PMS 系统，就如同在线预订机票一样，客人、酒店和 OTA 都能获得最大利益。这种间接的电子商务是通过接口平台来实现的，酒店通过接口对接可以降低运营成本，提高客户体验，减少服务差错，提高网络营销的工作效率。

iHotel 直连平台除与 OTA 对接外，还帮助单位酒店或酒店集团与 Switch 类公司（如德比 Derby、Hubs1 等）、差旅公司、旅行社、包房商、酒店库存商、酒店联盟、航空公司等对接，通过渠道管理，为酒店提供更加广泛的网络营销渠道。

第五节　iHotel 的移动应用

随着智能手机、iPad 等移动终端的普及使用，酒店使用移动设备的场景越来越多。对于酒店客人来说，使用著名 OTA 开发的 APP 应用订房，是最经常使用的移动应用习惯，而且这些 APP 应用也是携程、艺龙、去哪儿等转战移动互联网争夺客源的重要手段。对普通酒店和小型连锁酒店，由于受推广力度、使用客人数量的影响，开发 APP 显得不是很有必要，完全可以用前述的手机网站、微信平台来实现基本相同的功能。所有这些基于移动互联网的应用就是酒店客人使用的移动应用。

除此以外，iHotel 平台还提供基于 iPad 的客人自助服务系统，还可提供酒店内部管理使用的手机 iPMS 系统、iPad 版 PMS 系统、手机客房宝、电子签名等移动应用，下面作简要介绍。

一、手机 iPMS 系统

在移动互联网时代，绿云 iHotel 打破传统 PMS 只运行于 PC 机上的墨守成规的现象，创新性地把 PMS 移植到智能手机上，只要在有网络的地方，就可以随时使用手机 iPMS 系统开展接待服务。该系统除提供 HTML 5 网页版外，还可提供 iOS 苹果 APP 版、安卓 APP 版等多种应用版本，其主要功能和应用包括以下几个方面。

（一）监控酒店运行状况

手机 iPMS 与酒店服务器数据实时同步相连，酒店管理层可随时查看酒店的经营情况，根据当前信息及时做出决策调整。图 9-23 所示是手机 iPMS 首页界面图，上面列出了酒店当前的主要信息，如总收入、客房收入、餐饮收入、出租率、平均房价、RevPAR、房间情况、客人抵住离等，一目了然。系统还提供当前房态图，如图 9-24 所示，可查看每一房间的客人信息、账务情况、空闲状况、维修信息等；提供每日房情，可查看未来一段时间内各种房类的预订数、可用数和维修房数；提供昨日及历史信息的相关数据比较。有了这些信息，酒店管理者对经营状况随时能够"心中有数"。

图 9-23 手机 iPMS 首页界面   图 9-24 手机 iPMS 房态图

（二）便于酒店针对 VIP 服务

手机 iPMS 系统提供基本的预订、登记入住、结账、挂账、将到查询等功能，因此针对 VIP 客人的接待、结账退房可不再限于酒店总台，可利用智能手机把相关工作延伸到机场接机处、大堂吧、咖啡厅，甚至是在客人的房间办理。

手机 iPMS 提供的实时房态图，给酒店工作人员提供了很多便捷，可随时查看自己的客户是在住状态还是已经退房，酒店的 VIP 客户是预订状态还是已经到店；想要给自己的 VIP 客户安排一个常住的或满意的房间，打开手机即可查看此房某天是否为空房，如是空房可直接立即着手预订此房而不用酒店预订部人员来操作。

（三）酒店应急处理

再优良的网络也存在断网或网络故障的可能，而 iPMS 系统完全可用于酒店断网的应急处理。只要有云端服务器及网络正常，酒店就可用手机 iPMS 连接云端，给客人办理退房、挂账、预订转入住、直接登记等最基本的操作，保证酒店的正常运作。另外，还提供交接功能，便于服务员在断网时还能正常地交接班。

二、iPad 版 PMS 系统

由于智能手机屏幕及处理能力的限制，很大一部分的 PMS 功能不方便在智能手机上实现，而 iPad 能提供更多的功能、更完美的用户体验，因此 iPad 版 PMS 是介于手机 iPMS 与 PC 标准版之间的一个移动版本，功能实际上就是绿云于 2012 年 6 月开始开发的 iHotel 快捷版酒店信息化平台。

iHotel 快捷版本着"返璞归真，简单就是美"的设计理念，借鉴了苹果 iOS 的设计思路，是对 iHotel 标准版精华的提炼，聘请了国内外优秀的 UED 设计师和 UI 设计师，重新设计了用户界面、操作流程，化繁为简，降低了使用人员的培训难度，极大地提高了用户使用体验。它一经推出，就以突破传统的设计思想，被锦江之星等著名经济型连锁酒店和一大批中小型单体酒店所采用，并以其便捷性、稳定性、优良的界面设计等优势获得了广泛的好评。

快捷版在设计时，就考虑了利用 Flex 开发工具的可跨 Windows、iOS、Android 平台的优越性，并考虑可在 Windows 触摸屏运行的需要，进行了综合设计。因此，基于 PC 的快捷版运行稳定后，就很容易移植到 iPad、安卓 Pad 等移动终端上运行，进一步拓展了 iHotel 平台的产品线。图 9-25 所示是 iHotel 快捷版（iPad 版）的主界面。

快捷版的另一优势，就是可以与标准版采用同一个数据库后台运行，因此可与标准版混合使用。这样，同一个集团内，中高星级酒店可用标准版，中小型的经济型、精品型酒店可用快捷版，需要移动操作的可使用 iPad 版，很好地满足酒店集团多种多样的需要。

iPad 版除用于机场、别墅、咖啡厅、客人房间等移动服务场所外，可利用其精致且不占空间的优点，也可在精品酒店的总台使用（打印机、身份证、门卡等外设，需另用 PC 机联网实现）。

图 9-25 iHotel 快捷版（iPad 版）主界面

三、iPad 自助服务系统

随着信息技术的不断发展和人力成本的快速增加，自助服务终端开始从银行业向其他领域快速扩张。前面已经讲述了 iHotel 微信自助服务系统，现再描述一下基于苹果 iPad 在酒店前台使用的自助服务系统。它是以便于客人自己操作为目标设计的，尽力缓解酒店前台客流量过大时会出现的问题，弥补在退房、入住高峰期时人力配备上的不足，也可避免客人在前台办理业务的烦恼，使顾客感受到轻松、便捷的服务并带来与众不同的用户体验。绿云设计的 iPad 自助系统建议在酒店前台或大堂休息区等场所使用，由客人和前台服务人员配合协调操作（由于 iPad 的限制，身份证验证、门卡制作、发票打印等工作仍由服务员完成）。图 9-26 所示是绿云 iPad 自助系统的主界面示意图。

图 9-26　iPad 自助系统的主界面示意图

iPad 自助是对酒店服务的延伸与补充，服务内容可包括会员注册、会员查询、积分兑换、自助登记、自助退房、店内呼叫服务、店内点评、账单查询、店内点餐、酒店展示、房间展示、周边信息、交通信息查询等。自助选房可根据自己的房价承受能力、特殊要求，选择自己喜欢的房类、房号以及房间的具体位置、朝向、风格等，增强客人的住店满意度和用户体验。

四、iHotel 客房宝

酒店客房中心承担着酒店客房的管理和清洁维护、房间消费管理、客人需求的响应和处理等重要职责，传统方式是通过 PC 机的相关管理功能，结合电话呼叫来完成相关信息的管理及对客服务的对接工作。例如，客人到前台结账退房，前台需要通知客房中心，客房中心将查房信息电话传达给服务员进行查房，服务员电话通知总台或客房中心房间消费情况和其他查房信息，这种中转传达方式极易出现信息的偏差，而且实时性也不强。绿云推出的移动客房宝系统，为客房部服务员和客房中心提供完全移动化的管理软件，提供及时、便利的跨部门工作沟通渠道，打通前台、客房部和工程部的消息流转路径，极大地提高了工作效率并减少差错。

绿云客房宝系统以智能手机为平台，主要支持房态修改、Minibar 即时入账、报房查房、工程报修、在店客人服务信息接收和回复等功能。它与 PC 版的客房中心、前台系统结合，为酒店提供完美的客房管理信息化解决方案。例如，客人入住、待打扫房间的催打扫、离店客人查房、需要楼层服务员提供的对客服务，前台或客房中心在绿云 iHotel 系统进行相应的操作后，iHotel 系统将相关信息自动发送到对应楼层服务员的手机中，客房员工将根据手机提示信息开展相关的工作。而且系统将对指令发出人、发出时间、工作内容、指令接收人、接收时间、处理时间和效果，进行详细日志记录，便于提高工作效率，明确相关责任。基于成本考虑，客房宝系统大多基于安卓智能手机，在 WiFi 无线网络或移动信号下均能正常使用。图 9-27 所示是绿云客房宝系统主界面示意图。服务员手机接收到新消息时，会自动弹出，便于服务员快速处理。

图 9-27　绿云客房宝系统主界面

五、iHotel 电子签名

客人与酒店发生某些业务的时候，需要客人签字以保证业务的安全和准确性。例如，客人在酒店消费结账时需要在纸质账单上签名，以确保当事人同意支付在酒店的所有消费，来保证交易的可靠性。纸质账单的打印无形当中增大了酒店在纸、墨水、打印机上的成本支出；并且纸质账单时间长了之后容易出现丢失和磨损等情况；纸质账单不容易查找，会大大增加酒店员工的工作量，并给酒店经营带来一定的影响。所以电子签名的出现，在某种程度上能较好地解决这些问题。电子签名是指数据电文中以电子形式所含、所附的用于识别签名人身份并表明签名人认可其中的内容，以保证消费交易的安全性、真实性和不可抵赖性。

绿云在 iHotel 酒店信息化平台中，也引进了电子签名功能，可在客人登记单、押金单、账单以及其他系统需要的地方实现电子签名，并进行相关保存和查阅工作，包括以下两种实现方式。

（一）与专用的 Wacom 设备做接口实现

Wacom 公司是世界领先的数位板系统和笔感应式数位屏系统制造商。它深刻洞悉客户的具体需求，推出了电子签名应用解决方案，致力于通过电子签名技术解决公众领域信息无纸化的发展瓶颈，旗下高科技产品 DTU-1031、STU-430、STU-530 等一系列专业电子签名液晶数位屏，在保证办公质量和数据安全的前提下，能为各行业带来高效的无纸化办公模式。Wacom 设备解决电子签名的采样工作，通过接口传送给 iHotel，由 iHotel 进行保存，并进行后续的信息查询和处理工作。

（二）采用 iPad 实现电子签名

iHotel 也可利用 iPad 平板电脑的画笔功能，用手写或专用的画笔，实现电子签名的输入功能。电子签名界面，画笔只有一种，颜色可有黑色、蓝色和红色等多种选择，一般没有撤销功能而只能清除全部书写再重新输入。用 iPad 实现电子签名，由于成本低，程序可以灵活修改，还可与前述的自助系统等移动应用相结合，在酒店应用领域有广阔的前景。

第六节　iHotel 的云部署和云服务

云计算的优势在于集中了巨量资源以提供各种基于互联网的 IT 服务而又成本极其廉价。"云"的特殊容错措施使其可以采用极其廉价的节点来构成云；"云"的自动化管理使数据中心管理成本大幅降低；"云"的公用性和通用性使资源的利用率大幅提升；"云"设施可以建在电力资源丰富的地区，从而大幅降低能源成本。因此"云"具有前所未有的性能价格比，用户可以充分享受"云"的低成本优势。在云计算模式下，只需要一台 PC 机、笔记本、平板电脑或者智能手机，就可以通过网络服务来实现我们需要的一切。它类似于电力系统的服务模式，电力公司将各个发电厂的电力集中起来供给用户，用户按照使用量付费，而不用去自己建发电厂。这样一种革命性的服务模式，为酒店信息行业带来了颠覆性的变革，必将对酒店信息化发展带来深刻的影响。

云计算技术在酒店行业的应用，可使酒店无须服务器硬件及其相应能耗，无须昂贵的服务器操作系统及数据库软件，无须购买酒店管理软件和支付升级费用，降低系统使用和维护难度，因此可以极大地减少酒店使用成本和应用难度，可广泛地应用于国内外的星级酒店、经济型酒店、招待所、酒店式公寓、度假村、旅馆、客栈及家庭旅馆，极大地提高整个住宿行业的计算机应用水平，满足整个行业经营发展上的需要。由于 iHotel 基于云计算，就自然可享受互联网、云计算技术带来的种种优势，下面主要讲述 iHotel 平台的云部署、云服务和对云系统的一些应用设计理念。

iHotel 系统是一套完全基于云计算的酒店信息化平台，不仅适合各种连锁酒店集团使用，也为各种单体酒店提供满足各自酒店需要的多种版本。在酒店的实际云部署中，主要包括以下几个方面。

（一）公有云、私有云和混合云

根据云计算服务性质的不同，可以将云计算应用分为公有云、私有云和混合云。

公有云通常指第三方提供商为全社会提供使用的云系统，这种模式一般只能通过 Internet 使用，服务可能是免费或低成本的，也有部分是按使用量来付费的。这种模式在私人信息和数据保护方面也比较有保证，且通常都可以提供可扩展的云服务并能高效设置。国内目前常见的公有云有阿里云、华为云、腾讯云等。

私有云是企业为自己单独使用而构建的云系统，因而提供对数据、安全性和服务质量的最有效控制。该公司拥有基础设施，并可以控制在此基础设施上部署应用程序的方式。私有云可部署在企业数据中心的防火墙内，也可以将它们托管在一个安全的 IDC 机房内。

混合云是公有云和私有云的混合，它们相互独立，但在云的内部又相互结合，可以发挥出所混合的多种云计算模型应用各自的优势。

iHotel 酒店信息化平台在以上三种云模式下均可部署。绿云公司也投入了一定的资金，租用国内著名 IDC 机房建立专为绿云酒店用户使用的私有云——绿云平台，提供给中小单体酒店或连锁酒店使用。图 9-28 是 iHotel 平台为用户提供基础云服务的几种方式的示意图。当然，绿云平台也可租用公有云，直接提供给酒店用户使用（基础服务是公有的，使用方式是私有的）。

公有云		私有云		
阿里云　华为云		绿云平台	服务器托管	自建机房
租用云服务器 安装云服务器		合同约定租赁	选购服务器 选择托管机房 安装服务器	自建机房 选购服务器 安装服务器

图 9-28　iHotel 平台建立云服务器的几种方式示意图

综上所述，公有云和私有云对于酒店来说，都是可以选择的建设方案。它们各有优缺点，公有云建设最快、扩展方便，按需使用，前期成本较低，但性能、可控度、服务质量相对有欠缺；私有云安全、可控，性能、服务质量有保障，但建设周期较长，前期成本较高，系统资源利用率不高。

综合成本、性能、安全、可靠、服务质量等多方面考虑，我们建议有充分资金实力且有相当计算机维护能力的大型酒店集团或高星级酒店，可采用自建机房或服务器托管的私有云方式，但像门户网站、微信平台这些突发性访问量不可预测的系统应用也可部署在公有云上，即采用混合云模式。而对于中小型单体酒店，刚起步的酒店集团，或者酒店数量不多且 IT 力量较薄弱的酒店集团，建议采用公有云方案；但这类酒店最简单、最方便的方式，还是采用绿云平台，这样可真正做到酒店只要使用的终端能稳定上网，就可充分使用 iHotel 平台，其他的事情全部由绿云代劳了。

（二）集中式和分布式

除了单体酒店和采用绿云平台的连锁酒店外，对于一般的连锁酒店集团，还要考虑成员酒店的服务器部署问题。iHotel 平台支持成员酒店集中式部署，也可分布式部署，或二者相结合的混合式部署。

1. 采用集中式部署模式

在酒店本地不部署服务器，而完全使用集团总部提供的云服务器平台。这是大部分连锁酒店常用的服务器部署方式。

通常，集团数据可分为主数据库（含用户及配置数据库）、会员数据库、CRS 数据库、历史及报表数据库、业务数据库等，其中业务数据库可存放多个酒店的数据。这样，如果这些最主要数据库都存放在同一台服务器内，实现统一管理，就是 iHotel 集中式部署方式。如果业务数据库只部署一家酒店数据，就相当于单体酒店的服务器部署。

这里的服务器可以是公有云中租赁的虚拟服务器，也可以是酒店集团自己建立的私有云虚拟服务器。如果考虑的是物理服务器，还需考虑数据安全的问题，如图 9-29 所示是物理服务器集中部署方案示意图。

在图 9-29 中，A 和 B 均是数据库服务器，采用双机热备方式（AB 之间用浅色线表示数据库服务器直连，作为双机高可用心跳线并相互复制，有的方案也可采用独立磁盘阵列柜方式）；C 和 D 均是应用服务器，做负载均衡；E 为网站服务器，负责官网、手机网站和微信等公众性应用服务，建立独立部署；F 为服务器内网交换机；G 为机房外网交换机，连接机房主干网；D、E 与 G 之间的连线表示外网连接线。

图 9-29　物理服务器集中部署方案示意图

当然，小型连锁酒店，可采用两台服务器组成主系统，一台作应用服务器，另一台作数据库服务器，两服务器同时工作且相互冷备份。一旦有一个服务器故障，可手工切换到另一服务器工作，但是如果数据库服务器故障，就存在丢失部分数据的可能。这类集团的网站及微信应用服务器，还是建议采用另外的服务器或租用公有云方式。

更小型的连锁酒店或单体酒店，也可采用一台服务器，既作应用服务器又兼作数据库服务器，但考虑到安全可靠性问题，不建议用这种方式。酒店如出于节省成本考虑，还不如租用公有云或采用绿云平台。

2．采用分布式部署模式

在酒店当地仍然部署本酒店使用的业务库服务器，并与集团总部用公网或 VPN 连接。这种模式的显著优点是，对成员酒店的网络要求可降低。如果与集团总部断网时，成员酒店仍能处理酒店本地的日常业务，只是集团会员、代码维护、总部订单等少部分功能在断网时不能使用。缺点是，成员酒店需增加相应服务器、电力费用等系统投入，一般适合高要求的高星级或网络条件非常差的成员酒店使用。

3. 采用混合式部署模式

在实际规划的应用中，允许某些成员酒店用公网直连集团数据中心，某些成员酒店自己部署业务库服务器，也可先用公网连接区域中心，再由区域中心连接集团总部（在区域中心部署业务数据库服务器群），这种模式一般适合大型的酒店集团使用。

分布式、混合式中所指的酒店业务库服务器，可以是物理服务器，也可以是虚拟服务器；可以部署在集团总部同一个局域网内，也可分布在酒店不同的具体位置，或者部署于不同的区域中心，更进一步地像后面案例分析中所讲的锦江都城集团实例中一样分别部署于不同的国家。各个连锁店的客户端先根据 IP，路由选择相应的业务集群；系统再通过负载均衡转发，根据酒店 ID 将请求转发到不同组的应用服务器上；每个应用服务器，再把相对应于此酒店的请求，转发到相应的数据库服务器。成员酒店数据库集群根据酒店 ID，水平分割成不同的数据库实例，每个实例只处理相关的酒店数据即可，因此可以处理超大规模数据量的酒店请求。

在集团端层面，可根据集团规模把总部系统拆分成 CRS、CRM 和会员、报表和历史、主数据库及用户配置等子系统，并部署于不同的服务器中。各集团子系统之间通过 Web 直连的方式来进行数据操作，保持良好的信息交互。成员店 PMS 服务器可通过 RPC 远程调用，和包括CRS、CRM、集团分析、销售等集团数据中心进行各种数据交互。

这样一个庞大而复杂的部署方案，在物理上是完全可实现的，但用户使用时是完全感觉不到的，它在逻辑上是集中的，保持了一个完整的一体化系统。例如，绿云大客户四川岷山集团的部署，目前旗下安逸闲庭及安逸 158 两品牌共 27 家成员店，岷山饭店及岷山大酒店两个品牌共 7 家四星级酒店，一起部署于共同的集团数据中心（托管于成都电信 IDC 机房），五星级的四川岷山饭店、四星级的沈阳岷山饭店服务器分别部署于酒店当地，五星级的西藏岷山饭店和四星级的林芝岷山大酒店共同部署于位于拉萨的西藏岷山饭店内，因此整个集团的服务器位于成都两处、拉萨、沈阳等四地，共同组成一个有机的整体，而这样的部署方式对酒店操作员和其他使用者均是透明而无须知道的，是一种典型的混合型部署模式。

（三）iHotel 网络要求

由于绿云 iHotel 采用 RIA 技术而非纯浏览器方式，加上优秀的系统设计、编程能力和丰富的行业经验，保证了酒店只要很少的网络带宽，就能流畅地使用 iHotel 平台。酒店每台电脑只要保证有下行 128Kb/s、上行 64kb/s 的稳定网速的运行环境，就可随意、流畅地使用云平台提供的各种服务。为了保证系统使用的流畅性，一般建议酒店的对客网络与办公网络分离，并采用相应技术手段保证使用 iHotel 的电脑，能有稳定的网络运行条件。

当然，为了保证系统更加安全、流畅和稳定，如能采用专网方式或 VPN 网络，iHotel 使用起来更能锦上添花，一般适合较高星级的酒店使用。

拓 展 学 习

1. 公有云和私有云的技术概念
2. 手机网站的概念及功能
3. 移动电子商务的概念及应用
4. 访问 www.ipms.cn，进一步了解系统的应用及功能
5. 微信、微博的营销作用及电子商务应用原理

案例分析与习题

一、案例分析

案例分析 9-1：君澜酒店集团酒店管理信息系统应用实例[①]

君澜酒店集团(Narada Hotel Group)是中国酒店集团 10 强和全球酒店集团 100 强(2013 年位居世界酒店集团第 85 位)，是在浙江世贸君澜大饭店和浙江世贸君澜酒店管理有限公司的基础上组建的中国本土高星级酒店投资、管理、服务供应商。该集团以国际化的视野和水准进一步扩大投资和管理，始终致力于打造中国本土的高端民族酒店品牌。截至 2014 年，集团管理业绩遍及浙江、海南、云南、上海、山东、江苏、湖南、湖北、江西、安徽、福建、四川和山西 13 个省市及澳大利亚珀斯，投资管理超过 50 家酒店，客房总数逾 15 000 间。集团曾连续五年荣膺 "中国民族饭店品牌先锋"，连续六年荣膺 "中国最具规模的 30 家本土饭店集团"，并获得 "中国企业影响力十大（行业）品牌" "中国国内十大品牌酒店集团" "中国最佳本土酒店管理集团" "中国饭店业 30 年最具影响力饭店管理公司" "最佳中国酒店管理集团" 等多项殊荣。集团网站为 www.naradahotels.com，其首页如图 9-30

[①] 根据君澜酒店集团官方网站上的相关内容整理而成。

所示。

图 9-30　君澜酒店集团网站首页

群澜酒店集团旗下主要拥有三大品牌："君澜度假酒店"（五星级的极具中国文化内涵的休闲度假酒店）、"君澜大饭店"（五星级的最具中国文化特征的城市休闲商务酒店）、"君亭酒店"（中端精选酒店）。

其中高星级酒店包括：

（1）直属 9 家酒店，即浙江世贸君澜大饭店、杭州良渚君澜度假酒店、义乌锦都君澜大饭店、嘉善罗星阁宾馆、三亚君澜度假酒店 5 家挂牌五星级酒店，七仙岭君澜度假酒店、香水湾君澜度假酒店、丽江国际大酒店 3 家五星标准酒店，以及挂四星级的金华国贸景澜大饭店。

（2）管理近二十家酒店。其中富阳国际贸易中心大酒店、温州华侨饭店、江苏欧堡利亚大酒店等均为当地著名的挂牌五星级酒店。

君澜集团旗舰店浙江世贸君澜大饭店开业时采用当时国际上最著名软件 HIS 系统，并于 2005 年更换成国内著名品牌软件，其他成员酒店均采用国内外最著名的酒店软件系统。集团还于 2012 年 7 月采购了一套国内集团版系统，并且为配合上马集团系统已更新升级了 3 家成员酒店软件。但由于各种原因，系统上线后使用非常不理想，集团为此组建了信息部，经过近一年时间的反复论证、考察和比较，最终于 2013 年 10 月正式确定全部系统更换成绿云 iHotel 酒店信息化平台。经过绿云和君澜集团 4 个月的共同努力，集团系统于 2014 年 2 月底初步上线（包含会员系统、中央预订系统、网站、手机微网站等），旗舰店浙江世贸君澜大饭店和金华国贸景澜大饭店也同时上线。至此，君澜酒店集团成为国内首家采用云 PMS、云平台的五星级连锁酒店集团。

到 2014 年 10 月，集团主要的 8 家成员店（共 2075 间客房）上线成功并稳定运行，这 8 家店目前全部采用中央服务器部署方案。数据中心采用 5 台服务器，即两台 IBM3650 数据库服务器（采用 ROSE 双机热备），一台 IBM3650 应用服务器，一台 IBM3650 网站及微网站服务器，一台老 IBM3850 备份服务器（作以上系统的备份）。集团准备再用半年时间，把余下的高星级品牌全部上线（直属酒店采用集中式部署方案，管理的成员店采用集中式或分布式部署方案）；接下来，再整合旗下君亭酒店系统为一个有机的软件整体。

目前上线的系统有 CRS、CRM、LPS、网站、微信及微网站、电子券、集团分析、GMS、PMS、POS、俱乐部系统、手机 PMS 等，并已与携程、淘宝、去哪儿实现了直连，接着又与艺龙、同程、美团等对接，实现二维码扫码支付，整合财务、供应链、办公 OA 等，实现更大范围的一体化平台。

通过近一年的系统运行，集团的软件运行成本大幅度下降，集团的管理成本也随之下降。成员酒店的运维人员、网络管理员也有所减少，增加的是网络营销人员以及在线客服人员，而他们可以为酒店增加电子商务的销售份额，使集团的网络扩展能力不断增强。

案例分析 9-2：锦江都城集团酒店管理信息系统应用实例

上海锦江都城酒店管理有限公司，是从一个经济型连锁酒店升级为有限服务酒店管理平台的酒店集团，旗下共有四个品牌：锦江都城、锦江之星、京广快捷和百时快捷，目前已拥有酒店总数超过 1000 家，覆盖了从中高档商务到超经济型的酒店市场，是国内最著名的四大经济型连锁酒店集团之一。锦江之星是定位于标准型的经济型酒店，是国内经济型酒店的鼻祖（第一家经济型酒店诞生于锦江之星），并在法国、菲律宾、韩国等国设立了成员店；京广快捷定位于非标准星级经济型酒店；百时快捷酒店定位于超经济型，是更低端的品牌；锦江都城酒店定位于中档酒店，是有限型服务酒店板块中最高端的品牌。

锦江都城公司的前身——上海锦江之星旅馆有限公司，原来使用的是自己开发的 PMS42 系统，是一套传统的分布式 C/S 架构管理系统，每个门店需安装独立服务器，导致总部对门店的开业、数据传输、系统更新、错误调试、版本统一等管理操作达不到及时有效。锦江之星随着多年的发展，分店数量已经极具规模，原有 PMS42 系统在业务流程、功能、技术上都需要与时俱进；在酒店业务上，由于分布式管理带来的房价不一致、订单不同步等问题也时有发生。因此集团经过慎重考虑后，于 2013 年 9 月启动了基于中央集中式架构的 Merlin 项目计划，并邀请了国内外众多优秀公司参与招投标工作。杭州绿云科技有限公司凭借其 iHotel 酒店信息化平台的优秀架构设计、丰富的酒店信息化行业经验、强劲的技术力量，从众多的国内外竞争对手中脱颖而出，最终中标了 Merlin 项目。2014 年 2 月双方签订了合作协议，正式启动了项目开发和实施工作。

截至 2014 年 11 月，集团旗下锦江都城品牌拥有 41 家店、百时快捷品牌拥有 60 余家店、京广快捷（包含最近收购的城市客栈）拥有 10 家店、锦江之星韩国店以及集团基本系统均已上线并稳定运行，余下的锦江之星品牌店将于 2015 年初全部切换完成。已经上线的系统有 CRS、CRM、LPS、PMS、POS、审计系统、官网接口、微信接口、锦江电商接口，通过 Hubs1 接口与国外 Agoda、Booking 等实现了直连，通过原来开发的 SI 系统与国内主要 OTA（如携程、艺龙等）实现了直连。其中，锦江都城品牌采用 iHotel 标准版系统，其他的三个品牌采用 iHotel 快捷版系统，二者共用相同的 iHotel 集团平台。接下来的工作将包括网站的完善，双方继续合作开发集团中央结算系统等。至此，国内首家可支持超大型、跨国界、跨地域的，具有典型混合部署方式的 iHotel 酒店信息化云平台将全部完成，将覆盖锦江都城旗下 1000 多家连锁酒店，并完全具备原规划中的需支持 2000 家成员店的设计要求。

在系统部署上，上海总部集团数据中心采用 5 台 Dell PowerEdge R910 服务器，数据存储采用磁盘陈列柜，系统使用 VMware 虚拟服务器技术实现服务器资源的统一调度和管理。具体部署上，CRS、会员各用一组虚拟服务器（一应用服务器和一数据库服务器）；百时快捷、京广快捷也各用一组虚拟服务器，使用 iHotel 快捷版系统；锦江之星韩国店服务器部署于韩国，采用一主一备服务器方案，使用 iHotel 快捷版韩文版系统；锦江都城品牌服务器部署于南京原时尚之旅集团总部 IDC 机房（锦江都城品牌的 21 家成员店来自于收购的时尚之旅酒店集团），采用一个应用主服务器和一数据库主服务器，并再加两个相应备份服务器组成，使用 iHotel 标准版系统。这么复杂的系统，使用 GMS 集团管理系统对所有信息数据进行统一管理，并处理相应的语言、时差、汇率等国内外差异，支持了上海锦江都城集团实现国际化扩张的目标。

思考题

1. 君澜集团是由于什么原因更换了 iHotel 平台？它给君澜集团带来了怎样的竞争优势？

2. 君澜集团实施了 iHotel 平台的哪些应用系统？还需要完善哪些内容？

3. 上海锦江都城在国际化扩展中，使用 iHotel 平台带来的优势是什么？

4. 试分析上海锦江都城是如何使用 GMS 集团管理系统，实现境内外成员酒店应用软件的统一管理的。

二、习题

1. 什么是应用软件？什么是应用平台？区别在哪里？

2. iHotel 信息化平台的特点是什么？有什么优势？

3. 什么是 IaaS？它的应用特点是什么？

4. 什么是 PaaS？它的应用特点又是什么？

5. iHotel 的集团管理有什么特色？它由哪些核心功能构成？

6. iHotel 的快捷版有怎样的特色？具有怎样的功能布局特点？

7. iHotel 前台管理的功能界面图有怎样的特点？体现了怎样的设计理念？

8. 作为一个云技术架构的酒店信息化平台，设计的核心理念是什么？

9. 一个酒店信息化平台，它应怎样设计对外的窗口？

10. 酒店的 APP，它和酒店信息化平台有怎样的关系？

11. 酒店有门户网站，有微网站，还有多个 APP 应用，它们和酒店信息化平台是怎样的关系？

12. 请简述 iHotel 平台的电子商务功能，它们和第三方渠道的业务对接采用了哪些技术？

13. 什么是云管理？什么是云服务？iHotel 的特点是什么？

14. iHotel 的中央预订系统（CRS）有哪些功能特色？

15. iHotel 的客户关系管理（CRM）有哪些功能特色？

16. iHotel 的会员管理（LPS）有哪些功能特色？

17. 什么是集团控制系统（GMS）？iHotel 的 GMS 有怎样的特点？

18. iHotel 的移动应用有哪些特点？试举例说明。

19. iHotel 的云部署和云服务有怎样的应用特点？试分别做叙述分析。

20. 为什么说 iHotel 平台既适合酒店集团使用，又适合单体酒店使用，同时又适合客栈的使用？

21. 什么是公有云、私有云、混合云？它们各应用于酒店业怎样的需求环境？

22. 什么是客房宝？它给消费者带来了怎样的便捷服务？

23. 在移动互联网和信息技术的影响下，酒店管理信息系统的发展趋势会是怎样？

24. 作为一个客栈或农家乐经营户，应怎样选择 iHotel 平台的应用？

25. 作为一个酒店集团，应建立怎样的云部署环境来创造市场的竞争优势？

参 考 文 献

1. 陆均良，杨铭魁. 信息技术与饭店管理[M]. 北京：旅游教育出版社，2007.

2. 庄玉良，贺超. 管理信息系统[M]. 北京：机械工业出版社，2011.

3. 陆均良，沈华玉，朱照君. 旅游管理信息系统[M]. 北京：旅游教育出版社，2011.

4. 陆均良，沈华玉，朱照君. 旅游信息化管理——理论与实务[M]. 杭州：浙江大学出版社，2014.

5. 张补宏，闫艳芳. 国内外旅游信息化研究综述[J]. 地理与地理信息科学，2012，28（05）：95～99.

6. 钱亚钗. 信息化背景下在线旅游服务发展趋势分析[J]. 科技信息，2008（27）：122.

7. 俞迎新. 国际饭店集团进入中国市场的策略分析[J]. 经济论坛，2006（13）：50～53.

8. 何建民. 2006 年中国饭店产业发展的十大趋势[J]. 饭店现代化，2006（2）.

9. 黄霞贵. 国际饭店集团取得成功的启示[J]. 北京第二外国语学院学报，2005（3）.

10. 陈春琴. 论我国饭店品牌营销战略[J]. 商场现代化，2005（28）.

11. 陆方欢，邹能锋. 安徽省旅游信息化现状分析及发展对策研究[J]. 安徽农学通报，2008（11）：211～212.

12. 徐莉. 论青岛市旅游公共服务系统信息化建设[J]. 青岛酒店管理职业技术学院学报，2011（03）.

13. 傅细三. 旅游信息化研究文献综述[J]. 商业时代，2009（02）：95～96.

14. 孙飒. 旅游企业信息化的价值、问题和对策[J]. 学理论，2011（03）：75～76.

15. 李晋灏，王薇. 信息化与旅游目的地营销研究[J]. 科技信息（学术研究），2008（03）.

16. 李凤霞，孟昭伟. 旅游产业定位分析及信息化建设建议[J]. 现代情报，2009（06）：205～208.

17. 李京颐，陈文力，宁华. 北京地区旅游企业信息化发展状况调查[J]. 旅游学刊，2007（05）：46～53.

18. 荣威，张蕾，刘翠. 安徽省旅游信息化建设的现状及对策[J]. 安徽科技，2006（01）：49～50.

19. 林卫红. 广州市旅游电子商务发展的构想[J]. 广州市财贸管理干部学院学报, 2000（04）: 42～45.

20. 陈海鹏. 旅游信息化服务的发展及其优化研究[D]. 山东师范大学, 2007.

21. 姚继兰. 移动 GIS 信息化技术研究[D]. 山东农业大学, 2006.

22. 董林峰. 旅游电子商务[M]. 第 2 版. 天津: 南开大学出版社, 2012.

23. 陆均良, 杨铭魁, 李云鹏. 旅游信息化管理[M]. 北京: 中国人民大学出版社, 2010.

24. 鲍富元, 董卫江. 国内旅游目的地信息化研究综述[J]. 内江师范学院学报, 2012, 27（05）: 114～117.

25. 陈硕, 冯学钢. 城市旅游信息化建设初探——以杭州市旅游信息化建设为例[J]. 华东经济管理, 2005（03）: 8～11.

26. 吕萌, 蔡小晓. 旅游信息网络发布与旅游网站的信息化建设——以安徽省旅游网站为例[J]. 信息与电脑（理论版）, 2010, 228（12）: 69～70.

27. 邵培基, 陈瑶, 盛旭东等. 四川省重点旅游景区信息化建设研究——以峨眉山景区的游客管理系统构建为例[J]. 电子科技大学学报（社科版）, 2011, 13（02）: 50～54, 62.

28. 谭煦. 浅析旅游景区的信息化管理——以十三陵风景名胜区的信息化建设为例[J]. 旅游纵览（行业版）, 2011（04）: 37～39.

29. 汪东亮, 刘琼英, 胡世伟. 乐山市基于物联网的旅游公交信息化服务系统的构建[J]. 中共乐山市委党校学报, 2012, 14（03）: 78～80.

30. 穆林. 酒店信息系统实务[M]. 上海: 上海交通大学出版社, 2011.

31. 周贺来, 王彬. 旅游企业信息化管理[M]. 北京: 中国水利水电出版社, 2010.

32. 周贺来, 王彬. 酒店计算机信息管理[M]. 北京: 中国水利水电出版社, 2010.

33. 侯志强, 刘建华. 饭店信息化实训教程[M]. 北京: 科学出版社, 2010.

34. 徐流. 饭店业实践前沿[M]. 北京: 外语教学与研究出版社, 2012.

35. 奚骏. 旅游电子商务[M]. 北京: 北京理工大学出版社, 2011.

36. 翁东东. 饭店财务管理软件应用[M]. 厦门: 厦门大学出版社, 2011.

37. 杜文才. 旅游管理信息系统[M]. 北京: 清华大学出版社, 2010.

38. 李秀丽. 旅游管理信息系统[M]. 北京: 北京理工大学出版社, 2011.

39. 沈丹丹. 浅析酒店服务的网上"直销预订"[J]. 管理观察, 2012（8）: 43～44.

40. 丁喜纲. 酒店管理信息系统的发展演变简析[J]. 浙江旅游职业学院学报, 2009（03）:

49～54.

　　41.　谷慧敏. CRS 与中国饭店业营销[J]. 旅游学刊，1998（5）：23～26.

　　42.　朱明生. 国内酒店集团 CRS 开发的现状[J]. 饭店现代化，2009（08）：50～53.

　　43.　刁志波. 饭店业信息化的演进与发展模式[J]. 北京第二外国语学院学报，2010（1）：35～38.

　　44.　刘纪元. 电子商务发展的新阶段——移动电子商务[J]. 学园，2013（1）：26～27.

　　45.　丹尼尔·爱德华·克雷格. 饭店如何应对社交媒体危机. 饭店现代化，2013（5）：5～7.

　　46.　弓萍. 利用微信公众平台做好服务营销[J]. 市场营销，2013（12）：42～43.

　　47.　李丁，贾志洋等. 智慧旅游管理与智能推荐技术[J]. 中国管理信息化. 2013（07）：80～81.